宋论新绎

刘韶军 译注

图书在版编目（CIP）数据

宋论新绎 / 刘韶军译注. — 北京 : 文化发展出版社，2021.7

ISBN 978-7-5142-3509-8

Ⅰ. ①宋… Ⅱ. ①刘… Ⅲ. ①史评－中国－宋代 ②《宋论》－译文 ③《宋论》－注释 Ⅳ. ①K244.07

中国版本图书馆CIP数据核字(2021)第125206号

宋论新绎

译　　注：刘韶军

责任编辑：武　赫　　　　责任校对：岳智勇
责任印制：邓辉明　　　　责任设计：侯　铮
出版发行：文化发展出版社（北京市翠微路2号 邮编：100036）
网　　址：www.wenhuafazhan.com
经　　销：各地新华书店
印　　刷：北京文昌阁彩色印刷有限责任公司

开　　本：710mm×1000mm　1/16
字　　数：415千字
印　　张：28
版　　次：2021年10月第1版
印　　次：2021年10月第1次印刷
定　　价：58.00元
ISBN：978-7-5142-3509-8

◆ 如发现任何质量问题请与发行部联系。发行部电话：010-83626929

序　言

《宋论》，清代学者王夫之著。王夫之（1619—1692），湖南衡阳人，字而农，号薑斋，晚年居湖南衡阳石船山，世称“船山先生”。王夫之在明代灭亡后隐居治学，著书一百余种，此后一直默默无名。到同治初年（1862），曾国藩在金陵（今江苏南京）刊刻《船山遗书》，使王夫之的著作得以汇聚流传。他的主要著作有《周易外传》《张子正蒙注》《尚书引义》《读四书大全说》《老子衍》《庄子通》《思问录》《读通鉴论》《宋论》《黄书》《噩梦》《楚辞通释》《诗广传》等，《船山遗书》收七十种三百余卷，1996年，岳麓书社集结出版《船山全书》，就更为完整。

《宋论》及《读通鉴论》，是王夫之的两种史论著作，最为著名。《宋论》定稿于康熙三十年（1691），是他逝世前一年，思想已最为成熟，故两书的史论是他一生思考的最后成果（《读通鉴论》也是他逝世前完成的），值得重视和研究。王夫之生活于明末清初的社会大动荡时期，他的治学一直与社会现实保持密切关系，他的书中深含他对中国现实和命运的深切关心。他研究学问，不限一隅，而是饱读儒家经典，博涉经史子集，既精又博，这使他的学术视野更为宽广辽阔，因此他的学术思想也比一般学者更为深刻独到，这使他能在明末清初的时代背景下成为最著名的思想家式的学者。

古人素有史论一类的作品，如《左传》中的“君子曰”，已经在叙述史事的同时发表作者对历史人物及事件的评论，后来司马迁撰《史记》、司马光编《资治通鉴》，也都沿用“君子曰”的方式，用“太史公曰”和“臣光曰”的形式随事发论，成为这两部名著不可缺少的组成部分，可让人们一边读史，一边思考。另外也有学者撰作专门的史论著作，如唐代虞世南《帝王略论》、宋代范祖禹《唐鉴》、明代李贽《史纲评要》等，都是有名的史论专著。王夫之继承了中国古代史学的优良传统，在他生命的晚期，撰写出《读通鉴论》和《宋论》两部史论，表达了他对中国古代历史的总体见解。

这两部书可以看作前后相续的著作。因为《资治通鉴》从三家分晋（前403）写到五代后周被北宋代替之年（960），接下来就是宋代。学者们在《资治通鉴》之后的续作，如清代毕沅《续资治通鉴》，在时间上紧接《资治通鉴》的结束之年——后周世宗显德六年（959），而从宋太祖称帝的建隆元年（960）年开始。读完《资治通鉴》再读《续资治通鉴》，就可以一年不差地紧接而来。王夫之写完《读通鉴论》再写《宋论》，犹如已有《资治通鉴》再有《续资治通鉴》一样，顺理成章，首尾相接，形成了他对整个中国历史的完整评论。

王夫之的儿子王敔在《薑斋公行述》中说，王夫之晚年作《读通鉴论》《宋论》，目的是探讨"上下古今兴亡得失之故"。王夫之生在明朝灭亡时期，生于此朝就是此朝人，家国归属感是无法用别的东西替代的，所以他对明朝的灭亡有深痛感触。在这样的基础上读史论史，当然最关心历朝为什么会有盛衰兴替，在这种不断出现的无情残酷而令人心碎的过程中，究竟是因为什么人做了什么事而使这种局面发生、出现并不可逆转、不可挽救。古人说过"履霜坚冰至"，表示事物到出现明显变化时，"非一朝一夕之故，其所由来者渐矣"。每个王朝从初起时的兴盛强大到灭亡时衰弱无力，曾令多少身处其时的忠臣义士扼腕叹息而又无可奈何！更令不少学者感慨不已！对这样的重大问题绝不能空谈轻论，必须追溯历史的完整过程，根据具体的人物及其作为加以细致分析，王夫之的史论就是用这种方法完成的，而这正是古人史论的可贵之处，值得今人研究历史时认真地借鉴参考。

《宋论》与《读通鉴论》一样，都是对整个历史过程的完整观察，把所要评论的历史自始至终、原原本本地审视一过，而不是心猿意马、跳跃择取、见一叶而不见泰山、论一点而不及其余。所以，这样的史论贯穿着一个主题：王朝怎样由兴盛而衰弱而灭亡，把王朝中的帝王将相都放到这个问题前加以审视评鉴，由此发现他们的得失功过，发现王朝盛衰转变的根由。王夫之坚持了这种严谨忠实的方法，仔细观察了宋代历史的整个过程及诸多细节，所以他在《宋论》中能提出与众不同的分析和论点，对宋代不少人物的所作所为及其历史影响都有独到见解。数百年后读其书，感到这种历史观察的生命力犹在，思想性深刻，令人深受启发。

一个王朝的兴衰，总是由善恶两方面的因素造成的，善者之善，恶者之恶，不从长远的历史进程上看，只看一时一事，就不能真正认识到它的作用。善是正确的措施和制度，恶是错误的措施与制度，这都是由特定的人来完成的。所以史论只能以人为中心，以事为枢纽，根本的着眼点就是这些人与事对王朝命运所起的作用。

在宋代能做出正确决策、措施从而定下良好制度法规者，在王夫之看来，宋太祖是最值得称赞的。他说太祖为后世子孙定下三条戒律，每一个新继位的皇帝，都要进殿，在刻着三条戒律的石碑前下跪拜读，这三条戒律是：保全后周皇帝柴氏的子孙；不杀士大夫；不加农田之赋。

王夫之说，有这三条，“不谓之盛德也不能”（不说赵匡胤有盛德是不行的）。这三条戒律的精神就是以忠厚养前代之子孙，以宽大养士人之正气，以节制养百姓之生理。要做到这三条，不用求别人，只需求自身就够了。只要自己心里相信并遵守这三条，就能使治德蕴于己，不期盛而积于无形，故曰不谓之盛德也不能。

有了这三条，王夫之认为宋太祖就“轶（超过）汉、唐而几（几乎达到）于商、周”了。汉代的文景之治再传而止，唐代的贞观之治及子而乱，而宋太祖从最初称帝的建隆年间改变了唐末五代以来持续的乱世，让人民过上了安定的生活，直到神宗熙宁年间才逐渐趋向衰弱，所以说超过了汉唐而接近商周。他认为这不仅是靠子孙的贤明和士大夫的襄助，更是靠家法的檃括和政教的熏陶，所以自汉光武以外，要讲帝王的美德，没人能超过宋太祖。

太祖用三条戒律确定的基本制度，后几代帝王还能遵守，但到宋仁宗庆历年间就开始出现不少议论，到神宗熙宁时就要进行变法，从而逐步舍弃了太祖“求己不求人”的治国精神，使太祖治国的盛德厚意逐渐泯灭。王夫之认为宋朝的得失之枢、治乱之纽，斯民的生死之机，风俗的淳浇之原，就在这里，后来的帝王不明白这一至为简洁的道理，从而使宋朝的国运逐步走向衰落。

太祖的治国德意，在王夫之看来，不是来自学术，而是天意的启示。他认为太祖的儒术尚浅，也不受异学的干扰迷惑，只是害怕天命不能长久地眷顾自己，又深知民众所受乱世的祸害，更鉴于外族和盗贼带来的毒民侮士的风气，所以才提出上述三条，对长期以来的弊端渐损渐除，让天下慢慢地复苏喘息，而不是急功近利，以求在一个早晨就换取愚氓的醒悟。在这种德意下，治国就是要视力之可行，从容利导，而不追求尧、舜的美名。正是出于这样的心态而形成了从容不迫的政治格局，而使天下纷扰之情，优游而就绪，瓦解之势，渐次以即安，又能延续百年，使余芳未歇。

王夫之总结太祖的治国就是三点：简、慈、俭。心无纷歧，所以行之自简。简以行慈，慈就不是用小恩小惠沽取人民的感恩。简以行俭，靠俭而不引起官吏的贪吝。孔子说的“善人为邦百年，亦可以胜残去杀矣”。汉文、景二帝没做到，宋太祖却差不多做到了。

王夫之如此赞赏太祖，当然不只是欣赏这一个人，而是总结具有普遍意义的治国之道。这种总结不是纯由思辨，而是根据历史事实加以论证，所以更显得有理有力。唯后人不明其意，忽视了王夫之在《宋论》中所发的议论。

对宋朝最恶的人和事，在王夫之看来，就是赵普和秦桧及他们所做的事。关于这二人的历史评价，人们往往赞赵普而骂秦桧，但王夫之将二人列为宋朝最大的罪人、最大的野心家，这种分析和评论，自有他的道理，但这些道理却是众人所常忽视的。

王夫之认为赵普、秦桧二人的共同特点，是怀有很大的野心，想取宋朝而代之，这与唐代徐世勣（即李勣）一样（与司马光一起编纂

《资治通鉴》的范祖禹，撰有《唐鉴》，其中对于李勣，也持有同样的看法）。王夫之说：徐世勣赞同唐高宗废黜王后而立武氏为皇后，是欲以武氏乱唐而夺其蹊田之牛。假使徐世勣不死，他就可以操纵武氏，让愚蠢的唐中宗如同晋安帝一样，使“唐移于徐氏”。而“赵普亦犹是也”，他与太祖誓而藏之金匮的约书里，规定“立长君、防僭夺”，但在赵廷美、赵德昭死后，太祖一旦不保，而赵普还在世的话，他就能“藐尔之孤”，把太祖子孙的生死操纵在自己的股掌之中。但他没有想到太祖死后，其子赵德昭虽弱，而太宗以英姿居叔父之尊，使赵普的奸慝不可伸，于是他就姑授太宗，以俟其身后年幼之人，而操纵唯己。经过这样的分析，王夫之下结论说：赵普的用心与徐世勣对于武氏的用心是一样的，并说这不是对他的苛刻指责。

人们对秦桧的批评，一般都说他与金人勾结，引导宋朝只求讲和，而用莫须有的罪名害死岳飞，使军事抗金中途而废。而王夫之则认为秦桧的最大目的是想篡夺宋的王权。王夫之说：秦桧诛逐异己，不欲留下一个人，这不只是出于一时的忿忮而求报复，他在各个要津遍置党羽，让宋朝没有一个亲臣可以倚靠。当时高宗年已老耄，普安郡王是从疏远的支系选拔上来的，还没有正式立为太子，一旦高宗晏驾，秦桧还不死，他就会选年幼之人暂时继位，自己再起而夺之。此时外有女真为援引，内有群奸为佐命，篡夺赵氏的王权，在其心目中就是易于掇芥的。能揭示秦桧的这一用心，确是他人没有看到的。又说秦桧为了达到这个目的，下了很大功夫，做了不少准备工作。首先是逢迎高宗之欲，班北伐之师，解诸将之兵，使自己独立于百僚之上，之后又将诸贤流放，害死岳飞，让韩世忠闲居，使刘锜与吴玠、吴璘兄弟听命，使张俊总领诸军之愿不遂，等于废处。此时的秦桧，所欲为者，无不可为，所不可致者，无不致也。他周回四顾，知天下之人无能如己何，高宗对他也是惴惴然没办法驾驭，然后他就敢睥睨神器了。王夫之说这是“势之所激，鼠将变虎”。王夫之通过观察秦桧而发现这一情况：“察之于始，桧非有操、懿之心，勿容苛论也。考之于其所行，不难为石敬瑭、刘豫之为者，岂有察之而不易知者乎？”说明他是根据事实得出这一判断的。又说秦桧的“力甚鸷，机甚巧，其锐往而无定情也甚狡，其执持扼要，而操以必得也甚坚，则不必久怀篡夺之心，乘乎可篡而篡焉，复何所戢而中止乎”。他也是通过多年的准备，得以形成篡夺王权的形势，所以他不会收心而中止。

王夫之观察和总结宋代兴亡史，最痛心的是宋朝军事力量的衰弱不堪，他认为造成这一情况的根本原因在赵普身上。赵普利用了太祖对军事将领的猜疑之心，但他还有更自私的目的，即为了巩固自己的地位而采取手段削弱军事将领的权力。王夫之说，赵普以幕客之雄，膺元勋之宠，睥睨将士，地位在军事将领之上，但他自知不能让军事将领对自己心服口服。其后军事将领不断平定各处的割据势力，赵普都没有功劳，所以当时为太祖推诚戮力的功臣，皆睨赵普而愤其轧己，赵普固有不与并立之势。于是他日思自安之计，利用太祖的猜疑心理，深结主知，使太祖倚靠自己为社稷臣，这根本不是安天下以安赵氏，只有折抑武臣，使不得立不世之功以分主眷而已。王夫之下结论说：凡普之进谋于太祖者，皆以钳网太祖之故旧元勋而敛权于己也。

更恶劣的是在赵普的推波助澜下，使太祖对军事将领的猜疑之心在整个宋代形成了治国的“家法”：以赵普忮害将领的小慧，使宋奉之为家法。这种“家法”，并没有明文的制度，而是埋藏在宋代各个帝王心中的深深的隐忧：此其不言之隐。而这种不言之隐，正是导致宋朝不信任军事将领而使自己的军事力量越来越弱，导致被北方民族不断欺侮侵入乃至灭亡的根本原因。

不仅如此，王夫之更是在明亡之后重新反思这一问题的严重性，说：“宋之君臣匿情自困，而贻六百年衣冠之祸，唯此而已矣。”宋朝以优遇文人著称于世，但王夫之却认为这种表面光鲜的重视文化的现象背后，却是一种隐而不宣的不信任军事将领的心情，受此心情的困扰，宋朝灭亡了，而明朝也灭亡了，所以他说这是“贻六百年衣冠之祸”。从宋朝建立的960年算起，到明王朝灭于清的1644年止，正是六百多年。

宋因此而被灭，明也是因此而被灭，不同的王朝，同样的结局，这说明国家的军事力量不强，民族和文化的生存都将受到重大破坏乃至灭亡，所以这不单纯是军事的问题，而是衣冠的问题，是文化的问题。只重文化，不重军事，文化也将不保，还会受到惨重的灾祸，王夫之的感慨之沉痛，现代人应该有所体会。

王夫之在《宋论》结尾又为这个问题再发评论，他认为，这种军事软弱导致整个国家软弱而屡受欺侮的恶果，其严重性在于“裂天维、倾地纪、乱人群、贻无穷之祸”，“自轩辕迄夏后以力挽天纲者，糜散于百年之内”。中华民族从黄帝以来的力挽天纲的天维地纪，就在宋代的百年之内糜散殆尽，从而使后来的中华民族一直处于屡受外族侵略欺凌的困局之中，这种情况一直延续到近代。王夫之只看到明亡，无法看到清朝晚期的中国之积弱受欺，其实问题仍然存在，可惜没有人注意王夫之的评论，从而对这一问题深刻反思，以使中华民族有以自强。我们今天重读《宋论》，对此不能不特别关注。

《宋论》中还有许多精彩而深刻的历史评论，值得我们好好阅读，体会其中所总结与分析的历史鉴戒，使古人的精心之作，能为现代中国的发展与兴盛提供有力的帮助。为此，我们对《宋论》进行现代式的解读，从中选出精彩的内容，进行题解、注释、今译、评析，使现代广大读者都能读懂此书，并由此更深地理解历史，从中吸取历史的鉴戒。

《宋论》有1964年中华书局出版的舒士彦整理本和1996年岳麓书社出版的《船山全书》本（第十一册）。现在利用这些已有的整理本，从中选择部分内容重新加注、今译，并做出要旨解读与精华评析，以便现代读者理解。原书分十五卷，根据宋代皇帝分卷，现在的选本，不保留原有的卷数，只对选出的篇数加上标题，共七十篇，仍可看到《宋论》的主要内容，从中了解王夫之的精彩评论。

刘韶军

2021年5月

目　录

宋的兴起，合乎民心与天意

【题解】

赵匡胤本是五代后周（郭威创立）的殿前都点检（禁军总指挥），当后周世宗柴荣英年早逝，他的儿子仅有七岁就匆忙即位，人心不稳，赵匡胤在此背景下，以陈桥兵变的形式黄袍加身，取代了后周的小皇帝，建立了大宋朝。陈桥兵变时，一些人用天命说来造舆论，因此王夫之开篇就论述统一天下与天命的关系，认为统一天下不是仅靠天命。赵匡胤称帝后为后世继位者立下三条诫令：保全后周的柴氏子孙、不杀士大夫、不加农田之赋，王夫之认为作为帝王，赵匡胤这三条诫令表明赵匡胤具有值得称赞的“盛德”。赵匡胤又对降伏之主采取优遇政策，王夫之称之为“忠厚”。在士人与君主的关系上，王夫之针对五代以来士风败坏的情况，强调士人自身应该自贵自重（士人无耻自贱，自唐末开始，参见《唐鉴》），使太祖不能轻贱他们而有护惜之情。而君主则要重士、得士，其大臣、师儒、长吏也要重士，为君主选用士人，这都关系到王朝政治的稳固。

对于太祖的微服出访，王夫之认为历史上君主的微行有三种情况：一是察群情以思预制，一是利用微行而狂荡嬉游，一是为了苛察而微行。但微行只是凭借个人的聪明才智与天下斗智，不能视为治理天下的正道。面对重臣赵普的善于言辩，太祖虽然有时无言以对，但非常清楚天下事不能尽由书生，所以他要利用赵普与武将相互制约。但太祖的猜疑心太重，后来的宋朝君主对大臣（尤其是武将）都有猜疑之心，成为整个宋朝的一大弊端。

关于礼法的改变问题，王夫之认为变与不变，都要根据时势的不同及情理的可否来加以考虑，并非凡是变革都是好事。对于吏治，王夫之提出省官可清吏治，增俸可责官廉，吏之扰民在于赋税、狱讼、工役三者，帝王对于官吏应任之以道、兴之以贤、驭之以礼，防止官吏借赋税等事扰民。国家的各项事务，都要事先有充分的储备，要储其盈以待事，但不能过度储积而加重民众的负担。

王夫之认为太祖开创的宋朝政治，超过了汉代文景之治和唐代贞观之治，因为文景之治与贞观之治最多维持两代，而太祖开创的宋代制度，从太祖到熙宁年间都可称为治世，时间长于文景之治与贞观之治。究其原因，一是子孙能继承其事业，二是有多士赞襄，三是有家法为之檠括，四是有政教加以熏陶，所以自汉光武帝以后的有令德之君主，宋太祖可称“迥出”于他们之上的。

【正文】

宋兴，统一天下，民用宁，政用乂，文教用兴，盖于是而益以知天命矣。天曰难谌[①]，匪徒人之不可狃也[②]，天无可狃之故常也。命曰不易，匪徒人之不易承也。天之因化推移，斟酌而曲成以制命[③]，人无可代其工，而相佑者特勤也。

【注释】

① 谌（chén）：相信。天曰难谌：《尚书·君奭》：“天命不易，天难谌。”都是说天命无常而难以相信。

② 狃（niǔ）：习惯、拘泥。如狃于成见、狃于积习。

③ 曲成：根据事物的各种变化和具体情况而使万物得以完成。曲，委细曲折，指事物的不同情况与变化。成，使之完成。

【译文】

宋朝兴起，统一了天下，民众得以安宁，国政得以治理，文化礼教得以兴盛，大致由此而更加知晓天命了。天，可以说是难信的，不仅仅是人对于天不可以拘泥，更因为天没有可以拘泥的常态。命，可以说是不能改变的，不仅仅是人对于命是不易承受的。天的变化推移，是根据万物的具体情况和变化加以斟酌而使之得以完成，由此控制事物的命运，人不可代替天的巧妙作用，而天对人的佑助也只有辛勤。

【评析】

宋太祖之所以在中国古代史上占有重要地位，是因为他彻底扭转了自唐末到五代时期的天下混乱局面，把用武力作为解决问题的最高手段的暴力政治，改变为依靠文化进行治国理政的态势，并且实现了他的目的，从而开启了中国历史上最有文化的一段历史。宋太祖本身是一个武人，却能有这样的胸怀与气度，并完全加以实现，这就决定了他是历史上了不起的帝王之一。

宋太祖的治国合乎天心

【题解】

宋太祖并不是超人，他能让自己的治国合乎天心，应该说是历史实践让他懂得了这一道理。

【正文】

帝王之受命，其上以德，商、周是已，其次以功，汉、唐是已。《诗》曰：“鉴观四方，求民之莫[①]。”德足以绥万邦，功足以戡大乱，皆莫民者也。得莫民之主而授之，授之而民以莫，天之事毕矣。乃若宋，非鉴观于下，见可授而授之者也。何也？赵氏起家什伍，两世为裨将，与乱世相浮沉，姓字且不闻于人间，况能以惠泽下流系邱民之企慕乎！其事柴氏也[②]，西征河东[③]，北拒契丹[④]，未尝有一矢之勋；滁关之捷[⑤]，无当安危，酬以节镇而已逾其分。以德之无积也如彼，而功之仅成也如此，微论汉、唐底定之鸿烈[⑥]，即以曹操之扫黄巾、诛董卓、出献帝于阽危、夷二袁之僭逆[⑦]，刘裕之俘姚泓、馘慕容超、诛桓玄、走死卢循以定江介者[⑧]，百不逮一。乃乘如狂之乱卒控扶以起，弋获大宝[⑨]，终以保世滋大，而天下胥蒙其安。呜呼！天之所以曲佑下民，于无可付托之中，而行其权于受命之后，天自谌也，非人之所得而豫谌也，而天之命之也亦劳矣！

【注释】

① 鉴观四方，求民之莫：出自《诗经·大雅·皇矣》，是说上帝自上临下，

监观四方，求民之莫。莫，安定。求民之莫，追求人民的安定。

② 柴氏：指五代后周。赵匡胤自后汉时就为郭威的部下，后来郭威建立后周，郭威死后由养子柴荣继位，赵匡胤任殿前都点检兼任宋州（今河南商丘一带）归德军节度使。自郭威西征河东、北拒契丹，至柴荣北伐契丹，赵匡胤一直跟随，其事柴氏，包括郭威、柴荣。

③ 西征河东：河东指黄河以东，今山西一带，此处“河东”指藩镇河中（治所在蒲州，即今山西芮城西北）。后汉乾祐元年（948），河中节度使李守贞、永兴节度使赵思绾、凤翔节度使王景崇反叛，郭威自后汉都城汴梁出发征讨。河中治所蒲州及永兴军治所长安（今陕西西安）、凤翔治所凤翔（今陕西凤翔南）都在汴梁之西，所以称为西征。而以河中节度使为主，所以说是征河东。乾祐二年（949）七月攻克河中，平定三叛。

④ 北拒契丹：指郭威、柴荣在后汉和后周时数次北上与契丹的作战。后汉乾祐二年（949）、乾祐三年（950），契丹入侵后汉河北地区，郭威时为后汉枢密使，率军从汴梁出发北上抵抗契丹，取得胜利。郭威死后，养子柴荣继位为周世宗，显德六年（959）四月伐契丹，五月取瀛州（今河北河间）、莫州（今河北任丘）、易州（今河北易县），在前往幽州途中发病而还，北伐告终。

⑤ 滁（chú）关之捷：周世宗显德三年（956）出兵攻伐南唐，命赵匡胤率军袭击南唐滁州（治所在清流，今安徽滁州），攻克其城，擒捉其将皇甫晖等。

⑥ 底（dǐ）定：平定。鸿烈：大业。鸿，大。烈，功业。

⑦ 曹操（155—220）：东汉沛国谯城（今安徽亳州）人。通过平定黄巾起义以及官渡之战，统一北方，被封为魏王。黄巾：东汉晚期张角、张宝、张梁等人传播太平道吸引徒众，于汉灵帝中平元年（184）在冀州巨鹿（今河北邢台巨鹿）起义，至汉献帝初平二年（191）失败。起义军头上包黄色头巾，故称“黄巾”。董卓（？—192）：东汉陇西临洮（今甘肃岷县）人。为镇压黄巾军，率军进入东汉都城洛阳，废

黜少帝，扶立献帝，又逼献帝迁都长安。后被部下吕布杀死。献帝：汉灵帝之子刘协（181—234），灵帝死后，刘辩继位，史称少帝。刘协为刘辨庶弟，董卓入京废黜少帝，立刘协，即献帝。后被曹操迎至许昌。220年，曹丕逼他禅让帝位，创立曹魏。阽（diàn）：危险。二袁：袁绍和袁术。袁氏为汝南豪族，自袁绍高祖袁安始，四代人先后任司徒、司空等职，门生故吏遍天下。至袁安重孙袁逢，袁术为袁逢嫡长子，袁绍为袁术同父异母之兄。黄巾起义、董卓之乱后，袁绍占据河北，袁术占据九江、扬州一带。官渡之战，袁绍被曹操打败，不久病死。袁术先后被吕布、曹操击败，吐血而死。

⑧ 刘裕（363—422）：彭城绥舆里（今江苏铜山）人。南朝刘宋开国皇帝。初为东晋北府军下级军官，击败各地的割据和叛乱，420年废东晋恭帝司马德文，自立为帝，国号宋。姚泓（388—417）：十六国时期后秦最后一任君主，东晋安帝义熙十二年（416）即位，兄弟相杀，关中大乱，义熙十三年（417）刘裕攻入后秦都城长安，姚泓出降，刘裕把姚泓押往建康，斩于市。馘（guó）：古代战争杀死敌人后，割取其耳或头颅以便计数确定战功。慕容超（385—410）：鲜卑人，南燕献武帝慕容德的侄子，慕容德死后即位，410年东晋刘裕攻破广固，被俘后送往建康斩首。桓玄（369—404）：谯国龙亢（今安徽怀远）人，晋安帝时，带兵攻入建康，逼迫晋安帝禅让帝位，建国称帝，国号楚。404年，刘裕等人起兵讨伐，桓玄战败被杀。卢循（？—411）：范阳涿（今河北涿州）人。东晋隆安二年（398）五斗米道道士孙恩起义，卢循是孙恩妹夫，孙恩战败自杀，卢循继续作战。刘裕击败桓玄，卢循从广州出兵攻到建康城下，被刘裕击退，最终在交趾龙编县南津（今越南慈仙、仙越）战败自杀。

⑨ 弋（yì）：本指用带绳子的箭射鸟，引申指获取。

【译文】

帝王接受天命，其中上等的是靠德，商、周二代就是这种情况；次一等的是靠功劳，汉、唐两代就是这种情况。《诗经》里说：“鉴察观照四方，追求万民的安定。”成为帝王的人，他的德足以安定万邦，功足以平定大乱，就都是安定万民的。上天找到一个能够安定万民的君主而授给他天命，授给他天命而使万民得以安定，上天的事就算完成了。可是像宋朝，并不是上天鉴察观照下方，看到一个可以授予天命的人而授予他天命的。为什么呢？赵氏是从行伍中起家的，两代人都是军中的偏将，与乱世一同上下沉浮，他们的姓名在人间还不为人所知，何况能以恩德惠及下民而维系百姓的仰慕呢！赵匡胤为柴氏做事，在西征河东、北抗契丹的作战中，未尝有一弓一箭的功勋；他所取得的滁关之捷，也与后周朝的安危无关，柴荣用节度使酬谢他已经超过了他的名分。他在德的方面没有积累也就是这样罢了，而取得的战功也仅是如此，不要说汉、唐平定天下的宏大功业，就是用曹操扫平黄巾、诛讨董卓、从危险中救出献帝、平定了袁绍和袁术的僭越叛逆，刘裕俘获姚泓、斩首慕容超、诛杀桓玄、追击逼死卢循以平定江南来比，赵匡胤也不及他们的百分之一。赵匡胤却利用如同发狂一样的乱兵扶助而兴起，猎获了帝位，最终还保住了皇权并且延续下来不断壮大，而天下之民也都享受了他带来的安定。呜呼！上天之所以用心地护佑下民，在无人可以托付的情况下，而让赵匡胤在接受天命之后施行了王权，这是上天的自信，不是人所能预先相信的，而上天把天命托付给赵匡胤也是很辛劳了！

【评析】

宋太祖并非靠自己的武功而得天下，他利用了历史难得出现的转折点，顺应了民心与天意，似乎是上天所选择的人，这是历史上最难解释的现象，但从历史发展变化的趋势看，赵匡胤是一个非常有头脑的人物，在那个时代是独一无二的。

宋太祖无功也能得天下

【题解】

无功是与商、周、汉、唐开国君主相比，宋太祖没有太大的战功，在此情况下，还能当上皇帝，并坐称天下，其中必有原因。

【正文】

商、周之德，汉、唐之功，宜为天下君者，皆在未有天下之前，因而授之，而天之佑之也逸。宋无积累之仁，无拨乱之绩，乃载考其临御之方，则固宜为天下君矣；而凡所降德于民以靖祸乱，一在既有天下之后。是则宋之君天下也，皆天所旦夕陟降于宋祖之心而启迪之者也[①]。故曰：命不易也。

【注释】

① 陟（zhì）降：由上降下。陟，本来是登、升，引申为上或高。

【译文】

商、周两代开国帝王的德，汉、唐两代开国皇帝的功，使他们应该成为天下的君主，他们有德有功都是在没有取得天下之前，上天因为他们有功有德而将天命授给他们，因而上天对他们的护佑也就很轻松。宋的称帝在赵匡胤来说没有长期积累的仁德，也没有拨乱平天下的功绩，而考察他对天下的君临统治的方法，也可以说本来就应该成为天下的君主；而他把各种恩德下赐于民众以平定祸乱，全都是在他已经有了天下之后。这样说来，宋的君临天下，都是上天从早到晚由上降临到宋太祖的心里而对他不断启迪的结果。所以说：天命是不可改变的。

【评析】

王夫之认为宋太祖建国后的治国治民，证明他为天下君主是合适的。而他的功劳全是在登上帝位后取得的，因而这是天对他的内心的启示。实际上是社会的动乱现状使他懂得了要使天下太平，让人民不再遭受战乱之苦。

宋太祖是怎样知天德的

【题解】

宋太祖并不是靠用武力而获得帝位的，王夫之认为他在冥冥中知道了天德，因而按照天德来当君主，来治国治民，这对后世君主治国治民，都有重要的启示意义。

【正文】

兵不血刃而三方夷，刑不姑试而悍将服，无旧学之甘盘而文教兴①，染掠杀之余风而宽仁布，是岂所望于兵权乍拥、寸长莫著之都点检哉②？启之、牖之、鼓之、舞之③，俾其耳目心思之牖，如披云雾而见青霄者，孰为为之邪？非殷勤佑启于形声之表者，日勤上帝之提撕④，而遽能然邪⑤！佑之者，天也；承其佑者，人也。于天之佑，可以见天心；于人之承，可以知天德矣。

【注释】

① 甘盘：商代的学者和贤臣。商王小乙时，命世子武丁以甘盘为师学习各种知识。小乙死后，武丁继位，让甘盘辅佐自己，成为中兴之主。

② 都点检：五代后唐时，皇帝巡行或出征，设大内都点检。后周世宗柴荣建立禁卫军，称为殿前诸班，设殿前都点检作为最高指挥官。赵匡胤在后周任殿前都点检，称帝后废除了这一官职。

③ 牖（yǒu）：窗户。这里指开启，比喻启迪他的心灵。

④ 提撕（sī）：教导，提醒。

⑤ 遽（jù）：仓促，突然。

【译文】

兵不血刃就平定了各地的割据者，刑罚不用试用就让剽悍的军将顺服自己，没有像甘盘那样素有学问就让文化教育得以兴盛，熏染了掠杀的余风却能施行宽大和仁厚，这难道能期望于那个忽然间拥有了兵权、却没有一寸长处的都点检吗？启示他、启迪他、鼓动他、激励他，使他的耳目心思的窗口，就像拨开云雾而看到青天一样，是谁做到的呢？不是殷勤地在形声之外对他进行启示，上帝每天辛勤地对他进行提醒，能突然之间就这样吗！佑助他的，是上天；接受这个佑助的，是人。在上天的佑助中，可以看见天的心；在人的接受中，就可以知道上天的德了。

【正文】

夫宋祖受非常之命，而终以一统天下，厎于大定，垂及百年，世称盛治者，何也？唯其惧也。惧者，恻悱不容自宁之心[①]，勃然而猝兴，怵然而不昧[②]，乃上天不测之神震动于幽隐，莫之喻而不可解者也。

【注释】

① 恻悱（cè fěi）：恻，恻隐、悲痛。悱，抑郁。

② 怵（chù）：恐惧。怵然，形容战战兢兢的恐惧心态。

【译文】

宋太祖接受了上天的非常之命，而最终一统了天下，达到了天下大定，并向后延续将近一百年，世人称为盛治，这是什么原因？原因只是在于他的恐惧。恐惧，是指恻隐担忧而不容自安的心态，这种心态在仓促之间强烈地产生，又战战兢兢地不消失，这就是上天无法测知的神灵在幽隐之中震惊打动了宋太祖的心，没人能说得清楚而又不能解脱。

【正文】

然而人之能不忘此心者，其唯上哲乎！得之也顺，居之也安，而惧不忘，乾龙之惕也[①]；汤、文之所以履天佑人助之时，而惧以终始也。下此，则得之顺矣，居之安矣，人乐推之而已可不疑，反身自考而信其无歉；于是晏然忘惧，而天不生于其心。乃宋祖则幸非其人矣。以亲，则非李嗣源之为养子[②]，石敬瑭之为爱婿也[③]；以位，则非如石、刘、郭氏之秉钺专征[④]，据岩邑而统重兵也；以权，则非郭氏之篡，柴氏之嗣，内无赞成之谋，外无捍御之劳，如嗣源、敬瑭、知远、威之同起而佐其攘夺也。推而戴之者，不相事使之俦侣也[⑤]；统而驭焉者，素不知名之兆民也；所与共理者，旦秦暮楚之宰辅也；所欲削平者，威望不加之敌国也。一旦岌岌然立于其上[⑥]，而有不能终日之势。权不重，故不敢以兵威劫远人；望不隆，故不敢以诛夷待勋旧；学不夙，故不敢以智慧轻儒素；恩不洽，故不敢以苛法督吏民。惧以生慎，慎以生俭，俭以生慈，慈以生和，和以生文。而自唐光启以来[⑦]，百年嚣陵噬搏之气，寖衰寖微，以消释于无形。盛矣哉！天之以可惧惧宋，而日夕迫动其不康之情者，"震惊百里，不丧匕鬯"[⑧]。帝之所出而天之所以首物者[⑨]，此而已矣。然则宋既受命之余，天且若发童蒙，若启甲坼[⑩]，萦回于宋祖之心不自谌，而天岂易易哉！

【注释】

① 乾龙之惕：《周易》乾卦的卦辞以龙为主，九三爻辞说"君子终日乾乾，夕惕若"。简称就是"乾龙之惕"，像乾卦之龙一样保持惕惧之心。

② 李嗣源（867—933）：后唐第二任皇帝，原名邈佶烈，初为唐末李克用的养子，克用之子李存勖建立后唐，李存勖死后，李嗣源即位。

③ 石敬瑭（892—942）：沙陀人，初为李嗣源部下，能征善战，后唐末帝清泰三年（936）反叛，在契丹支援下灭后唐，建立后晋。称帝后，石敬瑭对契丹自称"儿皇帝"，割让燕云十六州送给契丹，从此契丹可以直接南下。

④ 刘、郭：刘知远（895—948）和郭威（904—954）。刘知远，生于太原（今山西太原市西南），后晋开运四年（947）称帝，建立后汉。郭威，邢州尧山（今河北邢台隆尧）人，初为军吏，后汉时受刘知远重用，率军讨平李守贞等人。后汉乾祐三年（950）起兵反叛，951年称帝，建立后周。

⑤ 俦（chóu）：同辈，伴侣。

⑥ 岌（jí）岌：山耸起的样子，比喻危险，如岌岌可危。

⑦ 光启：唐僖宗第五个年号，从885年到888年。当时各地节度使纷纷内战，僖宗不能控制天下，自此唐逐渐衰亡，进入军阀混乱的五代时期。

⑧ 震惊百里，不丧匕鬯（chàng）：出自《周易·震卦》，震代表雷，意谓雷发声闻于百里，为古代诸侯之象。诸侯的教令能警戒其国内，则能守住宗庙社稷，作为祭祀之主而不会亡失匕与鬯。匕、鬯都是古代祭祀宗庙用物，匕为一种勺子，鬯为香酒，引申指宗庙祭祀。

⑨ 首物：出自《周易·乾卦·彖辞》："乾道变化，各正性命，保合太和乃利贞，首出庶物，万国咸宁。"首出庶物是说乾道使万物得以生出和形成，万国咸宁则指因此而天下全都安宁。所以首物就指天道对万物的引导和生成作用。

⑩ 甲坼（chè）：甲指植物果实种子的外壳；坼指外壳裂开，将要萌芽生长。

【译文】

然而能不忘记此心的人，大概只有最智慧的哲人吧！得到天下是顺利的，身居帝位是安宁的，却怀有警惧而不忘记此心，这就是乾卦所说龙的惕惧；商汤、周文王之所以在得到了天祐人助的时候，而能始终怀有惕惧之心，也就是这样吧。比这种情况下一等的，则是得到天下是顺利的，居于帝位是安宁的，人们乐于推崇他而自己可以不用怀疑，反思自己而相信没有什么愧歉；于是安然忘记了警惧，而上天的启示也就不产生于他的心中。而宋太祖则幸亏不是这种人。以亲疏关系说，则不像李嗣源是李克用的养子，也不像石敬瑭是李嗣源的女婿；从官位上说，则不像石敬瑭、刘知远、郭威那样掌握军事大权可以专行征伐，占据险要的城邑而统率重兵；从获得帝王大权上说，则不是郭威的篡位，也不是柴荣的继位，在内没有襄助他取得成功的谋略，在外没有保卫国家抵御外敌的功劳，也没有像李嗣源、石敬瑭、刘知远、郭威那样与自己一同崛起而帮助他夺取帝位的人。推服而拥戴他的人，是不曾作为部下而可以驱使的同伴；统率而驾驭的人，是一向不知其名的众多百姓；与他共同治国的人，是晨为秦臣暮为楚臣的宰相等文官；所欲击败削平的人，是威望不高的敌国。一旦岌岌然危险地立于这些人之上，就会有不能确保终日安全的形势。权势不重，所以不敢用兵威胁远方之人；声望不高，所以不敢用诛杀来对待有功的往日同伴；学术没有长期的积累，所以不敢用智慧轻视儒家学者；恩惠不广，所以不敢用苛刻的刑法督察吏民。由惧而生出慎，由慎而生出俭，由俭而生出慈，由慈而生出和，由和而生出文。而自唐僖宗光启年以来，一百年来的嚣张陵越噬吞搏杀之气，逐渐衰微，以至消释于无形之中。多么鼎盛啊！上天用可惧的事情让宋太祖感到恐惧，又天天从朝至夕逼迫搅动他的不安之情，这正是《震》卦所说的“诸侯之令震惊百里，他就能够不丧失社稷祭祀之权”。天帝所发出的启示而上天用来引导和生成万物的大道，不过这样而已。这样的话则在宋太祖接受了天命之后，上天还要像启发童蒙幼儿一样，像让植物种子外壳裂开萌芽一样，让上天的启示在宋太祖的心里萦回不断，使他不敢自信，而天难道是很容易的吗！

【正文】

虽然，彼亦有以胜之矣，无赫奕之功而能不自废也，无积累之仁而能不自暴也；故承天之佑，战战栗栗①，持志于中而不自溢。则当世无商、周、汉、唐之主，而天可行其郑重仁民之德以眷命之②，其宜为天下之君也，抑必然矣。

【注释】

① 战战栗栗：战战，指战战兢兢。栗栗，发抖的样子，形容恐惧。

② 郑重：认真慎重，审慎殷勤。

【译文】

即使这样，宋太祖也有借以胜任的原因，这就是他虽然没有显赫的大功但能不自我废坏，虽然没有积累的仁爱但能不自暴自弃；所以他能承受上天的佑助，战战兢兢小心警惧，在心中坚持志向而不自满。则当世虽然没有商、周、汉、唐那样的明主，而天仍然可以施行它的慎重爱民的德行来眷顾和授命于太祖，这样看来，宋太祖适宜成为天下的君主，也当是必然的了。

【评析】

古人认为天与人是相通的，王夫之分析了宋太祖成为君主后的一些做法，说明了宋太祖的内心是受到天意的启发的，所以他能采取和平的方式来统一天下，并治理官吏与民众。

宋太祖的三条铁律

【题解】

太祖的和平治国，具体体现在三条不可违背的律条中，决定了整个宋代士大夫的安全，和农民生活的稳定。

【正文】

太祖勒石，锁置殿中，使嗣君即位，入而跪读。其戒有三：一、保全柴氏子孙；二、不杀士大夫；三、不加农田之赋。呜呼！若此三者，不谓之盛德也不能。德之盛者，求诸己而已。舍己而求诸人，名愈正，义愈伸，令愈繁，刑将愈起；如彼者，不谓之凉德也不能[①]。求民之利而兴之，求民之害而除之，取所谓善而督民从之，取所谓不善而禁民蹈之，皆求诸人也；驳儒之所务，申、韩之敝帚也[②]。

【注释】

① 凉德：薄德，与厚德、盛德相对而言。

② 申、韩：指战国时的法家学者申不害、韩非。申不害（约前385—前337），郑国京邑（今河南荥阳）人，曾在韩为相十九年。其学术以“术”著称。韩非（约前280—前233），战国时韩国人，韩国诸公子之一。精于刑名法术之学，著有《韩非子》，是法家思想的集大成者。后到秦国受重用，被李斯等人陷害致死。

【译文】

太祖刻成石碑，放在殿中并锁住殿门，让后来继位的君主在即位时，进入殿内跪下读碑文。碑文写的是三条戒语：一、保全柴氏子孙；二、不杀士大夫；三、不加农田之赋。呜呼！像这样的三条戒律，不称为盛德是不可能的。德的厚盛，求于自己而已。舍己而求于他人，名称越正当，义理越深长，法令越繁琐，刑罚就将会愈益产生；像这样的，不称它为薄德是不可能的。追求民利而加以兴建，寻求民害而加以革除，拿来所谓的善而督促民众顺从它，拿来所谓的不善而禁止民众蹈行它，这都是求于他人；驳杂的儒生所务求的，不过是法家申不害、韩非的破扫把而已。

【正文】

夫善治者，己居厚而民劝矣，谗顽者无可逞矣[①]；己居约而民裕矣，贪冒者不得黩矣。以忠厚养前代之子孙，以宽大养士人之正气，以节制养百姓之生理，非求之彼也。捐其疑忌之私，忍其忿怒之发，戢其奢吝之情[②]，皆求之心、求之身也。人之或利或病，或善或不善，听其自取而不与争，治德蕴于己，不期盛而积于无形，故曰不谓之盛德也不能。

【注释】

① 谗（chán）：说坏话陷害别人。顽：顽固。

② 戢（jí）：收敛。

【译文】

善于治理天下的人，自己以忠厚之德自居而民众就受到了勉励，进谗言和顽固不化的人就无法得逞了；自己以宽大节制自居而民众就很宽裕了，贪婪谋利的人就不能贪污了。以忠厚来养护前代王朝帝王的子孙，以宽大来培养士人的正气，以节制来养育百姓的生计产业，这不是求于他人。捐弃其猜疑猜忌的私心，忍住其忿怒的发作，收敛其奢侈吝啬的心情，都是求之于己心、求之于自身。人对于事物或以为利或以为害，或认为善或认为不善，则听任他们自行取舍而不与他们相争，治理天下的德蕴藏于自己，不求盛德而在无形中逐渐蓄积，所以说不称之为盛德是不可能的。

【正文】

求之己者，其道恒简；求之人者，其道恒烦。烦者，政之所繇[①]紊，刑之所繇密，而后世儒者恒挟此以为治术，不亦伤乎！子曰：“道之以政，齐之以刑[②]。”政刑烦而民之耻心荡然，故曰不谓之凉德也不能。

【注释】

① 繇（yóu）：通“由”。

② 道之以政，齐之以刑：出自《论语·为政》，意思是说治国的人用政令来治理百姓，用刑罚来整顿他们。

【译文】

求之于自己的人，其道总是很简明的；求之于他人的人，其道总是很烦琐的。烦琐，这就是国政因此而紊乱、刑罚因此而繁多的原因，而后世的儒者总是以此作为治国的方法，不也是很有害吗！孔子说：“用政令来治理百姓，用刑罚来整顿他们。”国政和刑罚繁琐了，就会使民众的羞耻心荡然无存，所以说不称之为薄德是不可能的。

【评析】

三条铁律的提出，说明宋太祖确实是超过许多帝王的君主，也是保证宋代政治一直和平而稳定的重要原因。

宋太祖功超前人

【题解】

宋的求己之道，就是对自己提出要求，而不是放纵自己的欲望。对自己提出要求，就是要求自己在治国治民时要考虑到天下的稳定，考虑到民众的平安。而这都是宋太祖在经过了五代的天下之乱而形成的想法，客观上也与民心、天意相通。

【正文】

宋有求己之道三焉，轶汉、唐而几于商、周，传世百年，历五帝而天下以安①，太祖之心为之也。逮庆历而议论始兴②，逮熙宁而法制始密③，舍己以求人，而后太祖之德意渐以泯。得失之枢，治乱之纽，斯民生死之机，风俗淳浇之原，至简也。知其简，可以为天下王。儒之驳者，滥于申、韩，恶足以与于斯！

【注释】

① 五帝：从宋太祖960年立国至英宗1067年去世，前后百余年，经历了太祖、太宗、真宗、仁宗、英宗五代皇帝。

② 庆历：宋仁宗年号，1041年至1048年。

③ 熙宁：宋神宗年号，1068年至1077年。王安石在此期间变法，史称“熙宁变法”。

【译文】

宋代在此有了三条求己之道，于是超过了汉代和唐代而接近于商代和周代，王朝传续了一百年，经历了五代皇帝而天下因此得以安宁，这是基于宋太祖的心愿而达成的。等到了庆历年间，有关的议论就开始出现了；再到熙宁年间，国家的法制就开始细密繁多了，这是舍弃了要求自己而对人提出要求，如此之后宋太祖的德意就逐渐泯灭了。得失和治乱的枢纽，民众生或死的关键，风俗淳厚或浇薄的根源，本来是极为简单的。知道它是简单的，就可以成为天下的君王。儒家驳杂的学者，将申不害、韩非的学说混杂进来，哪里足以参与治理国家！

【正文】

夫太祖，亦犹是武人之雄也。其为之赞理者，非有伊、傅之志学①，睥睨士气之淫邪而不生傲慢，庶几乎天之贮空霄以翔鸢，渊之涵止水以游鱼者矣，可不谓天启其聪，与道合揆者乎！而宋之士大夫高过于汉、唐者，且倍蓰而无算，诚有以致之也。因其善而善之，因其不善而不善之，以治一家不足，而况天下乎？河决于东，遏而回之于西，未有能胜者也。以吏道名法虔矫天下士，而求快匹夫婞婞之情②，恶足以测有德者之藏哉！

【注释】

① 伊、傅：伊尹（约前1649—前1550），名挚，商朝初年丞相。本是有莘氏的奴隶，陪嫁到商，成为汤的厨师，商汤赏识他的才能，提拔为宰相。此后他辅助商汤灭夏，建立商朝。伊尹历事商朝的商汤、外丙、仲壬、太甲、沃丁五代君主，功劳卓著。傅说（yuè）（约前1335—前1246），商王武丁的宰相。本是在傅岩筑墙的奴隶，武丁梦见圣人，名为说，最终在傅岩找到他，任用为相。傅说辅佐武丁，形成“武丁中兴”。

② 婞婞（xìng）：倔强的样子，引申指愤恨不平的样子。

【译文】

说到宋太祖，也还是武人中的英雄。他用来治理天下的韬略手段，也没有伊尹和傅说那样的志趣与学识，但他能鄙视士人风气的放纵和邪恶，而自己不产生傲慢，这几乎就像上天备有空旷的云霄来让鸢鸟飞翔、深渊涵有静止之水而让大鱼游泳一样了，能不说是上天开启了他的聪明，而与大道相符合吗！而宋代士大夫的高明超过汉代和唐代，且已达到数倍而无法计算，确实有办法使他们达到这种地步。据他们的善而视为善，据他们的不善而视为不善，用来治理一家还不足，何况治理天下呢？河水在东边决堤，却在西边遏止而使之回流，这样做是不能取胜的。用官吏之道及礼法制度的虔敬来矫正天下士人，由此以求满足匹夫倔强愤恨不平的心情，这种做法哪里足以测知有德之人深藏的智慧呢！

【评析】

宋太祖能做到为天下谋太平，不是靠某种学问，而是凭借着人心中的善良，这是君主治国时不可缺少的因素，王夫之认为这是有德之人的深邃智慧。

得士者昌

【题解】

古代社会的治国理政以君主为中心，但需要大量的士人作为君主的辅助力量，因为士是读书人，懂得自古以来的治国之道以及相关的学说，让他们根据这些知识，来帮助君主治理天下，就能让君主随时明白怎样做才是正确的。

【正文】

语有之曰："得士者昌①"。"得"云者，非上必自得之以为己得也。下得士而贡之于上，固上之得也；下得士而自用之以效于国，亦上之得也。故人君之病，莫大乎与臣争士。与臣争士，而臣亦与君争士；臣争士，而士亦与士争其类；天下之心乃离散而不可收。《书》曰："受有亿兆人，离心离德②"。非徒与纣离也，人自相离，而纣愈为独夫也。人主而下，有大臣，有师儒，有长吏，皆士之所自以成者也。人主之职，简大臣而大臣忠，择师儒而师儒正，选长吏而长吏贤。则天下之士在岩穴者，以长吏为所因；入学校者，以师儒为所因；升朝廷者，以大臣为所因。如网在纲，以群效于国。不背其大臣，而国是定；不背其师儒，而学术明；不背其长吏，而行谊修。悉率左右以燕天子，群相燕也。合天下贤智之心于一轨，而天子之于士无不得矣。和气翔洽，充盈朝野，寖荣寖昌，昌莫盛焉。"得士者昌"，此之谓也。

【注释】

① 得士者昌：《吴越春秋》卷五，计然对越王勾践说，"磻溪之饿人

也，西伯任之而王。管仲鲁之亡囚，有贪分之毁，齐桓得之而霸。故《传》曰：‘失士者亡，得士者昌。’”

② 受有亿兆人，离心离德：《尚书·泰誓》：“受有亿兆夷人，离心离德。予有乱臣十人，同心同德。”受，指殷纣王。予，周武王自称。夷人即平人，指凡人、普通人。

【译文】

古语有这样的说法：“得士的人会昌盛。”所谓的“得”，不是帝王必须自己得到士人才认为是自己的所得。在下的人得到了士而献给帝王，这本来就是帝王得到了士；在下的人得到了士而由自己任用他以报效于国家，这也是帝王的得士。所以君主最大的不足就是与臣争士。君与臣争夺士人，而臣也就会与君争夺士人；臣与臣争夺士人，而士也就会与士争夺其同类；这样的话，天下之人的心就都离散而不可收了。《尚书》里说：“纣王受有亿兆的人，但全都与他离心离德。”不但与纣王离心离德，人们也相互离心离德，这样的话，纣王就更加成为独夫了。人主之下，有大臣，有为师的儒家学者，有官长、官吏，都是由士人自身而成就的。君主的职责，是选择大臣而让大臣忠诚，选择为师的儒家学者而让这些学者贞正，挑选官长、官吏而让官长、官吏贤良。这样的话，天下的士人还在隐逸之中的，就以地方的官长、官吏为他们升进的途径；士人已进入学校的，就以作为老师的儒家学者为他们升进的途径；已经升到朝廷的士人，就以大臣为他们升进的途径。这样就如同一张大网而有纲绳，可以让众多的士人为国家效力。不违背大臣，于是国家的政策就能确定下来；不违背为师的儒家学者，于是学术就能昌明；不违背官长、官吏，于是士人的行为与道义就能修炼好。大臣、师儒、官员全部统率左右的人来与天子安乐相处，就使人们都能安乐相处了。把天下贤智者的心聚合到一个轨道上，那么天子就得到全部的士人了。充满和气而又优雅融洽，这种情况充满了朝廷内外，就会逐渐地昌盛繁荣，昌盛就达到顶点了。所谓的“得士者昌”，说的就是这种情况。

【正文】

自唐以来，进士皆为知举门生[1]，终其身为恩故；此非唐始然也，汉之孝廉[2]，于所举之公卿州将，皆生不敢与齿，而死服三年之丧，亦人情耳。持名法以绳人者，谓之曰不复知有人主。人主闻之，愤恚不平[3]，曰：彼得士而我失之矣。繇是而猜妒刻核之邪说，师申、韩以束缚缙绅，解散士心，使相携贰，趋邪径，腾口说，以要人主。怀奸擅命之夫，自矜孤立，而摇荡国是。大臣不自信，师儒不相亲，长吏不能抚。于是乎纲断纽绝，而独夫之势成。故曰："不信乎朋友，弗获乎上矣[4]。"朋友不信，上亦恶得而获之哉！少陵长，贱妨贵，疏间亲，不肖毁贤，胥曰："吾知有天子而已。"岂知天子哉？知爵禄而已矣。

【注释】

① 进士：隋炀帝大业年间在科举中设置进士科目，唐代沿用这一科目。进士的考试在朝廷举行，应试者称为举进士，中试者称为进士。知举：即知贡举，指唐、宋时特派大臣主持进士考试。门生：汉代称亲受业者为弟子，相传受业者为门生，后世门生即泛指弟子，进士中试后则对主持考试的大臣称门生。

② 孝廉：孝指孝顺亲长，廉指廉能正直。汉武帝元光元年（前134）令郡国举孝一人，察廉一人。被察举后，没有官职的人授以官职，原为小官者升为大官。

③ 恚（huì）：愤恨，愤怒。

④ 不信乎朋友，弗获乎上矣：《中庸》："在下位不获乎上，民不可得而治矣。获乎上有道，不信乎朋友，不获乎上矣。信乎朋友有道，不顺乎亲，不信乎朋友矣。"下获乎上，指下级得到上级的信任。信乎朋友，指得到朋友的信任。

【译文】

自从唐代以来，进士都是由大臣知举所定的门生，他们终其一生都视这个大臣为恩人；并不仅唐代才这样的，汉代察举孝廉，被察举的人对负责察举的公卿州将，一生不敢与他作为同列，而死后还要服三年的丧，这也是人之常情而已。拿着名教礼法来衡量人的，就说这是不再知道还有君主。君主听说了这种情况，也愤愤不平，说：大臣得到了士而我失去了士。由此就有出于猜忌妒恨而要严厉核查的邪说，以申不害、韩非为师来束缚士大夫，使士人之心离散，使他们互相怀有二心，走上邪路，攻击的言论大量出现，以此来要挟君主。怀有奸心而擅自发布政命的人，自我矜傲而显得孤立，由此动摇国家政治方针。大臣互不信任，为师的儒家学者也不相互亲近，官长、官吏也不能亲抚。于是乎国家的纲纪断绝，而独夫专权的形势就形成了。所以说："得不到朋友的信任，就不能得到上级的信任了。"朋友互不信任，在上的人也厌恶他们而不想获得他们作为人才了！年少的人陵越年长的人，低贱的人妨害高贵的人，疏远的人离间亲近的人，不肖的人诋毁贤能的人，都说："我只知道有天子而已。"这哪里是知道有天子呢？只是知道有爵禄而已了。

【正文】

太祖之欲得士也已迫，因下第举人挝鼓言屈[①]，引进士而试之殿廷，不许称门生于私门。赖终宋之世不再举耳。守此以为法，将与孤秦等。察察之明，悁悁之忿[②]，呴呴之恩[③]，以抚万方，以育多士，岂有幸哉！岂有幸哉！

【注释】

① 挝（zhuā）：打，击。

② 悁悁（yuān）：愤怒的样子。

③ 呴呴（xǔ）：呼气的样子，指轻轻吹拂。

【译文】

太祖想得到士人已是很急迫的，因为落第的举人击鼓喊屈，就引见进士而在皇宫内加以考试，不许进士对负责考试的官员在私人之间自称门生。幸亏直到宋代结束的时候不再这样做。守着这个做法作为成规，将与孤立的秦王朝一样。要知晓一切的明察，愤愤不平，如春风吹拂似的恩惠，用来安抚天下，用来培育众多的士人，难道是有幸的吗！难道是有幸的吗！

【正文】

夫欲成天下之务，必详其理；欲通天下之志，必达其情。然而人主之所用其聪明者，固有方也。以求俊乂[①]，冢宰公而侧陋举矣；以察官邪，宪臣廉而贪墨屏矣；以平狱讼，廷尉慎而诬罔消矣[②]；以处危疑，相臣忠而国本固矣。故人主之所用智以辨臧否者，不出三数人，而天下皆服其容光之照。自朝廷而之藩牧[③]，自藩牧而之郡邑，自郡邑而之乡保。听乡保之情者，邑令也；听邑令之治者，郡守也；听郡守之政者，藩牧也。因是而达之廷臣，以周知天下之故。遗其小利，惩其大害，通其所穷，疏其所壅。于是而匹夫匹妇私语之情，天子垂旒纩而坐，照之以无遗[④]。天下之足，皆吾足也；天下之目，皆吾目也；天下之耳，皆吾耳也。能欺其独知，而不能掩其众著，明主之术，恃此而已矣。愚氓一往之情辞，不屑听也，而况宵人之投隙以售奸者哉！

【注释】

① 乂（yì）：治理。

② 廷尉：官名。秦代九卿之一，掌管刑狱。汉代以后或用大理、廷尉、大理寺卿等名称。

③ 藩牧：藩指篱笆，引申指诸侯在各地形成对天子的屏护。牧指放牧，引申指官吏对民众的管理和驱使。藩牧连称，泛指处于朝廷与郡县之间的地方高级官员。

④ 旒（liú）：帝王冠冕上垂悬的珠玉。纩（kuàng）：指黈（tǒu）纩，黄色的絮棉，帝王冠冕上的饰物，用来塞耳。旒遮帝王的视，纩塞帝王的听，表示帝王不靠自己的耳目来视听。

【译文】

想达成天下的事务，必须详尽知晓治天下的道理；想通晓天下人的志向，必须彻底了解他们的心情。然而君主使用他的聪明，本来是有其方法的。用来寻求杰出的人才，朝廷的宰相能做到公正就会把埋没在民间的人才举荐上来；用来观察官吏的正邪，考察官员的大臣做到清廉而贪官污吏就会被屏退了；用来审理案件和诉讼，司法大臣做到谨慎就会使诬陷欺骗消失了；用来处理疑难之事，宰相大臣做到忠贞则国家的根本就会稳固了。所以君主应用智慧来辨别善还是不善，不出三五个人，而天下都会顺服君主智慧之光的照耀。从朝廷到地方大臣，从地方大臣到郡县的官员，从郡县的官员到乡村保甲。听取乡村保甲情况的人，是县令；听取县令治理情况的人，是郡里的太守；听取郡守执政情况的人，是地方大臣。由此而使各级的情况汇报到朝廷的大臣，以周遍地了解天下的情况。放掉那些小利，惩治那些大的危害，打通那些障碍，疏通壅塞之处。于是天子头戴冠冕而坐，旒珠垂下，黈纩塞耳，仍能对匹夫匹妇的私下话语中的隐情观照而无遗。天下人的脚，都是我的脚；天下人的眼，都是我的眼；天下人的耳，都是我的耳。能欺骗他单独一个人的认知，而不能遮住众人的明察，明主了解天下情况的方法，倚仗的就是这个而已。愚民所有的心情和言论，是不屑一听的，更何况那些小人钻空子以兜售他的奸邪呢！

【评析】

依靠士人，就是要依靠士人所掌握的治国之道，这中间包括丰富的历史教训，由此使那些治国之道具有详细的内容。君主治国，永远都要以寻找和选拔优秀的士人为重点，让他们参与治国理政的方方面面，担任相关的各种官职，由此把正确的治国之道付诸实施。

赵普善辩

【题解】

赵普善于论辩，有时宋太祖说不过他。在王夫之看来，能言善辩并不是好的才能，而是人们用来为错误辩护的手段，所以他认为高明的君主应该能识破这种能言善辩，并随时点出其中的无理之处，这样才能不让人们的能言善辩掩盖种种错误。

【正文】

口给以御人①，不能折也。衡之以理，度之以势，即其御我者以相诘，而固无难折。夫口给者，岂其信为果然哉？怀不可言之隐，相诱以相劫，而有口给之才，以济其邪说，于是坐受其穷。唯明主周知得失祸福之原，秉无私以照情伪之始终，则不待诘而其辩穷矣。曹翰献取幽州之策②，太祖谋之赵普③。普曰："翰取之，谁能守之？"太祖曰："即使翰守之。"普曰："翰死，谁守之？"而帝之辩遂穷。是其为言也，如春冰之脆④，不待凿而自破，而胡为受普之御也！

【注释】

① 口给（jǐ）：口才敏捷，善于答辩。

② 曹翰（924—992）：大名（今河北大名）人。初为后周世宗部下，宋太祖时，平李筠、平南唐，克江州（今江西九江），又从太宗灭北汉，攻契丹，官幽州行营都部署。太宗雍熙年间，又为右千牛卫大将军、分司西京。幽州：古九州之一，汉武帝设幽州刺史部，辖相当于今北

京、河北北部、辽宁南部及朝鲜西北部。隋炀帝改为涿郡，唐称幽州或范阳郡。幽州作为安史之乱后长期不奉朝命的河北三镇之一，直至五代后梁时被李存勖平定。后晋石敬瑭称帝（936），把幽蓟十六州割让给契丹，契丹以幽州为南京。

③ 赵普（922—992）：幽州蓟县（今北京）人，自幼学习吏治，后周显德年间，为永兴军（今陕西西安）节度使从事，滁州、渭州（今甘肃平凉）军事判官，同州（今陕西大荔）、宋州（今河南商丘）节度使推官、掌书记，是赵匡胤陈桥兵变和“杯酒释兵权”的计划者之一，太祖和太宗时三度为相，宋太宗时拜为太师。

④ 脃（cuì）：即“脆”，小而易断。

【译文】

善于用言辞来辩说，以此来反驳别人，但不能让人真正折服。如果用道理来衡量，据形势来量度，直接用他反驳我的理由来诘问他，则本来就不难使他理屈。那种善于辩解的人，难道他所说的真是确凿无疑的吗？怀有不可说出的隐情，用难题来诱导，而又有善辩的口才，以助成他的邪说，于是就会被当场驳倒。只有高明的君主能周详地知晓得失祸福的根源，秉着无私之心以照察人心的全部真伪，则不用诘问他而他的辩解就已穷尽了。曹翰向太祖献上夺取幽州的策略，太祖找赵普商议。赵普说：“曹翰夺取了幽州，谁能守住幽州？”太祖说：“就让曹翰守幽州。”赵普说：“曹翰死了，谁来守幽州？”于是太祖就无言以答了。这样看来他所说的，如春天的冰一样薄脆，不待敲凿而它自己就破碎了，又为何要接受赵普的反驳呢！

【正文】

虑之远者，亦知其所可知而已。吕后问汉高以社稷之臣[①]，至于一再，则曰：“非汝所知。”非独吕后之不知，汉高亦不知也。所可知者，育材有素，抡选有方[②]，委任之以诚，驾驭之以礼，则虽百年以后之干城，皆早卜其勋名之不爽。何事于曹翰膂力方刚之日，而忧其难继哉？逆料后之无良将，而靳复其故宇；抑将料子孙之无令人，而早举中夏投之戎狄，以免争战之劳与？

【注释】

① 吕后（前242—前180）：名雉。单父（今山东单县）人。其父吕公将其许配给刘邦，汉高祖五年（前202）立吕雉为后。吕后帮助刘邦翦除异姓王陈豨、韩信、彭越等人。刘邦死后，惠帝年少，吕后残害刘氏诸王。惠帝死后，吕后临朝称制。

② 抡（lún）：挑选，选拔。

【译文】

忧虑长远的人，也只能知道他所能知道的事情而已。吕后问汉高祖谁是能保住汉家社稷的大臣，一问再问，最后高祖只能说："不是你所能知道的。"不但吕后不能知晓，汉高祖自己也是不知道的。所能知道的事情，是对人才的训练有素，挑选人才要有方法，委任人才要以诚心，驾驭人才要以礼节，那么就是一百年以后的护卫国家的大臣，也都能提早预卜他的功名而不会有什么差失。何必还在曹翰年富力强的时候，就担忧在他之后而难有合适的继承人呢？预料以后没有优秀的将领，而担心能否恢复原有的领土；还是事先就将预料子孙之中没有杰出人才，而早早地把整个中华送给戎狄，以免以后会有战争的苦劳呢？

【评析】

王夫之认为对付能言善辩的人，要会用正道来衡量和驳斥，从而击破这种善辩，使之理屈。还要有细密的思考，从此类辩解中找出其中的矛盾与不合理之处，这样才能使倚仗善辩的人不能得逞。

六百年衣冠之祸

【题解】

王夫之认为宋人不少做法的背后隐藏着一些不敢明说的东西，这要凭借历史的实践与结果来验证。如宋代对将领的猜忌，是一直存在的，为了防备将领有功而有人望，甚至不惜自我削弱国家的军事力量，这就是所谓的六百年衣冠之祸。这里所说的衣冠，就是中国自古以来形成的文化，不能用强有力的军事保护中国文化，就会使中国文化长期处于被动挨打的局面。这一点，在现代，也不能忽视。

【正文】

夫直北塞垣之地，阻兵而称乱者，诚有之矣。汉则卢绾、陈豨、彭宠、卢芳[①]；唐则始于安禄山[②]，终于刘仁恭父子[③]。然方跃以起，旋仆以灭，亡汉唐者，岂在是哉？且其拥兵自保，而北狄阑入之祸消，虽倔强不戢，犹为我吠犬以护门庭也。迨及朱温屠魏博，李存勖灭刘守光[④]，而后契丹之突骑长驱于河、汴，而莫之能遏。御得其道，则虽有桀骜之夫而无难芟刈[⑤]。即其不然，割据称雄者，犹且离且合，自守其疆域，以为吾藩棘。此之不审，小不忍而宁掷之敌人，以自贻凭陵之祸。四顾怀疑，密谋而安于弃割，弗能告人曰吾之忧在此也，则口给之言，入乎耳而警于心；普曰："翰未可信也，继翰者愈可疑也"，则画河自守，鞭易及而马腹无忧耳。宋之君臣匿情自困，而贻六百年衣冠之祸，唯此而已矣。

【注释】

① 卢绾（前247或前256—前193）：沛郡丰邑（今江苏丰县）人，刘邦的同乡好友，刘邦称帝后封为燕王。汉高祖十一年（前196）与陈豨一起叛乱，刘邦派樊哙、周勃攻打卢绾，卢绾逃到匈奴。惠帝元年（前194），死于匈奴。陈豨（？—前195）：宛朐（今山东菏泽）人，西汉初封为列侯，统率赵国和代国的军队，引起汉高祖猜忌，高祖十年（前197），陈豨反叛，自立为代王。高祖十二年（前195）冬，陈豨在灵丘被汉军杀死。彭宠（？—29）：南阳宛（今河南南阳）人，原为刘秀的部将，建武三年（27），攻克蓟城（今北京），自称燕王。建武四年（28），刘秀派军攻克涿州，彭宠退出蓟城，据守渔阳。次年（29），彭宠被子密杀死。卢芳：生卒年不详。安定郡三水（今宁夏同心）人。王莽末年，卢芳在三水举兵，更始帝封卢芳为骑都尉。后，卢芳联络匈奴，匈奴把卢芳接到匈奴境内，在九原（今内蒙古包头）称帝。东汉光武帝建武十六年（40），向汉朝投降。汉光武帝封卢芳为代王，但卢芳再次叛汉，留匈奴中十余年，病死。

② 安禄山（703—757）：营州柳城（今辽宁朝阳）人，本姓康，名阿荦山。其父死后，其母改嫁突厥将军安波注之兄延偃。后与将军安道买之子孝节、安波注子思顺、文贞等人逃离突厥，与安思顺等人约为兄弟，从此冒姓安氏，名禄山。后进入军队，唐玄宗天宝元年（742）为平卢军节度使，兼任平卢、范阳、河东三镇节度使及河北采访使、御史大夫、左羽林大将军。天宝十四年（755）发动叛乱，天宝十五年（756）在洛阳称帝，国号大燕，后被儿子安庆绪刺杀。

③ 刘仁恭（？—914）：深州（今河北深州）人，唐昭宗乾宁二年（895）任卢龙节度使。乾宁五年（898），击败义昌节度使卢彦威，后其子刘守光与仁恭反目成仇，仁恭战败被俘。

④ 刘守光（？—914）：刘仁恭之子，守光因与刘仁恭爱妾罗氏通奸，被刘仁恭断绝父子关系。唐哀帝天祐四年（907），刘守光自称卢龙节度使，擒其父刘仁恭。909年，击败其兄义昌节度使刘守文，于是兼有

两镇。开平五年（911）称帝，国号大燕。913年，李存勖攻陷幽州，俘获刘仁恭及刘守光。

⑤ 桀骜（jié ào）：凶残暴烈，不驯服。芟刈（shān yì）：割取，引申为割除。

【译文】

在正北方的关塞边境之地，以兵抗拒朝廷而称乱的人，确实是有的。在汉代则有卢绾、陈豨、彭宠、卢芳等人；在唐代则从安禄山开始，到刘仁恭父子时才告终。但是这些人都是刚刚跳起来反叛，随即就倒下而灭亡，使汉唐灭亡的人，难道是在这里吗？况且他们拥兵自保，而使北方狄人随意侵入的灾祸消失，虽然他们倔强不顺，仍像狗一样吠叫着为朝廷看护门庭。等到朱温屠戮了魏博，李存勖消灭了刘守光，而后契丹突击的骑兵就长驱进入黄河、汴梁，而无人能够遏止他们。驾驭这种人如果掌握了正确的方法，则虽然会有桀骜不驯的武夫也不难割除他们。即使不能这样，割据称雄的人，还是要忽离忽合的，各自守着他们的疆域，作为朝廷的藩篱。对此不能看得清楚，小不忍而宁可将北方的关塞要地抛给敌人，就会因此而由自己造成被别人欺侮的灾祸。环顾四面而无不怀疑，密谋之后而安于放弃割舍，不能告诉人说：我的担忧就在于此，那么口头上善辩的话语，进入自己的耳朵而在心里形成警觉；赵普说："曹翰是不可信的，曹翰之后的继任者则更为可疑"，于是甘愿放弃边远之地而以黄河为界来自守，这样虽然鞭子容易打到但也仅能使如同马腹似的狭小区域无忧而已。宋朝的君臣藏匿心里的真实想法让自己困扰，于是就给中华文明留下了六百年的灾祸，其原因就只有这一点而已。

【评析】

中国的文化，不仅仅是礼乐制度及其丰富的文化层面的东西，也包括国家必须具备强有力的军事力量，以抵抗外来侵略，以消除内部的叛乱。这样才能使中国文化不至于陷入被人加害的灾祸之中。今天讲到中国文化，似乎忘记了这一点，总是讲仁义礼智信，讲仁至义尽，讲和平发展，其实如果没有强有力的国家军事力量，这样的文化就是残缺不全的，就是要软弱挨打的。

赵普的机心

【题解】

王夫之站在历史的长期过程的高度来观察和评价赵普，认为他是宋朝的最大野心家之一，这种看法，是许多人不具备的。因此好好看看王夫之对赵普的分析，是非常有益的。

【正文】

乃若普者，则又不仅是。以幕客之雄，膺元勋之宠，睥睨将士[①]，奄处其上，而固无以服其心也。陈桥之起[②]，石守信等尸之[③]，而普弗与；下江南，收西川，平两粤，曹彬、潘美等任之[④]，而普弗与；则当时推诚戮力之功臣，皆睨普而愤其轧己，普固有不与并立之势，而日思亏替之以自安。所深结主知以使倚为社稷臣者，岂计安天下以安赵氏哉？唯折抑武臣，使不得立不世之功以分主眷而已。故其受吴越之金[⑤]，而太祖曰："彼以为天下事尽繇书生也。"则太祖亦窥见其情，徒疑忌深而利其相制耳。

【注释】

① 睥睨（bì nì）：斜着眼看，瞧不起别人，高傲的样子。

② 陈桥之起：指使赵匡胤黄袍加身的陈桥兵变。

③ 石守信（928—984）：浚仪（今河南开封）人，后周显德六年，赵匡胤任殿前都点检，石守信任殿前都指挥使。赵匡胤称帝后，他率军平定昭义军节度使李筠、淮南节度使李重进等人反叛。宋太祖"杯酒释

兵权”，让石守信担任文职，太宗时为中书令，兼西京（洛阳）留守。

④ 曹彬（931—999）：真定灵寿（今河北灵寿）人，在后周任枢密使、晋州兵马都监等。北宋乾德二年（964）授义成军节度使，开宝七年（974）率军灭南唐，官枢密使。宋太宗雍熙三年（986），随太宗攻契丹，在岐沟关（今河北涞水东）惨败。潘美（925—991）：大名（今河北大名）人。周世宗时任西上标门副使，拥立赵匡胤称帝，之后率军攻灭南汉，又与曹彬攻灭南唐，随宋太宗灭北汉、北伐契丹。后驻守西北，雍熙三年随宋太宗伐契丹，为西路军，未能及时救援，使部下杨业全军覆没。

⑤ 吴越：即吴越国，五代十国之一。钱镠建国（895—978），都杭州（今浙江杭州）。唐光启三年（887），唐以钱镠为杭州刺史，乾宁三年（896）钱镠为镇海军、镇东军节度使，天复二年（902），封越王。开平元年（907），后梁封吴越王。钱镠死后，由钱元瓘、钱弘佐、钱弘倧、钱弘俶（钱俶）继位。宋太宗时，钱俶献其领土，吴越灭亡。赵普受金：开宝六年（973）赵普接受吴越王钱镠十瓶瓜子金，还违法从秦陇买木材营建官邸，宋太祖闻知大怒，罢赵普相职。

【译文】

至于像赵普这样的人，则又不仅仅如此。他作为幕府宾客中的豪雄，得到了开国元勋的恩宠，对军队将领采取傲慢的态度，高居其上，却本来是不能让军队将领心服的。陈桥兵变的时候，石守信等人主掌其事，赵普并未参与；以后攻下江南、收服西川、平定两粤，曹彬、潘美等人担任其事，赵普也没有参与；这样看来，当时对赵匡胤推布诚心而戮力攻杀的功臣，都瞧不起赵普而愤恨他倾轧自己，赵普本来就与他们势不两立，因而天天想着削弱他们而使自己安宁。他用来深结君主知遇以使君主把自己倚赖为社稷之臣的做法，哪里是考虑安定天下以求安定赵家王朝呢？他的目的只是要压抑军事将领，使他们不能建立当世罕见的大功而分得君主的眷爱而已。所以他在接受吴越的金钱时，宋太祖说：“他还以为天下事全都由书生来决定啊。”可知宋太祖也已窥知了他的私心，只是因为太祖对军事将领们有很深的怀疑猜忌而利用赵普与军人们相互牵制罢了。

【正文】

惟然，而太祖之任普也亦过矣。不仁者，不可与托国，则他日之惎害其子弟以固宠禄，亦何不可忍也！诚欲崇文治以消桀奡与[①]！则若光武之进伏湛、卓茂[②]，以敦朴纯雅之风，抑干戈之气，自足以靖方夏而化强悍。若湛、茂等者，皆忠厚立心，而无阴鸷钳伏之小知者也[③]。故功臣退处，而世效其贞。当宋之初，岂无其人，而奚必此怀椠倚门[④]、投身戎幕之策士乎？弗获已，而窦仪、吕余庆之犹在也[⑤]，其愈于普也多矣。险诐之人[⑥]，居腹心之地，一言而裂百代之纲维。呜呼！是可为天下万世痛哭无已者也。

【注释】

① 奡（ào）：同“傲”，傲慢。

② 伏湛（？—37）：琅邪东武（今山东诸城）人。九世祖伏胜、高祖伏孺、父亲伏理，都是有名的儒家学者，伏湛承继家学，有学生数百人。王莽时为绣衣执法、后队属正。更始帝时任平原太守，东汉时为尚书、代大司徒。卓茂：生卒不详。南阳宛（今河南南阳）人。汉元帝时随博士江生学习《诗》《礼》、历算等，后为丞相府史、侍郎、给事黄门、密县县令、京部丞。东汉光武帝即位，下诏称“卓茂束身自修，执节淳固，诚能为人所不能为”。

③ 鸷（zhì）：凶狠。

④ 椠（qiàn）：古代以木削成板片，用来书写。怀椠，指掌握书写撰作的能力。

⑤ 窦仪（914—966）：蓟州渔阳（今天津蓟州）人，五代后晋时为进士，后汉时官礼部员外郎，后周时任知制诰、翰林学士、礼部侍郎，权知贡举等。宋太祖时，为工部尚书、判大理寺事、礼部尚书、翰林学

士。太祖欲任其为宰相，但因赵普忌恨窦仪，乃引薛居正参知政事。吕余庆（927—976）：幽州安次（今河北廊坊）人。后晋时任开封府参军、忠武军节度推官。后周时在赵匡胤手下任书记，入宋后任端明殿学士、开封府知府、户部侍郎、潭州知州、襄州知州、兵部侍郎、江陵知府，乾德二年（964）与薛居正为首任参知政事。

⑥ 诐（bì）：邪恶。

【译文】

只是这样，宋太祖如此放任赵普也是一种过错。不仁的人，不能将国事托付给他。不然以后危害君主的子弟以加固自己的恩宠和官禄，又是多么不可忍受的啊！真想崇尚文治以消除军人的桀骜不驯吗？就像汉光武帝进用伏湛、卓茂那样，用淳朴纯雅的风气，抑止干戈杀伤之气，自会足以安定华夏而改变强悍之人。像伏湛、卓茂这样的人，都以忠厚立心，而不是用小聪明阴险凶狠地钳制压服别人的人。所以有功之臣退位之后，而世人都仿效他们的忠贞。在宋朝的初年，难道没有这样的人吗，又何必一定要重用赵普这种怀揣书版倚门投靠到军人幕府的策士呢？如果实在不得已，像窦仪、吕余庆这种人还在，他们超过了赵普很多。阴险邪恶的人，居于心腹重地，他说的一句话就破坏了长达百代的政治纲纪。呜呼！这真是要为天下万世痛哭不止的事情啊。

【正文】

以普忮害之小慧[①]，而宋奉之为家法，上下师师，壹于猜忌。狄青、王德用且如芒刺之在背[②]，惟恐不除焉。故秦桧相[③]，而叩马之书生知岳侯之不足畏[④]。则赵普相，而曹翰之策不足以成功，必也。翰之以取幽州自任也，翰固未之思也。

【注释】

① 忮（zhì）：出于嫉恨而毒害别人。

② 狄青（1008—1057）：汾州西河（今山西汾阳）人。宋仁宗时为延州指挥使，与西夏作战立下累累战功，后升枢密副使，不久罢职，知陈州。受到欧阳修、文彦博等人的猜忌和排挤，抑郁而终。王德用（980—1058）：赵州（今河北赵县）人。十七岁即随军作战，后任英州团练使，博州团练使及冀州、随州、青州、澶州知州，保静军节度使，定州路都总管，同中书门下平章事，后又为河阳三城节度使、枢密使、同中书门下平章事。王德用有谋略，治军有方，率军守边，名闻四夷。因面黑，人称“黑王相公”。

③ 秦桧（huì，1090—1155）：江宁（今江苏南京）人。宋徽宗政和五年（1115）进士，补密州（今山东诸城）教授，任御史中丞。靖康之役，与宋徽宗、钦宗被金人一起被俘，押往北方。后自称逃脱而回到南宋临安，任礼部尚书，执政长达十九年。力主和议，绍兴九年（1139）与金国签订和约。当时宋高宗装病不出，秦桧代行皇帝职权，跪拜在金使面前，签字画押。专权擅国，害死岳飞、岳云及其部下张宪，1141 年与金签订和约，史称“绍兴和议”。

④ 叩马之书生：据《宋史·岳飞传》记载，兀术被岳飞击败，准备放弃汴梁离去，这时一个书生叩住兀术的马说：“太子不要走，岳少保就要撤退了。”兀术不信，书生说：“自古未有权臣在内，而大将能立功于外者，岳少保且不免，况欲成功乎？”指秦桧在朝，岳飞不能在战争中再立大功，且他本人也将不免受到迫害，于是兀术不再撤军。岳侯：即岳飞（1103—1142），字鹏举，相州汤阴（今河南安阳）人。初在相州投军，后任中军统领、统制。兀术南下，岳飞拦腰截击，六战皆捷。反对宋金和议。绍兴十年（1140），金国撕毁和约，南下攻宋，岳飞从长江中游向北挺进，在河南郾城和兀术发生激战，大破金军，史称“郾城大捷”。他乘胜向朱仙镇进军，距金军大本营汴京仅四十五里，兀术已准备渡黄河北撤。不久宋朝连下急令，命岳飞班师。岳飞回到临安，被秦桧罗织罪名，诬告“谋反”，当时，宋金正在协商第二次和议，兀术写信给秦桧：“必杀岳飞而后可和。”宋

高宗绍兴十一年十二月二十九日（1142年1月27日），秦桧以“莫须有”的罪名，以宋高宗诏令赐岳飞死于大理寺。宋孝宗即位，为岳飞平反。宋宁宗追封鄂王，改谥“忠武”。

【译文】

以赵普嫉害他人的小智慧，而宋朝尊奉为家法，上下师从，一心猜忌。对狄青、王德用就像芒刺在背，唯恐不能除掉。所以秦桧做了宰相，就有拦住金国兀术战马的书生知道岳飞不足畏惧。那么赵普做宰相，而曹翰的谋略就不足以成功，也是必然的。曹翰是以攻取幽州自任的，这表明曹翰本来也未能有所深思。

【评析】

既然宋太祖看出了赵普的私心，就不应该再给他恩宠而放纵他。这是作为君主的失策。宋太祖太顾及朋友的交谊，所以才对赵普如此放任。而赵普对将领和功臣的防范，实际上也与宋太祖自己的私心相通，所以才使这种猜忌成为宋朝的所谓家法，即使在国家面临灭亡的时候还把对军事将领的猜忌与防范放在第一位，后来岳飞被害，就是这种家法所造成的恶果之一，还有更多的武将受到猜忌与限制，这也导致宋代军力软弱，最终无法战胜外来侵略而走向灭亡。

省官与增俸

【题解】

治国治民的一个重要问题，就是吏治，如何让官吏们不贪腐，尽心尽力地治国理政，爱护人民，这就是吏治的根本目标。为此王夫之提出了省官以清吏治，增俸以责官廉的主张，并设想了一些必要的措施。

【正文】

省官以清吏治，增俸以责官廉，开宝之制[①]，可谓善矣。虽然，有说。语云："为官择人，不为人建官[②]。"此核名实、求速效之说也，非所以奖人材、厚风俗、劝进天下于君子之道也。郡县之天下，其为州者数百，为县者千余。久者六载，速者三载，士人之任长吏者，视此而已。他则委琐之簿、尉[③]，杂流兼进者也。以千余县岁进一人，十年而溢于万，将何以置此万人邪？且夫岁进一人之不足以尽天下之才也，必矣。古之建国也，其子、男之国[④]，提封之壤[⑤]，抵今县之一二乡耳。而一卿、三大夫、九上士、二十七中士、八十一下士[⑥]，食禄于国，为君子而殊于野人者且如此。进而公、侯，又进而天子之廷，凡其受田禄而世登流品者，不可以纪。故其《诗》云："济济多士，文王以宁[⑦]。"以文王之德，且非是而无以宁也。育人材以体天成物，而天下以靖，故《易》曰："上天下泽，履，君子以辨上下、定民志[⑧]。"民志于民而安于利，士志于士而安于义，勿抑其长，勿污其秀，乃以长养善气，礼乐兴，风俗美，三代之所以敦厚弘雅，迎天地之清淑者；岂在循名责实、苟求速效之间哉？

【注释】

① 开宝：宋太祖年号，968年至975年。

② 为官择人，不为人建官：《三国志·蜀志·许靖传》："审量五材，为官择人。"唐李世民曾在手诏中说："为官择人者治，为人择官者乱"，成为人们常用的一种说法。

③ 簿、尉：簿，是古代官名，指主簿一类的官职，因负责文书簿籍，故称簿，如汉代的主簿，唐代的司簿、典簿、掌簿。尉，古代官名，一般是武官，如县尉、都尉。也有高级的武官称尉，如太尉。簿尉连称，则泛指地方官府中的低级佐理官员。

④ 子、男：周代分封的诸侯有五等爵位——公、侯、伯、子、男，子、男是相对低等的爵位。

⑤ 提封：分封的疆土。

⑥ 一卿、三大夫、九上士、二十七中士、八十一下士：古代的设官制度，但各书的说法不同。《礼记·王制》："天子：三公，九卿，二十七大夫，八十一元士。"《汉书·王莽传》："凡九卿，分属三公。每一卿置大夫三人，一大夫置元士三人，凡二十七大夫，八十一元士，分主中都官诸职。"

⑦ 济济多士，文王以宁：出自《诗经·大雅·文王》，济济，人才众多的样子。意谓文王有众多的人才，因此得以安宁。

⑧ 上天下泽，履，君子以辨上下，定民志：出自《周易·象》。"上天下泽，履"，表示履卦由天与泽两卦组成，天即乾卦，泽即兑卦，一上一下，构成了履卦。"君子以辨上下，定民志"，是对履卦的整体说明，强调君子要分辨上下之位，以固定民众的意志，而不要因为上下之位不明确而使民心发生混乱和动摇。

【译文】

省减官吏以澄清吏治，增加俸禄来责求官吏的清廉，开宝年间的制度，可以说是很不错了。虽然如此，还有值得阐说的地方。古人说过："为官选择人才，不为人建置官位。”这是为了核定名称与实际的一致、追求快速的效果而提出的说法，而不是用来鼓励人才、改善风俗、劝勉天下之人走君子之道的办法。郡县制的天下，其中的州有数百个，县有一千多。（在郡县任职的官员）时间长的有六年，时间短的只有三年，士人担任郡县的长官，都只是以此为准而已。其他的低等而琐碎的吏员如主簿、县尉之类，则是兼用士人之外的杂类人而任属吏的。按一千多县每年进用一人，十年就超过一万，将在什么地方任用这一万人呢？且每年进一人还是不足以完全任用天下的人才，这是必定的。古代建立诸侯国，其中的子爵、男爵一级的诸侯国，分封的国土面积，只抵得上现在一个县的一两个镇而已。而设有一卿、三大夫、九上士、二十七中士、八十一下士，他们都在国内享受俸禄，作为君子而与野人不同且是如此。进而至于公爵、侯爵的封国，又进而至于天子的朝廷，凡是在这样的封国和天子朝廷享受封土地和俸禄而世代登记为有等级的士人，其数多得无法记录。所以《诗经》里说：“人才济济士很多，文王以此而安宁。”凭着文王的德行，都还是若无如此多的人才也无法安宁。培育人才来顺行天道而成就万物，使天下得以安宁，所以《周易》里说：“上卦为天，下卦为泽，由此构成履卦，君子据此而分辨上下之位，以稳定民的志向。”民众的志向是当一个百姓而在利的层面获得安心，士人的志向是成为一个士人而在义的层面获得安心，不要压抑他们各自的志向的增长，不要污害他们之中的优秀者，这样才能长久地养育善气，使礼乐兴盛，风俗美好，夏、商、周三代就是因此而形成了敦厚、宏大、优雅的风俗，迎来了天地的清新美善，其途径哪里是在循着名声责求它的实际、苟且地贪求速效里面呢？

【正文】

夫论者但以吏多而扰民为忧耳。吏之能扰民者，赋税也，狱讼也，工役也。虽衰世之政，三者之外无事焉。抑考《周官》《六典》[①]，任此以督民者，十不二三；而兴学校、典礼乐、治宾旅、莅祀事、候灾祥、庀器服者[②]，事各一司，司各数吏，咸以上赞邦治、下修邦事，劝相之以驯雅之业，而使向于文明。固不能以其喜怒滥施于卑贱，贪叨猎取于贫民弱族也。则吏虽繁，而治固不棼；又何十羊九牧，横加鞭挞之足忧哉？任之以其道也，兴之以其贤也，驭之以其礼也，黜之陟之以其行也。而赋税、狱讼、工役之属，无冗员，无兼任，择其人而任之以专。则吏治之清，岂犹有虑；而必芟之夷之，若芒刺在体之必不能容邪？乃若无道之世，吝于俸而裁官以擅利，举天下之大，不能养千百有司。而金蚀于府，帛腐于笥，粟朽于窌[3]，以多藏而厚亡[4]。天所不佑，人所必仇，岂徒不足以君天下哉？君子所弗屑论已。

【注释】

①《周官》六典：《周官》即《周礼》，共有六篇，分天官、地官、春官、夏官、秋官、冬官，汉成帝时已缺少冬官篇。王莽新朝，改《周官》为《周礼》。后有以六典之名成书者，如《唐六典》。唐玄宗时命李林甫等人修纂，仿效《周官》六篇，改称“六典”，所以后人称《周礼》为“周官六典”。

② 庀（pǐ）：治理。

③ 窌（jiào）：收藏东西的地下深洞。

④ 多藏而厚亡：《老子》第四十四章“甚爱必大费，多藏必厚亡”。意谓喜爱得太厉害，就会为此而花费很多金钱。收藏的多，则失去的也会很多。

【译文】

那些议论的人只是担心官吏人多而扰民而已。官吏能够扰民，是因为有赋税，有狱讼，有工役。即使是衰世的国政，这三样之外没有别的事能扰民。再来考察《周礼》六典，用这些事情来督管民众的，十分中不到二三；而兴办学校、主办礼乐、治理旅客、莅临祭祀事务、占测灾害、治理器物与服饰的内容，每种事都有一个部门，每个部门都有几名官吏，都是为了向上协助国家治理、向下修整国家事务，用高雅驯从的事务相互劝勉，而使国家和人民趋向于文明。本来不能因为官员的喜怒而向卑贱的小民滥加骚扰，也不能因为官吏的贪婪而从贫弱的民众那里牟取物利。这样的话，虽然官吏人数很多，而国家的治理根本不会紊乱；又哪里会有那种十只羊有九个牧羊人，对羊横加鞭挞的情况值得担忧呢？这是因为按照正确的方法任用官吏，用他们的贤能来使官吏办事，用礼制来驾驭官吏，根据他们的行为来进行官职的升降。而赋税、狱讼、工役之类的事，就会没有冗员，没有兼任，选择适当的人而以专门的事务任命他们。则吏治的清廉，难道还用担心，而一定要削减他们的数量，就像芒刺在身一样而必定不能相容吗？至于无道的时代，舍不得多给俸禄而通过裁减官员的数量来求得利益，拿着如此大的天下，不能养千百个官员，而金钱在府库中蚀坏，布帛在箱子里腐烂，粮食在藏洞中朽烂，因为多加聚藏而大量亡失。天所不保佑的，一定会是人所仇恨的，哪里只是不足以君临天下呢？这是君子不屑评论的而已。

【评析】

官员的数量不能太多，为此要遵守“为官择人，不为人建官”的原则。官员数量如果超过必要，就会造成民众的沉重负担，所以国家要控制官员的数量。过去常说精兵简政，其实不是精兵，而是精官。官员都是精英，政务就会简省，否则就是冗官冗政，只能让百姓的负担太重，而于治国理政并没有任何正面作用。而增俸，就是所谓的高薪养廉的问题，没有必要的优厚俸禄，官员也没有应有的尊严和地位，也不利于防止贪腐。

宋太祖的三个基本原则

【题解】

让人民得到稳定而富足的生活，要靠治国者做到慈、俭、简，这三者是对君主提出的重要要求，所以要看作君主治国的基本原则，这三者是不可违犯的。“慈”就是要爱民；“俭”就是要君主与治国治民的官员与机构尽量节俭，减少开支，把国家的收入用于最重要的地方；“简”就是要求君主与治国的官员们不要多事，不要扰民，这样才能保证民众的收入不被国家和官僚拿走太多。

【正文】

民之恃上以休养者，慈也、俭也、简也[①]；三者于道贵矣，而刻意以为之者，其美不终。非其道力之不坚，而不足以终也；其操心之始无根，而聊资以用，怀来之不淑，不能久掩也。文、景之修此三者无余力，乃其慈也，畜刑杀于心而姑忍之，其俭也，志存厚实而勤用之，其简也，以相天下之动而徐制其后也。老氏之术，所持天下之柄者在此，而天人不受其欺。故王道至汉而阙，学术之不贞者为之也。唐太宗之慈与俭[②]，非有异心也，而无固志。故不为已甚之行以售其中怀之秘，与道近矣；然而事因迹袭，言异衷藏，蒙恩者幸承其惠，偏枯者仍罹其伤。若于简，则非其所前闻矣。繁为口说，而辨给夺人；多其设施，而吏民滋扰。夫惟挟恢张喜事之情，则慈穷而忿起，俭困而骄生，恶能凝静以与人休息乎？是三君者，有老氏处錞之术以亘于中[③]，既机深而事必诡；有霸者假仁之美以著于外，抑德薄而道必穷。

及身不偾，犹其才足以持之，不能复望之后嗣，固其宜矣。

【注释】

① 慈、俭、简：《老子》第六十七章："我有三宝，持而保之：一曰慈，二曰俭，三曰不敢为天下先。"此处所说慈、俭、简，即由此演变而来。

② 錞（chún）：同"敦"，敦厚、笃实、诚朴宽厚。处錞，指老子以敦厚自处，而不崇尚淫巧。

【译文】

民众倚靠帝王而得到休养生息，是慈、俭、简；这三条对于道来说是珍贵的，但刻意来做的人，其好处不会持久。不是他的道力不够坚强而使其好处不足以持久，而是他怀有这种心肠在开始时没有根基，而暂且借来应用，招来民众的心并不善良，不能长久掩盖住。文、景二帝修行这三者是没有余力了，在慈的方面，心里怀有刑杀之心而暂且忍住；在俭的方面，心中想着厚实而辛勤地用俭；在简的方面，观察天下的动向而徐徐地在后面进行控制。老子的方法，用来执掌天下的权柄就在于此，而天和人不被他欺。所以王道到汉代而残缺，这是学术的不正所导致的。唐太宗的慈与俭，不是有异心，而是没有固定的志向。所以不做过分的举动以求达到其心中的秘密意图，这与道是接近的；然而行事都因袭前人的事迹，说的话与内心的想法不同而内心的真实想法则隐藏起来，受到恩宠的人有幸得到他的好处，没有享受到恩惠的人仍然遭受伤害。至于简，则不是他从前人那里所能知道的了。口上烦琐地解说，而快捷善辩则剥夺了别人的不同意见，提出了许多的措施，而吏民颇受烦扰。而只是带着张扬喜事的心情，则慈爱用完了就产生了愤恨，节俭受困了就产生了骄狂，怎能凝静地与民休息呢？这三个君主，有老子以敦厚自处的方法横亘于胸中，但既然心机很深而做事必然诡秘；又有霸者假借仁义的美妙表现在外，不过其德本来就很薄，所以其道必会走向穷尽。至于自身不至僵仆而死，是因为他们的才能还足以维持，但不能再指望后来的继承人，这也是理应如此的。

【正文】

宋祖则二者之患亡矣，起行间，陟大位，儒术尚浅，异学不乱其心。怵于天命之不恒，感于民劳之已极，其所为厚柴氏、礼降王、行赈贷、禁淫刑、增俸禄、尚儒素者，一监于夷狄盗贼毒民侮士之习，行其心之所不安，渐损渐除，而苏其喘息。抑未尝汲汲然求利以兴、求病以去，贸愚氓之愉快于一朝，以不恤其久远。无机也，无袭也，视力之可行者，从容利导，而不尸自尧自舜之名，以矜其美，而刻责于人。故察其言，无唐太宗之喋喋于仁义也；考其事，无文、景之忍人之所不能忍，容人之所不能容也；而天下丝纷之情，优游而就绪；瓦解之势，渐次以即安。无他，其有善也，皆因心者也。惟心之绪，引之而愈长；惟心之忱，出之而不妄；是以垂及百年，而余芳未歇。无他，心之所居者本无纷歧，而行之自简也。简以行慈，则慈不为沾恩之惠；简以行俭，则俭不为贪吝之媒。无所师，故小疵不损其大醇；无所仿，故达情而不求详于文具。子曰："善人为邦百年，可以胜残去杀[①]。"或以文、景当之者，非也；老氏之支流，非君子之所愿见也。太祖其庶几矣！

【注释】

① 善人为邦百年，可以胜残去杀:《论语·子路》：子曰："善人为邦百年，亦可以胜残去杀矣。诚哉，是言也。"意谓感化残暴的人，使他变得善良，于是就可以废除死刑了。

【译文】

宋太祖则没有这两种过失，他起身于行伍之间，登上帝位，儒家的学术素养还很浅，异端邪说不能扰乱他的心。惧怕天命不长久，痛感民众的劳苦已达极点，他所执行的厚待柴氏、礼遇降王、实行赈救、禁止多用刑、增加官吏的俸禄、崇尚儒生等措施，全是从夷狄、盗贼毒害民众、侮辱士人的风习吸取了教训，对心中感到不安的事都改变做法而施行，逐渐减少和削除那些恶习，而使民众有所复苏和喘息。而且也没有急急忙忙地追求兴利、追求除病，在一个早上博取愚民的欢心，而不考虑其长远的后果。没有深藏的机心，没有对前人的因袭，视力量所能做到的，从容地因势利导，而不占据可比于尧、舜的名声，以美名自矜，而苛求于人。所以观察他的言论，没有唐太宗那种对仁义的喋喋不休的说教；考察他的行事，没有文帝、景帝那种能忍别人所不能忍，容下别人所不能容；而天下纷扰复杂的人情，在优游中得以就绪；瓦解不安的形势，逐渐地变得安宁。没有别的，他有善行，都是因为他的心。只要心开了头，引申下去就会更长；只有心是诚的，由此发出的想法就不狂妄；所以能延续将近百年，而余香不止。没有别的，心里所存在的本来没有纷扰歧乱，而施行起来自会简约。用简来行慈，则慈不会成为买取感恩的实惠；用简来行俭，则俭不会成为贪婪和吝啬的媒介。没有效法别人，所以虽有小弊病而不损害大的醇厚；没有仿效他人，所以按心情去做而不求章法的详备。孔子说："善人治国一百年，就可以战胜残暴而消除杀戮。"有人拿文帝、景帝来比宋太祖，是不对的；老子学说的支流，不是君子所愿看见的。宋太祖几乎做到了！

【正文】

虽然，尤有其立本者存焉。忍者薄于所厚，则慈亦非慈；侈者必夺于人，则俭亦非俭。文帝之忮淮南[①]，景帝之削吴、楚[②]，太宗之手刃兄弟也[③]；本已削，而枝叶之荣皆浮荣矣。宋祖受太后之命[④]，知其弟不容其子，而赵普密谮之言，且不忍著闻，而亟灭其迹。是不以天位之去留、子孙之祸福，斫其恻怛之心；而不为之制，廓然委之于天人，以顺母而爱弟，蹈仁者之愚而固不悔。汉、唐之主所安忍怀惭而不能自戢者，太祖以一心涵之，而坦遂以无忧。惟其然也，不忍之心所以句萌甲坼，而枝叶向荣矣。不忍于人之死，则慈；不忍于物之殄，则俭；不忍于吏民之劳，则简。斯其慈俭以简也，皆惟心之所不容已。

虽粗而不精，略而不详，要与操术而诡于道、务名而远于诚者，所繇来远矣。仁民者，亲之推也；爱物者，民之推也。君子善推以广其德，善人不待推而自生于心。一人之泽，施及百年，弗待后嗣之相踵以为百年也。故曰：光武以后，太祖其迥出矣。

【注释】

① 忮（zhì）：猜忌。淮南：淮南王刘长（前198—前174），汉高祖刘邦的私生子。生母是赵王张敖的美人，张敖是刘邦的女婿。刘邦铲除异姓诸侯，张敖入狱，吕后忌赵美人，未赦免其罪，赵美人生下刘长后自杀，刘长由吕后收养。汉高祖十一年，立刘长为淮南王。刘邦死后，刘邦的儿子大都被吕后杀死。只剩下刘恒（汉文帝）和刘长。文帝即位，淮南王自以为最亲而骄蹇不守法，在诸侯国内不用汉法，自比天子。后被废黜。文帝前六年（前174）阴谋叛乱，谪徙蜀郡严道邛邮，途中不食而死。

② 景帝之削吴、楚：汉景帝三年（前154），刘邦之侄吴王刘濞与楚王刘戊、赵王刘遂、济南王刘辟光、淄川王刘贤、胶西王刘昂、胶东王刘雄渠，以“清君侧，诛晁错”为名发动叛乱，从广陵（今江苏扬州）起兵，史称“吴楚七国之乱”。景帝杀了晁错，诸王仍不退兵。景帝命太尉周亚夫与大将军窦婴大破叛军。刘濞逃到东瓯，为东瓯王所杀，其余六王皆畏罪自杀，事后七国都被废除。

③ 太宗：宋太宗赵炅（939—997），本名赵匡义，赵匡胤之弟，后为避宋太祖名讳改名赵光义，即位后改名炅。太祖死后，光义登基，即位之后，降服吴越王，攻灭北汉，北攻契丹，先胜后败，未能收复五代以来的失地，之后对外采取守内虚外政策。

④ 太后：宋太祖、太宗的母亲杜太后（902—961），定州安喜（今河北迁安）人。杜太后晚年病重，立下遗命，要太祖之后传位太宗，以防年幼君主继位而被他人夺取。命赵普在榻前记录下来，写成约誓书，并在纸尾写上“臣普书”三字，藏之金匮。此即“太后之命”。

【译文】

即使如此，还有根本的东西存在于其中。能容忍的人，薄待了应厚待的人，慈就不是慈了；奢侈的人，必定要从他人手中夺取，俭就不是俭了。文帝猜忌淮南王，景帝削除吴、楚之国，唐太宗亲手杀死兄弟，都是违背根本的，根本已被削断，枝叶的繁荣就是虚浮的繁荣了。宋太祖接受杜太后的遗命，知道弟弟不能容忍自己的儿子，而赵普秘密诬告的言辞，也不忍把它暴露出来，并很快灭除了其痕迹。这是不因帝位的去留、子孙的祸福而斫削他的恻隐之心，且不为此采取措施，胸怀廓大地托付给天与人，以顺从母亲的愿望来爱护弟弟，做到了仁者之愚而无后悔。汉、唐的君主能安心容忍猜忌和削杀，心里怀着惭疚而不能自我收敛，宋太祖用一心就全部包容下来，而且能坦然无忧。正因为他能如此做，不忍之心才会像植物的种子一样破壳发芽，而后更能使枝叶繁荣。不忍人的死，则是慈；不忍物的殄灭，则是俭；不忍吏民的辛劳，则是简。这是他用简来做到慈和俭，都只是心的不容而已。虽然还较粗疏而不精细，较简略而不详密，总之和运用权术而违背大道、追求名声而远离诚恳相比，其由来已是很远了。仁爱民众，是爱亲人之心的扩大；爱护物品，是爱民之心的扩大。君子善于扩大这种不忍之心以增大他的恩德，善人更是不用推扩就自然从心中产生出这种不忍之心。一个人的恩泽，影响长达百年，不待后嗣能继承这种不忍之心而延长到百年。所以说：在汉光武帝以后，太祖是远远超出其他君主的。

【评析】

王夫之赞赏宋太祖能做到慈、俭、简，而“简”是根本，更根本的是包括在其中的容忍之心。即对别人的不对或私心，都包容进来，不予计较，他能坚持这样做，其影响能长达百年，不需要后世子孙都像他一样能包容，但最后还是会失效的。因为不是每个君主都能有这样的包容之心，而且这样包容，也让一些人的私心得以实施，而干出一些坏事，这又是治国的君主所要注意的。能包容，就不会乱杀，但如何在此情况下又能防止人们的私心所带来的恶果，这也是要考虑的。

论宋太宗

【题解】

宋太宗赵炅（939—997），本名赵匡义，因避宋太祖讳改名赵光义，即位后改名炅。太祖去世后，太宗登基，他面临的问题已与太祖有所不同，首先是平定各地的割据势力，统一天下和收复契丹所占的土地；其次是协调权臣之间的关系；最后是切实地推行文治，此外还要巩固帝位和处理经济问题。围绕这些问题，王夫之对太宗的各种做法作出了自己的评论。其中有几点值得注意。第一点是对割据者降服之后的优遇，不管这些割据者在降服前是多么残忍无道，一旦降服，不再割据，太宗都能不计前嫌，而予以优待，这在历史上是非常罕见的。王夫之对此表示赞赏。

第二点是如何练兵。太宗想收复北方的失地，但如何用兵，是需要认真思考的问题。王夫之认为，不教之兵，不可使战，天天训练的士兵，也不可让他们作战。这是人们想不到的。王夫之说，平时训练，只是训练作战的技术，没有生死拼杀的感觉，所以平日训练好像是游戏，真正上了战场，强敌在前，士兵就会目荧魄荡，而把训练所学的技战术全部忘光，所以他认为只能是以战教之。士兵上了战场，凭借不惧生死的一股气，气是平时教不出来的，只能让士兵多经历实战，而后这种气就会逐步强大起来。且最好先让士兵与弱敌多次作战，通过不断取胜而增长士气，然后就可以与劲敌作战。这种重视实战的练兵思想，是中国古代军事思想的重要内容，王夫之并不是军人，但作为一个思想家，能有这种思想，非常难得。

第三点是如何进行文化建设。太宗时期，修纂了《册府元龟》《太平御览》等大型图书数千卷，他命江南、西蜀的降臣承担纂述之任。有人说：太宗让这些人编书，是因为他怀疑这些降臣怀故国、蓄异志，所以用编书的办法录其长，柔其志，让他们终老于柔翰。王夫之说这是以细人之心度君子之腹，因为宋忌讳的是武臣而不是偷生邀宠的文士。太宗让降臣编书是有原因的，即唐乱以来，军阀割据，犷悍相沿，弓刀互竞，文人学者没有任何力量对抗残暴的军人，多被殂杀而无可奈何，形成了人以文藻风流为大戒的风气，学术与文化处于最衰落的时期。周世宗曾想改变这种情况，但故老已凋，新知不启，没有恢复学术文化的条件。王夫之认为在这样的乱世，只有江东和西蜀能保国数十年，兵革不兴，文人学士得以从容之岁月，咀文苑之英华，所以欲求博雅之儒，舍此二方之士无有能任之者。因此到太宗时，能继承周世宗的遗志，恢复学术和文化，而能胜任此事者只有南唐和西蜀的降臣中有合适的人选。

与此相关，王夫之又论及文人学者在战乱时期应该如何自处。他提出：四战之地，不足以留文治，只能保存在偏安一隅的地方政权之中。士人生在这样的乱世，而处僻远地区，才能珍重遗文并传承下来。这表明王夫之相信乱世终会过去，将来的社会仍然需要文化与学术。他也痛心不少学者文士在乱世看不到前途，于是放弃文化，没有追求。王夫之正是生活在这样的世道中，他所发的议论，可以看作是他的自道。他说："道胜者，道行而志已得，文成者，文著而心以亨。奚必求官职荣禄？"要相信人类社会终究都会需要文化与学术，不管时势如何恶劣，学者都不能自弃，而要追求道胜文成，以使自己志得心亨，承担学术与文化的薪火传承的历史任务。放眼历史，也证明了这一点。他说：汉兴起时，功臣的姓名大多被湮没，而申培、伏胜这样的学者之名却能在历史上留传下来。由此可知太宗选择各方降臣来做文化之事，是有道理的，并不是什么阴谋诡计。

与文化建设有关，是君主的淡然无欲，太宗说："人君当淡然无欲，勿使嗜好形见于外。"王夫之认为这是"知道者之言"。淡然无欲不是无欲，而是"欲止于其所欲，而不以流俗之欲为欲"。也就是说不能像道家学说的，完全消除欲望，那是不现实的，无法做到。只是要防止流俗之欲影响自己。其方法就是用读书来"镇之"。"镇之"就是"息其纷纭，抑其竞躁，专凝其视听而不迁”，在此基础上观察“古今成败得失之故”，使它们对自己的心起到警示作用，来扩大自己的聪明才智。按照这个办法，君主就能得到治国的正道，不受流俗的引诱和影响。然后再进一步“精之、备之”，就能使“道存”于君主的心中。王夫之称赞太宗这个想法与办法“善矣”，又说“宋儒先以格物穷理为身、心、意、知之所自正，亦此道焉耳”，这就揭示了宋代儒学的特点和方法。

对于读书，王夫之也要求注意：“但言读书，而犹有所患。”所患者，就是用流俗之情来“临简编”（即读书）。以往的帝王如萧绎、杨广、陈叔宝、李煜也喜欢读书，但他们的读书是以流俗之情临简编，结果是“益长其慆淫”。这一警示，对学者也有意义。凡是以流俗之心读书的人，读书不过是一种嗜好，不能成为真正的学术，只能使人“销日糜月废事丧德”，并说因此会形成读书的“三淫”：色淫、声淫、志淫。所以学者的读书应该“远流俗，审是非，宁静以镇耳目之浮明，则道贞于一”。不然就会像班固之核，蔡邕之典，段成式、陆佃之博，苏轼、曾巩之辨，只是用来猎荣名、弋物望的手段，这样是“以读书为嗜好，适以导人于欲”。所以，“惟无欲而后可以读书”，因此他认为“太宗之言，殆知道者之言也”。

赵普的野心

【题解】

王夫之对赵普有深入的分析，认为他有不可告人的野心。这样评价赵普，是史学家研究中不曾看到的，可以说是王夫之的独到见解。

【正文】

试取普之终始而衡之，其于子房、长源也奚若？而于素、世勣，其异者又几何也？导人以戕[①]杀其天伦者为何等事，而敢于人主之前，无惮于心，无疑于口；非至不仁者，谁敢为之而谁忍为之乎？太宗觉之矣。酬赏虽隆，而终寄腹心于崛起之李昉、吕端[②]，罢普以使死于牖下，故宗社以安。太祖未悟也，发吴越之瓮金，受雷德骧之面愬[③]，亦既备察其奸；犹且曰：此忠我者，仁足以托。恶知其睨德昭[④]而推刃之心早伏于谮毁太宗不听之日邪？虽然，无难知也。凡普之进谋于太祖者，皆以钳网太祖之故旧元勋而敛权于己也。不仁之不可揜，已久矣。

【注释】

① 戕（qiāng）：方形柄孔的斧子，此指杀害。

② 吕端（935—1000）：幽州安次（今河北廊坊）人。以父职荫补千牛备身，后任国子主簿、太仆寺丞、秘书郎、太常丞、户部郎中、大理少卿、右谏议大夫等。宋太宗淳化四年（993），拜参知政事，后欲辞职，真宗不允。

③ 雷德骧（917—991）：合阳（今陕西合阳）人。后周广顺三年（953）进士，宋初任殿中侍御史、大理寺丞。因弹劾赵普，贬商州司户参军。宋太祖开宝七年（974）任同知贡举，太宗时为户部员外郎、礼部及户部郎中、度支判官、两浙转运使、右谏议大夫等。太宗淳化二年（991），因其孙雷孝先有罪，贬感德军行军司马。

④ 赵廷美（947—984）：本名赵匡美，宋太祖赵匡胤和宋太宗赵光义的四弟，任嘉州防御使、兴元尹、同平章事、侍中、京兆尹。宋太宗即位，迁中书令、开封府尹、检校太师、西京留守，交结兵部尚书卢多逊，赵普与之不和，遂诬陷他图谋不轨，降为涪陵县公，安置房州，后病死。

【译文】

拿赵普自始至终的行为来衡量，他与张良、李泌相比像什么？与杨素、徐世勣相比，其不同又有多少呢？引导别人来残杀其亲人，这是何等坏的事情，却敢于在人主之前，心中没有惧怕，口上没有犹疑，不是极端不仁的人，谁敢做这样的事，而谁又忍心做这种事呢？宋太宗觉察到了。对赵普的酬答封赏虽然很重，但最终把心腹寄托在后来崛起的李昉、吕端身上，罢免了赵普而让他死在家里，所以国家社稷得以安宁。太祖对赵普没有醒悟，有人揭发赵普接受吴越国成瓮的黄金，也受到雷德骧的当面诉告，也已完全觉察到他的奸邪，但还是说这是忠于我的人，他的仁爱足以把后人的事托付给他。哪里知道他斜眼瞄着赵德昭，而杀害之心早已潜藏在诬告诋毁太宗而未被听信的时候呢？虽然如此，也并不是难以知晓的。凡是赵普向太祖进献的谋策，都是用来钳制太祖的故旧元勋而收权在自己手中。他的不仁之不可掩盖，已经很久了。

【正文】

观于赵普、卢多逊进退之际，可以知普之终始矣。普在河阳上表自诉曰：“外人谓臣轻议皇弟，臣实预闻皇太后顾命，岂有间然？”太祖得表，手封而藏之宫中。夫所谓轻议者，议于太祖之前也。议与不议，太祖自知，普何庸表诉？苟无影迹，太祖抑可宣诸中外，奚必密缄以俟他日？然则欲盖弥章之心见矣。传弟者，非太祖之本志，受太后之命而不敢违耳。迨及暮年，太宗威望隆而羽翼成，太祖且患其逼，而知德昭[①]之不保。普探志以献谋，其事甚秘，卢多逊窥见以擿发之[②]。太祖不忍于弟，以遵母志，弗获已而出普于河阳，交相覆蔽，以消他日之衅隙。则普当太祖时以毁秦王者毁太宗，其术一也。

【注释】

① 赵德昭（951—979），宋太祖赵匡胤次子，先后任贵州防御史、兴元尹、山南西道节度使、检校太傅、同中书门下平章事、京兆尹、检校太尉。太平兴国四年（979），受宋太宗训斥，自杀而死。

② 卢多逊（934—985）：怀州河内（今河南沁阳）人，后周显德间进士，宋太祖时为翰林学士，太宗时任中书侍郎、平章事、兵部尚书，因牵涉秦王赵廷美案件，削夺官职，发配崖州（今海南三亚）。擿（tī）：挑剔，指摘，揭发。

【译文】

观察赵普、卢多逊在官职升降之际的表现，就可看出赵普的终始了。赵普在河阳上书为自己辩诉说："外人说臣轻率地议论皇弟，臣确实听闻了皇太后的顾命遗言，哪里有隔阂呢？"太祖得到赵普的上书，亲手封起来收藏在宫中。他所谓的轻率议论，是在太祖之前议论的。议论与不议论，太祖是知道的，赵普哪里用得着上书解释？如果毫无踪影，太祖也可以向宫中和外朝宣告，何必密封起来等待以后呢？这样看起来，欲盖弥彰之心就显现出来了。传位给皇弟，这不是太祖的本意，只是接受了太后的遗命而不敢违背罢了。到了晚年，太宗的威望已高而且羽翼已成，太祖要担心他的进逼，而知道赵德昭是保不住的。赵普探求太祖的心意而献上谋略，其事非常隐秘，卢多逊窥探发现了之后加以揭发。太祖不忍心害死皇弟，要遵守母亲的遗志，不得已就把赵普贬到河阳，相互掩盖遮蔽，以消除以后的隔阂和嫌隙。则赵普在太祖的时候通过诋毁秦王赵廷美来诋毁太宗，其方法是一样的。

【正文】

太宗受其面欺，信藏表之言以为戴己。曾不念立廷美者，亦太后之顾命也，普岂独不预闻？而导太宗以置之死，又何心邪？普之言曰："太祖已经一误。"普之情见矣。普于太祖非浅也，知其误而何弗劝之改图？则当日陈不误之谋于太祖而不见听，小人虽谲，不期而自发其隐，恶能掩哉？太宗亦渐知之矣，崇以虚荣，而不委之以机要；故宋琪以两全为普幸[1]，普亦殆矣！特其胁顾命以临太宗，而又曲成其贼害，则心知多逊前此之谮，非普所本无，而弗能施以𫓧锧也[2]。

【注释】

① 宋琪（916—996）：幽州蓟（今北京大兴）人。辽太宗会同四年（941）进士，入宋后，为开封府推官、兵部员外郎、通判开封府事、右谏议大夫、左谏议大夫、参知政事、刑部尚书等。两全：太宗太平兴国八年，太宗让赵普离京任武胜军节度使，并送一首诗为赵普饯别，第二天，太宗对宰相说："朕很久以前与赵普交游，现在他齿发已衰，不能再让他为国事操心，所以送诗。赵普感激涕零，朕亦为之落泪。"宋琪回答，"昨天赵普到中书，拿着御诗涕泣，对臣说：'此生余年无法回报，只希望来世再效犬马之力。'臣昨天听到赵普的话，今天又听皇上的话，君臣始终之分，可谓两全。"

② 𫓧锧（fū zhì）：锧亦作"质"。古代腰斩的刑具，𫓧为斧，锧为垫在下面的砧板，指腰斩之刑。

【译文】

太宗受他当面欺骗，相信那封收藏起来的上书，以为赵普拥戴自己。却不曾想到，立赵廷美继位，也是太后的遗命，赵普难道没有听到吗？而他引导太宗置赵延美于死地，又是什么用心？用赵普的话说："太祖已经有一次失误了。"赵普的心情由此可见。赵普跟随太祖有很长时间，知道太祖的失误，为何不劝他改正？那么当日陈述谋略给太祖而不被听信，小人虽然诡谲，不料自己暴露了隐情，又怎能掩盖呢？太宗也渐渐看出来了，用空洞的荣耀抬举他，却不把机要大权委托给他，所以宋琪认为能够保持君臣两全，这是赵普的幸运，可知赵普当时也很危险了！只是他凭着太后的遗命来对待太宗，而又用尽心机造成对秦王赵廷美的残害，太宗心里就知道卢多逊以前说赵普的坏话，不是赵普本来没有做那些坏事，而是不能对他施用腰斩之刑罢了。

【正文】

杜后之命[①]非正也；卢多逊守太后之命，始之欲全太宗于太祖之世，继之欲全秦王于太宗之世，则非不正也。太后之命虽不正，而疑妒一生，戈矛必起；天伦为重，大位为轻，爱子之私，不敌奉母之志；多逊之视普，其立心远矣。

【注释】

① 杜太后（902—961）：赵弘殷之妻，赵匡胤和宋太宗赵光义之母。太后之命是指杜太后的遗嘱，要赵匡胤死后传位赵光义（太宗），太宗死后传位其弟赵廷美。并将此命让赵普记下，并藏在金匣内，史称"金匮之盟"。

【译文】

杜太后的遗命是不正当的；卢多逊遵守太后的遗命，开始时是想在太祖之世保全太宗，后来是想在太宗之世保全秦王赵廷美，他的愿望不是不正当。杜太后的遗命虽然不正当，但如果产生了猜疑妒忌之心，杀戮之事必然会发生；一家人的天伦为重，而帝位为轻，爱子的私心，敌不过遵奉母亲遗志的心情；与赵普相比，卢多逊的立意远超赵普。

【正文】

夫普则诚所谓鄙夫者耳。子曰："苟患失之，无所不至[①]。"患失而无不可为者，识之所及，志之所执，习之所安，性之所成，以是为利用安身之至要，而天下之道无出于此。切切然患之，若疾疢之加于身而不能自已[②]。是故苟其所结之友，即以患失为待友之信，则友暱之。苟其所奉之君，即以患失为事君之忠，而君宠之。为友患失，而阿附朋党，倾危善类，以为友固其荣利。为君患失，而密谋行险，戕害天伦，以为君遂其邪心。夫推其所患以与君友同患，君与友固且怀之以没世；恶知迷以导迷，既陷于大恶而不能自拔；且患之之情既切，则进而患得者无涯。杨素、徐世勣之阴谋，不讫于子孙之援戈以起而不已，皆鄙夫之所必至者乎！

【注释】

① 苟患失之，无所不至：《论语·阳货》："鄙夫可与事君也与哉？其未得之也，患得之。既得之，患失之。苟患失之，无所不至矣。"意谓可以和鄙夫一起事奉君主吗？他没有得到官位时，总担心得不到。已经得到了，又怕失去它。如果他担心失掉官职，就什么事都干得出来了。

② 疢（chèn）：热病，泛指病。

【译文】

赵普真的是卑鄙之人。孔子说："如果担心失去，就会什么事都做得出来。"担心失去而没有什么事不能做，这样的人就会从见识所想到的，志向想达到的，习惯所能安心的，天性已形成的，作为谋利安身的重要手段，但天下之道不由此产生。非常痛切地担心，就像疾病来到身上而不能停止。所以如果是他结交的朋友，就以担心失去对朋友的信用，则朋友就会亲昵他；如果是他侍奉的君主，就会担心失去侍奉君主的忠诚，而君主就会宠信他。担心失去朋友，就会曲意依附朋友而结成同党，去危害善人，用朋友来巩固他的荣禄利益；担心失去君主，就会秘密策划而做危险的事，残害亲人，用君主来实现他的邪心。这是把自己担心的事情推给朋友与君主，而与他们共同担心，君主与朋友固会怀着这种担心而去世，哪里知道用迷误来引导迷误，已经陷到大恶之中而不能自拔，而且为之担心的心情既已痛切，则推进起来就会使患得患失无穷无尽。杨素、徐世勣的阴谋，不到他们的子孙拿起武器起兵叛乱就不停止，这不都是卑鄙之人必然要走到的地步吗?

【评析】

王夫之认为赵普在太祖、太宗及其兄弟与儿子之间，玩弄阴谋，这与杨素和徐世勣（李勣）的用心是一样的，虽然他们死了，但子孙还会沿着这种用心而有所行动。不过，王夫之的这一评论似乎有些过于主观想象，并没有实际证据。赵普在太祖、太宗之间，与太祖的关系更长更深，所以宋琪会说他们是君臣两全，这也反映了太祖的仁和之心。赵普要篡夺赵宋的帝位，没有什么可能性。

教兵与作战

【题解】

军队不能不训练，但平时的训练到战时能起多大作用，还存在着疑问。所以王夫之认为只能用作战来训练士兵的胆气。但平时的训练也是不可少的，也不能一概抹杀。

【正文】

不教之兵，可使战乎？曰："不可。"日教其兵，可使战乎？曰："固不可也。"世所谓教战者：张其旗帜，奏其钲鼓[①]，喧其呼噪，进之、止之，回之、旋之，击之、刺之，避之、就之；而无一生一死、相薄相逼之情形，警其耳目，震其心神。则教之者，戏之也。日教之者，日戏之也。教之精者，精于戏者也。勍敌在前[②]，目荧魄荡，而尽忘之矣。即不忘之，而抑无所用之。是故日教其兵者，不可使战也。

【注释】

① 钲（zhēng）：古代行军时使用的铜制乐器，形似钟而狭长，有长柄可执，口向上，以物击之而鸣。行军时击钲，使士兵肃静，击鼓则使士兵前进。

② 勍（qíng）：强，强大。

【译文】

不加训练的兵，可以让他们作战吗？回答说："不可。"天天训练的士兵，可以让他们作战吗？回答说："本来就是不可以的。"世人所谓的训练作战，就是：张开旗帜，击响锣鼓，喧哗鼓噪，让他们前进、停止、绕圈、转身、砍击、刺杀、避让、接近等等，而没有生死逼迫临近的情形，来警动他们的耳目，震动他们的心神。则对他们的训练，就是让他们游戏。天天训练他们，就是天天让他们游戏。训练专精的，只是专精了游戏。强敌在前，眼目荧乱，魂魄动荡，而把平时的训练全部忘记了，即使不忘记，也无处去用。所以天天训练的兵士，不可让他们作战。

【正文】

虽然，抑岂可使不教之兵以战哉？夫教战之道无他，以战教之而已矣。古之教战也，教之于四时之田。禽，如其敌也；获禽，如其杀敌也；驱逆，如其挑战也；获而献禽，如其计功以受赏也。趋利而唯恐失，洞中贯脑而唯恐毙之不速，众争追逐而唯恐其后于人，操必杀之心而如不两立。以此而教，行乎战之事矣。然而古之用兵者，邻国友邦之争，怒尽而止，非夷狄盗贼之致死于我而不可与之俱生，以禽视敌，而足以战矣。夫人与人同类，则不容视其死如戮禽而不动其心。敌与我争命，则不如人可杀禽，而禽不能制人之死命。以此为教，施之后世，犹之乎其有戏之心，但习其驰射进止之节，而不能鼓临事之勇，于战固未有当也。况舍此而言教战，黩武也；黩之以戏而已矣。

【译文】

即使这样，难道还可让不加训练的兵士作战吗？教兵作战之道没有别的，用实战教兵士而已。古代的教兵作战，在四季的田猎时教他们。野兽，如同他们的敌人；获得野兽，如同士兵杀敌；驱赶迎击，如同他们的挑战；俘获而献上野兽，如同计算战功而接受赏赐。趋进求利而只怕失掉，击中贯穿野兽的身体与头部而只怕它死得不快，众人争相追逐而只怕落在别人后面，怀着必杀之心就像不能同时并立。用这些来教兵士，就是去做战斗的事了。然而古代的用兵之人，对于邻国友邦的相争，怒气完了就停止，而不是像对夷狄、盗贼要由我杀死他们而不能与他们同时生存，拿野兽来当敌人，就足以作战了。人与人是同类，就不能看着人的死如同野兽一样而不动心。敌人与我争命，就不像人可以杀死野兽，而野兽不能制人以死命。用此来教兵士，施行到后世，就好像其中有游戏之心；只是练习驰马射箭前进停止的节奏，而不能鼓起临战的勇气，对于作战本来就有不当。何况连这也抛弃了而谈教兵士作战，那就是炫耀武力；不过是用游戏来炫耀武力而已。

【正文】

夫营垒有制，部队有法，开合有势，伏见有机，为将者务知之，而气不属焉，则娴习以熟，而生死成败之介乎前，且心目交荧而尽失其素。况乎三军之士，鼓之左而左，鼓之右而右，唯将是听，而恶用知兵法之宜然哉！所恃以可生可死而不可败者，气而已矣。气者，非可教而使振者也。是故教战者，唯数试之战，而后气以不骇而昌。日习之，日教之，狎而玩之，则其败愈速。是故不得百战之士而用之，则莫若用其新。昔者汉之击匈奴也[①]，其去高帝之时未及百年，凡与高帝百战以定天下者虽已略尽，而子孙以功世彻侯，皆以兵为世业，习非不夙，而酎金之令[②]，削夺无余。武帝所遣度绝幕、斩名王、横驰塞北者[③]，卫青、霍去病、李广、程不识、苏建、公孙敖之流[④]，皆拔起寒微，目未睹孙、吴之书[⑤]，耳未闻金鼓之节，乃以用其方新之气，而威行乎朔漠。其材官健儿以及数十万之众，天子未闻亲临大阅，将吏未暇日教止齐，令颁于临戎之日，驰突于危险之地，即此以教之而已足于用。故教战者，舍以战教，而教不如其无教，教者，戏而已矣。

【注释】

① 汉之击匈奴：汉武帝时以卫青、霍去病、李广等人攻击匈奴，使之远循。

② 酎金之令：又称酎金律。酎是自一月至八月多次酿成的酒，汉代诸侯

参加宗庙祭祀时献酎，同时献上相应的黄金。汉武帝元鼎五年（前112）九月，以酎金不合要求为名，剥夺一百零六名列侯的爵位。有关酎金的法令名为“酎金律”。

③ 名王：匈奴诸王中名位尊贵者称为“名王”，以与更小的王相区别。

④ 卫青（？—前106）：河东平阳（今山西临汾）人。先为平阳府骑奴，后因姐姐卫子夫被汉武帝选入宫中，而到建章宫当差。卫子夫与陈皇后有矛盾，卫青将被处死，公孙敖救出卫青。汉武帝任命卫青为建章宫监、侍中。此后汉武帝命卫青多次率军攻击匈奴，使匈奴再也不能南下窥视汉朝，而向西北迁徙，史称“漠南无王庭”。卫青官至大将军、大司马。后来，卫青的外甥霍去病恩宠日盛，而卫青不结私党，甘心恬淡。霍去病（前140—前117）：河东郡平阳（今山西临汾）人。卫青的外甥，初随卫青攻击匈奴，屡建战功。元狩四年（前119），率军北进两千多里，与匈奴左贤王部接战，俘虏匈奴屯头王等八十三人，追杀至狼居胥山（今蒙古国境内），兵锋直逼瀚海（今贝加尔湖）。从此匈奴远遁，官至骠骑将军、大司马。元狩六年（前117）去世，年仅24岁。李广（？—前119）：陇西成纪（今甘肃静宁）人，从军击匈奴因功为中郎，后任北部边域七郡太守、长乐宫卫尉、骁骑将军，出雁门（山西右玉南）击匈奴，负伤被俘，李广佯死，趁隙跃起，奔马返回。后任右北平郡（治平刚，今内蒙古宁城西南）太守。匈奴畏服，称“飞将军”。元狩四年出征匈奴，李广任前将军，因迷失道路，未能与卫青会合，事后不忍被审而自杀。程不识：生卒年不详，与李广均为汉武帝时将领，初皆在北境任郡太守，后进京为皇宫卫尉，又参加攻打匈奴的战役，但二人治军不同，程不识纪律严明，士卒辛苦；李广则放纵不管，士卒逸乐，乐为之死，都使匈奴军不敢来犯。苏建：生卒不详，与卫青、霍去病同时，杜陵（今陕西西安南郊）人，随卫青出征匈奴，有功，为平陵侯，后为游击将军，随卫青攻匈奴，之后为右将军，又随卫青从定襄出兵攻打匈奴，因迷路当斩首，赎为庶人。其后为代郡太守。公孙敖：生卒不

详，义渠（今甘肃庆阳）人，自幼与卫青相识，卫青因卫子夫事将被处死时，公孙敖拼命救出，被汉武帝赏识。后随卫青多次出征匈奴，封为将军，又多次违纪当斩，赎为庶人。后因罪而诈死逃亡，终被灭全家。

⑤ 孙、吴之书：孙武、吴起的兵书。孙武（前535—前470），乐安（今山东惠民）人。18岁时离开齐国前往吴国，见吴王阖闾，呈上兵书十三篇，即《孙子兵法》。后与伍子胥辅佐吴王，攻陷楚国都城郢。齐国人孙膑亦有兵法书，史称《孙膑兵法》，在唐以前亡佚。1972年在山东临沂银雀山一号汉墓出土竹简本《孙膑兵法》，重见天日。吴起（前440—前381），卫国左氏（今山东定陶）人。与孙武连称“孙、吴”，周威烈王十四年（前412），吴起在鲁国带兵击败齐国。后离开鲁国到魏国，任将军，击败秦国。他带军与诸侯大战七十六回，全胜六十四回。周安王十三年（前389）在阴晋以五万魏军，击败五十万秦军。后到楚国为相，进行变法，悼王死后，吴起被贵族杀死。著《吴子》，与《孙子》合称《孙吴兵法》。

【译文】

军营和堡垒有制度，部队有法度，用兵的开与合有形势，埋伏和显现有机关，作将的人务求知道这些，但气不与之相连，即使娴习得极熟，但在生死成败列于面前时，将会心目交互荧惑而丧失平常所习的全部知识。何况三军之士，鼓声向左他们就向左，鼓声向右他们就向右，只听将的指挥，哪里知道兵法应该怎样呢！作战时凭借可生可死而不可败的，只有气而已。气这个东西，不是可以教他就能让他振奋起来的。所以教兵士作战的人，只有多次通过实战来试，而后气就会因为不害怕而盛强起来。天天练，天天教，习以为常就像是好玩，则其战败就更快。所以得不到身经百战的兵士来用，就不如用新兵。从前汉代攻击匈奴，离汉高祖的时候不到一百年，凡是和汉高祖一起经过百战而平定天下的人虽然已大多不在了，但是子孙因功而世代为侯，都以军事为世代的事业，对军事的学习不是不早，但是都因朝廷采用酎金令，把这些以军事为世代事业的家族的子孙削除得毫无剩余了。汉武帝派遣的横穿沙漠、斩杀名王、横行塞北的人，如卫青、霍去病、李广、程不识、苏建、公孙敖之流，都是从出身低微的民间提拔起来的，眼里没有看过孙子、吴起的兵书，耳朵里没有听过鸣金击鼓的音节，乃用他们的全新之气，而威风横行于北方的沙漠。其中的材官健儿等各级军将以及数十万兵士，没听说天子亲临检阅，将与吏没有时间天天教他们练习前进、停止、整齐队形，就在临将出兵的日子颁布命令，在危险的地带奔驰冲锋，这样教他们就足以用于作战。所以教士兵作战，除了用实战来教（没有别的教法），而平时的教，不如不教，所谓的教，不过是游戏而已。

【评析】

平时训练是对士兵与作战的基本要求，但真正作战还要有一种无畏的勇气，与平时训练的军事技术结合起来，才可使士兵不至于一旦开战就胆怯溃败。这种勇气，只能靠真正的作战与不断的胜利来培养。

宋太宗修文

【题解】

宋太宗重视文化，也是唐与五代君主们所无法比拟的。唐代的皇帝相信老子是他们的祖先，还求长生不老药。五代的君主都是武人，根本不懂文化，当时个别的君主爱好文化，也如王夫之批评的那样，是一种出于奢欲的读书与文化爱好，仍无法与太宗这种组织一批学者编纂大型书籍的做法相比。后来明代有《永乐大典》，清代有《四库全书》和《古今图书集成》，都是受宋太宗编书的影响才出现的文化盛举。

【正文】

太宗修《册府元龟》《太平御览》诸书至数千卷[①]，命江南、西蜀诸降臣分纂述之任[②]。论者曰："太宗疑其怀故国、蓄异志，而姑以是縻之，录其长，柔其志，销其岁月，以终老于柔翰而无他"。呜呼！忮人之善而为之辞以擿之，以细人之心度君子之腹，奚足信哉？

【注释】

①《册府元龟》《太平御览》：北宋时编纂的大型类书。《册府元龟》，景德二年（1005），宋真宗命王钦若等十八人编修历代君臣事迹，共三十一部一千卷，原名《历代君臣事迹》，宋真宗改名《册府元龟》。《太平御览》，宋太宗太平兴国二年（977）命李昉等十四人编纂，初名《太平总类》，宋太宗更名《太平御览》，共五十五部一千卷。

② 江南、西蜀降臣：指南唐和后蜀降宋的大臣，太宗让他们修《册府元

龟》和《太平御览》。

【译文】

宋太宗纂修《册府元龟》《太平御览》等书多至数千卷，命江南、西蜀的一些降臣分别担任纂述的任务。评论的人说：宋太宗猜疑他们怀念故国、蓄藏叛逆之志，而姑且用修书来羁縻他们，使用他们的长处，柔化他们的意志，销磨他们的岁月，让他们在笔墨中最终告老而没有别的意图。呜呼！猜忌别人的长处而为此找到借口以压抑他们，这是用小人之心度君子之腹，哪里值得相信呢？

【正文】

乃其所以必授纂修之事于诸降臣者有故。自唐乱以来，朱温凶戾，殄杀清流，杜荀鹤一受其接纳[①]，而震慄几死。陷其域中者，人以文藻风流为大戒，岂复有撩猛虎而矜雅步者乎？李存勖、石敬瑭皆沙陀之孽，刘知远、郭威一执帚之佣也。犷悍相沿，弓刀互竞，王章以毛锥司榷算[②]，且不免嗓啄于群枭。六籍百家，不待焚坑，而中原无憗遗矣[③]。抑且契丹内蹂，千里为墟，救死不遑，谁暇闵遗文之废坠？周世宗稍欲拂拭而张之，而故老已凋，新知不启。王朴、窦仪起自燕、赵[④]，简质有余，而讲习不夙，隔幕望日，固北方学士之恒也。唯彼江东、西蜀者，保国数十年，画疆自守，兵革不兴，水涘山椒[⑤]，縢缄无损[⑥]，故人士得以其从容之岁月，咀文苑之英华。则欲求博雅之儒，以采群言之胜，舍此二方之士，无有能任之者。太宗可谓善取材矣。

【注释】

① 杜荀鹤（846—904）：池州石埭（今安徽石台）人。后梁朱温时中进士，任翰林学士、主客员外郎。

② 王章（？—950）：大名南乐（今河南南乐）人。后汉时为权三司使、

检校太傅、检校太尉、同平章事。与史弘肇、杨邠等人想尽各种办法多收财赋，民缴租一斛，还要多缴二斗，称为“省耗”，官库出纳缗钱，以八十为一陌，民上交时按八十收，官外借时以七十七为一陌。用钱时也以七十七为百，称为“省陌”。民众市场交易，从中克扣其五，称为“依除”。民众有田地诉讼，王章命全州核视，以求增多租赋份额。又把不能给军队使用的东西发给儒士作月俸，称“闲杂物”，并高估其价，称为“抬估”。民若违犯盐矾酒曲之令，要处以极刑。极尽一切可能多收财物，节省开支。后汉隐帝乾祐三年，与史宏肇、杨邠等人一同遇害。以毛锥（zhuī）司榷（què）算：毛锥指毛笔。司，主管。榷算，征收算赋。

③ 慭（yìn）：损伤，残缺。

④ 王朴（914—959）：东平（今山东东平）人。后汉乾祐三年进士。柴荣守澶州时，王朴为掌书记。柴荣为开封府尹，王朴为右拾遗。柴荣即位，王朴为比部郎中，后升左谏议大夫，知开封府，又任左散骑常侍、端明殿学士、东京副留守、户部侍郎、枢密副使、枢密使。宋太祖称帝后，在功臣阁见到王朴画像，肃然鞠躬，言：“倘此人在，朕不得着此袍。”

⑤ 涘（sì）：水边。椒：山顶。

⑥ 縢缄（téng jiān）：绳索。

【译文】

而宋朝廷之所以一定要把纂修丛书的事情交给这些向宋投降的文臣，是有其原因的。自唐朝发生动乱以来，朱温凶残暴戾，杀灭清流士人，杜荀鹤一旦受到他的接纳，就震惊战栗几乎死掉。落在他的控制中的人，人人都把擅长文章的风雅之事作为最大的戒条，哪里还有撩拨猛虎而以文雅身姿自我矜持的人呢？李存勖、石敬瑭都是沙陀人的后裔，刘知远、郭威不过是一个拿扫帚的佣人。当时粗犷凶悍相沿袭，弓箭刀枪相互竞斗，王章用毛笔主管钱财的计算，还不免被成群的恶鸟噪嚷啄击。六经和诸子百家，不用焚烧和坑埋，而在中原就没有残留遗存了。再加上契丹侵入蹂躏，千里大地变为废墟，救死都还来不及，谁有闲暇悲悯古代遗留下来的文化遭到废坏失传呢？周世宗稍微想加以清理而使之更张，但是有学问的故人老儒都已凋零，新生的知书达礼之人没有出现。王朴、窦仪出身于燕、赵之地，简朴有余，而对学术一向没有讲习，隔着帷幕望太阳而无法看清楚，这本来就是北方学者的通常情况。只有那江东、西蜀地方，保住他们的国家长达数十年，划分了疆界自我守护，没有发生战事，那里的水涯山顶，受到封护而无损伤；所以那里的人士得以在从容的岁月里，咀嚼文苑的英华。那么想找博雅的儒者，来采摭众多记载中的精华，除了此两地的人士，没有能胜任的。由此看来，宋太宗可以说是善于取用人才了。

【评析】

天下大乱，学术与文化只能靠离战乱较远的偏远地区来保留，所以宋太宗大体上统一天下之后，就利用从这些地方降服过来的学者们来做这样的大型文化工作，这对中国文化的传承，有非常长远的影响。

官制的问题

【题解】

君主治国要用人，用人的问题就变成了官制与吏治的问题，即用来治国治民的人也成了治理的对象。这就是君主治国最复杂的地方。换言之，官员是治国理政中的特殊环节，既治人，又被治，不把这两方面做好，就不能让所用的人治理好国政。为此就出现了官制的问题。对此，王夫之有专门的论述。

【正文】

论治者佥言久任，为州县长吏言之耳。夫岂徒牧民者之使习而安哉！州县之吏去天子远，贤不肖易以相欺；久任得人，则民安其治；久任失人，则民之欲去之也，不能以旦夕待，而壅于上闻。故久牧民之任，得失之数，犹相半也。至于大臣，而久任决矣。

【译文】

论说治国的人都说官员要长期任职，这是为州县的长官而说的。哪里只是让治民的人熟习职事而后才能安心呢！州县的长官离天子很远，贤还是不贤是容易相互欺骗的；长久任职而得到合适的人选，则民众安于他的治理；长久任职而不是合适的人选，则民众想离开他，是不能一朝一夕等待的，但又信息堵塞而不被上面知晓。所以长久担任治民的官职，得与失的分量，还是各占一半的。至于朝廷里的大臣，长久任职是已定的了。

【正文】

国家之政，见为利而亟兴之，则奸因以售；见为害而亟除之，则众竞于嚣。故大臣之道，徐以相事会之宜，静以需众志之定，恒若有所俟而不遽，乃以熟尝其条理，而建不可拔之基。志有所愤，不敢怒张也；学有所得，不敢姑试也。受政之初，人望未归；得君之始，上情未获；则抑养以冲和，持以审固，泊乎若无所营，渊乎若不可测，而后斟酌饱满，以为社稷生民谢无疆之恤。期月三年之神化，固未可为大贤以下几幸也。乃秉政未久，而已离乎位矣。欲行者未之能行，欲已者未之能已，授之他人，而局又为之一变。勿论其君子小人之迭进，而荑稗窃嘉谷之膏雨也①。均为小人，而递相倾者，机械后起而益深；均为君子，而所学异者，议论相杂而不调。以两不相谋之善败，共图一事之始终，条绪判于咫寻，而得失差以千里。求如曹参之继萧何②，守画一之法以善初终者，百不得一也。且惟萧何之相汉，与高帝相为终始，绪已成，而后洞然于参之心目，无所容其异同。向令何任未久而参代，亦恶能成其所未就以奏治定之功！况其本异以相攻，彼抑而此扬者乎！

【注释】

① 荑（yí）稗：生长于谷物中的杂草。膏雨：能使农作物丰收的雨水，古称“膏雨降，五谷登”。

② 曹参（cān，？—前190）：泗水沛（今江苏沛县）人，秦二世元年（前209），随刘邦起兵反秦，刘邦称帝后，曹参功居第二，汉惠帝时继萧何为相，完全遵守萧何时的制度，史称“萧规曹随”。萧何（前257—前193）：泗水丰邑中阳里（今江苏丰县）人。秦时为沛县狱吏，秦末辅佐刘邦起义。攻克咸阳后，他负责接收秦丞相、御史府收藏的律令、图书、户口等，之后留守关中，使刘邦得以巩固后方。高祖死后，辅佐惠帝。

【译文】

国家的政治，看到是利就急着兴办，则奸邪借此而得逞；看到是害就急着除去，则众人竞相喊叫。所以做大臣的正道，是徐徐地观察事情的适宜机会，冷静地等待众人意志的稳定，经常像有所等待而不急迫，再深思熟虑办好事情的条理，由此建立不可动摇的基础。心志中有所愤慨，不敢因怒而发作；学习中有所心得，不敢暂且来尝试。接受官职的初期，人们的赞誉还没有到来；得到君主信任的开始阶段，帝王的心情还没有了解；就要用冲虚和穆之气来修养，用审慎牢固来律己，淡泊而像无所经营，深沉而像不可测知，而后斟酌情况进行充分的谋划，来为社稷民众辞谢无限的忧虑。一年至三年就能收到神奇的变化，本来就是不可以替大贤侥幸求取的。却执政不久，就已离开了职位。想做的事还未能实施，想制止的事还未能制止，将职权交给他人，而局势又为此而完全改变。不用讨论君子与小人的互相更换，已使野草稗子偷享了好禾苗所应享受的雨水。同样是小人，而接连相互倾轧，也使权术手段随后不断产生而更为复杂；同样是君子，而所学的学术不同，议论相互混杂而不协调。因双方不能相互协商而多有失败，让前后不同的人谋划一件事的始终，头绪在咫尺之间分化，而得失则差以千里。寻求如同曹参那样的人来继承萧何，遵守画一的法规而使始终都能完善的，百里找不到一个。况且只有萧何在汉朝廷做宰相，是与汉高祖自始至终来共事的，头绪已经形成，而后曹参能对一切洞然于心目中，无处可以容他再有异同。假使此前萧何任宰相不长久，就让曹参代替他，又哪里能完成萧何未完成的事业而取得治国安定的成功呢！何况那种本来就不相同而且相互攻击、抑彼而扬此的人呢！

【正文】

夫爰立作相者[①]，非骤起衡茅、初登仕版者也，抑非久历外任、不接风采者也。既异乎守令之辽阔而不深知，则可不可决之于早，既任之而固可勿疑，奚待历事已还，而始谋其进退。故善用大臣者，必使久于其任，而后国是以不迷，君心以不眩。

【注释】

① 爰立：《尚书·商书·说命》："爰立作相，王置诸其左右。"后人注释：于是立以为相，使在左右。因此爰立即指拜相。

【译文】

那些被皇帝任命为相的人，不是骤然从草泽民间冒出、初次登上官员版籍的人，也不是长期在地方任职、没有接触过皇帝风采的人。他们既不同于地方官员的疏阔而对皇帝和朝廷的事没有深刻的了解，因此很早就决定了他可不可以担任宰相，既任命他为相之后就固然可以对他不要怀疑，哪里要等到经历过诸多事务以后才开始商议对他是进用还是抑退呢？所以善于使用大臣的人，一定要让他长久地处在职位上面，而后国家的大政方针可以不会迷惑，君主的心志可以不会眩惑。

【正文】

宋自雍熙以后，为平章、为参知、为密院、总百揆掌六师者[①]，乍登乍降，如拙棋之置子，颠倒而屡迁。夷考其人，若宋琪、李昉、李穆、张齐贤、李至、王沔、陈恕、张士逊、寇准、吕端、柴禹锡、苏易简、向敏中、张洎、李昌龄者[②]，虽其间不乏侥幸之士，而可尽所长以图治安者，亦多有之。十余年间，进之退之，席不暇暖，而复摇荡其且前且却之心，志未伸，行未果，谋未定，而位已离矣。则求国有定命之讦谟，人有适从之法守，其可得与？以此立法，子孙奉为成宪，人士视为故事。其容容者，既以传舍视黄扉，浮沉于一日之荣宠；欲有为者，亦操不能久待之心，志气愤盈，乘时以求胜。乃至一陟一迁，举朝视为黜陟之期，天子为改纪元之号；绪日以纷，论日以起，嚣讼盈廷，而国随以敝。垂法不臧，非旦夕之故矣。

【注释】

① 平章：官名。《尚书·尧典》："九族既睦，平章百姓"，平章指辨别而

章明。唐代以尚书、中书、门下三省长官为宰相，但不常设，选任其他官员加“同中书门下平章事”之名，简称“同平章事”，一同参与商议国家大事。宋代位在宰相之上，也称“同平章军国事”。参知：宋朝把丞相权力分成三司使、枢密使和参知政事。参知政事掌管行政权，参知政事可与宰相在政事堂一同商议国家政事，职权、礼遇接近宰相。宰相出缺，代行宰相职务。密院：即枢密院，长官称枢密使，掌管国家军政事务。唐永泰年间所设，用宦官为枢密使，执掌机要事务。五代后梁设立崇政院，后唐改称枢密院，宋代沿用，管理军事机密及边防等事，与中书省并称“二府”，同为最高国务机关。六师：周代天子统率六军之师，简称“六师”，后指天子的禁卫军，也指全国的军队。

② 李穆（928—984）：开封阳武（今河南原阳）人。后周显德间进士，任郢州、汝州从事，宋太宗时任左谏议大夫、参知政事。李至（947—1001）：真定（今河北正定）人。中进士后，任将作监丞、通判鄂州。太宗时，拜右谏议大夫、参知政事，又判国子监。真宗时，拜工部尚书、参知政事。王沔（950—992）：齐州（今山东济南）人。太平兴国初年进士，授大理评事、著作郎、直史馆、右拾遗、京西转运副使、右补阙、知怀州、知贡举，后任膳部郎中、枢密直学士、右谏议大夫、同签书枢密院事、左谏议大夫、签书枢密院事、枢密副使、户部侍郎、参知政事。王沔性苛刻，少诚信。陈恕（约945—1004）：洪州南昌（今江西南昌）人。太平兴国二年进士，历官大理评事、通判澧州、代州知府、吏部选事、盐铁使、给事中、参知政事、总计使、吏部侍郎、尚书左丞、权知开封府等，《宋史》称他为“能吏之首”。任盐铁使时，整顿赋税，疏通货财，使国家财政收入显著增长，太宗在殿柱上写“真盐铁陈恕”五字，以示褒奖。任参知政事后，主管国家财政达十余年之久。张士逊（964—1049）：阴城（今湖北老河口）人。淳化间进士，任郧乡主簿、射洪令、襄阳令、监察御史、江南转运使、侍御史，仁宗时为太子詹士、枢密副使、尚书左

丞、礼部尚书、同中书门下平章事、刑部尚书、兵部尚书等。柴禹锡（942—1004）：大名（今河北大名）人。太宗为晋王时，禹锡入王府，太宗继位后，授供奉官，后为翰林副使、如京使，掌翰林司，迁宣徽北院使，以告发秦王廷美，升枢密副使，转南院使，以骁卫大将军出知沧州，改涪州观察使，知潞州、永兴军府、宣徽北院使、知枢密院事、镇宁军节度使、知泾州、贝州、陕州等。苏易简（958—997）：梓州铜山（今四川中江）人。太平兴国五年（980）进士，任将作监丞、升州通判、知贡举、中书舍人、翰林学士、知审官院、审刑院、给事中、参知政事。向敏中（948—1019）：开封（今河南开封）人。太平兴国五年进士，任将作监丞、通判吉州、知广州、工部郎中、右谏议大夫、同知枢密院事、右仆射。李昌龄（937—1008）：宋州雍丘（今河南杞县）人。太平兴国间进士，历任知广州、御史中丞、参知政事、知梓州、河阳府等。

【译文】

宋朝从雍熙年间以来，设置了平章事、参知政事、知枢密院事等官职来总掌朝廷百般事务和负责全国军队，一会儿升任这些职务，一会儿又罢免，就像笨拙的棋手下棋时的落子一样，颠三倒四而屡次变化。考察被任命为相的那些人，像宋琪、李昉、李穆、张齐贤、李至、王沔、陈恕、张士逊、寇准、吕端、柴禹锡、苏易简、向敏中、张洎、李昌龄等人，虽然其中不乏希求恩宠的人，但也多有可以充分发挥他的才能以使国家得到治理而安定的人。十多年间，进用他们又罢免他们，使他们席不暇暖，而又动摇他们又想升任又想退职的心情，志向没有伸展，谋略未能确定，而已经离开了官位。这样来求国家有确定的治国大略，人们有适宜遵从的法规，它是可以得到的吗？以这种做法为规则，子孙奉为成法，人们视之为惯例，那些附和众人意见的人，就会把朝廷内阁当作旅馆，在短暂的荣宠中沉浮，那些想有所作为的人，也怀着不能长久在职的心情，他们的意志和气势就会充满愤怨，想抓紧时间利用机会在竞争中求得胜利。乃至于对他们的一升一迁，满朝大臣都看作某种政策的废黜或升用的期限，甚至使天子为此而改变年号。国家政治的头绪一天天地变得纷乱，人们的议论天天都在出现，喧嚣的争论充满整个朝廷，而国家随之灭亡。传给后人的制度如此不善，这就不是一朝一夕的原因了。

【正文】

夫宋之所以生受其敝者，无他，忌大臣之持权，而颠倒在握，行不测之威福，以图固天位耳。自赵普之谋行于武人，而人主之猜心一动，则文弱之士亦供其忌玩。故非徒王德用、狄青之小有成劳，而防之若敌国也。且以寇准起家文墨，始列侍从，而狂人一呼万岁，议者交弹，天子震动。曾不念准非操、懿之奸，抑亦无其权藉；而张皇怵惕，若履虎之咥人[①]，其愚亦可嗤也。其自取孤危，尤可哀也。至若蔡京、秦桧、贾似道之误国以沦亡，则又一受其蛊，惑以终身，屹峙若山，莫能摇其一指。立法愈密，奸佞之术愈巧。太宗颠倒其大臣之权术，又奚能取必于暗主？徒以掣体国之才臣，使不能毕效其所长。呜呼！是不可为永鉴也欤！

【注释】

① 履虎之咥（dié）人：《周易·履卦》："履虎尾，不咥人，亨。"意谓踩了虎尾，而虎不咬人，吉利。此处王夫之引用，则变其意，谓踩老虎尾巴而被咬，非常愚蠢。咥，咬。

【译文】

那宋朝之所以活生生地受到这种敝害，没有别的原因，只不过是忌讳大臣掌握大权，而把大臣颠来倒去地由君主在手中掌握，实行无法测知的威权和恩宠，以求巩固帝位而已。自从赵普对武将谋划"杯酒释兵权"以来，就让君主的猜忌之心为之一动，而文弱的士人也就供君主来猜忌和玩弄了。所以不只是王德用、狄青小有功劳就防范他们如同敌国一样，就算寇准靠文墨起家，开始列入侍从，可是有狂妄的人一喊"万岁"，议政的人交相弹劾，天子也就大受震动而不再信任他了。不曾想到寇准不是曹操、司马懿一类的奸臣，而且他也没有权势，君主就张惶警惧，就像踩到虎尾要被虎咬一样地害怕，其愚蠢也是很可笑的。宋代的君主自取孤独和危险，更是可哀。至于像蔡京、秦桧、贾似道的误国而使国家沦于灭亡，则是皇帝一旦受到他们的蛊惑，就终身被他们迷惑，而使他们的地位如山一样地屹立，没有人能动摇他们一指头。这样一来，朝廷立的法越是周密，而奸佞的方法就越是巧妙。宋太宗将大臣颠倒玩弄于股掌的权术，又哪里必定能被愚暗的君主掌握和运用呢？只是限制了体念国家的有才的大臣，让他们不能充分奉献自己的长处。呜呼！这是不能作为永远鉴戒的吗！

【评析】

所谓官制的问题，就是如何用人的问题，就是如何让人们在成为官员之后尽量完善地完成他们的职责和使命，而不出现问题。于是就有用怎样的制度来用人为官员，用什么样的原则约束和引导他们，在出现了问题时，又用怎样的制度与方法和原则来加以纠正和管理的问题。这些问题，不仅存在于古代，在今天也是需要继续进行研究和思考的问题。

论法家学说

【题解】

古代法家有一套施用于君主与官员的理论学说，其目的也是让国家的治理达到最佳效果，而使国家达到富强。法家学说与儒家有很大的不同。王夫之是儒家学者，他对宋代历史中主张和施用法家学说的人，持严厉的批评态度，指出了法家学说在宋人那里出现的问题。这并不是纯粹从理论上来分析和批评法家学说，而是就宋代官员对法家学说的理解与应用加以批评。这也说明人们在应用法家学说来治国理政时，并不一定完全合乎法家学说的本意，尽管他们打着法家的旗号。

【正文】

为君子儒者，亟于言治，而师申、商之说，束缚斯民而困苦之，乃自诧曰："此先王经理天下大公至正之道也。"汉、唐皆有之，而宋为甚。陈靖请简择京东西荒地及逃民产籍[①]，募民耕作，度田均税，遂授京西劝农使；陈恕等知其不可行，奏罢之，而黜靖知陈州[②]。论者犹惜靖说之不行，为恕等咎。呜呼！非申、商之徒以生事殃民为治术者，孰忍以靖之言为必可行乎？圣王不作，而横议兴，取《诗》《书》《周礼》之文，断章以饰申、商之刻核，为君子儒者汩没不悟，哀我人斯[③]，死于口给，亦惨矣哉！

【注释】

① 陈靖（948—1026）：兴化军莆田（今福建莆田）人。五代后梁进士，

任天雄节度巡官。入宋，授泉州德化县尉、阳翟县主簿、将作监丞、秘书丞、直史馆。淳化三年（992）省试，太宗采纳陈靖建议，实行“糊名考试”法。后为太常博士、劝农使、度支判官、京畿均田使、河南转运使、度支盐铁判官、两浙东路安抚使、太常少卿、太仆卿等。京东西：宋朝都城汴京的东方和西方。

② 陈州：今河南周口淮阳。

③ 哀我人斯：《诗经·豳风·破斧》中说跟随周公东征的士兵，非常可哀。

【译文】

作为君子儒，急于讲治国，而以申不害、商鞅的学说为师，把民众束缚起来而使他们遭受困苦，自己却又惊诧地说：“这是先王治理天下的大公至正之道。”汉、唐都有这种人，而宋代更为严重。陈靖请选择京东和京西的荒地以及逃亡民众的财产户籍，招募民众进行耕作，丈量田地，平均赋税，于是让他担任京西劝农使。陈恕等人知道这是不可行的，奏请罢除他，于是把陈靖贬为陈州知州。议政的人还惋惜陈靖的建议不能实行，是陈恕等人的过失。呜呼！不是申不害、商鞅之徒以多生事端、祸害民众为治国方法的人，谁能忍心说陈靖的建议是必定可行的呢？圣王不出现，于是就出现了对治国横加议论的人，拿着《诗》《书》《周礼》的文章，断章取义，来修饰申不害、商鞅的刻薄寡恩的学说，作为君子儒的人至死不能醒悟，可哀啊，那些人，死于快捷的口头论说，也是很悲惨了啊！

【正文】

今姑勿论其言，且问其人。靖，太常博士也。非经国之大臣，无田赋之官守，出位以陈利害者何心？及授以陈州之民社，则尸位以终，于民无循良之绩，于国无匡济之能，斯其人概可知矣。故夫天下无事而出位以陈利国便民之说者，其人皆概可知也。必其欲持当国大臣之长短，思以胜之，而进其党者也，不则其有所忮忌于故家大族而倾之也，不则以己之贫，嫉人之富，思假公以夺人者也，不则迎君与大臣之意旨，希得当以要宠利者也，即不然，抑偶睹一乡一邑之敝，动其褊衷，不知天下之不尽然，而思概为改作者也。如是者，览其章奏，若有爱民忧国之忱；进而与之言，不无指天画地之略，及授以政，则面墙而一无能为[1]。是其为浮薄侥倖之匹夫也，逆风而闻其膻，而皮相者乐与之亲。《书》曰："何畏乎巧言、令色、孔壬"，诚畏之也。

【注释】

① 面墙:《尚书·周官》中有"不学墙面，莅事惟烦"。是说人没有学问，就像面对着墙而立，什么都看不到，这样来面对政事，就必定只会烦乱而不能治理政务。后来就用"面墙"比喻没有学问的人见识短浅。

【译文】

现在姑且不要评论他的建议，且来问问他这个人是怎么样的。陈靖，是太常博士，不是治国的大臣，也不是收取田赋的地方官，超出自己的本职来论说国家政策的利与害，这是什么用心？等到任命他为陈州知州，把陈州的民众和土地交给他，就尸位素餐而告终，对于民众没有守法治民的优良政绩，对于国家没有匡扶补救的能力，这样的话，就可知他是怎样的人了。所以天下无事而超出本位来论述利国便民说法的人，其人都大致是可以知道的。这种人一定是想抓住执政大臣的长短，想求胜过执政大臣，而进用自己的同党；不然就是对旧家大族怀有忌恨而想倾覆人家；再不然就是因为自己贫贱，妒忌别人的富裕，想借公来夺取人家财产的人；再不然就是迎合君主和大臣的意旨，希求所说得当来谋求恩宠之利的人。即使不是这样，也是偶而看到一乡一邑的敝坏，打动了他褊狭的内心，却不知天下不尽是这样，就想一概来进行改革。像这样的人，看他的章奏，似乎有爱民忧国的忠忱；进一步与他交谈，也不是没有指画天地的策略，等到授给他职权，则像面墙一样不会有什么见解，而什么事都不能办。这是那种浮浅而求侥幸的匹夫，而有些人就像迎风闻到膻臭味，对他只有一点表面的了解就乐于与他亲近。《尚书·皋陶谟》说："为什么怕花言巧语、谄媚的脸色、大奸之人"，实在是怕这种人。

兴办学院

【题解】

真宗时期重视兴办学校，由此引起书院的兴起，这是真宗时期的重要文化现象，在研究宋史时，对此不能忽视。因为这个问题牵涉到中国古代学术与文化的传承及其发展路径，是中国古代历史发展过程中的一个重要问题。如果只从教育史的角度来看这些事情，就显得比较浅薄。

【正文】

咸平四年，诏赐九经于聚徒讲诵之所[①]，与州县学校等，此书院之始也。嗣是而孙明复、胡安定起[②]，师道立，学者兴，以成乎周、程、张、朱之盛[③]。及韩侂胄立“伪学”之名[④]，延及张居正、魏忠贤[⑤]，率以此附致儒者于罪罟之中，毁其聚讲之所，陷其受学之人，钳网修士，如防盗贼。彼亦非无挟以为之辞也，固将曰：“天子作君师，以助上帝绥四方者也。亦既立太学于京师[⑥]，设儒学于郡邑，建师长，饩生徒[⑦]，长吏课之，贡举登之，而道术咸出于一。天子之导士以兴贤者，修举详备，而恶用草茅之士，私立门庭以亢君师，而擅尸其职，使支离之异学，雌黄之游士，荧天下之耳目而荡其心。”为此说者，听其言，恣其辩，不覈其心，不揆诸道，则亦娓娓乎其有所执而不可破也。然而非妨贤病国，祖申、商以虔刘天下者，未有以此为谋国之术者也。

【注释】

① 九经：隋代以明经科取士，唐承隋制，以《易》《书》《诗》《周礼》

【正文】

乃若其言，则苟实求诸事理而其奸立见。唯夫国敝君贪，大臣无老成之识，于是而其言乃售。今取靖言而按之，所谓荒地者，非荒地也；所谓逃民产籍者，非逃民也。自汴、晋交兵，迄于契丹之打草谷[①]，京东、西之凋残剧矣。张全义、成汭之仅为拊循[②]，周世宗以来之乍获休息，乃有生还之游子，侨寓之羁人，越陌度阡，薄耕以幸利，而聊为栖息。当陈靖陈言之日，宋有天下三十二年耳。兵火之余，版籍错乱，荒莱与熟地，固无可稽，逃亡与归乡，抑无可据。则荒者或耕，逃者或复，幸有脱漏以慰鸿雁之哀鸣，百年大定以还，自可度地度人，以使服赋率。靖固知其非荒非逃，而假为募民之说，俾寸土一民，词穷而尽敛之。是役一兴，奸民之讦发，酷吏之追偿，无所底止，民生蹙而国本戕。非陈恕等力持以息其毒，人之死于靖言者，不知几何矣。唐之为此者，宇文融也[③]，而唐以乱。宋之季世为此者，贾似道也，而宋以亡。托井地之制于《周官》，假经界之说于《孟子》[④]，师李悝之故智而文之曰利民[⑤]，袭王莽之狂愚而自矜其复古，贼臣之贼也。而为君子儒者，曾以其说之不行为惆怅乎？

【注释】

① 打草谷：辽初，出兵作战，人马不供给粮草，让军人以牧马为名，四出劫掠，充为军饷，辽人称之为“打草谷”。

② 张全义（852—926）：濮州临濮（今山东鄄城）人。初为黄巢的吏部尚书、充水运使，降唐后为泽州（今山西晋城）刺史、河南尹，后附朱温，封为齐王。成汭（？—903）：山东青州（今山东青州）人。早年醉酒杀人，亡命贼中，改名郭禹。后投荆南节度使陈儒，任裨校，后出兵袭破清江、江陵，唐昭宗命郭禹为荆南留后。恢复姓名成汭，又命为荆南节度使、检校太尉、中书令。

③ 宇文融（？—730）：京兆万年（今陕西西安）人。唐玄宗开元年间任监察御史、魏州刺史、鸿胪卿兼户部侍郎，他建议检括逃亡户口和

籍外占田，自任劝农使出使各地，清出大量土地。开元十七年（729）为同中书门下平章事，后因人检举贪污，流放崖州（今海南三亚），卒于途中。

④ 经界：土地的分界。《孟子·滕文公》：“仁政，必自经界始。经界不正，井地不钧，谷禄不平，是故暴君污吏必慢其经界。”经界与井田有关，后人认为是周代的田地制度。南宋朱熹在漳州当知州时，曾请求实行经界法，光宗也下诏听从了这个建议，但最终没有实行。后来贾似道为相，也借用朱熹的经界说，实行了公田法，限制人们占有的土地数量，超过限额的就由朝廷买为公田，由佃户耕作，田租作为军粮。后来王夫之在本书中对这两件事都有评论。

⑤ 李悝（kuī）：战国时代法家开创性人物。“悝”又作“克”。濮阳（今河南濮阳）人。曾任中山相、上地守，在魏文侯手下主持变法，采用“尽地力”主张，使魏国富兵强。

【译文】

至于他所说的话，如果实实在在地根据事理来探求，他的奸邪立刻可以看出。只有国家敝坏而君主贪婪，大臣没有老成的见识，在这种情况下，他的意见才会得逞。现在就拿陈靖所说的来考察，所谓的荒地，不是荒地；所谓的逃亡之民的财产户籍，不是逃亡之民。自从后梁与后晋交兵作战，到契丹进入中原掠夺百姓，京东、京西的凋坏残存就加剧了。张全义、成汭也仅仅是对流民进行招抚。周世宗以来，民众获得短暂的休养生息，这才有了生还的游子、侨居的旅人，来到田野中，从事简单的耕种，侥幸获得一点粮食财产，而在那里暂且栖息。在陈靖论述他的看法的时候，宋已统治天下有三十二年了。战争之余，户籍发生错乱，荒地与熟地，本来也无法考察；民众是逃亡还是归乡，也没有凭据。那么荒地或许有人耕种，逃亡的人或许已经返乡，幸而脱漏的人，他们如同鸿雁一样的哀鸣也可以受到安慰。百年以后天下大定，自可以丈量土地计算人口，来让他们按照税赋的比率交纳。陈靖本来就知道这不是荒地，不是逃亡之民，而借着募民的说法，使仅有寸土的小民无话可说，而将他们的财产粮食全部收走。这个办法一旦实行起来，奸民的检举告发，酷吏的追讨补交，就没有限制，民生穷困而国家的根本就被残害了。如果不是陈恕等人极力坚持反对意见以停止这一办法的毒害，被陈靖建议的办法所害死的人，不知会有多少？唐代干这种事的，是宇文融，而唐朝因此发生大乱。宋代末世做这种事的人，是贾似道，而宋朝因此灭亡。借口《周礼》中有井田的制度，借口《孟子》书里有丈量田地分界的说法，效法李悝的老办法而文饰说是为了利民，沿袭王莽的狂妄愚蠢而自我矜夸为复古，这是贼臣中的贼臣。而作为君子儒的人，会因为他的说法不曾实行而为之惆怅吗？

【评析】

王夫之认为作为儒者，在治国上太着急了，就会采用法家的学说与方法，由此会造成民众的困苦，他们还自以为是先王治国的正道。简单地说起来，儒家治国的根本原则是爱民，不要让民众承担过重的经济与人力的负担，同时约束君主与国家机器对社会财富的占有和耗费。而法家治国的根本原则是效率，即要用一切方法引导民众为国家效力，从而使所有的民众都成为国家机器的高效组成部分。这种想法，以法家的申、商中的商鞅最为明显。后世的不少人受其影响，以儒生面貌出现，却暴露了其中的申、商思想。其实法家与儒家都想让国家稳定、发展、富强，目的一致，但方法不同。研究历史的人，对此不能只在书面上了解儒与法的不同主张，更要在具体的历史人物与事件中找出儒与法的痕迹与影响。

论宋真宗

【题解】

宋真宗赵恒（968—1022），宋太宗第三子。997年至1022年在位。王钦若、丁谓为相时，以天书符瑞之说，荧惑朝野，真宗沉迷于封禅，朝政废坏。景德元年（1004），契丹南侵，宰相寇准力排众议，劝宋真宗亲征，行至汴京以北三百里处的澶渊，与契丹开战，虽然取胜，仍与契丹结盟，每年向契丹进贡大量金银，史称“澶渊之盟”，这是真宗的一大污点。

真宗非常注意教育，如咸平四年（1001），下诏赐儒家九经给聚徒讲诵之处以及州县的学校，王夫之说这是“书院之始”。此后出现了孙明复、胡安定等著名学者，于是“师道立，学者兴，以成乎周、程、张、朱之盛”。王夫之非常赞赏民间举办书院以传播儒学，他对后来韩侂胄以“伪学”之名打击儒家学者的做法极为痛恨，而且他认为这种做法也传到了明代，“张居正、魏忠贤率以此附致儒者于罪罟之中，毁其聚讲之所，陷其受学之人，钳网修士，如防盗贼”。而书院的兴起与学者对朝廷提出的批评，又是密不可分的，所以明代的东林党就是与东林书院的讲学联系在一起的。

从国家办的学校与民间出现的书院的关系上看，二者是互补的，不能只在国家承认的学校里教育士子，也应让民间学者在书院中讲学。真正支持以儒学治国的人，是不会反对或打压书院及其中的讲学的。

王夫之还说，用这种方法打击民间学者的，实际上是“祖申、商以虔刘天下”，以法家手段作为“谋国之术”，找到了这种做法的本质所在。这一点也值得重视。

据历史事实，王夫之认为孔子在衰周之世于洙、泗之滨率领学生研究学问，就相当于后世的书院，在王朝的晚期，学术得不到君主的劝助，就会出现这种情况。另一方面，国家之大，人口之多，国家举办的学校有限，教育不能普及，所以书院的出现也是理所当然的。另一方面，进入学校的士人把读书治学作为“干禄之捷径”，也不能真正从事学问，“有志之士，不屑以此为学”，所以不能不“倚赖鸿儒”，在民间举办书院，以聚集真正向学之士。

真宗时期，寇准是一个重要人物。澶州之役，寇准驳倒王钦若躲避契丹的方案，力劝真宗渡河决战，最终与契丹结成澶渊之盟。但当时寇准与杨大年在帐中饮博歌呼，所以后来王钦若在真宗面前说寇准劝真宗亲征，是“以陛下为孤注”。一般人认为这是王钦若诬蔑寇准，离间他与真宗的关系。王夫之则认为王钦若之言“亦非无因之诬”。根据是以前“李从珂自将，以御契丹于怀州，大败以归而自焚；石重贵自将，以追契丹于相州，诸将争叛而见俘于虏”，这都是君主亲征作战的例子，可见皇帝亲征并不以皇帝为孤注，以赌一胜。

但皇帝亲征并不一定能取胜，所以寇准的办法必须尽量保证作战的胜利和君主的安全，不然就是失策。寇准不能保证做到这些，所以王钦若说他是拿真宗为孤注，也有一定的道理。

后来有人说：寇准这样做是以“以静镇之”的。但这也不足以服人。王夫之说：“生死存亡决于俄顷，天子临不测之渊，而徒以静镇处之乎？”“无所见而徒矜静镇，则景延广十万横磨之骄语，且以速败，而效之者误人家国，必此言矣。”没有确切的保证，“以静镇之”就是一句空话、大话，一旦速败，就会误人家国，谁也挽救不了。

王夫之认为寇准也做了相应的准备，如“按事之始终，以察势之虚实，则洞若观火矣”，但寇准的分析判断是不是全都正确，也很难断定，所以寇准让真宗亲征，最终还是一种冒险。因此王夫之说，不仅要有整体的形势分析，还要有具体的准备，如“得将吏之心，而熟审其奏报；储侦谍之使，而曲证其初终；详于往事，而知成败之繇；察其合离，而知强弱之数。蹲伏匿于遐荒，而防其驰突”等。由此可知，王夫之的历史评论不是空谈，而有更合乎逻辑的思考，在历史研究中，这是必不可少的。

由此就说到寇准不读书的问题，张咏让寇准读《汉书·霍光传》，寇准读到传中“不学无术”一句，才对自己不读书有所醒悟。一般人会说，寇准是进士出身，还会不读书吗？这种说法正反映了人们头脑中的误区。中进士以读四书五经为主，不会遍读更多的书。张咏让寇准读《汉书》，这是四书五经之外的书，不会像对四书五经那样用心去读。寇准读了此传才知道张咏是批评他“不学无术”，为此王夫之指出：不能笼统地说“学”和“术”，“学”里面既有醇也有疵，“术”里面既有贞也有邪。“术”的意思是道路，即光明正大之路，走这样的路，就是“术”。可知王夫之理解的“术”，就是实践正确道义的道路，而不是一般人们认为的权术或手段。王夫之认为寇准并没有真正理解“学”和“术”，所以他的悟不是真正的悟，而是另一种“迷”：“其悟也，正其迷也。”

王夫之又分析说，人心无定，如果没有学问来帮助心定，就会惑于多歧，而走上邪径，迷失康庄大路。所以君子不敢轻言“术”，只把“学”作为努力的目标。“学也者，所以择术也，术也者，所以行学也。君子正其学于先，乃以慎其术于后。”王夫之认为最正当的“学”是“大学”，即“正身以正家，正家以正天下”之“学”，而“术”就是要做到这种“学”，使这种“学”得到实践和实现。王夫之认为寇准“怏怏于用舍，一不得当，刓方为圆，扬尘自蔽，与王钦若、丁谓为水火而效其尤”，说明他的“学”不正而“术”不当，竟然还说“吾知术矣”，所以王夫之说他“不得为君子，而自贻窜殛之灾”，再一次证明“其悟也，正其迷也”。并且说寇准“所习闻于当世之学者，杨亿、刘筠，所谓浮华之士也，固不足以知学者之术矣，恶足以免于疚哉？”王夫之对寇准的分析，实际上也证明了他在澶渊之战中的主张不会是正确的，王钦若说他是以真宗为“孤注”，也是有道理的。由此也从王夫之的评论中，懂得一个道理：要准确深入理解中国古代的许多说法，不能只停留在文字表面，更应有深入的分析，才能从中学到古人深刻的智慧。

《仪礼》《礼记》《左传》《公羊传》《穀梁传》为九经。

② 孙明复（992—1057）：孙复，字明复，晋州平阳（今山西临汾）人。举进士不第，退居泰山讲学，门下石介、文彦博、范纯仁等都是一时精英。仁宗时范仲淹与富弼等推荐孙复，为国子监直讲，迁殿中丞。胡安定（993—1059）：胡瑗，泰州海陵（今江苏泰州海陵）人，与孙复、石介在泰山讲学，并称“宋初三先生”。世居陕西安定堡，世称安定先生。后执教太学。

③ 周敦颐（1017—1073）：原名敦实，避英宗讳改敦颐，字茂叔，号濂溪，营道楼田堡（今湖南道县）人，曾任南安军司理参军、虔州通判、知南康军等。晚年定居庐山莲花峰下，以家乡濂溪命名堂前小溪和书堂，故称“濂溪先生”，宋明理学的濂学由此得名。宋宁宗时追加谥号“元”，故又称“元公”。著有《太极图说》《通书》等。“二程”出生于黄陂，故又为黄陂人。程颢（hào，1032—1085）：世称明道先生，原籍河南洛阳，仁宗嘉祐二年（1057）进士，历官鄠县主簿、上元县主簿、泽州晋城令、太子中允、监察御史、监汝州酒税、镇宁军节度判官、宗宁寺丞等。神宗时，与王安石政见不合，不受重用，遂潜心学术。程颐（1033—1107）：世称伊川先生。进士出身，哲宗时为崇政殿说书，因反对王安石新政，贬西京国子监管勾监事，后削职为民。徽宗即位后隐居龙门。“二程”开创北宋洛学，后受朱熹推崇，合称“程朱理学”。宋宁宗时追赐谥号，程颢为“纯”，程颐为“正”，故二人又称纯公和正公。张载（1020—1078）：字子厚，大梁（今河南开封）人，后迁凤翔郿县（今陕西眉县）横渠镇，称横渠先生。宋代关学创始人，仁宗嘉祐二年进士，历任祁州司法参军、丹州云岩令、著作佐郎、签书渭州军事判官、崇文院校书、知太常礼院。宋宁宗嘉定十三年（1220）谥号“明”，故又称明公。朱熹（1130—1200）：字元晦，又字仲晦，号晦庵、晦翁、考亭先生等，徽州婺源（今江西婺源）人。绍兴十八年（1148）进士，初任泉州同安县主簿，任满辞官，潜心理学，后出任南康（今江西庐山）知军、江南西路茶盐常平提举、秘阁

修撰、焕章阁待制兼侍讲、荆湖南路安抚使、宝文阁待制等。晚年定居建阳考亭，故有考亭学派之称。他是宋代理学集大成者，继承程颢、程颐。死后谥号为“文”，故又称朱文公。

④ 韩侂胄（tuō zhòu）：相州安阳（今河南安阳）人。以恩荫入仕。光宗绍熙五年（1194）与赵汝愚等人拥立宋宁宗即位，韩侂胄将赵汝愚排挤出朝廷，独掌大权。宋宁宗庆元年间以朋党之名打击政敌。开禧元年（1205）任平章军国事，发动开禧北伐，但宋军节节败退，韩侂胄只得向金请和。开禧三年（1207），史弥远等人谋杀韩侂胄。“伪学”：宋宁宗庆元年间（1195—1200），一些官员指责朱熹及道学的虚伪，称道学为“伪学”。宁宗下诏称“伪学”之党不准“在内差遣”。监察御史沈继祖弹劾朱熹言行不一，宁宗将朱熹免职，知贡举叶翥等人要求把道学家语录全部销毁，考卷中涉及程朱义理，一律不予录取。知绵州王沇请求设“伪学之籍”，宁宗下诏，订立“伪学”逆党籍，共五十九人。这一事件，史称“庆元党禁”。

⑤ 张居正（1525—1582）：湖广江陵（今湖北荆州）人，明嘉靖二十六年（1547）进士，任编修、侍讲学士、吏部左侍郎兼东阁大学士、吏部尚书、建极殿大学士。万历初年，为首辅。明神宗年幼，军政大事均由张居正主持。主政十年，实行改革，史称“张居正变法”。死后受人攻讦，抄没其家。魏忠贤（1568—1627）：北直隶肃宁（今河北肃宁）人，自阉入宫当太监，结交太监王安，结识皇长孙朱由校的奶妈客氏，得朱由校欢心。朱由校即位，即明熹宗，升为司礼秉笔太监。明熹宗不问朝政，魏忠贤专擅大权。后魏忠贤遭到东林党人弹劾，于是迫害东林党人。崇祯帝朱由检继位，将他治罪，流放凤阳，途中畏罪自杀。

⑥ 太学：古代由国家在京城设立的最高学府。汉武帝建元六年（前135）在长安设太学，设五经博士讲授《诗》《书》《礼》《易》《春秋》。魏晋至明清，或设太学，或设国子学，或同时设立，均为古代国家最高学府。

⑦ 饩（xì）：赠送食物。

【译文】

宋真宗咸平四年，下诏赐颁儒家的九经给聚集生徒讲诵经书的处所和州县的学校等，这是书院的开始。此后就有孙明复、胡安定兴起，师道建立，学者兴盛，最后形成了周敦颐、二程、张载、朱熹的学术鼎盛气象。到韩侂胄提出“伪学”的名称，之后延续到明代的张居正、魏忠贤等人，相继用这种名称加在儒家学者身上而让他们身陷罪网之中，毁坏了他们聚集生徒讲学的书院，陷害在书院中接受讲学的士人，钳制网住学术之士，如同提防盗贼。他们也不是没有说法作为借口，本来就会说：“天子作为君、作为师，是来协助上帝安定四方的人。既然已经在京师设立了太学，又在郡县设立了儒学，任命了学者担任学校中的老师和官长，给在其中学习的生徒发放官粮，由官长吏员对他们进行考课，用贡举的方法让他们升进为官员，而道术都出于一个来源。天子引导士人读书而让贤者升进为官，修学和举用的制度详尽完备，哪里需要民间的草茅之士，私自设立门庭来与君和师对抗，而擅自主掌教学的职责，使破碎支离的异端之学，信口雌黄的游士，荧惑天下学子的耳目而动摇他们的心灵。”主张这种说法的人，听他的言论，由他恣意辩说，而不核实他的真心，不考察他的道理，则他所持有的主张也是娓娓动听而不可打破的。然而如果不是妨碍贤才、危害国家，以申不害、商鞅为祖师来残害天下的人，就不会拿这种说法作为治国的谋略和方法。

【正文】

孔子之教于洙、泗[①]，衰周之世也。上无学而教在下，故时君不能制焉，而孔子以为无嫌。彼将曰：“今非周纲解纽之代，不得尸上天木铎之权也[②]。”呜呼！佞人之口给，不可胜穷，而要岂其然哉？

【注释】

① 洙、泗：洙水和泗水。在今山东泗水以北合流，流至曲阜北分为二水，洙水在北，泗水在南。曲阜在春秋时属鲁国，孔子在洙、泗之间聚徒讲学，后来以“洙泗”代称孔子及其主张的儒家学说。

② 木铎：以木为舌的铜铃，古代宣布政教法令时，巡行者摇动之以响声吸引众人，后来比喻宣扬某种思想主张的人，有时又特指孔子宣传儒家学说。

【译文】

孔子在洙、泗之间教育学生，那是周代衰败的时代。在上的天子没有学术而使教育落到下面的民间，所以当时的君主不能控制学者在民间教育学生，而孔子认为自己在民间教育学生没有什么妨害。但是提出“伪学”的人们将会说：“现在不是周朝纪纲衰败的时代，民间的学者没有主持上天宣讲学说的权力。”呜呼！奸佞之人的善于诡辩，不能一一穷尽，但是事情的根本难道是他们所说的那样吗？

【正文】

三代之隆，学统于上，故其《诗》曰：“周王寿考，遐不作人。”然而声教所讫，亦有涯矣，吴、越自刁文身，杞、莒沦于夷礼[①]，王者亦无如之何也。若太学建于王都，而圻内为方千里[②]，庠序设于邦国[③]，而百里俭于提封，则春弦夏诵，礼射雅歌，远不违亲，而道无歧出，故人易集于桥门[④]，士乐趋于鼓箧[⑤]。迨及季世，上之劝之也不勤，而下有专师之函丈矣。况乎后世之天下，幅员万里，文治益敷，士之秀者，不可以殚计，既非一太学之所能容。违子舍，涉关河，抑立程限以制其来去，则士之能就学于成均者[⑥]，盖亦难矣。若夫州县之学，司于守令，朝廷不能多得彬雅之儒与治郡邑，而课吏之典，又以赋役狱讼为黜陟之衡，虽有修业之堂，释菜之礼[⑦]，而迹袭诚亡，名存实去，士且以先圣之宫墙，为干禄之捷径。课之也愈严，则遇之也益诡，升之也愈众，则冒之也愈多。天人性命，总属雕虫，月露风云，祗供游戏[⑧]。有志之士，其不屑以此为学也，将何学而可哉？恶得不倚赖鸿儒，代天子而任劳来匡直之任哉？

【注释】

① 杞（qǐ）：周代诸侯国，在今河南杞县一带。

② 圻（qí）内：京畿，古代天子直辖之地。

③ 庠（xiáng）序：古代的地方学校。《礼记·学记》："家有塾，党有庠，术有序，国有学。"塾指民居里巷之学，五百家为党，党的学校称庠；一万二千五百家为遂，术即遂，遂的学校称序。国指天子和诸侯的都城，学校称国学，就是后来的太学。

④ 桥门：古代太学周围有河环绕，太学设四门，利用桥与外面相通，所以太学的门就称为桥门。引申则指校门、学校。

⑤ 鼓箧（qiè）：《礼记·学记》：古之太学，"入学鼓箧，孙其业也"。指入学时击鼓以警诫学生，又让学生打开装书的箱子。箧指书箱。这都是当时入学的相关制度，引申则指进入学校学习。

⑥ 成均：古代国家太学又分成均、辟雍、上庠、东序、瞽宗五学，以成均代指太学。

⑦ 释菜之礼：《礼记·学记》："皮弁祭菜，示敬道也。"皮弁指天子临朝听政时所穿的朝服，用白鹿皮做成。祭菜，入太学要祭祀先圣先师，菜即祭祀时用的芹、藻等菜。

⑧ 祇（zhǐ）：只。

【译文】

夏商周三代的兴盛，学术统一于天子，所以当时的《诗》说："周文王年老又高寿，从长计议培养人。"但是天子的声威教化所达到的地方，也是有限的，当时的吴、越自行传习文身的风俗，杞、莒两国已经沦落为夷人的礼仪，周天子对此也无可奈何。像太学只是建在天子的王都之中，而天子直接管辖的区域只有方圆千里，在各个诸侯国则设有各级学校，但他们分封的国土只有百里左右；学校的师生在春天习乐、夏天诵书，学习礼、射以及诗歌，不会离开亲人而到远方，而所学的道术也没有分歧，所以受教育的人容易在学校门内聚集，读书人乐于入校学习。到了末世，天子与官府劝人入校学习已不尽心尽力，而在下的民间就出现了专门为师的老师。何况后世的天下，幅员有万里之大，文化教育也更加普遍，士人中的优秀者，不能完全统计，已经不是一所太学所能容下的了。读书人离开学校的宿舍，或通过关塞、跋涉山川前来就学，也还是要设立规章制度以限制他们的前来或离去，所以士人能进入天子的太学来读书，可知也是很难的了。至于州县官府的儒学，由州县的长官掌管，朝廷也得不到许多文雅的儒家学者参与管理州县的学校，而对官吏考课的制度，又以赋役狱讼等事作为升降的标准，所以虽然设有读书学习的学校，以及相关的礼仪制度，但也是沿袭过去的陈规，而读书讲学的实际已经消亡，学校和讲学已是有名无实，而且士人又把孔圣人的学术，当作了谋求禄利的捷径。对士人考课得越严，则士人应付的办法就越诡诈；士人升进为官的人越多，则不合格的冒充者就越多。圣人讲求的天人之道和性命之学，都成了雕虫之技，时令变化，也变成了只供士人游戏的时间。有志的士人，他们是不屑于以此为学术的，又将能学什么呢？怎能不依靠真有学问的大儒，代替天子而承担劝勉士人来治学并对废坏的学校制度进行匡正的责任呢？

【正文】

君子于此，以道自任，而不嫌于尸作师之权者，诚无愧也。道不可隐而明之，人不可弃而受之，非若方外之士，据山林以傲王侯也；非若异端之师，亢政教以叛君父也。所造者，一王之小子；所德者，一王之成人。申忠孝之义，劝士而使之亲上；立义利之防，域士而使之靖民。分天子万几之劳，襄长吏教思之倦；以视抡文之典，不足以奖行，贡举之制，不足以养恬，其有禆于治化者远矣。

【译文】

君子在此种情况下，以传承道统为己任，而不忌讳掌握为人之师的权力，他们实在是没有愧疚的。大道不能隐埋而要加以阐明，人才不可抛弃而要接受下来进行教育，在民间讲学的大儒，不像那些游离于世外的方士，住在山林里向王侯显示高傲，也不像那些鼓吹异端之学的学者，与国家的政治教化相对抗而背叛君王。他们所培养的，是一代王朝的平民百姓；所造就的，是一代王朝中具备了道德的人。他们申张忠孝之义，劝勉士人而让他们亲近在上的人；他们设立了义与利的界线，使士人守着一定的界域而让他们安定民众。讲学的大儒们分担了天子日理万机的辛苦，协助官吏减少了用心教化的疲倦。再看根据文章挑选人才的制度，不足以奖励这种行为，而科举考试的制度，也不足以让人们修养恬静之心，而大儒们的讲学，对于治国教化则大有帮助。

【正文】

当四海一王之世，虽尧、舜复起，不能育山陬海澨之人材而使为君子[①]。则假退处之先觉，以广教思，固其所尸祝而求者也。为君子者，又何愧焉？教行化美，不居可纪之功，造士成材[②]，初无邀荣之志。身先作范，以远于饰文行干爵禄之恶习，相与悠然于富贵不淫、贫贱不诎之中。将使揣摩功利之俗学，愧悔而思附于青云，较彼抡才司训之职官，以《诗》《书》悬利达之标，导人弋获者，其于圣王淑世之大用，得失相差，不已远乎？

【注释】

① 山陬海澨：山陬（zōu），山角。澨（shì），水边，海澨即海滨。山陬海澨借指偏僻地区。

② 造士：已经完成学业的士子。《礼记 · 王制》有“造士”之名，孔颖达说：“学业既成，即为造士。”

【译文】

当四海统一于一个帝王的时代，虽然有尧、舜重新出现，也不能培养山角海滨的人才使他们成为君子。那么借助退居于民间的先知先觉的学者，以拓广教化，本来就是他所要主持而追求的事业。身为君子的人，对此又有什么惭愧呢？教学得以实行，风俗变得更好，这些学者又以这种可以记录的功劳自居，养成士人中的人才，本来就没有以此来邀取荣华的意图。亲身率先作为示范，以远离修饰表面行为而求取爵禄的恶习，他们一起在富贵不淫、贫贱不屈之中悠然自处。这将使那些揣摩心思以求功利的俗人之学，感到惭愧悔疚，也想跟随这种学者上升到高尚的青云之中。与那些挑选人才、主持教习的官员们，把诗书悬挂起来作为禄利通达的目标，引人从中猎取功利的人相比，对于圣王救世的宏大作用，其中的得失，相差不也是很远了吗？

【正文】

然则以书院为可毁，不得与琳宫梵宇之庄严而并峙[①]，以讲学为必禁，不得与丹灶刹竿之幻术而偕行[②]，非妒贤病国之小人，谁忍为此戕贼仁义之峻法哉？宋分教于下，而道以大明，自真宗昉，视梁何胤钟山之教加隆焉[③]，其功伟矣。考古今之时，推邹、鲁之始[④]，达圣王之志，立后代之经，以摧佞舌，忧世者之责也，可弗详与？

【注释】

① 琳宫：仙宫，指道观。梵宇：佛寺。

② 丹灶：道家的炼丹炉。刹竿：古代杂技的一种。幻术：魔术。

③ 何胤（446—531）：庐江灊（今安徽庐江）人，对《易》《礼记》《毛诗》有研究，又入钟山定林寺听讲佛经，通其学，注《百法论》《十二门论》，为佛学著作。南朝齐时为秘书郎、太子舍人、建安太守、左民尚书，后隐居山中。南朝梁时，诏为特进、右光禄大夫。

④ 邹、鲁：孟子是邹人，孔子是鲁人，所以邹、鲁即代表儒家的孔、孟，他们是儒家的创始人。

【译文】

然而他们认为书院是可以毁掉的，不能与佛寺道观的庄严同时并存；他们认为学者在民间讲学是必须禁止的，不能与炼丹术和刹竿一类的魔术同时并行；如果不是妒嫉贤人而危害国家的小人，谁会忍心制定这种残害仁义的严刑峻法呢？宋代有这种学者在民间分别讲学，而大道就得到极大的阐明，这是自真宗时候开始的；这比南朝梁的何胤在钟山宣讲佛教更为兴盛，其功劳是伟大的。考察古今的时代，推论儒家初始时期的孔、孟学说，实现圣王的志向，树立后代所要研究的经典，以此来摧毁奸佞的言论，这是对世道有忧患之心的人的责任，能不详加说明吗？

【评析】

中国古代的学校以及其中的学习、学术，都与现代的观念不一样，仔细阅读王夫之所论，就能从中看出这种不同。最大的不同，古代的学习和学术是掌握和研究圣人的治国之道与圣人的道德修养，知识性的内容只涉及礼乐制度和相关的历史与文学，其全部目的就是为君主治国培养人才。为此，不能让不合乎这一目的的知识与内容掺杂进来，所以要反对佛、道学说，不能当方外之士或异端之师，而衡量学习与学术成就的标准，就是看学习者在今后担任国家官员时以及个人修身时，是不是按照所学的内容来实践和应用。学校或书院教育的效果，是看所培养出来的人是不是以道自任、以道自律。而王夫之就是根据这样的目的与标准来评论宋朝的学校及人物的。

论宋代的大臣

【题解】

从学校与书院的教育问题进一步引申就是对大臣的分析与评价。因为大臣无非是当时学校与教育制度培养出来的人，并已进入国家治理的队伍中，他们治国的好坏，都要用所受教育及其承载的圣人之道来衡量。王夫之当然不能超出这样的价值观。他所评论的宋代大臣，在这里主要是北宋的一些大臣。

【正文】

宋之盛也，其大臣之表见者，风采焕然，施于后世，繁有人矣，而责以大臣之道，咸有歉焉。非其是非之不明也，非其效忠之不挚也，非其学术之不正也，非其操行之不洁也，而恒若有一物焉，系于心而不能舍。故小人起从而蛊之，巳从而玩之，终从而制之，人主亦阳敬礼而阴菲薄之。无他，名位而已矣。夫君子乐则行，方行而忧，忧即违也；忧则违，方违而乐，乐又可行也。内审诸己，而道足以居，才足以胜，然后任之也无所辞。外度诸人，而贤以汇升，奸以夙退，然后受之也无所让。以此求之张齐贤、寇准、王曾、文彦博、富弼、杜衍诸贤[①]，能超然高出于升沉兴废之间者，皆有憾也。而旦适遇真宗眷注之深，则望愈隆，权愈重，所欲为者甚殷，所可为者甚赜，于是而濡轮曳尾以求济[②]，而不遂其天怀，以抱愧于盖棺，皆此为之矣。

【注释】

① 文彦博（1006—1097）：汾州介休（今山西介休）人。本姓敬，为避后晋石敬瑭之讳，取“敬”右半改姓文。后晋亡后恢复姓敬，北宋时，避翼祖（赵敬）讳又改姓文。天圣五年（1027）进士，任翼城知县、绛州通判、监察御史、殿中侍御史、枢密副使、同中书门下平章事、集贤院大学士、昭文馆大学士。英宗时，任枢密使。神宗时，王安石变法，文彦博反对变法。宋徽宗时，蔡京为相，将文彦博、吕公著、司马光等人称为“元祐党人”，刻元祐党人碑，禁止元祐学术。富弼（1004—1083）：洛阳（今河南洛阳）人。天圣八年（1030），茂才异等及第，任签书河阳节度判官厅公事、通判绛州及郓州、开封府推官、知谏院、知制诰、枢密副使，与范仲淹等人推行庆历新政，后受排挤，出知郓州、青州。至和二年（1055）与文彦博同时为相。英宗即位为枢密使。宋神宗时，反对王安石变法，后退居洛阳，仍请废止新法。杜衍（978—1057）：越州山阴（今浙江绍兴）人。大中祥符元年进士，仁宗时为御史中丞、知审官院、枢密使、同平章事。

② 濡轮曳尾以求济：《周易·既济》初九：“曳其轮，濡其尾，无咎。”指拖动车轮，打湿了尾巴，但没有过失，不会受到怪咎。比喻用力尽心做事，结果自然会好。这里是指努力做好宰相的工作，以求实现自己治理好国家，使天下太平的理想。

【译文】

宋代的兴盛，其大臣表现出来的，是焕然的风采影响到后世，这种大臣是有很多的；但是如果用大臣之道来责求他们，就都有所不足。不是他们对于是非不清楚，不是他们对帝王的效忠不诚挚，也不是他们的学术不正当，不是他们的道德操守不廉洁，而是他们常有一件东西挂系在心里而不能舍弃。所以小人兴起就能蛊惑他们，已经顺从小人之后就不被当回事，顺从到最后就被小人控制；君主也是表面上对他们敬重有礼而暗中菲薄他们。没有别的，就是名位而已。君子快乐就行动，正在行动之中而有忧虑，有忧虑就表示所行与志愿不同；感到忧虑就有矛盾，正处于矛盾之中却又感到快乐，感到快乐就又可行了。向内审视自己，而大道是足以自居的，才能是足以胜任的，然后接受任命他就无所推辞。对外忖度其他人，如果是贤人就会汇集而一起升进，如果是奸人就早早退出，然后接受任命就无所推让。用这种要求衡量张齐贤、寇准、王曾、文彦博、富弼、杜衍等贤臣，在能超然地超越于官位的升降兴废之间的方面，他们就都有所遗憾。而王旦正好遇上真宗对他有深深的眷顾，那么他的声望越高，权越重，所想作为的事更为殷切，所可作为的事就更有难度；在此情况下，他努力去追求国家大事的完成，但不能实现他的胸怀，抱着愧疚而盖棺去世，都是因为名位的缘故。

【正文】

呜呼！世教之衰，以成乎习俗之陋也。童而习之，期其至而不能必得，天子而下，宰相而已。植根于肺腑，盘结而不可锄。旦之幼也，其父祐植三槐于庭，固已以是为人生之止境，而更何望焉。后世之人材所繇与古异也，不亦宜乎！

【译文】

呜呼！世道教化的衰败，由此形成了习俗的丑陋。从小习惯了这种陋习，期望某种境界的到来而不能必定得到。天子以下，就只有宰相而已，名位的观念，在肺腑中扎下了根，盘根错节而不能锄掉。王旦幼时，他父亲王祐在庭中种了三棵槐树，本来就已经以此作为自己人生的最高境界，而还期望什么名位呢？后世的人才凭借的理想与古代人才不同，因此结局不同，不也是很适宜的吗！

【评析】

王夫之这里对宋代大臣的评论，不是全面论说他们在是非、忠诚、学术、操行方面的表现，而是从他们对于名位的态度来看他们的人格。作为大臣，如果能对名位看得淡然泰然，就能坚守圣人之道与君子之行的原则，不会堕落到低劣的人格上去。他认为当时的张齐贤、寇准、王曾、文彦博、富弼、杜衍等人，都还没有达到完全完满的境界，是“皆有憾”的。

吏治与法家

【题解】

吏治的问题也与人才培养有关，合乎标准的人才应该是纯粹的儒家学者，坚守儒家的圣人之道，如果学术不纯，就会掺杂法家的思想主张，这在王夫之看来，作为官吏，就是不合格的。

【正文】

宋初，吏治疏，守令优闲。宰执罢政出典州郡者，唯向敏中勤于吏事，寇准、张齐贤非无综核之才也，而倜傥任情，日事游宴，故韩琦出守乡郡[1]，以“昼锦”名其堂[2]，是以剖符为休老之地[3]，而不以民瘼国计课其干理也。且非徒大臣之出镇为然矣，遗事所纪者，西川游宴之盛，殆无虚月，率吏民以嬉，而太守有“遨头”之号[4]。其他建亭台，邀宾客，携属吏以登临玩赏，车骑络绎，歌吹喧阗[5]，见于诗歌者不一。计其供张尊俎之费，取给于公帑者，一皆民力之所奉也，而狱讼征徭，且无暇以修职守，导吏民以相习于逸豫，不忧风俗之日偷，宜其为治道之蠹也滋甚[6]。然而历五朝、百余年间，民以恬愉，法以画一，士大夫廉隅以修[7]，萑苇草泽无揭竿之起[8]。迄乎熙宁以后，亟求治而督责之令行，然后海内骚然，盗夷交起。繇此思之，人君抚有四海，通天下之志以使各得者，非一切刑名之说所可胜任，审矣。

【注释】

① 韩琦（1008—1075）：祖籍河北赞皇（今河北赞皇），后移居相州（今

河南安阳）。天圣五年进士，任将作监丞、枢密直学士、陕西经略安抚副使、陕西四路经略安抚招讨使。与范仲淹在西北防御西夏，时称“韩范”。又与范仲淹、富弼等人推行“庆历新政”，失败后出知扬州、郓州、成德军、定州、相州等地。嘉祐元年（1056）为三司使、枢密使、同中书门下平章事。与参知政事欧阳修等人助仁宗确定以濮安懿王赵允让之子宗实（后赐名赵曙）为太子。太子继位，为宋英宗，拜右仆射。神宗时，拜司空兼侍中，抵制王安石变法的青苗法、免役法、市易法等。

② 昼锦：项羽灭秦之后，有人劝他留在关中，他说：“富贵不归故乡，如衣锦夜行。”后来就称“富贵还乡”为“衣锦昼行”，省作“昼锦”。这里是指把自己做官的锦绣生活在白天都表现出来。

③ 剖符：古代帝王分封诸侯、功臣时，以竹符为信证，剖分为二，君臣各执其一。后以“剖符”“剖竹”指分封、授官。

④ 遨头：宋代成都民俗，自正月至四月浣花，太守出游，士女纵观，称太守为“遨头”。遨者，游也。遨头，即带头游玩的人。

⑤ 阗（tián）：声音喧闹嘈杂。

⑥ 蠹：混乱，祸害。

⑦ 廉隅：棱角。比喻端方不苟的行为、品性。

⑧ 萑（huán）：芦苇类植物。

【译文】

宋朝初年，吏治不严，州郡的太守、县令等职是休闲的。宰相罢官之后来到州郡任职，只有向敏中勤奋地操心官吏之事。寇准、张齐贤不是没有综合核查的才能，却倜傥放任性情，每天只是游玩饮宴；所以韩琦出外任郡守，就用“昼锦”作为厅堂的名称；这是把所受的任命当作了休息养老的地方，而不以民间疾苦、国家财政来考察办理的情况。而且不但是大臣出镇州郡是这样，据宋人的遗事记载，西川官员的游玩饮宴的盛行，几乎没有空闲的日子，率领着属吏和民众一同嬉玩，而太守还有“遨头”的名号。其他的如修建亭台，邀请宾客，带着属吏登山临水观赏风景，车骑络绎不绝，歌舞音乐喧嚣嘈杂，这种情况在宋人的诗歌中能看到不少。估计这种游玩中的设施消耗的费用，都取自于公家的库藏，全都是民众所奉献的；而地方上狱讼、征赋、徭役等事众多，将没有时间来修整官员应有的职守；引导属吏和民众相互习惯于安逸嬉乐，不再担忧风俗的日益败坏，确实是治国之道蠹坏更为严重了。然而经历五代皇帝、一百多年间，民众也变得安然愉乐，国家的制度也达到了划一，士大夫在品行方面也有修养，芦苇草泽之间没有揭竿而起的叛民。到了宋神宗熙宁年间以后，才急忙地追求治国而推行法令进行督责，然后海内变得动乱不宁，盗贼的叛乱以及外夷的侵略交相出现。由此想来，人君安抚四海，贯通天下人的意志以使人们各有所得，不是那些主张以刑和法来治国的学说所能胜任的，这是很明白的。

【正文】

子曰："一张一弛，文武之道也。"张弛之用，敬与简之并行不悖者也。故言治者之大病，莫甚于以申、韩之惨覈，窜入于圣王居敬之道。而不知其病天下也，如揠苗而求其长也。

【译文】

孔子说："一张一弛，文武之道也。"张紧与弛缓的应用，就是敬重与简约的并行不悖。所以论治国的人的大弊病，最严重的是用申不害、韩非的残酷严峻混杂到圣王的居敬之道中，而不知道这会伤害天下，就像拔苗而求其迅速长高一样。

【正文】

夫俭与勤，于敬为近，治道之美者也。恃二者以恣行其志，而无以持其一往之意气，则胥为天下贼。俭之过也则吝，吝则动于利以不知厌足而必贪。勤之亟也必烦，烦则责于人以速如己志而必暴。俭勤者，美行也；贪暴者，大恶也；而弊之流也，相乘以生。夫申、韩亦岂以贪暴为法哉？用其一往之意气，以极乎俭与勤之数，而不知节耳。若夫敬者，持于主心之谓也。于其弛，不敢不张以作天下之气。于其张，不敢不弛以养天下之力。谨握其枢机，而重用天下，不敢以己情之弛而弛天下也，不敢以己气之张而张天下也。故敬在主心，而天下咸食其和。

【译文】

而节俭与勤勉，就与敬重相接近，这是美好的治国之道。但是依仗这二者来恣意施行自己的意愿，而不能控制一向具有的意气，也都会成为对天下的贼害。节俭的过分是吝啬，吝啬的话，就会为利而动而不知满足，因此必然会贪婪。勤勉过急就一定会烦琐，烦琐的话，就会要求别人迅速符合自己的意愿，因此就必然会残暴。节俭与勤勉是美行，贪婪与残暴是大恶，但弊端的形成，却与美行相互促使着而产生。申不害、韩非哪里是以贪婪和残暴为法呢？用他们一向具有的意气，把节俭和勤勉做到了极端的程度，而不知道加以节制而已。至于敬重，是说心中所持有的为主的东西。在它弛缓的时候，不敢不使之紧张起来以促进天下的气势。在它紧张的时候，不敢不使之弛缓下来以培养天下的力量。谨慎地掌握着张与弛转换的中枢机制，在用天下的时候则要极为慎重，不敢根据自己的情绪的弛缓而使天下弛缓，不敢因为自己的意气的紧张而使天下紧张。所以敬重的作用在于主控内心，而天下全都随之而享受敬重所带来的和谐。

【正文】

夫天有肃，则必有温矣；夫物有华，而后有实矣。上不敢违天之化，下不敢伤物之理，则易简而天下之理得，固非外儒术而内申、韩者之所能与也。以己之所能为，而责人为之，且以己之所不欲为强忍为之，而以责人；于是抑将以己之所固不能为，而徒责人以必为。如是者，其心恣肆，而持一敬之名，以鞭笞天下之不敬，则疾入于申、韩而为天下贼也，甚矣！夫先王之以凝命守邦而绥天下也，其道协于张弛之宜，固非后世之所能及。而得其意以通古今之变，则去道也犹近。此宋初之治，所以天下安之而祸乱不作者也。

【译文】

天有严肃，就必定会有温和；物有花叶，而后就有果实。上不敢违背天的化育，下不敢伤害物的道理，于是通过易简就能得到天下的道理，这本来不是外表说着儒家的话而内中用着申不害、韩非的思想所能做到的。用自己所能做到的，来责求别人也这样做，并且用自己所不希望做的强迫自己狠着心来做，而且以此要求别人；于是将会拿自己本来所不能做的，徒然地要求别人必须这样做。像这样的人，其心恣意放肆，而持有一个敬的名称，用来鞭挞天下的不敬，就会很快进入申不害、韩非的学说而成为天下的贼人，这是太过分了！先王用教令严整来守住国家而安天下，其治国之道合乎张与弛的得当，这本来就不是后世的人所能做到的。而掌握先王的这种思想来通融古今的变化，那么离道也还是很近的。这就是宋朝初年的治国，能让天下安宁而不发生祸乱的原因所在。

【正文】

三代之治，其详不可闻矣。观于聘、燕之礼①，其用财也，如此其费而不吝；饮、射、烝、蜡之制②，其游民也，如此其裕而不烦。天子无狗马声色玩好之耽，而不以宵旦不遑者督其臣民；长吏无因公科敛、取货鬻狱之恶，而不以寝处不宁者督其兆庶。故《皇华》以劳文吏③，《四牡》以绥武臣④，《杕杜》以慰戍卒⑤，《卷阿》以答燕游⑥，《东山》咏结缡之欢⑦，《芣苢》喜春游之乐⑧，皆圣王敬以承天而下宜乎人者。其弛也，正天子之张于密勿以善调其节者也。

【注释】

① 聘：诸侯之间互使大夫进行访问，称为聘，有相应的礼仪规定。燕：即宴，指聘问时的宴饮之礼。

②饮、射、烝、蜡：饮，指宾客宴饮的礼节，天子与诸侯有饮酒礼，民间亦有乡饮酒礼。射指射礼，如天子行大射礼，民间亦有乡射礼。烝，本指冬天的祭祀。蜡（zhà），指年终大祭万物。烝蜡又泛指各种祭祀。

③《皇华》：《皇皇者华》，《诗经·小雅》的一篇。《诗序》："《皇皇者华》，君遣使臣也。送之以礼乐，言远而有光华也。"所以说是对文官的慰劳。

④《四牡》：《诗经·小雅》的一篇，此篇慰劳使臣归来，使臣有功而受到君主的褒赏，所以他很高兴。所以说是武臣的抚慰。

⑤《杕杜》：《诗经·小雅》的一篇，这篇是"劳还役"，即慰劳服役回来的人，说是对戍卒的慰问。

⑥《卷阿》：《诗经·大雅》的一篇，其中说到岂弟君子，来游来歌，伴奂尔游，优游尔休，尔受命长，茀禄尔康，纯嘏尔常等，都是祝福的意思，所以说是宴游中的酬答。

⑦《东山》：《诗经·豳风》的一篇，其中说到的缡（lí），是古代妇女出嫁时所系的佩巾。所以说《东山》咏结缡之欢。

⑧《芣苢》：《诗经·周南》的一篇，芣苢，即车前草，人们采车前草时所唱的歌。古人以为此诗反映教化大行而风俗美好，家室和平，妇人无事，相与采摘芣苢而相乐。所以说此篇讲述春游时的快乐喜悦。

【译文】

夏、商、周三代的治国，其详细情况不能得知了。观看当时的聘问、宴乐之礼，他们使用财物，如此地多用而不吝啬；当时的饮、射、烝、蜡等礼仪的制度，他们让民众的游玩，如此地丰裕而不嫌烦琐。天子没有狗马声色嗜好的沉迷，而不用白天晚上繁忙无闲暇地督责他的官吏和民众；官长属吏没有因公而对民众的征收聚敛、夺取财物和借狱讼收取贿赂的恶行，而不会顾不上从容休息来监督众多的百姓。所以《诗经》里的《皇华》篇是对文吏的慰劳，《四牡》篇是对武臣的安抚，《杕杜》篇是对戍卒的慰问，《卷阿》篇是宴游中的酬答，《东山》篇是歌咏结婚的欢乐，《芣苢》篇是说春游的快乐让人喜悦，都是圣王以敬重之心承受上天意旨而使下民都得适宜的情况。其弛缓，正是天子在勤勉努力中的紧张而又善于调节的情况。

【正文】

宋初之御天下也，君未能尽敬之理，而谨守先型，无失德矣。臣未能体敬之诚，而谨持名节，无官邪矣。于是而催科不促，狱讼不繁，工役不扰，争讦不兴。禾黍既登，风日和美，率其士民游泳天物之休畅，则民气以静，民志以平。里巷佻达之子弟，消其嚣凌之戾气于恬愉之下，而不皇皇然逐锥刀于无厌，怀利以事其父兄，斯亦平情之善术也。奚用矫情于所不堪，惜财于所有余，使臣民迫束纷纭，激起而相攘敓哉[①]?《易》曰："乾始能以美利利天下，不言所利。"不言利者，利之所以美也。内申、韩而外儒术，名为以义正物，而实道之以利也。区区以糜财为患者，守瓶之智，治一邑而不足，况天下乎！

【注释】

① 攘敓（duó）：即攘夺、抢夺。

② 乾：《周易》中乾代表天、阳、君等，王夫之以《周易》这句话说君主应该像乾一样，能用美利使天下得利，而不以利天下为己功。

【译文】

宋朝开始治理天下，君主未能完全按照敬的道理来做，只是谨慎地守着先前的制度，没有失误的行为。大臣未能体会敬重的诚意，而谨慎地持守为臣的名节，而没有为官的邪恶。在这种情况下，催要征收赋税并不急促，判刑治罪的事并不繁多，也没有什么工程扰民，相互之间的争论攻击也没有出现。庄稼丰登，风和日丽，率领着他们的士人、民众畅游于天然万物的休美和畅之中，于是民的心气安静，民的志虑平和。里巷的轻佻放达的子弟，在恬然欢愉之中消除了那种喧嚣凌傲的戾气，而不是怀着没有餍足的心情急忙地追逐蝇头小利；怀着求利之心来事奉他们的父兄，这也是平静心情的良术。哪里用得着在不堪忍受的情况下让人矫情，在钱财有余的情况下吝惜钱财，使臣民在纷纭的事务中匆忙紧迫，激人起事而相互抢夺呢？《周易》中说：“乾始能以美利而使天下得利，同时又不说自己让天下得利。”不言自己使天下得利，利因此才是美利。内为申不害、韩非的法家思想而外表上打着儒学的旗号，名义是用正义来纠正事物，而实际上是用利来引导。眼界狭小而以费财为忧患的人，用守住瓶口毫不外泄的小智慧，治理一个城邑还不够，何况来治天下呢！

【评析】

衡量官吏这类人，王夫之认为从儒家圣人之道出发就是唯一的标准。最重要的是不能把法家的刑名之说掺杂到官吏的治国理政之中来，而在儒家圣人之道中，作为官吏个人来说，则是要做到敬与简，而俭与勤的问题就随之而解决了。能做到这几项，就可以称为治道之美了。

国家不能聚财

【题解】

儒家的治国之道，如前所述，要慈，即慈爱民众，不让民众承受过重的负担。具体来说，就是国家不能利用手中的权力来向民众敛财，不把天下的财富聚集到国家手中。这就是司马迁说的，最好的治国，是君主与官员让民众自主地按照自己的意愿从事生产和生活，即所谓因势利导，民众手中有了财富，国家自然就会富足。低劣的治国方法，就是国家与官员与民争利，而敛财聚财，就是与民争利的表现之一。

【正文】

夫财之所大患者，聚耳。天子聚之于上，百官聚之于下，豪民聚之于野。聚之之实，敛人有用之金粟，置之无用之窖藏。聚之之心，物处于有余而恒见其不足。聚之之弊，辇之以入者不知止，而窃之以出者无所稽。聚之之变，以吝陋激其子孙，而使席丰盈以益为奢侈。聚之之法，掊克之佥人日进其术[①]，而蹈刑之穷民日极于死。于是而八口无宿舂，而民多捐瘠；馈饘无趋事[②]，而国必危亡。然且曰："君臣上下如此其俭以勤，而犹无可如何也。"呜呼！劳形怵心以使金死于藏，粟腐于庾，与耳目口体争铢两以怨咨。操是心也，其足以为民上而使其赤子自得于高天广野之中乎？

【注释】

① 掊（póu）克：又作"掊剋""掊刻"，聚敛、搜括。佥（qiān）人：小人。

② 馈餫（kuì yùn）：为军队运送粮饷。

【译文】

钱财的最大患害，不过是聚敛而已。天子在上面聚敛，百官在下面聚敛，豪强在民间聚敛。聚敛的实质，是把别人有用的金钱粮食，放在无用的窖藏之中。聚敛的心思，是物在有余的情况下还经常看到不足。聚敛的弊端，车载收进库中而不知停止，而偷窃出去的又无所检查。聚敛引起的变化，用吝啬鄙陋影响他的子孙，而使饮食丰盛变得更为奢侈。聚敛的方法，搜括钱财的小人日益改进他的方法，而触犯刑律的穷困民众日益穷困至极而置于死地。于是民众的八口之家没有隔夜的粮食，而更多的民众变得贫困；不会再有粮食可以输送，而国家必定危险灭亡。然而还会说："君臣上下如此节俭勤勉，却还是无可奈何。"呜呼！劳动身体、惊怵心神来使金钱死在仓库里，粮食腐烂在粮仓里，与耳目口体争夺丝毫分量而引起怨恨。怀有这种心肠，他能作为民众的统治者而使他的赤子百姓在高天广野之中恬然自得吗？

【正文】

夫官资于民，而还用之于其地，则犹然民之得也。贡税之入，既以豢兵而卫民，敬祀而佑民，养贤而劝民，余于此者，为酒醴豆边特赐之需，而用之于燕游，皆田牧市井之民还得之也。通而计之，其纳其出，总不出于其域，有费之名，而未尝不惠。较之囊括于无用之地者，利病奚若邪？

【译文】

官府所用的财物取自于民，而返回用于当地，则仍然还是民众的所得。赋税的收入，既已养兵来保卫民众，敬用于祭祀而保佑民众，养了贤人而劝导民众，此外多余的，就作为酒水祭祀用品以及特定赏赐的需要，而用之于宴享和巡游，都让农民、牧民、市井之民重新得到了。统起来合计，其收入和支出，总体上不超出纳税的范围，虽有用费之名，而未尝不让民众得到实惠。与聚藏在无用之地相比，相互之间的利益与危害又是怎样的呢？

【正文】

子曰："奢则不孙。"恶其不孙，非恶其不啬也。《传》曰："俭，德之共也。"俭以恭己，非俭以守财也。不节不宣，侈多藏以取利，不俭莫大于是。而又穷日殚夕、汲汲于簿书期会，以毛举纤微之功过，使人重足以立，而自诧曰勤。是其为术也，始于晏婴[①]，成于墨翟[②]，淫于申、韩，大乱于暴秦，儒之驳者师焉。熙、丰以降，施及五百年，而天下日趋于浇刻。宋初之风邈矣！不可追矣！而况《采薇》《天保》[③]雅歌鸣瑟之休风乎？

【注释】

① 晏婴（前578—前500）：又称晏平仲、晏子，齐国上大夫晏弱之子，历任齐灵公、齐庄公、齐景公三朝卿相，辅政五十余年。司马迁将他比为管仲。

② 墨翟（dí，前468—前376）：鲁阳（今河南鲁山）人。战国墨家学派创始人。主张兼爱、非攻、尚贤、尚同、节用、节葬、非乐、天志、明鬼、非命等。当时与儒家并列，世称"显学"。

③《采薇》：《诗经·小雅》的一篇。薇，一种野生豆类植物，又称"救荒野豌豆"，可食用。周武王平殷之后，伯夷、叔齐耻之，义不食周粟，到首阳山采薇而食。这里指君主容忍人们能按自己的意愿选择自己的生活方式，不必为天子纳税。《天保》：《诗经·小雅》的一篇，此篇说君能下下以成其政，臣能归美以服其上。是说君臣上下和谐，君不是为了钱财来对臣民盘剥。

【译文】

孔子说："奢侈的话就不够敬顺。"这是厌恶他的不敬顺，不是厌恶他的不节俭。《左传》中说："节俭，是德的恭敬。"节俭是为了使自己恭敬，而不是通过节俭来守财。不节俭就不能保证物资的使用，奢侈多聚藏来取利，这是最严重的不节俭。而又花费整天整夜的时间，迫切地进行计算登记，用琐细列举微小功与过的办法，使人们为之恐惧而不敢迈开脚步随意行动，还自我诧异说这就是勤勉。他这种方法，开始于晏婴，完成于墨翟，到申不害、韩非就已过分，到暴秦时则造成大乱；儒生中的驳杂者却以他为师。在宋神宗的熙宁、元丰年间以后，延续了五百年，而天下日益变得浇薄严酷，宋朝初期的风气已很遥远了！不可追及了！更何况《采薇》《天保》诗篇中吟咏的那种唱着雅歌、鸣着琴瑟的美好风气呢！

【评析】

王夫之认为，财的大患就是聚，如果天子聚之于上，百官与豪民就会聚之于下，而一般百姓无力聚财，他们的财只能被天子至百官和豪民“聚”过去。这样，百姓的生活就无保障，而变得越来越差。而天子百官豪民的聚财，又会引起社会的奢靡之风，更不利于社会财富的增长。

大臣不可不读书

【题解】

张咏让寇准读《汉书》中的《霍光传》，实际上是批评他的学术素养不足，对国家政务的处理仍有欠缺。王夫之认为寇准虽然读了《霍光传》，看到了“不学无术”的说法，也仍然没有懂得这四个字的真正含义。故专门论述了什么是“不学无术”的问题。而王夫之所解释的“不学无术”，对于今人仍有借鉴意义。

【正文】

寇平仲求教于张乖崖①，乖崖曰：“《霍光传》不可不读②。”平仲读之，至“不学无术”而悟，曰：“张公谓我。”夫岂知其悟也，正其迷也？故善听言者之难，善读书者之尤难也，久矣。

【注释】

① 张乖崖：即张咏。

②《霍光传》不可不读：张咏在成都时，听说寇准为相，对僚属说：“寇公奇材，惜学术不足。”后寇准到陕西，张咏自成都罢还，寇准招待张咏，送到郊外，问张咏：“有什么可以教我？”张咏说：“《汉书·霍光传》不可不读。”寇准不明白他的用意，回来取《汉书·霍光传》来读，读到传的最后，有班固的赞辞，其中说霍光“不学亡术”，于是笑着说：“这是张公在说我啊。”班固说霍光拥立幼君，摧灭燕王，除掉上官，在废置之际，临大节而不可夺，拥立昭帝、宣帝，虽周

公、阿衡，但霍光不学无术，暗于大理，湛溺淫溢之欲，增颠覆之祸，死后仅三年就使宗族遭到诛灭。

【译文】

寇准向张咏求教，张咏说："《汉书·霍光传》不可不读。"寇准读《汉书·霍光传》，读到"不学无术"就醒悟了，说："张公这是说我。"他哪里知道这种醒悟正是他的迷惑呢？所以能够真正听进去别人的话是很难的，善于读书就更难，这种情况已经很久了。

【正文】

班史云"学"，吾未知其奚以学也，其云"术"，吾未知其术何若也。统言学，则醇疵该矣；统言术，则贞邪疑矣。若夫乖崖之教平仲也，其云术者，贞也；则其云学者，亦非有疵也。奚以知其然邪？乖崖且死，以尸谏，乞斩丁谓头置国门，罢宫观以纾民命。此乖崖之术，夫岂摧刚为柔，矫直为曲，以希世免祸而邀荣之诡术哉？

【译文】

班固《汉书》所说的"学"，我不知道他怎么学，他所说的"术"，我不知道他的术是怎么样的。笼统地说学，则其中是兼具纯粹与瑕疵的；笼统地说术，是贞正还是邪恶则令人怀疑了。至于张咏教寇准，他所说的术，是贞正的；而他所说的学，也不是有瑕疵的。怎么知道是这样的呢？张咏将要死的时候，用自己的死来进谏，请求斩下丁谓的头挂在国门上，废除宫观的修建以纾缓民众的生命。这是张咏的术，哪里是摧毁刚直使之变成柔弱，扭曲正直使之变为歪斜，以此希求世人、免除灾祸而邀求荣耀的诡诈之术呢？

【正文】

术之为言，路也；路者，道也。《记》曰："审端径术[①]。"径与术则有辨。夹路之私而取便者曰径，其共繇而正大者曰术。摧刚为柔、矫直为曲者，径也，非术也。平仲不审乎此，乃惩刚直之取祸，而屈挠以祈合于人主之意欲，于是而任朱能以伪造“天书”进[2]，而生平之玷，不可磨矣。抑亦徒为妖人大逆之媒[3]，而己且受不道之诛，谪死瘴疠之乡。则其惩霍光之失者，祸与光等，而污辱甚焉。术不如其无术，故曰：其悟也，正其迷也。

【注释】

① 审端径术：《礼记·月令》：“孟春，皆修封疆，审端径术。”封疆指田地，径术指田中的道路，是说端正田中的道路，不得邪行。

② 朱能：生卒年不详。本为单州团练使田敏厮养，通过贿赂宦官周怀政，当了澄州团练使。孙奭称朱能为奸险小人，真宗天禧年间，献《乾祐天书》，鼓吹祥瑞，受到真宗崇信，为永兴军都巡检使，天禧三年（1019）反叛，兵败自杀。

③ 妖人大逆之媒：天禧三年，真宗得了风疾，寇准建议真宗传位给太子，真宗同意。寇准密令翰林学士杨亿草表，请太子监国。此时宦官周怀政计划谋杀丁谓，以真宗为太上皇，传位太子，再以寇准为相。客省使杨崇勋等人向丁谓密告，丁谓通过宦官曹利用向真宗报告，于是周怀政被处斩，把寇准贬为道州司马。但真宗并不知道寇准也被贬官，后来问左右：“怎么很久没看到寇准？”左右不敢回答。直到真宗去世，还说只有寇准和李迪可以托付。

【译文】

术，意思是路；路，就是道。《礼记·月令》：“审视田中的道路使之端正不邪。”径与术则有区别。夹在路之间为了私人的方便而走的，就称为径，而众人全都沿它而行而且是正大的，就称为术。摧毁刚直使它变为柔弱，扭曲正直使它变为歪斜，这是径，不是术。寇准对此不加审查，就以刚直会招来灾祸为戒，于是让自己屈服弯折以求合乎君主的意图欲望，在这样的情况下，就听任朱能伪造了《天书》进献给真宗，而寇准一生的污点，就磨不掉了。又因为妖人周怀政策划了大逆不道的阴谋，而寇准自己也受到不正当的惩罚，被贬到南方的瘴疠之地，最后死在那里。那么寇准以霍光的过失为教训，而自己的灾祸又与霍光相同，则所受的污辱就更甚了。有术还不如无术，所以说：他的醒悟，正是他的迷惑。

【正文】

夫人之为心，至无定矣。无学以定之，则惑于多歧，而趋蹊径以迷康庄，固将以蹊径为康庄而乐蹈之。故君子不敢轻言术，而以学正其所趋。霍光之无术，非无张禹、孔光之术也[①]。其不学，非不如张禹、孔光之学也。浸令霍光挟震主之威，而藏身于张禹、孔光之术，则抑且为“伪为恭谨”之王莽，不待其子而身已膺渐台之天诛[②]。非唯乖崖不欲平仲之为此，即班史亦岂欲霍光之若彼哉？学也者，所以择术也，术也者，所以行学也。君子正其学于先，乃以慎其术于后。《大学》之道，正身以正家，正家以正天下。正身者，刚而不可挠，直而不可枉，言有物而不妄，行有恒而不迁，忠信守死以不移，骄泰不期而自远。光能以是为术，则虽有芒刺之君，无所施其疑忌；虽有悍妻骄子，不敢肆其凶逆；而永保令名于奕世矣。夫光立非常之功，居危疑之地，唯学可以消其衅。况平仲之起家儒素，进退唯君，无逼上之嫌者乎！伊尹之学，存乎《伊训》；傅说之学，存乎《说命》；周公之学，存乎《无逸》；召公之学[③]，存乎《旅獒》。张禹、孔光掇拾旧闻，资其柔佞，以正若彼，以邪若此，善读书者其何择焉？平仲怏怏于用舍，一不得当，刓方为圆[④]，扬尘自蔽，与王钦若、丁谓为水火，而效其尤。夫且曰吾受教于张公而知术矣。惜哉！其不得为君子，而自贻窜殛之灾。故曰：其悟也，正其迷也。

【注释】

① 张禹（？—前5）：汉代河内轵（今河南济源）人。甘露中，为博士。初元中，迁光禄大夫、东平内史。河平四年（前25）为丞相。成帝时，

张禹综合《鲁论语》《齐论语》，成张侯《论语》。东汉灵帝时，刻熹平石经，以张侯《论语》为蓝本。孔光（？—5）：鲁国（今山东曲阜）人。举为议郎，后为博士，任谏大夫、仆射、尚书令、御史大夫、大将军，拜为丞相，后罢免还乡，讲学授徒。哀帝授光禄大夫，拜丞相。

② 渐台：汉武帝作建章宫，其中太液池中有渐台，高二十余丈。汉末王莽篡汉，更始帝部队进入长安，王莽逃至渐台，最后被兵士杀死。

③ 召公：即召（shào）公奭（shì），又称召伯、邵伯，采邑在召（今陕西岐山西南），故称召公或邵伯。佐周武王灭商，封于燕，他派长子克管理燕国，自己仍在都城镐京（今陕西西安市长安区），其后裔一直在王室辅佐周天子。周成王时，召公任太保，与周公旦、太公望共为三公，与周公旦分陕（今河南三门峡市陕州区）而治，陕以西，召公主之；陕以东，周公主之。他巡行乡邑，在甘棠树下决狱治事，《诗经·召南·甘棠》记载此事，后即以"召棠"颂扬官吏政绩。

④ 刓（wán）：同"剜"，削、刻。

【译文】

人的内心，是最没有一定的。没有学术来使心定，就会迷惑于多歧的邪路，会走上小径而迷失了康庄大道，更会把小径认作康庄大道而乐意去走小径。所以君子不敢轻易说术，而是用学来纠正他的趋向。霍光的无术，不是没有张禹、孔光的术。他的不学，不是不如张禹、孔光的学。假使霍光挟着震主的威风，而藏身在张禹、孔光的术中，则又将成为"虚假地装成恭谨"的王莽，不用等到他的儿子而自身就会受到王莽式的渐台之诛。不只是张咏不想让寇准做这种事，即使班固的《汉书》难道也想让霍光如王莽一样吗？学这个事，是为了选择术；术这个东西，是为了施行自己的学。君子端正他的学在前，尔后再来谨慎选择他的术。《大学》之道，先正身再来正家，正家之后再来正天下。正身，要刚直而不可弯曲，正直而不可邪曲，言而有物而不狂妄，行而有常而不乱变，坚守忠信死而不变，骄恣放纵不用有意避免就自然远离我身。霍光能以此作为自己的术，那么虽然有如同芒刺在身的君主，也无处施展他的怀疑猜忌；虽然有悍猛的妻子和骄狂的儿子，也不敢放纵他们的凶恶邪逆，而会永保美名于历代了。那霍光立有非常的功劳，身居危险可疑的地位，只有学可以消除他的祸隙。何况寇准是通常儒生起家，是进是退全由君主主宰，是没有威逼君主之嫌疑的人啊！伊尹的学，保存在《尚书》的《伊训》篇中；傅说的学，保存在《尚书》的《说命》篇中；周公的学，保存在《尚书》的《无逸》篇中；召公的学，保存在《尚书》的《旅獒》篇中。张禹、孔光缀拾前人的旧说，加上他们的阴柔的邪佞，伊尹等人的学是那样正直，张禹、孔光的学则是如此邪佞，善读书的人要怎样选择呢？寇准面对君主对他的任用和罢免感到怏怏不快，一有不得当，就把方的削成圆的，扬起尘土自我掩饰，与王钦若、丁谓势如水火，却仿效他们的恶行，就这样还说我得到张公的教益而知道术了。可惜啊！寇准不能成为君子，而自招被流放而死的灾祸，所以说：他的醒悟，正是他的迷惑。

【正文】

君子之学于道也，未尝以术为讳，审之端之而已矣。得失者，义利之大辨；审之也，毫发不可以差。贞淫者，忠佞之大司；端之也，跬步不可以乱。禄不可怀，权不可怙，君恶不可以逢，流俗不可以徇，妖妄不可姑为尝试，宵小不可暂进与谋。《诗》云：“周道如砥，其直如矢。”行之家而家训修，行之天下而天下之风俗正，行之险阻而险阻平；可荣可悴，可生可死，而心恒泰然。君子之以学定其心而术以不穷者，此而已矣。乖崖之言术者，此也。则意班史之言术者，亦应未远于此也。平仲所习闻于当世之学者，杨亿、刘筠①，彼所谓浮华之士也，则固不足以知学者之术矣。恶足以免于疚哉？

【注释】

① 刘筠（970—1030）：大名（今河北大名）人。真宗咸平元年（998）进士，历任馆陶尉、大理评事、左正言、右司谏、知制诰、知贡举、尚书兵部员外郎、翰林学士、御史中丞、礼部侍郎、龙图阁直学士等。

【译文】

君子的学对于道，未尝把术作为忌讳，只是要审察术、使术端正而已。得失，是义与利的最大区别；审察术，就要毫发不能有差失。贞正和淫恶，这是忠与佞的大事；使术端正，就要每一小步都不能乱。官禄不能怀恋，权势不能仗恃，君主的恶不能逢迎，对流俗不能随大流，妖妄的事不能姑且尝试，宵小之人不能暂且进用而与他谋划。《诗经》里说："周的大道如砥石一样，周道的直如箭矢一样。"把它施行于家，家就和顺整齐；把它施行于天下，天下的风俗就正直；把它施行在险阻之处，险阻也就变得平坦。只要是用这种学和术，就既可以荣耀又可以枯悴，既可以生又可以死，而心中总是泰然的。君子用学来定他的心，而术就会无穷无尽，不过如此而已。张咏说的术，也就是这个意思。那么品味班固《汉书》说的术，也应该离这个意思不远。寇准经常接触和交流的当世学者，像杨亿、刘筠这种人，他们正是所谓的浮华之士，那么本来就不足以懂得学者的术，又怎能避免过失灾祸呢?

【评析】

王夫之把《汉书》对霍光的批评——"不学无术"专门拿来进行论说，表现了一个高明的学者对于"学"与"术"的深刻理解。人们习惯把"学"与"术"合成一个词来使用，就不再把"学"与"术"的区别加以探究。据王夫之的论述，"学"是对圣人之道的掌握，"术"则是对所学习和掌握的圣人之道的践行和应用，这就包括践行与应用的方法等。不学，是不对圣人之道进行学习与研究，不学就无法理解"术"的意义，因此也就必然是"无术"。所以说学是根本，术由学来决定。可知不学无术是必然结合在一起的两个方面，不会是有学而无术，也不会是无学而有术。理解了这一点，就可明白"学"对于人的重要作用，而作为国家的官员，他在"学"与"术"上的素养如何，直接决定了他的治国理政的水平。

论仁宗

【题解】

宋仁宗（1010—1063），北宋第四任皇帝，1023年至1063年在位。初名受益，宋真宗第六子，立为皇太子后，赐名赵祯，1023年即位，在位四十一年。在位期间对外战争屡战屡败，边患危机始终未除。后推行“庆历新政”，也未能成功。

宋代党争是一个非常严重的问题，王夫之认为宋之朋党始于仁宗在位时的各位大臣：“朋党之兴，始于君子，而终不胜于小人，害乃及于宗社生民，不亡而不息。”宋代的朋党不是仅在仁宗时期，而是长期存在，到徽宗时演变成剧烈的灾祸。一般人都批评说朋党是小人加在君子头上的罪名，王夫之此论与众不同。他认为国家既要有“刚方挺直之正气”，又要有“敦庞笃厚之醇风”，这就可以使君主“平其情，以不迫行其用舍，慎其听，以不轻动于人言，则虽有小人，不伤君子，其有君子，不患其有小人，而国是贞矣，而嚣凌息矣”。这就是说朋党的问题，关键还是在君主身上。君主要保持平静的态度，小心听取各种意见，做事不急迫，对人们的各种说法不要轻率听信，这样就不会让小人与君子之间形成紧张对立的关系，也就不会进一步引起朋党之争。也就是说，现实之中，总有小人与君子，不能保持纯粹无杂的状态，问题是不使小人与君子形成你死我活的对立状态，而这需要由君主掌控大局。

但在仁宗之世，君主对局面失控，原因在于“仁宗之求治也急，而性情之所偏倚者宽柔也。宽柔者之能容物，人所知也。宽柔者之不能容物，非知道者不知也”。有人来仁宗面前说这说那，他都容受了，“未遽以为是，未遽以为非”。“容之容之，而言沓至，则辩言者且将怒其所必怒，而终不能容”。

于是君子和小人都“以议论之短长为兴废”，群起以言论相争，于是小人之党竞起争鸣，而自附于君子之华士，亦绰约振迅，饰其文辞，以为制胜之具。言满天下，蔚然可观。故当时士民与后世之闻其风者，所歆仰于仁宗，皆仁宗之失也。于是宋兴以来敦庞笃厚之风，荡然不足以存矣。这个分析说明了仁宗使此前的敦庞笃厚之风丧失，于是人们以言论相攻击，逐渐使君子、小人各自结党成群而攻讦不止，这就奠定了后来朋党之争的基础。

由君子、小人形成朋党，而又导致宋的乱政，所以王夫之又说后来神宗时的乱政，实质上是从仁宗之世开启的。神宗兴怨于天下，不是因为他有奢淫暴虐之行，只是因为他“求治也亟”，而引起“下之言治者已烦”。而“召下之烦言，以启上之佚志，则自仁宗开之”。这是对神宗变法原因的一种分析，值得研究宋史者重视。

王夫之认为，再好的制度法度，经过一定时间的运行，也会产生弊端，这是“自然之数”。就拿西周初期的“成周治教之隆”来说，到了穆王、昭王的时候，也是“蛹蠹亦生于简策”。如何对待产生弊端的制度，是一个需要认真思考和对待的问题，不是简单地起而改之就能成功的。王夫之说：“法之必敝矣，非鼎革之时，愈改之则弊愈丛生。苟循其故常，吏虽贪冒，无改法之可乘，不能托名逾分以巧为吹索。士虽浮靡，无意指之可窥，不能逢迎揣摩以利其诡遇。民虽强可凌弱，无以启之，则无讦讼之兴以两俱受毙，俾富者贫而贫者死。兵虽名存实亡，无以乱之，则无游惰之民以嚣张而起，进则为兵而退则为盗。”他认为制度上的弊端产生之后，不改也有危害，但改制造成的危害更大。急于变法，并不能保证变法的措施都是正确的，更不能保证变法必然成功。而且变法不能保证所变都是正确的。因此，不能简单地对变法做肯定或否定的判断。这一点，往往是论史的人们未曾注意的。认为只要是变法就是进步的，反对变法就是保守的。这样的简单化，是不能真正把历史研究清楚，也不能正确从中总结出鉴戒的。

王夫之认为，仁宗时还有一大弊政，“病民者二百年，其余波之害，延于今而未已”。这就是实行交子。研究历史的人都称赞宋代开始使用交子是进步，但王夫之不这样看，他说：“交子之制，何为也哉？有楮有墨，皆可造矣，造之皆可成矣。以方尺之纸，被以钱布之名，轻重唯其所命，则官以之愚商，商以之愚民，交相愚于无实之虚名，而导天下以作伪。”又说：“交子变而为会子，会子变而为钞，其实皆敝纸而已矣。”他认为交子、会子都不过是纸币，凡是有纸有墨，就可以印，而且其价值也是由人们随意决定的，结果是引导人们相互欺骗，而交子、会子并不能真实对应实际的财富，所以实行交子或会子，就对真实的财富造成巨大伤害。所以这种制度到明代宣德以后，就不复能行于天下了。

因此他总结说：“君天下者，一举事而大利大害皆施及无穷，不可不审也。”这说明变法（包括使用交子和会子）的种种措施都必须慎重，不可轻率听信人们的言论，否则就有两种可能：“从善如流，而从恶亦如流。”不管是善是恶，都会造成长远影响，这是当初实行变法的君臣无法控制的，甚至还会骑虎难下。他告诫帝王们：“舜之大智也，从善若决江河，而戒禹曰：‘无稽之言勿听。’”这才是真正的治国“大智”，有了这种大智才能“成其至仁”，而“治道尽此矣”。

仁宗时，范仲淹曾对科举中的问题，提出科举考试要先试策论而后试诗赋，王夫之认为科举要考经义、策问、诗赋，经义最重要，因为它是一切学问的基础；其次是策问，因为它“有所利用于天下”；而诗赋“无所利用于天下”，是最没有价值的。范仲淹要求把策问放在诗赋之前，还是有眼光的。

王夫之是学者，所以最重视经义，实际上古代国家实行科举考试，也以经义为最重要。但大多数读书人，只是对经书内容加以“记诵”，而不能“引而伸之，演其精意，而著为经义”，这就不能达到考经义的根本目的，“道之所以明，治之所以定，皆于此乎取之”。反而使经义走上了邪路：“习之斯玩之，玩之斯侮之，以仁义中正之格言，为弋利掠名之捷径。支离者旁出于邪，疲茸者偷安于鄙，雕绘者巧乱其真，拘挛者法伤其气，皆所谓侮圣人之言者也。”王夫之非常痛恨这种变得虚浮的经义之学。

范仲淹要重视策问，也有弊端，王夫之说：“范希文奋起以改旧制，于是浮薄之士争起而习为揣摩。苏洵以孙、吴逞，王安石以申、商鸣，而为之和者，实繁有徒，以裂宋之纲维而速坠。希文之过，不可辞矣。”这一点又是范仲淹始料未及的，即提倡策问，会引起人们不按儒家正统学说来论述问题，而用儒家以外的兵家、法家等学说来回答策问的问题，王夫之认为不坚持儒家的正道，乱用异端邪说，是绝对不能容忍的。在今天看来，王夫之对仁宗及其大臣的批评，还是有参考价值的。

仁宗的盛治

【题解】

王夫之对仁宗的盛治，表面上是称赞，实际上还是批评，因为神宗时的政治之乱，是由仁宗启其端的。对这一点，研究宋代历史的人，认识到没有？从这个角度看，实有必要认真地读一读王夫之的评论。

【正文】

仁宗之称盛治，至于今而闻者羡之。帝躬慈俭之德，而宰执台谏侍从之臣，皆所谓君子人也，宜其治之盛也。夷考宋政之乱，自神宗始。神宗之以兴怨于天下、贻讥于后世者，非有奢淫暴虐之行；唯上之求治也已亟，下之言治者已烦尔。乃其召下之烦言，以启上之佚志，则自仁宗开之。而朝不能靖，民不能莫[①]，在仁宗之时而已然矣。

【注释】

① 莫：通“漠”，寂静。民不能莫，指民心不能安宁。

【译文】

仁宗之时被称为治国的盛世，至今还让了解这个时期的人们羡慕。仁宗躬行慈爱节俭的品德，而宰相台谏侍从的大臣，都是所谓的君子之人，当时成为治国的盛世，也是理所当然的。考察宋代政治的混乱，是从神宗时开始的。神宗让天下人怨恨、留下讥评给后人的，不是他有奢侈、荒淫、暴虐的行为，只是在于他在上追求大治过于急迫，而在下的人论议国家大治已很烦琐。但是召来在下的大臣提出烦琐的治国之论，从而开启了在上的皇帝的过大的志向，则是从仁宗开其端的。而朝廷不能安宁，民众不能心静，在仁宗的时候就已是这样了。

【正文】

国家当创业之始，繇乱而治，则必有所兴革，以为一代之规。其所兴革不足以为规一代者，则必速亡。非然，则略而不详、因陋而不文、保弱而不竞者，皆有深意存焉。君德、民心、时会之所凑，适可至于是；既至于是，而亦足以持国于不衰，乃传之数世而弊且生矣。弊之所生，皆依法而起，则归咎于法也，不患无辞。其为弊也，吏玩而不理，士靡而亡实，民骄而不均，兵弛而不振；非其破法而行私，抑沿法而巧匿其奸也。有志者愤之，而求治之情，迫动于上，言治之术，竞起于下；听其言，推其心，皆当时所可厌苦之情事，而厘正之于旦夕，有余快焉。虽然，抑岂必归咎于法而别求治理哉？吏玩而不理，任廉肃之大臣以饬仕阶而得矣。士靡而亡实，崇醇雅之师儒以兴正学而得矣。民骄而不均，豪民日竞，罢民日瘠，人事盈虚之必有也；宽其征徭，疲者苏而竞者无所容其指画矣。兵弛而不振，籍有而伍无，伍有而战无，战争久息之必然也；无荐贿之将，无私杀之兵，委任专而弛者且劝以强劲矣。若是者，任得其人，而法无不可用。若十一千百之挂漏，创法者固留有余以养天下而平其情。匹夫匹妇祁寒暑雨之怨咨，猾胥奸民为鼠为雀之啄龁，恶足坏纲纪而伤教化？有天下者，无容心焉可矣。

【译文】

国家在创业初期，由乱世而向治世转变，就必定会有所兴建和变革，以完成一代的制度。那些经过兴建和变革而不足以作为一代制度的，则必定很快灭亡。如果不是这样，制度中那些省略而不详备、因陋就简而不完善、仍处于衰弱而不强大的部分，就一定都是含有某种深意的。君主的德行、民众的心愿、时势的变化几个方面凑在一起，正好到了这一步，既然已到了这一步，也足以保持国家的不衰败，但传了几代以后就会产生出弊端了。弊端的产生，都是依据制度而出现的，那么归咎于制度，是不怕没有说法的。其作为弊端，官吏玩弄制度而不加理会，士人侈靡而没有实际的才能，民众骄纵而贫富不均，军队松弛而不振奋强大，不是破坏制度来推行私心，就是利用制度而巧妙地藏匿他们的奸邪。有志之士对此感到愤慨，于是追求国家大治的心情，急迫地打动在上的皇帝，讨论治国的方法，也竞相地在下面的大臣中出现，倾听他们的言论，推察他们的心情，都是当时令人厌恶和痛苦的情与事，而在旦夕之间加以纠正，那是令人快乐的。虽然如此，难道一定要把原因归到制度上面而另外来寻求治国之道吗？官吏对制度玩忽而不理睬，对此只要任用廉洁严厉的大臣通过整顿官吏的等级就能加以解决。士人侈靡而没有实际的才能，对此只要尊崇醇正高雅的儒家学者来兴办符合正道的学术就可以纠正了。民众骄纵而贫富不均，豪强之民日益富裕，疲惫的弱民日益贫困，这是人们的事业中盈虚变化所必有的现象，对此只要放宽征税和徭役，让疲惫的民户得以苏缓，豪强之民就不能利用贫民有求于他们而谋利了。军队松弛而不振奋强大，有兵籍而军中没有兵员，在军中有兵员而没有战争，这是战争长久停息之后的必然现象。没有进献贿赂的将领，没有私自杀人的士兵，委任专人为将领而松弛的人就将勤勉而变得强劲了。像这样，委任的将领是合适的人选，而制度就无不可执行了。至于制度中还存在着各种缺漏，创建制度的人本来就是留有余地来养育天下而使天下之人的心情能够平静的。匹夫匹妇在严寒、暑热、暴雨时的怨尤，猾吏奸民像鼠雀一样啄食一点公家的财物，哪里足以破坏国家纲纪而伤害教化呢？统治天下的人，对这种情况不用计较就可以了。

【正文】

宋自建隆开国，至仁宗亲政之年，七十余岁矣。太祖、太宗之法，敝且乘之而生者，自然之数也。夫岂唯宋祖无文、武之至德，议道之公辅无周、召之弘猷乎？即以成周治教之隆，至于穆、昭之世[①]，蛹蠹亦生于简策，固不足以为文、武、周、召病也。法之必敝矣，非鼎革之时，愈改之，则弊愈从生。苟循其故常，吏虽贪冒，无改法之可乘，不能托名逾分以巧为吹索；士虽浮靡，无意指之可窥，不能逢迎揣摩以利其诡遇；民虽强可凌弱，无以启之，则无讦讼之兴以两俱受毙，俾富者贫而贫者死；兵虽名在实亡，无以乱之，则无游惰之民以枭张而起，进则为兵而退则为盗。唯求治者汲汲而忧之，言治者啧啧而争之，诵一先生之言，古今异势，而欲施之当时，且其所施者抑非先王之精意；见一乡保之利，风土殊理，而欲行之九州，且其所行者，抑非一邑之乐从。神宗君臣所夜思昼作，聚讼盈廷，飞符遍野，以使下无法守，开章惇、蔡京爚乱以亡之渐者[②]，其风已自仁宗始矣。前乎此者，真宗虽有淫祀骄奢之失，王钦若、丁谓虽有贪权惑主之恶，而李太初慎持之于前，王子明谨守之于后。迨乎天圣、明道之间，老成凋谢已向尽矣，仅一直方简重之李迪，起自迁谪，而任之不专。至若王曾等者，非名节之不矜也，非勤劳之不夙也，以术间道，以气矜刚；而仁宗耽受谏之美名，慕恤下之仁闻，欣然举国以无择于听。迨及季年，天章开[③]，条陈进，唯日不给，以取纲维而移易之；吏无恒守，士无恒学，民无恒遵，兵无恒调。所赖有进言者，无坚僻之心，而持之不固；不然，其为害于天下，岂待熙、丰哉？知治道者，不能不为仁宗惜矣。

【注释】

① 穆、昭：指周穆王、周昭王。周穆王姬满，为周昭王之子，世称“穆天子”，在位时，东征西讨，东至九江，西抵昆仑，北达流沙，南伐荆楚。周昭王姬瑕（？—前977），周康王之子。率大军南征荆楚，到达江汉地区，昭王十九年再次攻楚国，全军覆没，死于汉水。

② 爚（yuè）乱：炫惑别人而扰乱原有的秩序。

③ 天章：宋真宗天禧四年（1020）营建天章阁，收藏真宗的御书，又任命官员为天章阁侍制、直天章阁、天章阁学士等职。真宗去世后，仁

宗与大臣多次去天章阁观书，拜谒太祖、太宗御容御物，还在天章阁接见大臣，成为对大臣的最高待遇。仁宗庆历三年（1043）九月，仁宗为支持范仲淹、富弼推行新政，特地“开天章阁，召对赐坐，给笔札使疏于前”。王夫之用此说明帝王求治而对大臣实行特别的制度以咨询意见。

【译文】

宋代自太祖建隆年间开国以来，到仁宗亲政之年，已有七十多年了。太祖、太宗时制定的制度，弊端将随着时间而产生，这是自然的现象。这难道只是宋太祖没有周文王、武王的至高品德，议政的各位大臣没有周公、召公的宏大谋划吗？就拿西周初年的治国和教化的兴隆来说，到了周穆王、周昭王的时代，他们的制度中也产生了不少蠹坏，这本来不足以称为文王、武王、周公、召公的弊病。制度必会产生弊端，不是处于改朝换代的时候，越是对制度加以改革，则弊端就越会丛生。如果沿袭旧有的制度，官吏虽然贪婪，但是没有改革制度的可乘之机，不能假借改革的名义超过本分来巧取豪夺。士人虽然浮华侈靡，但是不能通过制度的改革来窥探君主大臣的意指，也就不能逢迎揣摩君主大臣的意图而希求不正当的恩遇。民众中虽然豪强可以欺凌贫弱，但是如果不施行改革制度，他们也就找不到机会欺凌贫弱，那么民间就不会产生诉讼争端而使争讼的双方都被官府害死，造成富者变贫而贫者死亡的局面。军队虽然有名籍而实际并无其人，但是不改革制度也就不会使社会产生动乱，那么也就没有游手好闲的懒惰之民乘机闹事，进则成为乱兵而退则成为盗匪。只有想实现天下大治的人急切地对制度中的弊端感到担忧，对治国提出建议的人不停地进行争论，嘴上念叨着某位先生的话语，也不顾古今时代的形势不同，就想把古代某位先生的说法在现时的社会中加以施行，况且他所要施行的事情并不是先王那种说法中的精髓思想；看到在一个乡村是有利的，但并不考虑各地的情况并不一样，就想把这种措施在全天下加以施行，况且他所要施行的，还不是一个地方所有的人都乐意顺从的。神宗君臣夜里所想和白天想实施的，使整个朝廷聚讼争论，紧急传下的政令遍地都是，而使下面的官员没有了法度和守则，开启了章惇、蔡京炫惑君主来扰乱天下从而使得宋朝逐渐走向灭亡的路子，这种风气自仁宗时就已开始了。在此之前的，真宗虽然有过分祭祀以及奢侈的过失，王钦若、丁谓虽然有贪恋大权和迷惑君主的恶行，但先有李沆谨慎地加以控制，后有王旦小心地进行守护。到了宋仁宗继位初期的天圣、明道年间，老成的大臣已经几乎全部凋谢了。仅有一位正直稳重的李迪，从贬谪中起任为大臣，却又不能专门任用他。至于王曾等人，不是不看重自己的名声和节操，不是不一向勤劳于国事，但爱用权术而与大道有了距离，爱用意气和仗恃刚强；而仁宗又过度喜欢纳谏的美名，仰慕能够恤怜臣下的仁爱名声，于是全国各地的人都欣然地来提建议而仁宗却不能有所选择地听从。到了仁宗晚年，实行了在天章阁召见大臣咨询政见的制度，于是大臣关于治国的奏章不断献上，仁宗每天应接不暇，就拿宋朝的制度来加以改变，使得官吏没有可以长久坚守的制度，士人没有长久可以专心学习的学术，民众没有长久可以遵行的制度，军人没有长久可以执行的调动之命。幸亏进献政见的人，没有坚定的心意，不能强固地坚持意见，不然的话，他们对天下造成的危害，难道还用等到宋神宗的熙宁、元丰时期吗？懂得治国之道的人，于是就不能不为仁宗惋惜了。

【正文】

夫秉慈俭之德，而抑有清刚之多士赞理于下，使能见小害而不激，见小利而不歆，见小才而无取，见小过而无苛，则奸无所荧，邪无能间；修明成宪，休养士民，于以坐致升平，绰有余裕。奈之何强饮疥癣之疾以五毒之剂，而伤其肺腑哉！故仁宗之所就者，概可见矣。迹其谋国，则屡败于西而元昊张，启侮于北而岁币增。迹其造士，则闻风而起者，苏氏父子掉仪、秦之舌；揣摩而前者，王安石之徒习申、商之术；后此之挠乱天下者，皆此日之竞进于大廷。故曰神宗之兴怨于天下、贻讥于后世者，皆仁宗启之也。

【译文】

仁宗秉有慈爱节俭的品德，而又有清廉刚正的众多人才在下面协助治国，假使他们能在看到小害时不激进改革，在看到小利时不羡慕，看到有小才能的人而不取用，看到人有小过失而不苛求，那么奸邪之人就不能迷惑和离间了；讲求而实施已有的法规制度，使士人和民众得到休养生息，就会坐致太平，而绰绰有余裕了。奈何因为有疥癣一样的小病就强行喝下五毒药剂，而伤害了自己的肺腑呢！所以仁宗所取得的成就，大体就可以知道了。考察他为治国所做的谋划，就是屡次败于西部边境而使元昊愈益嚣张，在北部边境开启了外侮而向契丹交纳的岁币增加。考察他对士人的培养，就会看到闻风而起的人，如苏氏父子卖弄张仪、苏秦式的三寸不烂之舌，还会看到揣摩心思而向前的人，如王安石一流学了申不害、商鞅的学说；此后扰乱天下的人，都是这时竞相在朝廷中奔趋求进的人。所以说神宗让天下人产生怨恨、给后世留下讥评，都是仁宗时开的头。

【正文】

夫言治者，皆曰先王矣。而先王者，何世之先王也？孔子曰："吾从周。"非文、武之道隆于禹、汤也。文、武之法，民所世守而安焉者也。孟子曰："遵先王之法。"周未亡，王者未作，井田学校所宜遵者，周之旧也。官习于廷，士习于学，民习于野；善者其所夙尚，失者其所可安，利者其所允宜，害者其所能胜；慎求治人而政无不举。孔、孟之言治者，此而已矣。啧啧之言，以先王为口实，如庄周之称泰氏[①]，许行之道神农[②]，曾是之从，亦异于孔子矣。故知治者深为仁宗惜也。

【注释】

① 庄周（约前369—前286）：战国时宋国蒙（今河南商丘东北，一说今安徽蒙城）人。当过漆园吏，与老子并称"老庄"，是道家的代表人物。泰氏：据《庄子·应帝王》，蒲衣子称有虞氏不及泰氏。所说的

有虞氏即虞舜。泰氏，或以为就是太昊伏羲氏。意谓泰氏比有虞氏更为安闲，悠游自得，不受世俗道德仁义的约束，甚至不把自己与动物相区别，以此为真诚和真德。

② 许行：孟子同时代人，《孟子·滕文公》称许行“为神农之言”，主张“种粟而后食”“贤者与民并耕而食，饔飧而治”，并与门徒数十人，穿粗麻短衣，在江汉间自耕而食。神农：上古帝王，以火德王，又称烈山氏、炎帝，曾砍木为耜，揉木为耒，教天下使用耜耒，种植五谷，又尝百草，故号神农。

【译文】

论说治国的人，都要称先王。而先王，是什么时代的先王呢？孔子说：“吾遵从周代。”不是说周文王、武王的治国之道高于大禹和商汤。文王、武王的制度，人民是世代遵守而安于这种制度的。孟子说：“遵行先王的制度。”周未灭亡，真正的王没有兴起，井田、学校等制度所应遵守的，都是周代原有的制度。官员在朝廷中熟习这套制度，士人在学术中学习这套制度，民众在民间熟习这种制度；其中的好制度是人们一向崇尚的，其中不足的制度也是人们已经适应的，制度中有利的部分是人们所赞同和适宜的，有害的部分也是人们所能克服的，谨慎地寻求治国的人才就可以使国家的政治无不得以施行。孔子、孟子所说的治国，只是如此而已。纷纷的议论之言，拿着先生作为借口，就像庄周称颂泰氏，许行称道神农，如果听从这些议论，也就与孔子不一样了。所以懂得治国的人，深为仁宗惋惜。

【评析】

对所谓盛治，不能简单地只加以赞颂，而应冷静地从中找出问题，这才是最有价值的历史评论。而要找出问题，就需要冷静细致的思考。如儒家说到国家之治，就要称先王，认为先王之治是最好的榜样。但所谓的先王之治究竟有哪些内容？先王治国的成功经验究竟是什么？都必须细致地加以分析。不能笼统地说先王及先王之治。但也不能一概地否定尊先王的说法，认为尊先王就是保守和倒退，这也不是科学的态度。国家的治理，是要总结历史经验教训的，这都要到先王那里去观察和总结，所以，所谓的先王之治，不是说全都是正确的，其中必然也有不正确的。因此，只能以前人的治国历史为借鉴，认真细致地加以总结，找出治国的正道，在当今之世加以践行。

仁宗的大弊政

【题解】

讲了仁宗的盛治，又讲仁宗的弊政，这样来看历史，才是完整的，不会产生偏见。此篇是对仁宗弊政的具体分析，而不是空谈，这是王夫之历史评论的主要方法，值得后人学习。

【正文】

仁宗有大德于天下，垂及今而民受其赐；抑有大弊政以病民者二百年，其余波之害，延于今而未已。盖其求治之心已亟，但知之而即为之，是故利无待而兴，害不择而起……若其弊之病天下者，则听西川转运使薛田、张若谷之言①，置交子务是也②。交子变而为会子③，会子变而为钞④，其实皆敝纸而已矣。

【注释】

① 转运使：唐玄宗开元二年（714），设置水陆转运使，掌洛阳、长安间食粮运输事务，宋初设置诸路转运使，称“某路诸州水陆转运使”，官衔称“转运使司”，俗称“漕司”。薛田：河中河东（今山西永济）人。少时以种放为师，后为进士，历任推官、著作佐郎、监察御史、殿中侍御史、权三司度支判官、益州路转运使。在益州（今四川成都）时，因铁钱太重，民间私下用纸券代替铁钱，称“交子”，但被少数富人专控，导致争讼，薛田请求设置交子务，管理交子的使用。传见《宋史·薛田传》。张若谷：沙县（今福建三明市沙县区）人。

仁宗时任淮南益州路转运使，与薛田一起奏请恢复蜀地交子制度。宋淳化三年进士，后为巴州军事推官，率领军民守城抵御寇匪，后为大理寺丞、知处州、盐铁判官等。

② 交子务：北宋仁宗时在益州设立的印行交子的专门机构。交子指代替官铸钱币而印行的纸币，最初出现在益州（今四川成都）的民间，仁宗天圣元年（1023）批准，在益州设交子务，次年印行交子。

③ 会子：宋高宗时，临安出现了便钱会子，即用于交易的汇票，绍兴二十年（1150）前后，成为兼有流通职能的铜钱兑换券。绍兴三十年（1160）后由朝廷正式发行，成为纸币。孝宗乾道三年（1167）造新的会子，收换旧的会子，又有湖北会子、湖广会子、四川会子，流通于不同地区。

④ 钞：度宗咸淳初年，发行金银关子，即见钱关子，废除会子而行关子。关子，是以信用保证为发行前提的纸质货币。

【译文】

仁宗对天下是有大德的，延续到今天而民众还受到他的恩惠；但也有大的弊政伤害了民众，长达二百年，其余波造成的危害，延续到今天还没有停止。这就是他追求大治的心太切，只要一知道就马上去做，所以利没有等它而兴起，而害却不等你来挑选就产生了……至于仁宗的弊政伤害了天下的事，就是听从西川转运使薛田、张若谷的建议，设置交子务。交子后来又变为会子，会子又变为钞，其实都是敝纸而已。

【正文】

古之税于民也，米粟也，布缕也。天子之畿，相距止于五百里；莫大诸侯，无三百里之疆域；则粟米虽重，而输之也不劳。古之为市者，民用有涯，则所易者简；田宅有制，不容兼并，则所赍以易者轻[①]。故粟米、布帛、械器相通有无，而授受亦易。至于后世，民用日繁，商贾奔利于数千里之外；而四海一王，输于国、饷于边者，亦数千里而遥；转挽之劳，无能胜也。而且粟米耗于升龠②，布帛裂于寸尺，作伪者湮湿以败可食之稻麦，靡薄以费可衣之丝枲。故民之所趋，国之所制，以金以钱为百物之母而权其子③，事虽异古，而圣王复起，不能易矣。乃其所以可为百物之母者，固有实也。金、银、铜、铅者，产于山，而山不尽有；成于炼，而炼无固获；造于铸，而铸非独力之所能成、薄赀之所能作者也④。其得之也难，而用之也不敝；输之也轻，而藏之也不腐。盖是数物者，非宝也，而有可宝之道焉。故天下利用之，王者弗能违也。唯然，而可以经久行远者，亦止此而已矣。

【注释】

① 赍（jī）：携带。

② 龠（yuè）：古代容量单位，等于半合（gě）。

③ 母而权其子：见《国语·周语》：周景王二十一年将铸大钱，单穆公认为，民患轻则作重币，于是有母权子而行，民若不堪重，则多作轻，亦不废重，于是有子权母而行，无论小大，于民都有利。所以不能只行重钱而废轻钱，应该轻重兼用，相互协调，平衡物价，民才不受其害，如果废轻而只用重钱，民众就会失去他们的财产，国家也将会物质匮乏。《国语》所说的母指重钱（大钱），子指轻钱（小钱）。权指相互辅助兼用，保持钱币与物品的平衡。而王夫之这里所说的母则指金属钱币，子则指用钱币进行交易的物品。

④ 赀（zī）：资，财货。

【译文】

古代向民众征税，是收粮食和布匹。天子直接管辖的地区，相距只有五百里，最大的诸侯，没有超过三百里的疆域；那么所收的粮食虽然很重，但输送并不辛苦。古代的商业交易，民众所用的物品有限，那么他们的交易就很简单；民众各有田地和住宅，不允许兼并，那么他们所携带着进行交易的物品也就轻。所以粮食、布匹、器械互通有无，而交换也很容易。至于后世，民众使用的物品日益繁多，商人为了求利要到数千里之外购货；而四海都归一个帝王所有，输送到国都、输送到边境的物品，也是要经过数千里的遥远运输；这样一来，输送物品的劳役，就无法胜任了。而且粮食还会有一定分量的耗费，布匹也会有少量的破裂，更有作伪的人把粮食弄潮湿而使本来可以食用的粮食不能食用，把布匹做得过薄而使本来可以穿着的布帛不能制作服装。所以民众的追求、国家的制度，都是用金来制作钱币作为各种物品的母，而与作为子的物品相平衡。这些事情虽然与古代不同，但是就算再有圣王兴起，也不能改变这种情况。而可以作为各种物品之母的东西，本来就有一定的金属，这就是金、银、铜、铅，它们从山中产出，但不是所有的山中都有这类金属，它们通过冶炼才从矿石中提炼出来，但提炼也不是必定会成功。金属又要通过铸造而成钱币，而铸钱又不是个人的力量所能铸成的，不是只靠少量资费就能进行铸钱的。这类金属获得是困难的，而使用起来也不会敝坏；输送时也轻，而且收藏时也不会腐烂。这是因为这几样金属，并不是宝，但它们有值得宝贵的原因。所以天下使用它们而有利，帝王也不能违背。只有这样，才可以经历长久的时间而通行到很远的地方，但也只是这样而已。

【正文】

交子之制，何为也哉？有楮有墨[①]，皆可造矣，造之皆可成矣；用之数，则速裂矣；藏之久，则改制矣。以方尺之纸，被以钱布之名，轻重唯其所命而无等，则官以之愚商，商以之愚民，交相愚于无实之虚名，而导天下以作伪。终宋之世迄于胡元，延及洪、永之初，笼百物以府利于上，或废或兴，或兑或改，千金之赀，一旦而均于粪土，以颠倒愚民于术中；君天下者而忍为此，亦不仁之甚矣！夫民不可以久欺也，故宣德以来，不复能行于天下。然而余害迄今而未已，则伤诏禄之典，而重刑辟之条，无明王作，而孰与更始？其害治亦非小矣。

【注释】

① 楮（chǔ）：纸。

【译文】

交子制度，是怎么形成的呢？有纸有墨，都可以造，只要造就都可以造成；用的次数多了，很快也就破了；收藏很久，制度可又改变了。用一尺见方的纸，加上钱币的名称，它的轻重任由人们确定而没有等级，那么官就用它来愚弄商人，商人用它来愚弄民众，相互用没有实际意义的虚名来愚弄，而引导天下来作假。直到整个宋代结束又到元代，延续到明代的洪武、永乐年间初期，用纸钱笼罩各种物品而把利益收聚到在上的人手里，有时废除，有时又施行，有时让人们兑钱，有时又改变它们的比价，本来值一千金的财物，一天之内就变成了粪土，用权术把愚民颠来倒去；统治天下的人忍心做这种事，也是甚为不仁的了！那民众是不可长久欺骗的，所以自明代宣德年间以来，不再能让纸币通行于天下。然而余害至今没有结束，那么它伤害了天子为官员制定的俸禄制度，而加重了刑杀的律条，没有圣明的帝王兴起，又有谁能与他把这个大害改革掉呢？它对国家的治理为害也不小了。

【正文】

钞之始制也，号之曰“千钱”则千钱矣。已而民递轻之，而所值递减，乃至十余钱而尚不售，然而“千钱”之名固存也。俸有折钞以代米，乃至一石而所折者数钱；律有估物以定赃，乃至数金而科罪以满贯。俸日益薄，而吏毁其廉；赃日益重，而民极于死。仅一钞之名存，而害且积而不去，况实用以代金钱，其贼民如彼乎？益之以私造之易，殊死之刑日闻于司寇，以诱民于阱而杀之，仁宗作俑之愆，不能辞矣。是故君天下者，一举事而大利大害皆施及无穷，不可不审也。听言轻，则从善如流，而从恶亦如流。行法决，则善之所及者远，而恶之所被者亦长矣。以仁如彼，以不仁如此，仁宗两任之，图治者其何择焉？舜之大智也，从善若决江、河，而戒禹曰：“无稽之言勿听。”以其大智，成其至仁，治道尽此矣。

【译文】

钞开始制造的时候，称为“千钱”就是一千钱了。之后民众不断把它的值减轻，而它的值就不断减小，以至于减到十多钱还没人要，可是“千钱”的名称还照存不改。俸禄制度中有折成钞来代米的规定，以至于一石米所折的钞只有几钱；刑律制度中有对物品估价来定赃的规定，以至于达到数金就定为恶贯满盈的大罪。俸禄日益减少，而官吏就破坏了他们的廉洁；赃物日益加重，而民众都到了死地。仅仅保存了一个“钞”的名称，而危害却积久而不能消除，何况实际用钞来代替金钱，它对民众的残害也就像赃重而处死一样了。加上容易私造，处以极刑的处罚天天从司法部门传来，引诱民众落入陷阱而杀害他们，仁宗始作俑的过失，他是不能推辞了。所以做天下君主的人，一旦举办一件事就会成为大利或大害而都要延续很长时间，所以不能不仔细考虑。轻率地听从大臣的建议，那么从善如流，而从恶也会如流。执行法规果决，那么好的结果会涉及很远，而恶的结果也会影响很长时间。作为仁爱如引进占城稻那样，作为不仁又如实行交子这样，仁宗对这两件事都由自己来做了，图求治国的人应该如何选择呢？舜的大智慧，从善就像江河决口，他告诫大禹说：“无稽之言勿听。”用他的大智慧，完成他的大仁爱，治国之道到这种程度就算达到极点了。

【评析】

研究宋史的人都称赞交子，而王夫之却批评交子，很多人都称赞王夫之的历史观非常进步，为什么在交子问题上他会提出与现代史学家完全相反的观点？这是值得现代历史学家们认真思考的。在我看来，交子只是货币的一种替代物，并不是真正的货币，这是与现代社会的货币完全不同的。这一点，必须首先分析清楚。其次，交子只是一种期票，在西方也是常见的，期票能代表一些金钱，但它不是货币。所以称赞交子是历史上的进步者，在不弄清楚这种性质上的差别之前，就表示称赞的态度，是很难有说服力的。由此可知，王夫之批评交子制度，是有其道理的。不能简单地说这是反对进步的态度。历史研究的简单化思维，在很多问题上都有表现，对交子的评价，只是一例。

朋党的产生

【题解】

宋代的朋党随着神宗时王安石变法的进行而加剧，并造成恶果。但追寻源头，则要看到朋党起源于仁宗时。往后看，则延续到哲宗、徽宗，直到北宋灭亡。仔细读一下王夫之的这篇评论，就能看出其中的因果关系，并从中发现重要的历史鉴戒。

【正文】

朋党之兴[①]，始于君子，而终不胜于小人，害乃及于宗社生民，不亡而不息。宋之有此也，盛于熙、丰，交争于元祐、绍圣，而祸烈于徽宗之世[②]，其始则景祐诸公开之也[③]。

【注释】

① 朋党：指士大夫相互结党，形成意见的分歧，在政治上相互攻讦打击对方。又称党争。汉、唐、宋、明都出现过党争。

② 盛于熙、丰，交争于元祐、绍圣，而祸烈于徽宗之世：神宗熙宁年间（1068—1077），王安石变法，司马光等人反对，形成两派，时称新党、旧党。神宗元丰年间（1078—1085），王安石离职，神宗继续实行新法，新旧党争并未停止。宋哲宗元祐年间（1086—1094），司马光为相，废除熙宁、元丰年间施行的新法，此时反对王安石新法的朝臣形成了三党，以洛阳人程颐为首的洛党、以眉山人苏轼为首的蜀党、以河北人刘挚为首的朔党。哲宗绍圣年间（1094—1098），章惇

为相，又恢复新法，把司马光列为奸党。宋徽宗时，蔡京为相，恢复绍圣时所行的新法，把反对新法的司马光、苏轼等309人列为元祐奸党，并立碑刻名，分别处以惩罚。

③ 景祐：宋仁宗年号（1034—1038），景祐诸公，指景祐年间任相的王曾、王曙、吕夷简、王德用、范仲淹、欧阳修、章得象等人。

【译文】

朋党的兴起，开始于君子，而最终胜不过小人，危害却波及宗庙、社稷和民众，不到宋朝灭亡就不停息。宋朝出现朋党，在神宗熙宁、元丰年间最严重，在哲宗元祐、绍圣年间相互争斗，而造成的灾祸在徽宗之世最为惨烈，其开端则是由仁宗景祐年间的诸位大臣开启的。

【正文】

国家刚方挺直之正气，与敦庞笃厚之醇风，并行而不相悖害。大臣任之，而非但大臣任之也。人主平其情，以不迫行其用舍，慎其听，以不轻动于人言；则虽有小人，不伤君子，其有君子，不患其有小人；而国是贞矣，而嚣凌息矣。前乎景祐者，非无丁谓、王钦若之奸佞也。而王旦沮钦若之登庸，马知节折钦若之匿奏[①]，张咏且死请戮尸以贸丁谓之头，李迪誓死而斥丁谓之奸，王曾且独任窜谓之举，而不劳廷臣之交击。故钦若、谓非无邪党，亦以讦讼不行，而但偷容容之福；胡旦、翟马周、梅询、曾致尧之徒[②]，或乍张而终替，或朒缩而不前。盖大臣以国之治乱、人之贞邪引为己任，而不匿情于且吐且茹之交，授发奸摘伏之权于锐起多言之士。故刚而不挠，抑重而不轻，唯其自任者决也。而天子亦不矜好问好察之名，闻人言而轻为喜怒。则虽有繁兴之众论，静以听君相之从违，自非田锡、孙奭任谏诤之职者[②]，皆无能骋其辩也。

【注释】

① 马知节折钦若之匿奏：马知节为枢密副使时，王钦若为枢密使，知节

薄其为人，遇事敢言，未尝少屈。每次廷议，王钦若所奏不当，马知节即当面驳斥。

② 胡旦（955—1034）：滨州渤海（今山东惠民）人。太宗太平兴国三年（978）进士，初为将作监丞、通判升州，因上《平燕议》建议出兵收复燕云十六州，受太宗赏识，起为左补阙，值史馆，迁修撰，以尚书户部员外郎知制诰，后因教唆翟马周上书攻击李昉，贬为坊州团练副使，后又任工部员外郎。翟马周：即翟颖，本是布衣，靠帮人抄书维持生计。端拱元年（988）二月，知制诰胡旦草拟奏疏，控告宰相李昉不关心边防事务，找到翟颖，恭维他是唐朝马周再世，让他击登闻鼓，用“翟马周”名义向皇帝上书。

【译文】

国家的刚强方正挺拔正直的正气，和敦厚笃厚的淳朴风气，并行而不相悖相害。大臣要承担培养和维护的责任，但又不是仅由大臣来承担的。君主平静他的心情，由此而不急于对大臣进行任用或罢免，又要谨慎地听取言论，由此而不轻易被人们的言论打动，那么，虽然有小人，也不伤害到君子，只要有君子，就不用担心有小人，而国家的大政就能保持正确，而纷扰嚣乱的议论就会停息了。在景祐之前，不是没有丁谓、王钦若这类奸佞，但王旦阻止对王钦若的重用，马知节当面驳斥王钦若的错误奏请，张咏甚至表示用死后戮尸来换取斩丁谓的头，李迪誓死驳斥丁谓的奸邪，王曾则独身一人做出流放丁谓的举措，而不用朝廷大臣交相攻击丁谓。所以王钦若、丁谓也不是没有邪恶的同党，但因为诬陷攻击不能得逞，而只能随从附和来求偷安之福；胡旦、翟马周、梅询、曾致尧之流，有的暂时得意而最终被罢免，有的畏缩而不敢向前。这是因为大臣都以国家的治乱、人们的正邪引为己任，而不是吞吞吐吐、欲言又止来藏匿真情，把揭发奸人的隐恶的权力交给新进锐进的敢言之士。所以他们能做到刚正而不屈不挠，对奸邪之人抑制很重而不轻易放过，只由大臣自己担任职责者裁决。而天子也不以好问好察的名声自矜，听到人们的言论也不会轻易地为之喜怒，所以虽然也有频繁出现的众人议论，但发表言论的人都能安静地听从君主和宰相大臣的采纳与否，除了田锡、孙奭那种担任谏官之职的人，都不能驰骋自己的善辩。

【正文】

好善则进之，恶恶则去之，任于己以持天下之平者，大臣之道也。引之不喜，激之不怒，居乎静以听天下之公者，天子之道也。而仁宗之世，交失之矣。仁宗之求治也急，而性情之所偏倚者，宽柔也。宽柔者之能容物，人所知也。宽柔者之不能容物，非知道者不知也。至于前而有所称说，容之矣，未遽以为是，未遽以为非也。容之容之，而言沓至，则辩言者且将怒其所必怒，而终不能容。夫苟乐求人言，而利用其臧否，则君子小人莫能自必，而特以议论之短长为兴废。于是而小人之党，竞起争鸣；而自附于君子之华士，抑绰约振迅，饰其文辞，以为制胜之具。言满天下，蔚然可观，相传为不讳之朝。故当时士民与后世之闻其风者，所甚歆仰于仁宗，皆仁宗之失也。于是而宋兴以来敦庞笃厚之风，荡然不足以存矣。

【译文】

喜好善良就进用他，厌恶邪恶就罢掉他，由自己来任用他们而保持天下的公平，这就是大臣之道。引诱他不会喜，激怒他不会怒，居于冷静之中，听取符合天下公道的说法，这是天子之道。而在仁宗之世，这两者都失去了。仁宗求治过于急迫，而性情上偏重于宽柔。宽柔的人能包容人和事，这是人们所知道的。但是宽柔的人不能包容人和事，如果不懂得大道的人是不会了解这一点的。来到面前而有所论说，就容忍他了，不马上认为对，也不马上认为不对，就这样容忍而又容忍，于是言论纷至沓来，而对于言论中的辩论驳难，将对他所愤怒的感到愤怒，而最终就不能容忍了。如果乐于求得人们的言论，而善加利用言论中的是与非，则君子和小人无人能自信自己的言论必定会为君主听取，如果只是因为议论有短有长而有采纳和不听的结果，于是小人的同党就会竞相起来发表言论而争相鸣说，而依附于君子的崇尚华丽说辞的士人，也会振奋起来用华美的言辞迅速发表言论，修饰他们的文辞，作为辩论中的制胜工具。这样一来，言满天下，蔚然可观，人们也会传诵说这是不忌讳言论的时代。所以当时的士人、百姓以及后代听闻这种风气的人，就对仁宗非常欣赏和崇仰了，而这都是仁宗过于宽柔的过失。于是宋朝创建以来的淳朴、宏大、笃厚的风气，也就荡然不足以保存了。

【正文】

抑考当时之大臣，则耆旧已凋，所仅存者，吕夷简尔。夷简固以讪之不怒、逐之不耻、为上下交顺之术，而其心之不可问者多矣。其继起当国能守正而无倾险者，文彦博也，而亦利用夷简之术，以自挫其刚方之气；乃恐其志不足以行，则旁求助于才辩有余之士，群起以折异己而得伸。韩、富、范、马诸公，虽以天下为己任，而不能自超出于此术之上。于是石介、苏舜钦之流[①]，矫起于庶僚，而王素、唐介、蔡襄、余靖一唱百和[②]，唯力是视，抑此伸彼，唯胜是求。天子无一定之衡，大臣无久安之计，或信或疑，或起或仆，旋加诸膝，旋坠诸渊，以成波流无定之宇。熙、丰以后纷呶噂沓之习，已早见于此，而君犹自信曰："吾能广听。"大臣且自矜曰："吾能有容。"士竞习于浮言，揣摩当世之务，希合风尚之归，以颠倒于其笔舌；取先圣之格言，前王之大法，屈抑以供其证佐。童而习之，出而试之，持之终身，传之后进，而王安石、苏轼以小有才而为之领袖；皆仁宗君相所侧席以求，豢成其毛羽者也。乃至吕惠卿、邓绾、邢恕、沈括、陆佃、张耒、秦观、曾巩、李廌之流[③]，分朋相角，以下逮于蔡京父子[④]，而后覆败之局终焉。呜呼！凡此呰呰捷捷者，皆李沆、王旦所视为土偶，任其掷弃山隅，而不使司祸福者也。而仁宗之世，亟导以兴。其刚方也，非气之正也。其敦笃也，非识之定也。置神器于八达之衢，过者得评其长短而移易之，日刓月敝，以抵于败亡。天下后世犹奖其君德之弘，人才之盛；则知道者之希，知治者之无人，抑今古之有同悲矣！

【注释】

① 石介（1005—1045）：兖州奉符（今山东泰安）人。读书徂徕山（泰安东南）下，世称徂徕先生，仁宗天圣八年进士，历任秘书省校书郎、郓州观察推官、嘉州军事判官、国子监直讲等。庆历三年（1043），范仲淹、富弼、欧阳修、杜衍等人被仁宗任用为高官，石介写《庆历圣德诗》，赞颂庆历新政，指责反对革新的夏竦等人为大奸。夏竦命佣人模仿石介笔迹，伪造石介致富弼的信，要废掉仁宗另立新君，致使范仲淹等人变法失败，庆历五年（1045），范仲淹等人相继罢职，石介也被列为朋党，贬濮州通判。苏舜钦（1008—1048）：梓州铜山（今四川中江）人。曾任县令、大理评事、集贤殿校理、监进奏院等职。支持范仲淹的庆历革新，罢职后闲居苏州，后又为湖州长史。

② 王素（1007—1073）：莘县（今山东莘县）人。宋天圣五年进士，通判颍州、怀州、许州，后为太常博士、侍御史、兵部员外郎、淮南都转运按察使、工部尚书等。王素不畏势权，正直敢言。唐介（1010—1069）：江陵（今湖北荆州）人，中进士后为武陵尉、平江县令，仁宗明道年间，任监察御史里行、殿中侍御史、知谏院。唐介以直声动天下。蔡襄（1012—1067）：福建仙游人，天圣八年进士，后为馆阁校勘、知谏院、直史馆、枢密院直学士、翰林学士、三司使等。蔡襄知谏院时，以正直敢言著称，与王素、唐介、余靖并称“庆历四谏官”。余靖（1000—1064）：韶州曲江（今广东韶关）人。天圣二年（1024）进士。任集贤校理、右正言、知制诰、史馆修撰、桂州知府、集贤院学士、尚书左丞等。与王素、蔡襄等人以敢于进谏著称。

③ 吕惠卿（1032—1111）：泉州晋江（今福建晋江）人。嘉祐二年进士，王安石变法期间，为参知政事。对王安石曲意迎合。王安石去位后，对安石极力排挤。后来章惇、曾布、蔡京等人执政，畏恶其人，不敢引入朝内。哲宗时贬为建宁军节度副使，绍圣间，为资政殿学士、武胜军节度使，徽宗时为武昌节度使。后其子吕渊有罪，惠卿贬为祁州团练副使。邓绾（wǎn，1028—1086）：四川双流（今四川

成都双流）人。中进士后，为职方员外郎、集贤校理、知谏院、判司农事、御史中丞、翰林学士。王安石去位后，依附吕惠卿，王安石复相，又劾吕惠卿、章惇以讨好王安石。邓绾为人极为无耻，反复无常，遭人们责骂，邓绾竟说："笑骂从汝，好官须我为之。"邢恕（934—1004）：郑州原武（今河南原阳）人。中进士后，为永安主簿、崇文院校书、知延陵县、馆阁校勘。谄事蔡确，哲宗时，为起居舍人，徽宗时，贬少府少监分司西京。蔡京当权时，为河东路经略安抚使。沈括（1031—1095）：杭州钱塘（今浙江杭州）人，仁宗嘉祐八年（1063）进士，熙宁间为提举司天监、翰林学士、权三司使、知延州。晚年在镇江梦溪园，撰《梦溪笔谈》，影响甚大。张耒（1054—1114）：原籍亳州谯县（今安徽亳州），后迁楚州（今江苏淮安）。宋神宗熙宁六年（1073）进士，任临淮主簿、著作郎、史馆检讨、知润州、太常少卿。被指为元祐党人，数遭贬谪。元祐元年（1086），参加太学学士院考试，与黄庭坚、秦观、晁补之同被拔擢，称"苏门四学士"。秦观（1049—1100）：扬州高邮（今江苏高邮）人。元丰八年（1085）进士，初为定海主簿、蔡州教授，后由苏轼拔擢，为"苏门四学士"之一，为太学博士、秘书省正字、国史院编修，哲宗绍圣年间，新党执政，为杭州通判，又贬处州监酒税，后徙郴州，编管横州，又徙雷州。徽宗继位后，为宣德郎，死于放还北归途中。李廌（zhì，1059—1109）：华州（今陕西渭南市华州区）人。应举落第，定居长社（今河南长葛）。其文颇受苏轼欣赏，称他的才华为万人敌，苏轼与范祖禹准备向朝廷推荐，因离职未成。

④ 蔡京父子：蔡京（1047—1126），北宋兴华军仙游（今属福建）人。熙宁进士。元祐元年（1086）知开封府。崇宁元年（1102）为右仆射，后任太师。以恢复新法为名，排除异己；创"丰亨豫大"之说，大兴土木，劳民伤财，毒被全国。为"六贼"之首。金兵攻宋，举家逃难，被钦宗放逐赴岭南，途中死于潭州（治今湖南长沙）。其长子蔡攸（1077—1126），初任小官，每遇端王赵佶都毕恭毕敬，赵佶

继位即徽宗，赐进士出身，授枢密直学士、龙图阁学士、宣和殿大学士，徽宗宣和五年（1123）至钦宗靖康元年（1126），领枢密院事。任内不理政务，只在帝侧论道家神变之事，演市井淫秽之戏，为争权而与其父反目为仇，互相倾轧。后被贬诛死。

【译文】

再来考察当时的大臣，则是老臣已经凋零，所仅存的老臣只有吕夷简了。吕夷简本来是讪骂他而不怒、驱逐他而不以为耻、对上下都要用顺从之道，而他心中的实际想法如何就无法多问了。后继而起用的宰相是文彦博，他执掌国家大政能守正道而不搞倾轧奸险的事，但他也是运用吕夷简的方法，自己挫掉自己的刚直方正之气，而怕自己的志向不足以施行，于是就广泛寻求富有才能和辩说能力的士人，让这种人形成群体来排挤异己而使自己的志向得到伸展。韩琦、富弼、范仲淹、马知节等大臣，虽然也能以天下为己任，但不能让自己超越到这种方法之上。于是石介、苏舜钦之流，就从属官中矫然崛起，而王素、唐介、蔡襄、余靖等人随之一唱百和，只看谁的力量大，压抑一方而伸扬另一方，只是要在争辩中求胜而已。天子没有一定的衡量标准，大臣没有长治久安之计，于是形成了或加信任或加猜疑、一时起用一时罢免的局面，一会儿把他捧在膝上，一会儿又让他掉到深渊，造成了波浪起伏不定的局面。熙宁、元丰之后，人们的各种议论争辩嘈杂沓至的习气，早已在此时就能看到了，而君主还自信地说："我能广泛听取人们的意见。"大臣也自矜地说："我能容忍众人的意见。"士人竞相运用浮夸不实的语言，揣摩君主和宰相当时想要做的事情，迎合一时风气的趋势，在笔头、口舌上颠来倒去；找来先圣的名句格言和前王的大法，根据自己的意思加以曲解来作为自己论说的佐证。从小就学习这类文章，出来参加科举考试还用这种文章笔法，并将这种文章和方法用于一生，传给后来的士人，而像王安石、苏轼这种小有才能的人就成了他们的领袖；这都是仁宗君主与宰相们宽容谦恭来追求的，于是就使一批人通过迎合君主和宰相这种需求的人如毛羽一样产生和发展起来了。于是就有吕惠卿、邓绾、邢恕、沈括、陆佃、张耒、秦观、曾巩、李廌之流，分为朋党而相互角斗，再往下就是蔡京父子，最后就让宋朝以覆败灭亡的局面告终。呜呼！凡是这一类务求诋毁他人、频频发出言论的人，都是李沆、王旦看作泥偶的人，听任把他们抛弃在山脚下，而不让他们掌管有关国家祸福的事务。可是在仁宗之世，却急迫地引导这类人物出现了。大臣的刚直方正，不是正气，他们的淳朴笃厚，并非确定无移的真知灼见，把国家权力放在四通八达的道路上，路过的人都能评论它的长短而加以改变，每日每月加以改削而使它不断敝坏，以至于败乱灭亡。天下后世却还赞扬这个君主的品德宽宏，人才兴盛，可知真正懂得大道的人之稀少，懂得治国者实际是没有一人，对此无论古今都会有同样的悲伤了！

【正文】

按仁宗之世，所聚讼不已者，吕夷简、夏竦之进退而已[①]。此二子者，岂有丁谓、王钦若蠹国殃民已著而不可掩之恶哉？夷简之罪，莫大于赞成废后。后伤天子之颊，固不可以为天下母，亦非甚害于大伦。竦之恶莫大于重诬石介。而介之始进而被黜，以争录五代之后[②]，亦宋忠厚之泽过，而无伤于教化；矜气以争，黜之亦非已甚。而范、余、欧、尹遽群起以去国为高[③]，投滴水于沸油，焰发而莫之能遏。然则吕、夏固不足以祸宋，而张逐虎之网，叫呼以争死命于麏兔[④]，何为者邪？天子不慎于听言，而无恒鉴；大臣不自秉国成，而奖浮薄；一彼一此，以气势为荣枯，斯其以为宋之季世而已矣。读其书，言不可胜求也；闻其名，美不可胜传也。即而察之，外强而中枯；静而诊之，脉浮而筋缓；起伏相代，得失相参。契丹胁之，而竭力以奉金缯；元昊乘之，而兵将血于原野。当时之效，亦可睹矣，奚问后世哉！

【注释】

① 夏竦（sǒng，985—1051）：江州德安（今江西德安）人。真宗景德元年，父夏承皓与契丹战死，授官润州丹阳主簿，后为光禄寺丞、通判台州，知黄州、邓州等，仁宗天圣间（1023—1032），为枢密副使、

参知政事、刑部尚书、户部尚书、同中书门下平章事、枢密使，为人贪婪阴险，曾陷害欧阳修、富弼等人。

② 争录五代之后：据《宋史·仁宗纪》，明道二年（1033），下诏录周世宗及高季兴、李煜、孟昶、刘继元、刘鋹的后人。景祐二年（1035），下诏录五代及诸国君主的后人。石介对此上书论说朝廷不当求五代及诸伪国之后加以录用。

③ 范、余、欧、尹遽群起以去国为高：宋仁宗景祐三年（1036），权知开封府范仲淹进《百官图》，因宰相吕夷简专权、用人唯亲而发。吕夷简诬告范仲淹荐引朋党、越职论事、离间君臣。范仲淹被贬饶州知州。余靖上书称陛下屡逐言事者，缄天下之口，也被贬监筠州酒税。（馆阁校勘欧阳修亦斥责司谏高若讷不主持公道，是不知人间有羞耻事。）馆阁校勘尹洙也替范仲淹申辩，欧阳修和尹洙都被贬到外地。尹洙（1001—1047）：河南（今河南洛阳）人，世称河南先生。天圣二年进士，任绛州正平主簿、河南府户曹参军、馆阁校勘、太子中允。（范仲淹因指责丞相吕夷简被贬饶州，尹洙上书言与仲淹义兼师友，当同获罪，）于是贬为崇信军节度掌书记，监郢州酒税。后陕西用兵，起用为经略判官，官至右司谏、知渭州。

④ 麏（jūn）：即俗称的獐子。

【译文】

在仁宗之世，人们聚讼不已的事情，由吕夷简、夏竦二人加以裁定和进退而已。这二人，难道有丁谓、王钦若那种害国殃民已经显著到不可掩盖的大恶吗？吕夷简的罪过，没有比协助仁宗废黜郭皇后更大的了。郭皇后划伤了仁宗的脸颊，本来不能作为天下母仪，但也不是严重危害国家大政的事。夏竦的恶行，没有比诬陷石介更大的了。而石介开始被进用而又被罢免，是因为他争论关于录用五代诸国后人的事情，这也是宋朝对前代君主后人的忠厚恩泽有些过度，但石介的论争也不伤害教化，只是凭着意气来论争，罢免他也不是过分。而范仲淹、余靖、欧阳修、尹洙等人马上就群起攻击夏竦，而以不惜离开朝廷中的职位为高尚，这样做就像把水滴入烧沸的油中，火焰发作起来而无人能遏止。这样看来，吕夷简、夏竦本来不足以祸害宋朝廷，可是人们却要张开驱逐老虎的网，呼喊着拼死命来与獐兔相争，这是为什么呢？天子在听取言论上有所不慎，而没有持久的标准，大臣不自掌国家大政，而鼓励只会用浮薄之言的人，彼此之间，只是以气势的强弱作为荣耀枯萎的标准，这种做法于是就一直延续到宋的末年才算结束。读他们的书，言论多得数不胜数；听他们的名声，美好得传不胜传。靠近了来观察，则是外强而中干；平静地加以诊断，则是脉搏虚浮而筋力松缓，起伏不断相互代替，得失参互其中。契丹前来威胁，就竭力献上金帛，元昊乘机作战，而宋朝的士兵、将领的鲜血就洒在原野。当时这些君臣治国的功效，由此也就可以看到了，哪里还用问对后世的影响呢！

【评析】

朋党的出现，肯定于国家治理无益而有害，但它是由特定的政治环境决定的。所以王夫之说，国家要刚方挺直的正气和敦庞笃厚的淳风，使二者并行不悖，在此种政治氛围中，君主则要情绪平静，用人和决策不能急迫毛躁，对人们的言论，则要兼听，慎重判断，再做取舍，不要轻易被人言迷惑。这样的话，小人与君子不至于形成不共戴天的对立，也就不会出现种种诬陷与迫害行为。国家的政治环境才能保持平和的局面，治国理政就不会陷于焦躁暴戾的氛围之中。

论宋代的科举

【题解】

宋代的官员主要是靠科举选拔人才，当时所考，却以诗赋为先，策问次之，经义放在最后。这让王夫之非常不满。宋代大臣对此已有批评，王夫之则进一步加以评论。从儒家学者的角度，他认为应以经义为先，且应是对经义的认真研究，而不是只考一些背诵性的教条。希望由此引导天下读书人更好地钻研儒家的经典，由此推进对于国家的治理。后来的八股文，其实就是考经义的一种机械性的背诵，而不是读书人对经典中的义涵有自己的理解之作，这也是古代科举制最为失败的地方。

【正文】

科举试士之法有三：诗赋也，策问也，经义也。宋皆用之，互相褒贬，而以时兴废。夫此三者，略而言之，经义尚矣。策问者，有所利用于天下者也。诗赋者，无所利用于天下者也。则策问之贤于诗赋，宜其远矣。乃若精而求之，要归而究之，推以古先圣王涵泳之仁、濯磨之义，则抑有说焉。

【译文】

科举考试士人的科目有三种，这就是诗赋、策问、经义。宋代三种科目都用，对三种科目各有褒贬，而根据时势或用或废。这三者，简略地说，经义最为尊高；策问，是对天下事务有所利用的；诗赋，对天下则是无所利用的。那么策问优于诗赋，应该是远远高出的。但要精细地考察它，从它的要点和目的来考究它，再用古先圣王所涵泳的仁、所琢磨的义来推论，则中间还有事情需要论说。

【正文】

经义之制，自唐明经科之帖经始。帖经者，徒取其记诵，则其待士者已末矣。引而伸之，使演其精意，而著为经义，道之所以明，治之所以定，皆于此乎取之。抑使天下之士，成童以后，日䌷绎于先圣之遗书，以厌饫于道腴，而匡其不轨。故曰经义尚矣。然而不保其不敝者，习之斯玩之，玩之斯侮之，以仁义中正之格言，为弋利掠名之捷径。而支离者旁出于邪，疲茸者偷安于鄙，雕绘者巧乱其真，拘挛者法伤其气，皆所谓侮圣人之言者也。则明经而经以晦，尊经而经以亵，末流之所必趋，纠之以法，而法愈以锢人之心。是其为弊也，已弊而后知之，未弊之前，弊伏而不觉。故君子不能豫度士风之日偷，而废之于先。

【译文】

考经义的制度，始于唐代明经科的帖经。帖经，只是考试士人对经书的记诵，那么以这种方法对待士人已是末节了。引而伸之，使士人推演经书中的精意，而撰成经义，大道的所以阐明，治国方策的所以确定，都取之于此。还使天下的士人在童年之后，每天对先圣遗书的内容进行抽绎，来使他们满足于道义的丰富内容，而匡正他们的不正。所以说经义是最尊高的。然而不能保证它没有弊端，学习经书于是就会狎玩经书，狎玩经书于是就会轻侮经书，拿经书中仁义中正的格言，作为弋取功利、获得声名的捷径。而支离破碎的人会向旁侧走上邪路，疲沓无能的人会在鄙陋中偷安，雕琢工巧的人会以巧扰乱经义的真理，拘泥死板的人会损伤经书的精神，这都是所谓侮辱圣人之言的人。那么明经科目的考试会使经义变得晦涩，尊重经书而使经书受到亵渎，末流的人必定会走上这样的方向，用法度来纠正他们，而法度更加禁锢人心。这是它的弊端，在出现了弊端之后才能知道，未出现弊端之前，弊端隐伏着不能察觉。所以君子不能预先估计到士人风气的日益苟且浅薄，而在事前就废除它。

【正文】

而弊之显著于初者，莫诗赋若也。道所不谋，唯求工于音响；治所勿问，袛巧绘其莺花。其为无所利用于天下也，夫人而知之，夫人而能言之，则固不得与策问争长矣。策问之兴，自汉策贤良始。董仲舒《天人之对》[①]，历数千年而见为不刊。嗣起者，竞起以陈当世之务，为得为失，为利为病，为正为邪，为安为危，人百其言，言百其指，以争效之于天子。天子所求于士以共理天下者，正在于斯。以视取青妃白之章[②]，不亦远乎！然为此说者，抑未体乎先王陶淑之深心，以养士习，定国是，知永终之敝，而调之于早者也。

【注释】

① 董仲舒（前179—前104）：广川（今河北枣强）人。汉景帝时任博士，讲授《公羊春秋》。《天人之对》，指汉武帝元光元年（前134），下诏征求治国方略，提出“何行而可以彰先帝之洪业，上参尧、舜，下配三王？”董仲舒奏上三篇策论回答这些问题，首篇专谈“天人”，故称“天人三策”。主要观点是罢黜百家、独尊儒术、天下大一统以及天人感应等。后董仲舒先后任江都王国相、胶西王国相，后辞职回家，朝廷每有大议，令使者及廷尉就其家问之。

② 取青妃白：指诗词的对偶。以青对白、以天对地之类。

【译文】

而弊端在一开始就很显著的科目，没有哪一科像诗赋这样。并不谋求道的义理，只求在声音格律上工巧；治国的事不去过问，只求工巧地描绘花鸟。这一科目对于天下没有用处，是人都知道，是人都能说出，那它本来就不能与策问争长短了。策问一科的兴起，自汉代策贤良开始。董仲舒的《天人之对》，经历了数千年而被视为不刊之论。后来继起的，竞相起来论说当世的事务，事务的为得为失、为利为病、为正为邪、为安为危，人们有成百种的说法，言论中有成百种的意旨，争着向天子奉献。天子向士人要求共同治理天下的目的，正在于此。拿来与讲究对偶辞藻的诗赋相比，不也远远超过他们吗！但是倡导这一说法的人，还是没有体会到先王陶冶士人使之变善的深刻用心，用策问来培养士人的风气，确定国家的大政，知道影响长久至终的弊端，而要尽早加以调整。

【正文】

夫先王之造士，岂不欲人抒其规画以赞政纪哉？乃汉之始策贤良也，服官之后，品行已征，成绩已著，三公二千石共保其为醇笃之儒[①]，而后策之。始进之士，固不以此为干禄之径，而自献以言，夫亦有深意存矣。道莫乱于多歧，政莫紊于争讼，士莫恶于揣摩天下之形势而思以售其所欲为。夫苟以策问进之，则士皆于策问习之。陈言不适于时，则倚先圣以护其迂，邪说不准于理，则援往事以文其悖。足未越乎闾门，而妄计九州之盈诎；身未试乎壁垒，而辄争一线之安危。于是诡遇之小夫，心胥史之心，学幕宾之学，依附公门以察其条教，窥探时局以肆其褒讥。人希范、蔡之相倾[②]，俗竞仪、秦之互辩，而淳庞简静之休风，斩焉尽矣。其用也，究以无裨于用也；其利也，乃以成其害也。言诡于下，听荧于上，而民不偷、国不仆者，未之有也。

【注释】

① 二千石：汉代官职等级的一种称呼，即郡守（太守）的通称。石是中国古代的容量单位，十斗为一石，汉代郡守的俸禄为二千石，故称郡守为二千石。汉代官员的俸禄最高为一万石，其次是中二千石、真二千石、二千石、比二千石。

② 范、蔡：指范雎、蔡泽，范雎（？—前255），战国时魏国人，同商鞅、张仪、李斯先后任秦国丞相。出使齐国，为魏中大夫须贾羞辱，后辗转入秦，出任秦相，辅佐秦昭王。提出“远交近攻”。蔡泽：生卒不详，战国时燕国纲成（今河北怀安）人，善辩多智，游说诸侯，

入秦使范雎甘拜下风，让位于他，成为秦昭王的丞相，居秦十余年，事秦昭王、孝文王、庄襄王及始皇帝。

【译文】

先王培养士人，难道不想人人抒发自己的规划来协助国家政治及其纪纲吗？所以汉代开始策问贤良，是在任官以后，品行已经得到证实，成绩已经显著，三公、二千石等高官共同保证他是一个淳厚笃实的儒家学者，而后才来策问他。开始进用的士人，本来就是以此作为求得官禄的途径，而自己向君主献上策论，也是含有深意的。大道的最大混乱是出现了多种歧说，政事的最大紊乱是出现了争论，士人最坏的就是揣摩天下的形势而想使他想做的事得逞。如果用策问的途径进用他，那么士人都会来学习策问。所说的言论不适合于当时，就会倚重先圣的话语来庇护他的迂曲；邪说不合乎道理，就会援引往事来文饰他的悖理。脚没有迈出街巷的门，就狂妄地谋划九州的盈屈得失；身体没有在壁垒中亲自作过战，就来争论前线的安危。于是以不正之道求得赏识的小人，其心如同小官吏的心一样，学习当幕僚宾客的学问，依附在高官之门以窥察高官的执政措施，窥探时局的变化来放肆地加以褒贬。人人都想学范雎、蔡泽的相互倾轧，风俗竞相推崇张仪、苏秦那样善辩，而淳厚宏大、简约安静的美好风气，就被斩杀殆尽了。其作用，终究是无助于国家的实用；其利益，反而成了危害。在下的言论诡诈，在上的人受到迷惑，这样局势形成之后，民不苟且浅薄、国家不仆倒灭亡，是不会有的。

【正文】

且夫诗赋，则亦有所自来矣。先王之教士而升以政也，岂不欲规之使圆，削之使方，檠之使必正，束之使必驯，无言而非可用，无动而非可法，俾皆庄肃如神，乾惕如战[①]，勤敏如疾风，纤密如丝雨，以与天下相临，而弘济艰难哉？然而先王无事此也。幼而舞勺矣[②]，已而舞象矣[③]，已而安弦操缦矣[④]。及其成也，宾之于饮，观之于射，旅之于语，泮涣夷犹，若将远于事情，而不循乎匡直之教。夫岂无道而处此？以为人之乐于为善而足以长人者，唯其清和之志气而已矣。不使察乎天下之利，则不导以自利之私；不使揣于天下之变，则不动其机变之巧；不使讦夫天下之慝，则无余慝之伏于心；不使测夫天下之情，则无私情之吝于己。荡而涤之，不以鄙陋愁其心，泳而游之，不以纷拏鼓其气。养其未有用之心，为有用之图，则用之也大，矜其无可尚之志，为所尚之道，则其所尚也贞。咏歌忾叹于人情物态之中，挥斥流俗以游神于清虚和畅之宇。其贤者，进于道，而以容四海、宥万民、而有余裕，不肖者，亦敛戢其乔野鸷攫之情，而不操人世之短长，以生事而贼民。盖诗赋者，此意犹存焉。虽或沉溺于风云月露之间，茫然于治理，而岂掉片舌、舞寸管，以倒是非、乱纲纪，贻宗社生民之害于无已哉？

【注释】

① 乾惕：《周易·乾卦》九三爻辞："君子终日乾乾，夕惕若。"意谓君子整日保持惕惧谨慎之心。如战：《周易·说卦》："帝出乎震，齐乎巽，相见乎离，致役乎坤，说言乎兑，战乎乾，劳乎坎，成言乎艮。"战乎乾，指阴阳相战于乾。

② 舞勺：古代儿童学习文舞。《礼记·内则》："十有三年，学乐、诵诗、舞勺。成童，舞象、学射御。"

③ 舞象：指武舞。郑玄注："先学勺，后学象，文武之次也。"勺，用干戈的小舞。舞勺舞象，指学习舞蹈。

④ 安弦操缦：出自《礼记·学记》："不学操缦，不能安弦。"操缦指抚弄琴弦，经反复练习才能熟悉琴弦，这叫安弦。此指学习音乐。

【译文】

而且考诗赋，也是有它的来由的。先王教导士人而进用他来治理政事，难道不想教育他们懂得方圆，矫正他们使之一定正直，约束他们使之一定驯服，没有哪句话不能用，没有哪个行动不可效法，使他们全都庄重恭敬如面对神灵一样，整日惕惧如阴阳相互交战一样，勤敏如疾风，纤密如丝雨，以此来面对天下，而度过艰难吗？然而先王并不这样做。在年幼的时候就教他们舞勺，再长大一些，就学习舞象，此后又要学习弹琴。等他成人了，就要学习接待宾客的饮礼，学习射礼，外出时学习与人交谈，逐渐养成无拘无束、从容不迫的风度，好像远离了实事事务，而没有遵循匡救使之正直的教化。难道没有道义来做这些事吗？先王认为人乐于为善而足以使人成长的，只有他的清和的志气而已。不让他们察辨天下的物利，就不会引导他们自利的私心；不让他们揣摩天下的变化，就不会触动他们的用于机变的弄巧之心；不让他们攻击天下的邪恶，就不会有余恶藏匿于他们的心中；不让他们估测天下人的心情，就没有私情让自己吝惜。荡涤掉这些私心、私情等，不让鄙陋污染他们的心；让他们在舞蹈和音乐中沉浸涵泳，不让纷扰杂乱鼓动扰乱他们的意气。培养他们未有用的心，以求将来有用，那么将来的用就会宏大；矜持自重他们无所向往的志气，养成对道的向往，那么他们的向往就会贞正。在人情物态中加以歌咏慨叹，挥斥掉流俗习气而让精神游往在清虚和畅的世界。其中的贤者，向着大道进步，而让他们包容四海、宽容万民就会有余裕；他们之中不够贤明的人，也收敛了他们无赖野蛮、凶狠不驯的感情，而不操弄人世间的飞短流长，来惹是生非而祸害民众。大致来说，诗赋这种东西，其中还保存着先王的这种用意。虽然有人沉溺于风云月露之间，茫然于治国之道，但难道会因玩弄口舌、舞动笔管而颠倒是非、扰乱纲纪、将永远把祸害留给宗庙、社稷和民众吗？

【正文】

繇此言之，诗赋之视经义弗若也而贤于策问多矣。范希文奋起以改旧制，于是而浮薄之士，争起而习为揣摩。苏洵以孙、吴逞，王安石以申、商鸣，皆持之以进；而为之和者，实繁有徒，以裂宋之纲维而速坠。希文之过，不可辞矣。若乃执政之党人，摘策问之短，为之辞曰："诗赋声病易考，策论汗漫难知。"此则卑陋已极，适足资希文之一笑而已。

【译文】

由此而言，可知诗赋虽然比不上经义但却远远好于策问。范仲淹奋身而起来改正以前科举中考试诗赋的制度，于是浮华浅薄的士人，争相而起来学习揣摩。苏洵以孙子、吴起的学说得逞，王安石以申不害、商鞅的学说发表政见，都拿着这类邪说得到进用；而为他们唱和的人，也大有人在，以此破坏了宋朝的纲维而迅速地坠亡。范仲淹的过失，是不可推辞的了。至于有些执政的党人，指摘策问的短处，为此而提出说法："诗赋声韵方面的毛病易于考察，而策论的汗漫迂腐则难以知晓。"这就是卑陋至极的说法，只能供范仲淹付之一笑而已。

【评析】

现代人们所欣赏的唐诗宋词，都与当时的科举有着密切关系。但这不是真正的学术，只是一种文字游戏，所以尊崇学术的人们都不看重诗赋，认为考试要引导人们重视经义的研究，而不玩弄华丽的辞藻。因为经义中可以考察治国之道，而诗赋却对治国没有什么用处。

对官员的纠察

【题解】

吏治中最重要的事情就是对官员的纠察，所以古时一直设有御史之官，其他官员也可对他所认为行为不当的官员提出批评，上书向皇帝报告。这样的纠察，应该说可以起到对官员的监督作用，但王夫之认为人们在纠察当中所发的言论并不一定都是正确的，所以他对这个问题做了分析。

【正文】

上书纠察之言，有直，有佞，有奸。是天下之公是，非天下之公非，昌言而无讳者，直也。迎时之所是而是之，不顾其非，迎时之所非而非之，不恤其是，曲言而善辩者，佞也。是天下之公非，非天下之公是，大言以胁上者，奸也。要其所言者，必明察其短长。或以为病国，或以为罔上，或以为侵权，或以为废事，引国计之濒危，指登进之失序，自言妨忌者何人，直摘失谋者何事，乃以是其所是，非其所非。虽佞且奸，亦托之爱君忧国之直，而不避怨以相攻击，则人君为其所动也，亦有繇矣。

【译文】

上书纠察的言论，有直，有佞，有奸。赞成天下公认的正确，反对天下公认的不对，直言而无讳，这是直。迎合当时认为正确的而赞成它，不顾它的不正确；迎合当时认为不正确的而反对它，不体谅它的正确，为此而曲解善辩的，这是佞。赞成天下公认的错误，反对天下公认的正确，夸大其言来威胁君主的，这是奸。概括地看这些言论，必须明察它们的长短，有的是用言论害国，有的是用言论欺上，有的是用言论侵权，有的是用言论废事，引导国家大计濒于危险，指责官员的升进失去次序，自称的妨害或忌恨者是什么人？直接指责为失谋的又是什么事？因此就赞成他所认为正确的，反对他所认为错误的。虽然他的言论既佞又奸，但也依托为爱君忧国的正直，而不避怨恨来相互攻击，那么人君被他打动，也是有缘由的了。

【正文】

乃三者之外，有妖言焉。非徒佞也，非徒奸也，托之于直，以毁伤人之素履，言一发而无可避、无可辩也。若是者，于草为堇[①]，于虫为蜮[②]，于鸟为鸡鹏[③]，于兽为狐。风一倡，而所号为君子者，亦用其术以加之小人，而不知其不可为也。则其为妖也，不可辞矣。凡为此言者，其大端有四：曰谋为叛逆，曰诅咒诽谤，曰内行不修，曰暗通贿赂。呜呼！使直不疑、陈平不遇明主[④]，则废锢终身；狄仁杰非有天幸[⑤]，则族灭久矣。不幸而为其所惑也，君以杀其体国之臣，父以杀其克家之子，史氏且存其说，以污君子于盖棺之后。自春秋以来，历汉、唐而不绝，犹妖鸟蠥狐之不绝于林莽也[⑥]，而宋为甚。王拱辰之以陷苏舜钦摇杜衍也[⑦]，丁谓之以陷寇准也，夏竦之以陷石介及富弼也，蒋之奇之以陷欧阳修也[⑧]，章惇、苏轼之以互相陷也，莫非妖也。加之以“无将”之辟，则曰密谋而人不觉。污之以帷薄之愆，则曰匿丑而迹不宣。喧之以诽谤，则文字皆索瘢之资。讦之以关通，则礼际亦行私之迹。辱之以赃私，则酒浆亦暮夜之投。人所不能言者言之矣，人所不敢言者言之矣，人所不忍言者言之矣。于国计无与也，于官箴无与也，于民瘼无与也，于吏治无与也。大则施以覆载之不容，细亦被以面目之有靦。倾耳以听道路之言，而藏身托于风闻之误。事已白，而自谓责备之严；事无征，而犹矜诛意之效。无所触而兴，是怪鸟之啼于坐隅也。随其影而射，是蠥虫之藏于深渊也。虽有曲谨之士，无得而防；虽有善辩之口，无从而折。昏霾起而眉目不辨；疫厉兴而沿染无方，亦且终无如之何矣。

【注释】

① 堇（jǐn）：多年生草本植物，果实为中药，俗称乌头，有毒。

② 蜮（yù）：传说在水里暗中害人的怪物。

③ 鵩（fú）：古代传说不吉祥的鸟，形似猫头鹰。

④ 直不疑：生卒不详，南阳（今河南南阳）人。汉文帝时任郎官、太中大夫。曾被人诬陷说与嫂子私通，直不疑平静回答："我没有兄长。"不多加辩解。吴楚七国之乱，直不疑参与平叛。景帝时为御史大夫，汉武帝时，免官。陈平（？—前178）：阳武（今河南原阳）人。初在项羽手下，后由魏无知推荐，投奔刘邦，刘邦任命为都尉，命他监护三军将校，引起将领不满，说他曾与嫂子私通，又昧金受贿赂等。刘邦质问他："你原来在魏王手下，后离开魏王投奔楚霸王，现在又来投奔我，让别人怀疑你的信义。"陈平说："魏王和霸王都不信任我，所以才来归附大王。我到这里，什么都没有，才接受人家的礼物。如果大王听信谗言，不信任我，我收的礼物可以全部交出来，请大王让我回家，老死故乡。"打消了刘邦的疑虑，升护军中尉，专门监督诸将。此后陈平"六出奇计"，助刘邦夺取天下。汉文帝时，任右丞相、左丞相。

⑤ 狄仁杰（630—700）：并州太原（今山西太原）人。唐代以明经中举，历任并州都督府法曹、大理丞、侍御史、豫州刺史，武则天称帝，任地官（户部）侍郎、同凤阁鸾台平章事，为武则天时的宰相。长寿二年（693），则天之侄武承嗣想让则天立他为太子，惧狄仁杰反对，于是勾结来俊臣等人诬告狄仁杰谋反，逮捕下狱。按当时法律，一经逮捕就承认谋反者可减免死刑，于是狄仁杰承认谋反，得以不死，又利用机会书写冤书送给家人，向武则天鸣冤。武则天弄清情况，释放狄仁杰，贬为彭泽令。此即王夫之所说天助的幸运。后狄仁杰又恢复相位。

⑥ 蠥（niè）：同"孽"，草木之怪谓之妖，禽兽虫蝗之怪谓之蠥。狐：

古人认为狐能成精为妖，或变为人形以迷惑人。

⑦ 王拱辰（1012—1085）：开封咸平（今河南通许）人。仁宗天圣八年（1030）进士，任通判怀州、监铁判官、御史中丞、武汝军节度使等。论事强直，因逐王益柔、苏舜钦以倾范仲淹，受到公议的鄙视。

⑧ 蒋之奇（1031—1104）：常州宜兴（今江苏宜兴）人。嘉祐二年（1057）进士，后为太常博士、监察御史、殿中御史，徽宗崇宁元年（1102），知枢密院事。欧阳修（1007—1073）：吉安永丰（今江西永丰）人，仁宗天圣八年（1030）进士，任西京留守推官、夷陵县令、馆阁校勘、知谏院、右正言、知制诰。范仲淹、韩琦推行庆历新政，欧阳修积极参与。范、韩被贬，修亦贬滁州太守。嘉祐年间，以龙图阁学士知开封府，后升枢密副使、参知政事、刑部尚书、兵部尚书。

【译文】

在这三者之外，还有一种妖言。所谓的妖言不只是佞，不只是奸，假托为正直，来诋毁人家平常的行为，这种言论一旦说出，被指责的人就无可回避、不能辩解。像这样的，在草就是堇，在虫就是蜮，在鸟就是鹏，在兽就是狐。这种风气一旦有人提倡，而号称为君子的人，就也要使用这种方法来对付小人，而不知这是不能做的事。那么它作为妖，也是推辞不了的。凡是说这种妖言的人，其大端有四种：说人家是阴谋叛逆，说人家是诅咒诽谤，说人家的私行丑恶，说人家暗中进行贿赂。呜呼！假使直不疑、陈平没有遇到贤明的君主，就会因为有这种言论而被废锢终身了；狄仁杰如果不是有天助的幸运，也会因有这种言论而诛灭全族很久了。不幸而被这种妖言迷惑，君主就会杀掉他的为国忠心耿耿的大臣，父亲就会杀掉他那能继承家业的儿子，史家还保存这种妖言，来污蔑君子在盖棺之后。自春秋以来，这种情况经过了汉、唐而没有断绝，好像妖鸟孽狐在森林中不曾灭绝一样，而在宋代这种情况尤其严重。王拱辰诬陷苏舜钦来打击杜衍，丁谓诬陷寇准，夏竦诬陷石介及富弼，蒋之奇诬陷欧阳修，章惇、苏轼互相诬陷，没有哪个不是妖言。再加上对“存心谋反”罪的惩处，那么就会有人诬告说某人密谋而没有人发觉。还会有人污蔑某人在家室之内的丑行，就会诬告说是藏匿丑行而行迹没有暴露。还有人喧哗着要诽谤别人，那么被诽谤者所写的作品就都会成为从中寻找毛病的资料。有人想攻击别人走门路，那么被攻击者与人礼节上的来往也会说成与人勾结徇私的行为。有人想诬蔑别人进行贿赂，那么被诬蔑者与别人通常的吃饭饮酒也会说成是暗夜的奉送贿赂。于是人们不能说的就都会说出来，人们不敢说的也都会说出来了，人们不忍心说的也都会说出来了。所说的这些事与国家大政没有关系，与做官的准则没有关系，与民生疾苦没有关系，与吏治没有关系。大的就说成是天地所不容，小的也会让人家的脸面羞愧。倾着耳朵来听道路上的流言，藏起身来托言说是误听了传言。事情已经大白，还自称说是对人的严格要求；事情没有证据，还自矜地说是诛讨人家有这种意图。没有什么触动就发出叫声，这是怪鸟在角落里啼叫。在水中对着人们的身影而射出毒沙，这就像孽虫藏在深渊中害人。虽然有谨慎小心的人，也无法防范这种妖言的攻击；虽然有善辩的嘴，也无从加以驳斥。昏暗的阴霾降临后就让人无法辨清眉目；瘴疠出现后就会无处不被污染，也将最终无法对付这种妖言了。

【正文】

呜呼！苟有明君，亦岂必其难辨哉？天下方定，大位有归，怀逆何望也？君不杀谏臣，士不惜直言，诽谤何为也？既以登朝，谁能拒戚畹近信而弗与接也？时方暇豫，谁能谢燕游欢笑而无所费也？至于宗族有谗人，而小缺在寝门，则闲言起。婢妾有怨望，而嫌疑在欬笑，则丑诋宣。明主相信以素履，相知以大节，度以势之所屈，揆以理之所无；则密陈之而知其非忠，斥言之而知其非直，面相质讦，而知君子之自爱，且代为之惭，而耻与之争。若夫人之为贤为奸，当其举之于乡，升之于朝，进而与之谋国；独契之知，众论之定，已非一日；何待怨隙开而攻击逞，乃俟宵人之吹索而始知哉？而优柔之主，无救日之弓以射妖鸟，则和颜以听，使尽其词。辱朝廷羞当世之士，既已成乎风气。于是自命为君子人者，亦倒用其术以相禁制。妖气所薰，无物不靡，岂徒政之所繇乱哉？人心波沸，而正直忠厚之风斩焉。斯亦有心者所可为之痛哭矣！

【译文】

呜呼！如果有贤明的君主，也难道一定对此难以分辨吗？天下已经安定之后，皇位有了归属，人们谋反还想得到什么呢？君主不杀进谏之臣，士人不怕直言会有危险，再要进行诽谤又是为了什么呢？既已成为朝廷的官员，谁能拒绝亲戚、同乡亲近之人而不与他们来往呢？时世正是太平，谁能谢绝游玩宴会的欢笑而没有一些消费呢？至于宗族中有进谗言的人，在家内有一些小缺点，那么就会引起闲言碎语。婢妾等人有了怨恨，在咳叹笑语之中就会产生嫌疑，于是就会引起丑话和诋毁。贤明的君主相信某人一向的言行，在大节上对他有所了解，估计到所诬告的事情在事实上是不成立的，考虑到所诬告的事情在道理上是不会有的；那么有人秘密陈说此事就知道他是不忠的，有人斥责此事就知道他是没道理的，当面质问这种诬告，而知道君子之人是自爱的，并且代为诬告之人感到惭愧，而耻于与诬告之人争辩。至于某人是贤是奸，当他从乡里被举荐出来，升任到朝廷，又进用到要职而与他谋划国事时，君主与他志趣相投而有了独到的了解，众人对此人的评价也已经确定，这也不是一天所能形成的；哪里要等别人对他有了仇怨而加以攻击后，等着小人出来对他吹毛求疵后才能了解此人呢？而优柔寡断的君主，没有救太阳的弓来射落妖鸟，就和颜悦色地倾听此类诬告，让人说完他的话。这对于朝廷和当世之士就形成了羞辱，已经成了风气。于是自命为君子的人，也反过来用这种方法来禁制小人。妖气的影响，没有什么不被它风靡，哪里只是国政为之紊乱呢？人心如波浪般起伏，而正直忠厚的风气就被摧毁了。这也是有心之人可为之痛哭的局面了！

【正文】

王曾舍丁谓之大罪，而以山陵水石诬其有不轨之心。唐介所称“真御史”也，张尧佐之进用[①]，除拟出自中书，责文彦博自有国体，乃以灯笼锦进奉贵妃，诋诃之于大廷[②]。曾言既用，谓虽殛而罪不昭。介贬虽行，彦博亦缘之而罢相。然则仁宗所终始乐闻者，以暧昧之罪加人。而曾与介身为君子，亦利用妖人之术，行辛螫以快其心。风气狂兴，莫之能止。乃至勒为成书，如《碧云騢》诸录[③]，流传后世，为怪诞之嚆矢。是非之外有毁誉，法纪之外有刑赏。中于人主之心，则淫刑以逞；中于士大夫之心，则机械日张。风俗之恶，一邑一乡之中，狂澜亦日兴而不已。有忧世之心者，且勿以奸佞为防，而急正妖言之辟，庶有瘳与！

【注释】

① 张尧佐：生卒不详。河南永安（今河南巩义）人。堂弟张尧封的二女儿是温成皇后，故他是温成皇后的伯父。举进士，任宪州、筠州推官，知把水、犀浦等县，任户部侍郎、兼淮康军节度使、群牧制置使、宣徽南院使、兵部郎中、三司使等。尧佐出身寒士，处世小心谨慎，通晓吏治，因是外戚而被任用，地位显赫，但贪恋恩宠，被世人鄙视。

② 唐介弹劾文彦博：唐介为殿中侍御史，因张尧佐短时间内被任命为宣徽、节度、景灵、群牧四使，唐介与包拯、吴奎等人都加以批评，故仅任命为二使，后又任命为宣徽使、知河阳。唐介再次上言批评，仁宗说："对张的任命出自中书。"唐介于是弹劾宰相文彦博，说他以前在蜀造间金奇锦（即王夫之说的灯笼锦），通过宦官送给内宫，由此得以入朝为宰相，请罢职而以富弼为相。仁宗大怒，同时召见文彦博和唐介等人，唐介斥责文彦博说："彦博宜自省，即有之，不可隐。"彦博拜谢不已，仁宗怒甚，把唐介贬为春州别驾，同时罢了文彦博的宰相。由此唐介直声动天下，士大夫称为"真御史"。

③《碧云騢》诸录：騢（xiá）又写作"霞"。此书宋魏泰作，托名梅尧臣作。其书前有短序，说真宗刘太后在仁宗即位初期垂帘听政时，西域献上一种名马，口旁有碧纹如云霞，称为"碧云霞"。但马身上有旋毛，世人以为丑，刘太后则以旋毛为贵。序中说："虽贵，病可去

乎？噫吁哉！”用此马作为书名，是指一些名人虽然位高名重，但也有一些令人不齿的行为，汇集为一书，因此称为《碧云騢》。其中记载了文彦博通过张贵妃而让仁宗知道自己，很快成为宰相的事情。

【译文】

王曾舍弃了丁谓的大罪，而用改变真宗陵墓地址出现水石的事情诬告他有不正的心思。唐介是被人称为“真御史”的，张尧佐的进用，任命出自中书，唐介要责备文彦博，自有国家的根本制度，却拿文彦博送灯笼锦给贵妃的事来谴责他，在朝廷上当着皇帝的面斥责文彦博。王曾的言论既被仁宗采纳，丁谓虽被惩罚，但他的大罪并没有被揭发出来。唐介虽然被贬，文彦博也因此而被罢相。这样看来，仁宗所始终乐于听到的，是用暧昧不清的罪名加在人们的头上。而王曾与唐介身为君子之人，也利用妖人的方法，施行对别人的螫毒而使自己快意。这种风气大为兴盛，无人能加以制止。乃至于编写成书，如《碧云騢》等书，流传到后世，成为怪诞言论的开端。在是非之外又有诋毁和赞誉，在法纪之外又有奖惩。合乎君主的心意，那么过分的刑罚就得逞了；合乎士大夫的心意，那么各种机巧手段就日益嚣张了。风俗的恶化，在一邑一乡之中，狂澜也就一天天地扩大而不止。有忧世之心的人，且不要只知防备奸佞之人，紧急纠正妖言的邪僻，才差不多会能治愈风俗的恶劣倾向吧！

【评析】

御史纠察，这是制度，但怎样落实和实施这种制度来纠察监督官员的行为，则不一定完全与设立这种制度的愿望相符，关键要看应用这种制度的人的素质怎样。真正按照儒家经义中所论的治国之道来对官员进行纠察的人，会发出合乎正直之道的监督言论，否则就会使人们利用纠察制度来搞人身攻击，由此就会发出不合乎正道的言论，甚至是邪恶的言论，这样一来，纠察制度也起不到应有的作用，反而会成为某些人手中诬陷他人的工具。所以无论什么事都不能只看制度层面的问题，更应看看制度执行过程中的人们是怎样说话做事的。

论英宗

【题解】

宋英宗赵曙（1032—1067），北宋第五任皇帝，1063至1067年在位。原名宗实，后改名赵曙，太宗的曾孙，濮王之子。仁宗无子，英宗幼年被接入皇宫抚养，后立为太子继承帝位，年号为治平。在位期间，任用外相韩琦等人，与辽国和西夏没有发生战争。

史上对英宗的评价很高，可惜在位时间太短，没有时间实现自己的理想。王夫之对这一时期的评论只有两条，一是韩琦迫使曹太后停止垂帘听政，之后就及时而有力地把任守忠贬斥到外地，处罚得非常果断及时，显示了韩琦的政治才干；一是关于濮王的争议，这是英宗期间的大事，在当时引起朝廷大臣们的诸多争论，后来在明代也有重大影响，所以王夫之也专门对此加以评论。

韩琦是王夫之最为欣赏的宋代大臣，最重要的是王夫之认为韩琦做到了大臣之道。韩琦作为合格的大臣，对应做的事，就敢于担当。当时，“人主长矣，而母后之帘不撤；宵小持其长短，谤谮繁兴，以惑女主，而英宗之操纵，在其掌中”。在这种情况下，不但张昇、曾公亮、赵概等人不能分任其死生，即使是文彦博、富弼二公，在直方刚大之气方面也有不足。而韩琦一个人就敢于向曹皇后提出应该还政英宗，当曹皇后稍有表示，韩琦就“如震雷之迅发，叱殿司以速撤”，办成这样的大事，只是靠着“孤忠托先君之灵爽”，而不假众人的“片言之赞助”。之后又“坐政事堂，召任守忠，斥其恶而速驱以就窜”。所以王夫之感叹说：“呜呼！以如此事，而咨谋于庶尹，会议于堂皇，腾书于章奏，求其事之不偾也几何哉？”对比之下，明代的刘瑾，不过是一个“导淫之小竖耳，非有荧惑宫闱、动摇神器之危机也。韩文倡之，李梦阳成之，九卿随声而和之，刘、谢居中而应之，李东阳、王鏊俯仰其间，亦非素结瑾以徼荣者，而参差互持，竟以空朝廷而长宵人之气”。这么多的大臣最终没有处置了刘瑾，反而被刘瑾一一清除，使整个朝廷为之一空，而小人大长志气，可见这些大臣就比韩琦差远了。而韩琦面临的是“任守忠所挟者，垂帘之母后，所欲动摇者，入继之嗣君，则天位危，而顾命大臣之窜死，在俄顷间”。情况就比明代大臣处理刘瑾时严重多了，而“韩公之独任于己也，其志之贞，盟于梦寐，其道之正，积于生平，其情之定，忘乎生死，其力之大，发以精神”。这样的大臣，正符合《周易》说的：“或从王事，知光大也。”知光大者，“独行而无所恤，乃可以从王事，臣道之极致也”。所以王夫之说能真正做到大臣之道的人，在三代以后，“唯韩魏公而已矣”，这个评价可以压倒数千年中的无数大臣。

对于濮王典礼的争论，诸多学者和大臣都有自己的看法，王夫之认为在这个问题上集合了“古今之公论”。如果“粗而论之，亦易辨矣”，但要“精而论之，言必有所衷，道必有所察，彝伦不容以毫发差，名义不可以形似袭，未易易也”。因此他就提出了非常精细的分析，主要观点是说人伦关系中有天下相同的道理，也有各人心情的不同，这两方面都要考虑到，才能把这个问题完善解决。也就是说，要把天下的公理和人心协调起来，理不合乎人心，也不是好的理。天下公理不容怀疑的，是亲其亲、长其长，但是亲其亲，只是一个空洞的说法，落实到每个具体的人身上，它就变成了各亲其亲，而不是以天下之所必亲而亲之。王夫之指出，这是“名同而实异，道同而德异，义理同而性情异”，所以不能“执彼以概此”，否则就会“辩愈繁而心愈离”，因此必须针对每个人的具体情况仔细分析，要求达到“精义以悦心”的程度，才能让当事者接受别人的意见，这就是事情难以定论的原因所在。

王夫之分析了司马光、欧阳修及王珪等人的论点，分别指出了他们说法中的不足之处。最终他站在英宗本人的立场上体谅他的心情，认为在濮王去世时，英宗还没有继位成为天子，他作为濮王的儿子，曾经为父亲执三年之丧，所以人们主张他应“未为天子而父之，已为天子而不父”，就让他不能接受，也就是说，不能因为自己当了皇帝就不认自己的亲生父亲，这不合乎人的真实感情。王夫之认为造成这一状况的原因在仁宗那里："此则仁宗之过也。"仁宗把英宗收进宫中养育了二十五年，而不早正皇子之名，另为濮王立后，以定其世系。结果是"仁宗一犹豫，而授英宗以两不自胜之情"。当时大臣们无论如何争论，都没有做到"研义以极其精"，大家都是"孤持一义，不研诸虑以悦诸心"，从而使英宗不能"存仁以无所憾"。这也说明人们在争论问题时往往不能切实地贴合实际情况，只是从空洞的理论出发，空谈而高论，却不能真正解决问题。

大臣怎样用人

【题解】

君主有用人的问题，大臣也有用人的问题。此篇赞赏了韩琦的用人之道，核心是集中众人的智慧，不要事事都只按照自己的主意，成功之后也不要揽功，能这样做的大臣才是最贤明的大臣，是君主最好的助手，对治国理政和历史发展，才会有正面的作用。

【正文】

集思广益，而功不必自己立，大臣之道也。而抑有不尽然者，非光大宅心而忠忱不渝者，其孰能知之？夫博访于前，以尽人之才；分功于后，以奖人之善；是道也，则亦唯其当而已矣。用人则采公论，而后断之以其真；其合者，则曰此众之所允惬者也。行政则访群议，而后析之以其理；其得者，则曰此众之所襄成者也。此其所当者也。若夫宗社之所以安，大臣之所以定，奸邪窥伺于旁，主心疑贰于上，事机决于俄顷，祸福分于毫厘，则疏远之臣民，既非其所深喻；即同朝共事，无敢立异而愿赞其成者，或才有余而志不定，或志可任而才不能胜。徒取其志，则清谨自矜之士，临之而难折群疑；抑取其才，则妄兴徼利之人，乘之而倒持魁柄。如是者，离人而任独，非为擅也。知之已明，审之已定，握之于幽微之存主；而其发也，如江、河之决，不求助于细流。是道也，伊、周之所以靖商、周，慎守其独知，而震行无眚，夫孰得而与之哉？三代以还，能此者，唯韩魏公而已矣。

【译文】

集思广益，而事情的成功不必由自己建立，这是大臣之道。但还有不尽然的情况，如果不是心胸光明正大而且忠诚不渝的人，有谁能懂得呢？事前进行广泛的了解，以尽人们的才能，事后把功劳分给众人，以奖励别人的长处，这种方法，也必须用得得当才行。用人就采纳公众的评价，而后根据真实情况进行裁断。那合乎人们评价的，就说这是众人认为可以的。处理政务就咨询众人议论，而后根据道理加以折中。其合乎道理的，就说这是众人共同助成的。这就是所谓的得当。至于宗庙社稷之所以平安，大臣之所以安定，奸臣在一旁窥伺，君主在上面心存疑惑，事情的时机取决于转瞬之间，祸福的区分就在毫厘之间，那么与朝廷大事疏远的臣民，既然不是深知内情，即使是同朝共事的大臣，没人敢提出异议而愿意协助事情的成功，在这种情况下，主持其事的大臣或许是才能有余而意志不稳定，或许是志气可以承担其事而才能又不能胜任。只凭着志气，那么清高谨慎自我矜持的士人，面临大事就难以裁决众人的疑虑；如果是靠才能，那么狂妄生事以求取私利的人，就会趁机反过来把权柄抓在自己手里。像这样的情况，离开众人而由自己单独承担大事，就不是擅权。对事情已经知道得非常清楚，审查得已经非常确定，掌握在幽隐不显的心中；而它的实施，就像江河的决口，不求助于细小的流水。这种方法，伊尹、周公就拿来安定了商、周，谨慎地遵守只有自己知道的方法，行动起来就震动四方而没有灾祸，谁能和他们共同从事呢？三代以来，能做到这个的，只有韩琦而已。

【正文】

霍光之敢于易位也[①]，张安世、田延年之共成之也[②]。所以然者，光于大臣之道未纯，而神志不足以充也。且其居功受赏之情，不忘于事后，则固断之以独而不可也。而韩公超然远矣。人主长矣，而母后之帘不撤；宵小持其长短，谤谮繁兴，以惑女主，而英宗之操纵，在其掌中。于斯时也，非独张昇、曾公亮、赵概之不能分任其死生[③]，即文、富二公直方刚大之气，至此而不充。故“决取何日”之言，如震雷之迅发，而叱殿司以速撤；但以孤忠托先君之灵爽，而不假片言之赞助。其坐政事堂，召任守忠，斥其恶而速驱以就窜，必不以告赵概，而制之以勿敢异同。呜呼！以如此事，而咨谋于庶尹，会议于堂皇，腾书于章奏，求其事之不偾也，几何哉？

【注释】

① 霍光易位：武帝后元二年（前87），武帝立刘弗陵为太子，霍光与金日磾、上官桀、桑弘羊等共同辅佐，武帝死后昭帝即位，上官桀及燕王刘旦、桑弘羊诬告霍光谋反，昭帝未受欺骗。上官桀等人又计划暗杀霍光，杨敞、杜延年得知消息，转告霍光。霍光遂将上官桀、桑弘羊逮捕，诛灭全族。长公主、燕王刘旦也因此自杀。昭帝无子，病逝后由霍光拥立武帝孙子刘贺即位，刘贺荒淫无道，霍光将他废黜，又立武帝曾孙刘询为汉宣帝，此后霍光执政直到病死。

② 张安世（？—前62）：杜陵（今陕西西安东南）人。以父荫为郎，汉武帝时为尚书令、光禄大夫。汉昭帝时为右将军，以辅佐有功，封富平侯。昭帝死后，他与大将军霍光谋立宣帝有功，拜大司马。田延年（？—前72）：阳陵（今山西高平西南）人。先为大将军霍光的助手，后为长史、河东太守、大司农。因修建昭帝刘弗陵墓圹，租赁民间车辆，贪污三千万钱，听到诏书来到时的鼓声，延年羞愧："我何面目入牢狱！"遂手持利刃，自刎而死。

③ 张昇（992—1077）：陕西韩城人。大中祥符八年（1015）进士，官至参知政事兼枢密使、同中书门下平章事。曾公亮（998—1078）：泉州晋江（今福建泉州）人。仁宗天圣二年进士，任知制诰、翰林学士、端明殿学士、参知政事、枢密使、同中书门下平章事等。赵概（995—1083）：虞城（今河南虞城）人。中进士后，历任集贤校理、开封府推官、知洪州、知应天府、御史中丞、枢密使、参知政事、吏部尚书。史称赵概为人宽厚，阴以利物者不少。欧阳修对赵概一向疏远，及修有狱，赵概独上章称修之罪为仇者中伤，修得脱罪，始叹服赵概为长者。

【译文】

霍光敢于换皇帝，是由张安世、田延年共同协助而成的。所以能这样，是因为霍光尚未完全懂得这种大臣之道，他的神志不足做到这种大臣之道。而且他居功受赏的心情，在事后也没有忘怀，所以本来就不可能由他一个人单独决断。而韩琦则超然远在霍光之上。人主已经长大，而母后听政的帘子不撤，宦官中的小人利用英宗与曹太后在一些事情上的不同想法，不断地制造诽谤之言，来迷惑曹太后，而对英宗的操纵，就掌握在他们的手中。在这个时候，不但张昇、曾公亮、赵概等人不能与韩琦分担死生重担，即使是文彦博、富弼二公虽然有着直方刚大之气，但到这时也不够充足了。所以他问曹太后"是在哪天决定还政"的话，就像震雷迅猛震响一样，于是他当场呵斥宦官们马上撤掉帘子；这只靠着韩琦个人的忠诚之心而托了先君的神灵，就不用再借其他人片言只语的协助了。他坐在政事堂，召来宦官任守忠，斥责他的罪恶而迅速地把他驱赶出宫，流放到远地，一定不会先向赵概通报，而是以赵概不敢有不同意见而控制了局势。呜呼！以这样的事情，要是召集众大臣进行商议，公开地会商集议，再通过章奏来回地请示，再来求事情不会失败，那会相差多少呢？

【正文】

夫韩公之坦然无惧而以为己任，非一日也。其请皇嗣也，仁宗曰："朕有此意久矣！谁可者？"斯言也，在仁宗为偶然之语，而使顾瞻愿谨者闻之，必震慄失守而不敢争。公且急请其名，以宣示中外，视神器之所归，如献酬之爵，唯所应得者而揖让以将之。此岂文、富诸公所能任？而内无可援引之后妃，下无可居间之宦寺，则即有奸邪，亦不能挟以为名而相忮害。为仁繇己，岂袭义者之所可与于斯乎[①]？无乐取人善之虚衷，不足以经庶务；无独行其志之定识，不足以任大谋。刚愎自用者，及其临事而待命于人。斗筲之器[②]，所受尽而资于瓶盎，必然之势也。

【注释】

① 袭义：《孟子·公孙丑》认为浩然正气要至大至刚，又与义与道相配，是集义所生，而不是义袭而取之的。集义是说积聚道义，义袭的“袭”是用作战的偷袭比喻，谓取之不正，偶然得之。这样的气表面看来似乎正义，实际是不正之气。此处用来说明一个人的行为是否合乎正义，是否光明正大，能否在关键时刻做出正确而重大的举动，不是靠一时的义气，而是靠平时对道义的长期积累。

② 斗筲之器：《论语·子路》：子曰“噫！斗筲之人，何足算也”。筲，是很小的容器，斗筲之器比喻没有见识的人。

【译文】

韩琦坦然无惧而把大事作为己任，这不是一天之内就能这样的。他请仁宗确定皇太子，仁宗说：“朕有立皇子的意思已经很久了！谁可以呢？”这句话，在仁宗是偶然说出来的话，但要是让瞻前顾后小心谨慎的人听到，必定胆战恐惧守不住自己的心意而不敢争论。而韩琦却急忙请仁宗说出此人的姓名，向中外宣告，把帝位的归属，视同祭祀中献酒酬谢的酒杯，只有对应该得到的人才会向他揖让献上。这难道是文彦博、富弼诸公所能胜任的吗？而在宫内没有可以引为后援的后妃，下面也没有可以居间协调的宦官，那么即使有奸邪之人，也不能以此为名而来陷害。实行仁义要靠自己，难道偷取了一点道义的人就能参与这种大事吗？没有乐于取别人之善的虚心，不足以经营各种事务；没有独自实行自己志向的确定不移的见识，不足承担重大谋略。刚愎自用的人，到他面临大事的时候就要等待别人的主意。见识度量很小的人，他所具有的见识能量用光了之后就会到另外的小容器中去找有用的东西，这是必然之势。

【评析】

韩琦的用人，根本一点是他胸怀光明正大，又有对国家的忠诚，所以他的用人全都是为了治理国家，而不是为自己的功名私利。这样的大臣在用人上能做到正气浩然充沛，因此他才能成为历史上超越众人的贤明大臣。今天来看，我们的领导干部也应有这样的胸怀，以浩然正气指导自己的思想，为了国家的利益而选拔优秀人才，让他们在不同的岗位上发挥才能，进而促进国家的发展。

论神宗

【题解】

宋神宗（1048—1085），英宗的长子。1067至1085年在位，年号有熙宁、元丰。在位时期，任用王安石进行变法，史称王安石变法，又称“熙宁变法”，维持新法近二十年。因此此篇主要评论王安石，王夫之又一次与现代的历史学家的看法完全不同，他不是一味赞美王安石及其变法，而是针对变法中的种种问题指出其弊害。这才是历史唯物主义，而不是教条主义。

一方面，王安石是用尧、舜的名义，用大话震慑神宗，又以桑弘羊、刘晏自任，因此他认为王安石是一个小人。王夫之认为王安石能打动神宗，让神宗信任自己，是靠一种无实的大言（大话），大言无实就是不祥之言，这就提醒了人们对于大言一定要提高警惕。对于无实的大言，明智的君主知道说这种话的人是“妄人”，而会“屏退之唯恐不速”。怎么判断是不是无实的大言呢？王夫之以王安石为例，清楚地说明了这个道理。神宗问：“唐太宗何如？”王安石说:“陛下当法尧、舜，何以太宗为哉？”又说:“陛下诚能为尧、舜，则必有皋、夔、稷、契，彼魏徵、诸葛亮者，何足道哉？”这就是无实的大话。如果真的在尧、舜面前说这种话，王夫之认为当时就会被处以“靖言庸违之诛”。反过来说，如果面对的真是尧、舜，王安石“固气沮舌噤而不敢以此对也”。这都是实实在在的道理，只凭这一点，就可知道王安石的变法出自怎样的私心。即他实际是想把神宗抬到非常高的位置上，让自己来做所谓比魏徵还高明的主政大臣。在还没有任何事实根据之前，就这样抬高神宗和为自己谋取高位，只能说明他的不诚实与有野心。

王夫之说，如果真要学尧、舜治国，其方法是非常清楚的，即“命岳牧，放四凶，敬郊禋，觐群后”，这都是“百王之常法”，并不深奥稀奇，要按这些常法治国，必须“以允恭克让之心，致其精一以行之”，才能“与天同其巍荡”。以此与王安石变法所用的方法比较，就可知道他那一套根本不是尧、舜治国之道，既没有允恭克让之心，也没有致其精一以行之，可知他向神宗说的都是大话空话。另外，要学尧、舜治国，也不能机械照搬他们的做法，根本原则是“法依乎道之所宜”，而“宜之与不宜”，则要根据“德之所慎”，不讲道与德“而言法”，就不是真正的尧、舜治国之法。尧、舜之下的大臣皋、夔、稷、契，也都是“以其恭让之心事尧、舜，上畏天命，下畏民碞”，而这种心态，在王安石那里是看不到的。

王夫之说“言愈高者志愈下，情愈虚者气愈骄”，所有说大话者，实质不过如此，其能做什么，也就容易知道了。王夫之进一步指出：“奸人非妄不足以利其奸，妄人非奸无因而生其妄。妄人兴而不祥之祸延于天下，一言而已蔽其生平矣。奚待其溃堤决岸，而始知其不可遏哉？”仅据这一点，就可以知道王安石最终能做出什么事，以及对宋朝会造成什么影响，不必等到事情发展到溃堤决岸时才能知道。而这正是总结历史教训的意义所在，一味赞美王安石变法的人，是没有这种历史眼光的。

因此王夫之下结论说：“故王安石之允为小人，无可辞也。安石之所必为者，以桑弘羊、刘晏自任，而文之曰周官之法，尧、舜之道。”王夫之认为“君子有其必不可为”的事情，如“以去就要君也，起大狱以报睚眦之怨也，辱老成而奖游士也，喜谄谀而委腹心也，置逻卒以察诽谤也，毁先圣之遗书而崇佛、老也，怨及同产兄弟而授人之排之也，子死魄丧而舍宅为寺以丐福于浮屠也”，这一类的事情，“皆君子所固穷濒死而必不为者也”，可是“安石则皆为之矣”，而且他在做他想做的事情时，“骨强肉愤，气溢神驰”，可是人们“不能遂其所欲”，于是他就会“荆棘生于腹心，怨毒兴于骨肉”，最后“迨及一蹶，而萎缩以沉沦，其必然者矣”。这都证明了王安石不是君子，而是小人：“决安石之为小人，非苛责之矣。”王夫之认为这是可以肯定的，不是对王安石的苛责。

有人会问：“如果说王安石是小人，那蔡京、贾似道又该如何评价？”

王夫之说：蔡京、贾似道“能乱昏荒之主，而不能乱英察之君，使遇神宗，驱逐久矣。安石唯不如彼，而祸乃益烈”。这说明王安石这种小人能迷惑想有所作为的君主，所以他造成的祸害就更大。

另一方面，神宗之所以要重用王安石进行变法，也有他自身的原因。王夫之说:“神宗之误，在急以贫为虑，而不知患不在贫，故以召安石聚敛之谋，而敝天下。”他想解决国家财政不足的问题，所以被聚财之说迷惑，而聚财之说，并非真正的治国之道，王夫之说：“凡流俗之说，言强国者，皆不出于聚财之计。”而“仁宗之过于弛而积弱也，实不在贫也”。当时的情况是“仁宗之休养四十年，正留有余、听之人心、以待后起之用。而国家所以屈于小丑者，未得人耳”。“宋之所以财穷于荐贿，国危于坐困者，无他，无人而已矣。”而所谓的无人，不是真的无人，而是宋代皇帝们一直对武将持有猜忌怀疑之心：“怀黄袍加身之疑，以痛抑猛士。”假使韩世忠、岳飞、刘锜、吴玠兄弟生在北宋，“亦且束身偏裨，老死行间，无以自振；黄天荡、朱仙镇、藕塘、和尚原之绩，岂获一展其赳雄邪”？神宗君臣“唯不知此，而早以财匮自沮，乃夺穷民之铢累，止以供无益之狼戾，而畜其所余，以待徽宗之奢纵”。这就从根本上否定了王安石变法的根据，并说明了变法所聚敛的财富，最后被徽宗浪费一空，根本没有起到增强国力的作用。王夫之的评论，是许多史学家提不出来的，他们都只是顺着王安石自己的说法来评价王安石的变法，可以说，王安石的大言不仅蒙蔽了宋神宗，也迷惑了后来的历史学家。

王夫之又从学术史角度论述了人们提出某种学说时混淆儒、释、道的问题。他说，“立圣人之言于此以求似，无不可似也。为老氏之言者曰‘虚静’，虚静亦圣人之德也。为释氏之言者曰‘慈闵’，慈闵亦圣人之仁也。为申、韩、管、商之言者曰‘足兵食，正刑赏’，二者亦圣人之用也”。

所以不能单从字面上判断某一学说是道家、佛家还是儒家，应从具体内容上进行分析，以判断它的属性。但提出某种似是而非的学说的人，目的并不是研究学问，而是“揣时君之所志，希当世之所求”，是要让别人相信自己的说法，所以虽然他是在“崇异端、尚权术”，也要“弁髦圣人以恣其云为”，即模仿儒家圣人的言辞而为其说服务。王夫之认为“帝王经世之典，与贪功谋利之邪说，相辨者在几微”，不少人往往被表面的相似所迷惑，不辨真假而盲从。所以当时司马光、程明道也被王安石的言论迷惑，因为王安石是“色庄以出之”（色庄，脸色严肃），“言无大异于圣人之言”，“温公、明道之乐进安石而与之言”，也就不奇怪了。

对于王安石实行的新法，王夫之也有评论：“熙、丰新法，害之已烈者，青苗、方田、均输、手实、市易，皆未久而渐罢。哲、徽之季，奸臣进绍述之说，亦弗能强天下以必行；至于后世，人知其为虐，无复有言之者矣。”

这表明新法在实际中不能真正执行，因为人们通过实际情况一下子就可以看出新法的荒谬之处，这说明历史实践证明了新法是失败的。但其中也有一直被沿用的新法，如经义和保甲。

科举中重视试经义，是可取的，范仲淹就已提出要重视考试经义。保甲法也被长期沿袭下来，实际上保甲制度早在商鞅变法时就已实行，不是王安石的创造。另外，免役法与代役法名异而实同，也不算是新法。只有保马法，是纯粹的新法，但在王夫之看来，保马法却是为害最烈的。王夫之认为让民养马，并不能真正把马养好，因为“夫马，非其地弗良，非其人弗能牧也……唯官有牧苑，而群聚以恣其游息；官有牧人，而因时以蠲其疾；官有牧资，而水旱不穷于饲……自成周以迄于唐，皆此制也。汉、唐车骑之盛，用捍边陲，而不忧其匮……行此法者，曾不念此为王安石之虐政，徒以殃民而无益于国马，相踵以行，祸延无已，故曰害最烈也”。这说明王安石的保马法并不是最好的养马之法，其最大危害在于无益于国马，使国家没有强壮的马匹可供给军队作战使用，尤其在对抗北方民族入侵时，这更是严重的问题。从宋到明，都因为没有充足的良好战马而作战不利，王夫之说它为害最烈，原因就在于此。

从王安石变法的不成功，王夫之总结出一条“作法之难”。王安石说既有的制度有弊端，于是就想匆忙地加以改变，又拿尧、舜、《周礼》等儒家圣贤和经典作为依据，把自己的变法说成是遵循“圣人之教”，名头不可谓不大。但这并不能保证他是真正的儒家之徒。因为要学儒家圣人，必须“得其精意”，而不是只凭几句儒家的言辞。若用儒家的典籍为依据，那么《诗经》

里说："思无疆，思马斯臧。"即鲁僖公时就反复思考治国之事，思考了养马的事，马就养得好，以此为据，就不必新定什么保马法了。孔子又说："苟子之不欲，虽赏之不窃。"这是"不责民以弭盗之证"，因此所定的保甲法也是徒劳的了。《周礼》中说"行于千里之畿，而胥盈于千，徒溢于万，皆食于公田"，这就是"民不充役之验"，而官府如果不实行差役虐政，那么免役法也就不用实行。《礼记》中说："顺先王诗、书、礼、乐以造士。"那么科举以经义为重，就确实是良法。而王安石"为琐琐之法以侮圣言"，就是对儒家先圣经典和思想精意的叛逆，可证王安石的变法并不是儒家圣人真正的精意，如果真是"得圣人之精意以行之，而天下大治"，王安石变法没有做到这一点，而是"自立辟以扰多辟之民"，所以王夫之对它提出严厉批评，给予了很低的历史评价。

王夫之还认为这样的变法就是苛政："国民之交敝也，自苛政始。"苛政产生之后，"足以病国虐民"，但还不至于使国家灭亡，因为如果君主不"纵欲以殄物"，不"恣其吏私法以戕人"，也会形成"民怨渐平，而亦相习以苟安"的局面。最怕苛政形成之后，还不停地变本加厉，采取一切办法压制批评意见，打击反对之人，"于是泛滥波腾，以导谀宣淫蛊其君以毒天下，而善类壹空，莫之能挽"，这才是最可怕的。最后必然导致"民乃益怨，衅乃倏生，败亡沓至而不可御"的严重后果。王安石在变法时，遭到朝廷大臣们群起反对，"盈廷皆安石之仇雠"，所以他只能"呼将伯之助于吕惠卿、蔡确、章惇诸奸，以引凶人之旅进"，强行推行自己的新法，这就使新法变成苛政，而为了维护新法苛政，不得不"与小人为类，而害乃因缘以蔓延"，最终导致北宋灭亡。这是"倡之者初所不谋"，但又是"后所必至"的结果。王夫之看到了变法的整个过程及其后续影响，因此他的批评是有道理的，值得现代研究历史的人们参考。

君子之道与小人之道

【题解】

王夫之分析评价了王安石的变法之后，进一步提出君子之道与小人之道的问题，使这个历史问题更为深入，这也是现代历史研究所缺乏的深度思维，值得重视。

【正文】

君子之道，有必不为，无必为。小人之道，有必为，无必不为。执此以察其所守，观其所行，而君子小人之大辨昭矣。必不为者，断之自我，求诸己者也。虽或诱之，而为之者，必其不能自固而躬冒其为焉。不然，荧我者虽众，弗能驱我于丛棘之中也。必为者，强物从我，求诸人者也。为之虽我，而天下无独成之事，必物之从而后所为以成，非假权势以迫人之应，则锐于欲为，势沮而中止，未有可必于成也。以此思之，居心之邪正，制行之得失，及物之利害，其枢机在求人求己之间，而君子小人相背以驰，明矣。

【译文】

君子之道，有必定不去做的，没有必定要去做的。小人之道，有必定要去做的，没有必定不去做的。拿这一条来观察其人遵守什么准则，观察他的行动，君子、小人之间的根本区别就很清楚了。必定不去做的，是由我自己来决断，这是求之于自己。虽有人引诱他，而要去做的事，必定是他不能稳住自己而要亲身去做此事。不然的话，迷惑我的人再多，也不能驱使我到丛棘之中去。必定要做的，是指强迫他人顺从我，这是求之于别人。虽然由我来做此事，但天下没有独自一人就可以完成的事，必定要别人顺从我而后才能做成此事，不借用权势强迫人们响应自己，则锐意有所作，形势一受沮坏就会中止正在做的事，没有能必定做成的。由此想来，居心的邪和正，控制行为的得与失，以及对于事物的利与害，其枢机在于求人和求己之间，而君子和小人在求人还是求己上正好相背而驰，这是很清楚的。

【正文】

夫君子亦有所必为者矣，子之事父也，臣之事君也，进之必以礼也，得之必以义也。然君子之事父，不敢任孝，而祈免乎不孝；事君不敢任忠，而祈免乎不忠。进以礼者，但无非礼之进，而非必进；得以义者，但无非义之得，而非必得。则抑但有所必不为，而无必为者矣。况乎任人家国之政，以听万民之治。古今之变迁不一，九州之风土不齐，人情之好恶不同，君民之疑信不定。读一先生之言，暮夜得之，鸡鸣不安枕而揣度之，一旦执政柄而遽欲行之，从我者爱而加之膝，违我者怒而坠诸渊，以迫胁天下而期收功于旦夕；察其中怀，岂无故而以一人犯兆民之指摘乎？必有不可问者存矣。夫既有所必为矣，则所迫以求者人，而所惛然忘者己矣。故其始亦勉自钤束，而有所不欲为；及其欲有为也，为之而成，或为之而不成，则喜怒横行，而乘权以逞。于是大不韪之事，其夙昔之所不忍与其所不屑者，苟可以济其所为而无不用。于是而其获疚于天人者，昭著而莫能掩。夫苟以求己、求人、必为、必不为之衡，而定其趋向，则岂待决裂已极而始知哉？

【译文】

君子也有必定要做的事，如儿子奉事父亲，臣子奉事君主，必须用礼来进用他，必须用义来得到他。但君子奉事父亲，不敢只讲孝，而要追求避免不孝；君子奉事君主，不敢只讲忠，而要追求避免不忠。用礼进用他，只是要求没有不合礼的进用，而不是必定进用他；用义得到他，只是要求没有不合义的得，而不是必定得到他。那么还是只有必定不去做的，而没有必定要去做的了。何况担任人家的国家大政，而负责万民的治理。古今的变迁不一，九州的风土不齐，人情的喜好厌恶不同，君主、民众的怀疑和相信也不一定。读到一位先生的话，晚上得到，天亮就不能安睡而揣度他的话，一旦掌握了大权就马上要施行它，顺从我的人就爱得放在膝盖上，违背我的人就恨得让他坠入深渊，以此来胁迫天下，而期望在旦夕之间收到功效；观察这种人的内心的想法，难道没有什么原因会使一人冒犯万民的指摘吗？一定有不可问的事情在里面。既有必定要做的，那么胁迫而要求的，就是别人，而惛然已经忘记的，则是自己了。所以他开始时也勉励自我约束，而有的事是不想做的；等到他想有所作为的时候，做了可能成功，做了也可能不成功，这就会放纵自己的喜怒来做事，并要利用权势来达到自己的目标。于是天下公认为不正确的事，从前不忍做与不屑做的事，此时如果可以助他成功也就无所不用了。在这种情况下，他做了愧对于上天与众人的事，也就彰然而无人能掩盖了。如果根据求之于己、求之于人、必定去做、必定不做这几条标准，来确定他的趋向，难道还用等到事情完全败坏之后才能知道吗？

【正文】

故王安石之允为小人，无可辞也。安石之所必为者，以桑弘羊、刘晏自任[①]，而文之曰周官之法，尧、舜之道；则固自以为是，斥之为非而不服。若夫必不可为者，即令其反己自攻，固莫之能遁也。夫君子有其必不可为者，以去就要君也，起大狱以报睚眦之怨也[②]，辱老成而奖游士也，喜谄谀而委腹心也，置逻卒以察诽谤也，毁先圣之遗书而崇佛、老也，怨及同产兄弟而授人之排之也，子死魄丧而舍宅为寺以丐福于浮屠也。若此者，皆君子所固穷濒死而必不为者也[③]。乃安石则皆为之矣。抑岂不知其为恶而冥行以蹈污涂哉[④]？有所必为，骨强肉愤，气溢神驰，而人不能遂其所欲，则荆棘生于腹心，怨毒兴于骨肉；迨及一踬[⑤]，而萎缩以沉沦，其必然者矣。

【注释】

① 桑弘羊（前152—前80）：洛阳人，出身商人家庭，擅长心算，13岁即进入皇宫。汉武帝时，任大司农中丞、大司农、御史大夫等，深得武帝宠信。元狩年间，桑弘羊主持实行盐、铁、酒官营，实施均输、平准、算缗、告缗等法。始元六年（前81），昭帝召集贤良文学商议盐铁等事，贤良文学反对盐铁官营和均输平准，以为是与民争利，桑弘羊与之争辩，见《盐铁论》。次年，桑弘羊与燕王旦和上官桀谋反有牵连，被处死。刘晏（718—780）：曹州南华（今山东东明）人。唐玄宗天宝间任侍御史，唐肃宗时任度支郎中、户部侍郎等。唐代宗时，任户部侍郎兼御史大夫，领度支、盐铁、转运、铸钱、租庸等使，后为同中书门下平章事，曾与户部侍郎第五琦分管全国财赋。唐德宗时，总领全国财赋。刘晏管理国家财政几十年，广军国之用，未尝搜求苛敛于民。

② 睚眦（yá zì）：发怒时瞪眼睛，借指因小事引起的仇恨。

③ 固穷：出自《论语·卫灵公》，孔子说："君子固穷，小人穷斯滥矣。"是说君子之人本来就会遇到挫折，但仍能坚守自己的理想和准则不去做坏事，而小人一遇挫折就会无所不为。

④ 冥行：扬雄《法言·修身》："擿埴索涂，冥行而已矣。"冥行指在黑暗中行走，擿埴索涂是说像盲人拿着拐杖点地一样摸索路径。

⑤ 荆棘：这里指心里对别人的芥蒂和嫌隙。唐孟郊《择友》："虽笑未必和，虽哭未必戚，面结口头交，肚里生荆棘。"苏轼《与刘宜翁书》："胸中廓然，实无荆棘。"都是这种意思。

⑥ 踬（zhì）：被绊倒，引申指做事受到挫折。

【译文】

所以王安石实为小人，这是无法推掉的。王安石所必定去做的，是以桑弘羊、刘晏自任，而用来文饰的就说是周礼的制度和尧、舜之道；他是固以为是的，如果有人批评他不对他就不服。至于他必定不可做的事，即令他反过来自己攻击自己，本来就都不能逃遁。君子有他必定不可去做的事，如拿自己来任职和离职以要挟君主，兴起大案来报复以前的微小怨恨，羞辱老成之人而重用游士，喜欢谄谀而依托为心腹，派出巡逻的士兵来侦察别人对自己的批评，毁坏先圣的遗书而崇尚佛、老之学，怨恨同胞兄弟而让人排挤他们，儿子死了就丧魂失魄而把住宅捐为佛寺来向佛陀求福。像这一类的事情，都是君子在穷困潦倒和濒于死亡时也必定不会做的，而王安石却把这些事都做了。难道还不知道这是因为作恶就像黑暗中行路而会落入污秽的泥坑中吗？有的事情是必定要去做的，自己的骨肉就会变强而激愤，自己的神气就会溢满而驰骋，可是人们不能满足他的欲望，他就在心里产生嫌隙，在兄弟骨肉之间也会出现怨恨；等到一下子受到挫折，自己就萎缩而沉沦了，这是必然的。

【正文】

夫君子相天之化，而不能违者天之时；任民之忧，而不能拂者民之气。思而得之，学而知其未可也；学而得之，试而行之未可也；行而得之，久而持之未可也。皆可矣，而人犹以为疑；则且从容权度以待人之皆顺。如是而犹不足以行，反己自责，而尽其诚之至。诚至矣，然且不见获于上，不见信于友，不见德于民；则奉身以退，而自乐其天。唯是学而趋入于异端，行而沉没于好利，兴罗织以陷正人，畏死亡而媚妖妄，则弗待迟回，而必不以自丧其名节。无他，求之己者严，而因乎人者不求其必胜也。唯然，则决安石之为小人，非苛责之矣。

【译文】

君子观察天地的变化，就知道不能违背的是天的时令；君子承担民众的忧愁，就知道不能违抗的是民众的意志。思考而懂得了这些事，经过学习而知道这种事是不可做的；通过学习而懂得了这些事情，又不可尝试着加以施行；施行之后而知道了这些情况，又不可以长久坚持去做。都能做到了，而人们还抱有怀疑；那就从容地加以权衡思考来等待人们都能赞同。如此而还不足以施行，就反躬自责，来尽到自己极致的诚意。诚意尽到了，但还不被君主接受，不被朋友信任，不被民众认为是恩德，那就奉身而退，让自己顺乎自然而得到快乐。只有那种让学问走上了异端，行为沉溺于对利的喜好之中，罗织罪名来陷害正人君子，害怕死亡而去向妖妄献媚的人，才不会徘徊犹豫，才必定不认为做上面这些事会让自己丧失名声节操。没有别的原因，君子做事是严格地求于己而不求于人，知道靠别人就不能要求必定成功。正因为君子是这样的，所以就肯定王安石是小人了，而这并不是对他的苛责。

【正文】

或曰："安石而为小人，何以处夫黩货擅权导淫迷乱之蔡京、贾似道者？"夫京、似道能乱昏荒之主，而不能乱英察之君，使遇神宗，驱逐久矣。安石唯不如彼，而祸乃益烈[①]。谫谫之辩[②]，硁硁之行[③]，奚足道哉！

【注释】

① 安石唯不如彼，而祸乃益烈：意思是说王安石不像蔡京、贾似道那样明显地邪恶，所以连神宗也无法看出来而重用了他，这就使王安石得以实行变法，所以他所造成的祸害就更大。如果他像蔡、贾一样，神宗也就不会重用他，也就不会出现变法害国的事情了。

② 谫谫（jiàn）：巧辩的样子。

③ 硁硁（kēng）：形容浅陋固执。

【译文】

有人说："王安石是小人的话，又怎样看待贪求钱财、专擅大权、引导帝王荒淫迷乱的蔡京、贾似道呢？"蔡京、贾似道能迷乱昏庸荒淫的君主，而不能迷乱英杰明察的君主，假使让他们遇上神宗，早就被驱逐掉了。王安石正是不像蔡、贾，他造成的灾祸才更为严重。口头上的巧言辩说，加上浅陋固执的行为，哪里值得称道呢！

【评析】

此篇是对王安石变法的深入分析，认为君子之道的特点是“有必不为，无必为”，而小人之道的特点是“有必为，无必不为”。必为，是指必须要做的；必不为，是指一定不能做的。君子与小人由此截然分开。君子对于不合乎正道的事情，是绝对不去做的，小人为了个人的目的，不论什么手段工具都会利用，什么事都做得出来，根本不讲正道。所以衡量君子，就看他是不是什么事都做得出来。衡量小人，就看他是不是什么事做不出来。王夫之分析王安石变法，就用事实证明了这一点，所以他断定“王安石之允（实）为小人，无可辞也”。虽然王安石是为国家做事，但在治国理政上，也不是什么事都能干的，要遵守正道，有些事是绝对不能干的。用于今天，如果一个人什么事都敢干，不管他用什么名义，都必然是一个小人。

论了解人的困难

【题解】

司马光这种正人君子，最初也被王安石蒙骗了，说明要真正认识一个人，是非常困难的。一方面是因为骗人的人会用许多似是而非的说法，另一方面是人们对似是而非的说法不能细致分析，认清其中的“非”，因而上当受骗。

【正文】

王安石之未试其虐也，司马君实于其新参大政，而曰“众喜得人”，明道亦与之交好而不绝，迨其后悔前之不悟而已晚矣。知人其难，洵哉其难已！子曰：“不知言，无以知人也。”夫知言者，岂知其人之言哉？言饰于外，志藏于中；言发于先，行成于后。知其中，乃以验其外；考其成，乃以印其先。外易辨，而中不可测；后易覈，而先不能期。然则知言者，非知其人之所言可知已。商鞅初见孝公而言三王，则固三王之言矣。王莽进汉公而言周公，则固周公之言矣。而天下或为其所欺者，知鞅、莽之言，而不知三王与周公之言也。知言者，因古人之言，见古人之心；尚论古人之世，分析古人精意之归；详说群言之异同，而会其统宗；深造微言之委曲，而审其旨趣；然后知言与古合者，不必其不离矣；言与古离者，不必其不合矣。非大明终始以立本而趣时，不足以与于斯矣。

【译文】

在王安石尚未试行他的虐害时，司马光因王安石刚刚参与朝廷大政，而说“大家都为朝廷得到了人才而高兴”，程颢也与王安石交好而不断绝关系，等到他们后悔以前不能看透王安石时就已经晚了。了解一个人的难度确实是很大的！孔子说：“不了解他的话，就无法了解这个人。”而所谓的了解人家的话难道是了解其人的言论吗？言论对外是有所修饰的，而心意则藏在心中；言论先说出来，行为在后面才做出来。了解他的内心想法，就来验证他对外说出来的言论；考察他完成了的行为，再来印证他以前说的话。外表的言论容易分辨，而内心想法不能测知；后面的行为容易核实，而事先不能预测。那么所谓了解他的言论，不是知道此人的言论可以了解而已。商鞅初来见秦孝公时就谈论三王，那么这固然就是三王的言论了。王莽进为汉公时而称说周公，那么这时固然就是周公的言论了。而天下有人被他欺骗，是知道商鞅、王莽的言论，而不了解三王与周公的言论。了解人们的言论，是通过古人的言论，看到古人的心思；还要讨论古人的时代，分析古人言论的精意所在；详细论述各种言论的异同，而会通各种言论的宗旨与归宿；深入言论中微妙意旨的详细情况，而审察这种言论的宗旨和意趣；然后了解后人言论与古人的言论相合的，双方不一定是没有距离的；言论与古人有距离的，它们不一定是不相合的。不是充分明白道理的终始而立于根本之处并能切合不同的时代，就不足以论说对古今不同言论的了解。

【正文】

立圣人之言于此以求似，无不可似也。为老氏之言者曰“虚静”，虚静亦圣人之德也。为释氏之言者曰“慈闵”，慈闵亦圣人之仁也。为申、韩、管①、商之言者曰“足兵食，正刑赏”。二者亦圣人之用也。匿其所师之邪慝，而附以君子之治教，奚辨哉？揣时君之所志，希当世之所求，以猎取彝训，而迹亦可以相冒。当其崇异端、尚权术也，则弁髦圣人以恣其云为。及乎君子在廷，法言群进，则抑捃拾尧、舜、周公之影似，招摇以自诡于正。夫帝王经世之典，与贪功谋利之邪说，相辨者在几微。则苟色庄以出之，而不易其怀来之所挟，言无大异于圣人之言，而君子亦为之动。无惑乎温公、明道之乐进安石而与之言也。

【注释】

① 管：管子，即管仲（约前723或前716—前645），颍上（今安徽颍上）人，辅佐齐桓公成为春秋第一霸主，齐桓公亦尊管仲为“仲父”。

【译文】

在此树立了圣人之言来求得与它的相似，就没有不能相似的。倡导老子言论的人会说“虚静”，可是虚静也是圣人所重视的品德。主张佛学言论的人会说“慈闵”，但是慈闵也是圣人提倡的仁。主张申不害、韩非、管子、商鞅言论的人会说“足兵足食，端正刑赏制度”。但这两条也是圣人所要用到的。把他所效法的邪恶隐藏起来，而用君子的治国教化来附会，怎么分辨呢？揣摩当时君主的志向，期待当权者的需求，以此猎取前代圣人的格言和训条，而外在形迹也是可以相互冒充的。当他崇尚异端、崇尚权术的时候，就会鄙视圣人而放纵自己的言行。等到君子在朝廷的时候，人们纷纷提出合乎礼法的言论，他也会拾起尧、舜、周公的话来加以模仿，作为招摇而让自己冒充正确。帝王治国治世的典籍，与贪功谋利的邪说，相区别的地方只在细微之间。如果用庄重的脸色说出他的言论，而不改变他心中以往就怀有的意图，他的言论与圣人之言就没有多大差别，而君子也会被打动。所以就不要对司马光、程颐乐意推荐王安石而与他交谈的事情感到迷惑了。

【正文】

夫知言岂易易哉？言期于理而已耳，理期于天而已耳。故程子之言曰：“圣人本天，异端本心。”虽然，是说也，以折浮屠唯心之论，非极致之言也。天有成象，春其春，秋其秋，人其人，物其物，秩然名定而无所推移，此其所昭示而可言者也。若其密运而曲成，知大始而含至仁，天奚在乎？在乎人之心而已。故圣人见天于心，而后以其所见之天为神化之主。知言者，务知其所以言之密藏，而非徒以言也。如其有一定之是非，而不待求之于心，则恻怛不生于中，言仁者即仁矣；羞恶不警于志，言义者即义矣；饰其言于仁义之圃，而外以毒天下，内以毁廉隅，皆隐伏于内，而仁义之言，抑可不穷[①]。安石之所能使明道不斥绝而与之交者，此也。当其时，秀慧之士，或相奖以宠荣，或相溺于诗酒。而有人焉，言不及于戏豫，行不急于进取，则奉天则以鉴之，而不见其过；将以为合于圣人之言，而未知圣人之言初不仅在于此。乃揖而进之，谓是殆可与共学者与！实则繇言之隐，与圣人传心之大义微言相背以驰，尤甚于戏豫诡遇之徒。何则？彼可裁之以正，而此不可也。

【注释】

① 抑可不穷："穷"原作"察"，据中华点校本校记，改作"穷"。意思是说那种虚假的仁义之言也就会无穷无尽。

【译文】

了解人们的言论难道是很容易的吗？对于言论是期望它合乎道理而已，对于道理则期望它符合天意而已。所以程子说："圣人以天为本，异端则以心为本。"虽然这样，这个说法，用来折服佛教的唯心之论，也还不是最好的说法。天有形成的物象，把春天当作春天，把秋天当作秋天，把人当作人，把物当作物，使它们都各有秩序和确定的名称而无所变化，这就是天昭示给人而可以论说的。如果它是秘密运行而曲折完成的，知道万事万物的最根本的开端和所含有的最高的仁，天又在什么地方呢？只是在于人心而已。所以圣人在心中认识了天，而后用他所看到的天作为神的主宰。所谓的知，务求知道它所以这样说的密藏之意，而不是只知道所说出的言。如果它有一定的是非，而不等着在心中寻求它，那么，心中就不会产生恻隐之情，说仁就是仁了；意志中就不会有羞恶的警示，说义就是义了；全用"仁义"一类的辞藻修饰他的言论，而在外就毒害天下，在内毁坏德行，奸恶的东西都隐藏在内心，而所说的仁义之言，也就可以没有穷尽了。王安石所以能让程颢不加以斥绝而与之交往的原因，就在这里。当那个时候，优秀聪慧的士人，有的人用官禄恩宠相互夸耀，有的相互沉溺于诗酒之中，而在这样的士人之中出现一个人，言论不涉及游戏逸乐，行为不急于升官，就会拿着天道来鉴察他，而看不到他的过失；将会认为他的言论合乎圣人之言，而不知道圣人之言本来就不在于口头上的谈论。于是就尊礼而推荐他，以为这大概是可以与他共同研究学问的人了！实际上却是他在说出这种言论时在内心隐藏的东西，与圣人向后人在内心相传的微言大义是相背而驰的，这比沉溺于戏玩逸乐而以不正之道求进的家伙更坏。为什么呢？那种戏游逸乐的人可以用正道来裁决纠正，而这种说着圣人仁义之言而内心隐藏别的宗旨的人，却不能发现他的不正而加以纠正。

【正文】

若温公则愈失之矣，其于道也正，其于德也疏矣。圣人之言，言德也，非言道也，而公所笃信者道。其言道也，尤非言法也，而公所确持者法。且其忧世也甚，而求治也急，则凡持之有故，引之有征，善谈当世之利病者，皆嘉予之，而以为不谬于圣人之言。于明道肃然敬之矣，于安石竦然慕之矣，乃至于荡闲败度之苏氏，亦翕然推之矣。侈口安危，则信其爱国；极陈利病，则许以忧民；博征之史，则喜其言之有余；杂引于经，则羡其学之有本。道广而不精，存诚而不知闲邪，于以求知人之明，不为邪慝之所欺，必不可得之数矣。凡彼之言，皆圣人之所尝言者，不可一概折也。唯于圣人之言，洗心藏密，以察其精义；则天之时，物之变，极乎深而研以其几。然后知尧、舜、周、孔之治教，初无一成之轨则，使人揭之以号于天下。此之谓知言，而人乃可得而知，固非温公之所能及也。穷理，而后诡于理者远；尽性，而后淫于性者诎，至于命，而后与时偕行之化，不以一曲而蔽道之大全。知言者，"穷理尽性以至于命"之谓也[①]。明道早失之，而终得之。温公则一失已彰，而又再失焉；悔之于安石败露之余，而又与苏氏为缘。无他，在知其人之言，而不知古今先哲之言也。

【注释】

① 穷理尽性以至于命：《周易·说卦》："和顺于道德，而理于义。穷理尽性，以至于命。"穷理，指穷尽客观事物的深妙之理。尽性，指究尽一切生灵所禀赋的天性。命指命运，命运由天定，人不能定，但人可以通过穷理尽性而了解命。前面所说的和顺于道德而理于义，就是穷尽理与性之后所要采取的态度，如能做到这些，也就能顺乎命运，而无遗憾了。所以王夫之说圣人之言是言德，而不是言道，所言的道最终要归结到德上来。而这正是儒家思想的基本点。

【译文】

至于司马光就过失更大了，他对于道是正的，但对于德则是疏忽的。圣人之言，是讲德的，不是讲道的，而司马光所笃信的是道。圣人的讲道，更不是讲制度，而司马光所确定坚持的是制度。而且他甚为世道担忧，而急于追求治国，凡是持之有故，引用有据，善于谈论当世利病的人，都予以嘉奖赞赏，而以为这些人所谈论的不违背圣人之言。他对于程颢是肃然敬之的，对于王安石是惊悚地仰慕的，乃至于闲散放荡败坏法度的苏氏，也是与人们一起来加以推奖的。对侈谈国家安危的人，就相信他是爱国的；对极力论述国家利病的人，就赞许他是忧民的；有人广博地征引史书，就喜欢他的言论内容丰富；有人杂引经书，就羡慕此人的学术有根基。所论的道广泛而不精到，存诚心而不知道防范邪心，这样来求知人之明，不被邪恶之人欺骗，是必定不能做到的。凡是王安石的言论，都是圣人曾经说过的，不可一概驳斥。只是对于圣人之言，应该平静心境而退藏在隐秘之处，来观察圣人言论的精义；那么天时的转换，事物的变化，就都能探究到极深奥之处而研究出其中的微妙义理。然后就知道尧、舜、周公、孔子的治国之教，本来没有一成不变的规定，可以让人揭示出来而号令于天下。这就是了解别人的言论，而提出这种言论的人就能加以了解，这本来就不是司马光所能做到的。穷尽了义理，而后违背义理的人就会疏远他；穷尽了人性，而后不合乎人性的人就会受到鄙视，由此而达到命的境界，而后就会与时势的变化一同前进，不因一种曲说而遮蔽了道的整体和全部。了解人们的言论，就是《周易》所说的“穷理尽性以至于命”。程颢前有失误，但后来懂得了这个道理。而司马光一次过失已经彰明，却又再次出现失误；在王安石败露之后才有悔恨，而又与苏氏为友。没有别的原因，在于他知道某些人的言论，而不知道古今各代先哲们的言论。

【评析】

要真正看清一个人，不能光听他说什么，更要看他干什么，还要仔细分辨他所说的话是不是真有道理，必须对人们的言语进行认真细致的分析，这就需要具备严密的思维和对正道的深刻理解。对于古代各家不同的理论，要有全面完整而深入准确的理解，才能不会被人们似是而非的言语迷惑。所以要不被人们蒙骗，关键是要自己具备足够的理论素养与思辨能力。

论新法的危害

【题解】

新法即王安石变法推出的新制度，人们一直称赞历史上的变法或改革，认为是进步的举措。王夫之不受后来这种观念的影响，他就是实事求是地分析推出新法究竟是好是坏，所以他对新法是一项项分开来评价的，不是因为都是新法而一概而论，对历史上的重大事件，就要采取这种态度。若是一概而论的评价，往往是停在表面而没有深入，就不能形成合乎历史事实的认识。

【正文】

熙、丰新法，害之已烈者，青苗、方田、均输、手实、市易①，皆未久而渐罢；哲、徽之季，奸臣进绍述之说②，亦弗能强天下以必行；至于后世，人知其为虐，无复有言之者矣。其元祐废之不能废，迄至于今，有名实相仍行之不革者，经义也③，保甲也④；有名异而实同者，免役也⑤，保马也⑥；数者之中，保马之害为最烈。

【注释】

① 青苗：王安石变法的一项新法，规定以各路常平、广惠仓积存的钱谷为本，粮价上升时降价出售，市场价格降低则以高价收购。所存的钱物，每年分两期，可由农民借贷。收成后，随夏、秋两税，加息十分之二或十分之三归还。本意是平衡市场和照顾农民，但具体实施中出现强制借贷，争议最大。方田：称“方田均税法”，分方田与均税两部分。方田是每年九月由县长主持土地丈量，按土地肥瘠定为五

等，均税是以方田丈量的结果为依据，制定税数。目的是清理隐瞒的土地，增加国家收入。均输：在淮、浙、江、湖六路实行“均输法”。由发运使根据六路的财赋，与每年上供和京城所需物资进行平衡，徙贵就贱，用近易远，以便变易蓄买，目的是节省价款和转运费。手实：由国家把百姓家产分为五等，百姓根据田地、房屋、牲畜、货物申报自己的等级，根据财产等级确定赋税。目的是让贫穷人家少交赋税，富家多交赋税。如果隐匿财产，允许检举揭发。市易：在开封设市易务，根据市场情况，决定价格，适时购入或售出货物，以平衡物价。商贩可向市易务贷款或赊购货物。后将市易务升为都提举市易司。目的是限制大商人垄断市场，由此增加朝廷财政收入。

② 绍述：绍述指继承，重行新法。宋哲宗时，决定对神宗时实行的新法，重建或续行。宋神宗熙宁、元丰时期推行新法。神宗死，哲宗继位，年号元祐，太皇太后高氏主政，废新法。太皇太后死，哲宗亲政，改元绍圣，章惇执政，提出“绍述”熙宁、元丰新法，恢复高太后时废除的新法。

③ 经义：科举考试科目之一。宋代以经书的文句为题，应试者作文阐明其义理，称经义。神宗熙宁间，王安石变法，始行经义、诗赋两科考试，目的是用经义统一士大夫的思想。

④ 保甲：战国秦商鞅变法时实行连坐制，汉代实行乡里制度，五家为伍，十家为什，百家为里。唐代四家为邻，五家为保，百户为里。王安石变法时，实行保甲制。以户为基本单位，十户为一保，五保为一大保，十大保为一都保。保之下设甲，每甲设甲长，若干甲编作一保，每保设保长。凡家有两丁以上，出一人为保丁。农闲时集合保丁进行军训，夜间轮差巡查，维持治安。保甲法使各地壮丁接受军训，节省国家军费，又建立了治安网。

⑤ 免役：称免役法，又称募役法，中国古代农民每年都要为朝廷服徭役，免役法是让原来轮流充役的农民交钱代替服徭役，再由官府出钱雇人充役。宋朝原用差役法，将唐朝租庸调中的调，即每年缴纳绢、

绵、布、麻改为直接收钱。此法使原本可以免役的士绅也要交钱，所以遭到的反对很强烈。

⑥ 保马：神宗时，宋朝战马只有十五万匹，为此鼓励西北边疆百姓代养官马。凡愿养马的，由朝廷供给马匹，或由朝廷出钱让百姓购买。马有病或亡，就要赔偿，但瘟疫流行，马死得太多，徒增民扰，不久废止。

【译文】

熙宁、元丰时期的新法，祸害最严重的，是青苗、方田、均输、手实、市易等法，都实行不久就逐渐废止了。哲宗、徽宗末年，奸臣提出绍述的说法，也不能强迫天下一定执行这类新法；到后代，人们知道它们的虐害，不再有人讲这些新法了。在哲宗元祐时要废而不能废的新法，一直延续到现在，而且名义与实际情况都沿用实行而不加改变的，就是科举的经义和保甲法；也有名义不同而实际情况相同的，就是免役法和保马法。在这几者之中，保马法的危害最大。

【正文】

保马者，与民以值使买马，给以牧地而课其孳生以输之官。洪武以后，固举此政于淮北、山东、而废牧苑。愚民贪母马之小利于目前，幸牧地之免征于后世，贸贸然而任之。迨其子孙贫弱，种马死，牧地徒，间岁纳马，马不能良，则折价以输，一马之值，至二十五金，金积于阉寺，而国无一马，户有此役，则贫饿流亡、求免而不得，皆保马倡之也。夫马，非其地弗良，非其人弗能牧也。水旱则困于刍粟，寒暑则死于疾疫。唯官有牧苑，而群聚以恣其游息；官有牧人，而因时以蠲其疾；官有牧资，而水旱不穷于饲；则一虚一盈，孳产自倍。自成周以迄于唐，皆此制也。汉、唐车骑之盛，用捍边陲，而不忧其匮，奈何以诱愚民而使陷于死亡哉？行此法者，曾不念此为王安石之虐政，徒以殃民而无益于国马，相踵以行，祸延无已，故曰害最烈也。

【译文】

所谓保马法，是给民众一定的钱让他们买国家的马，并给他们牧地让他们替国家养马，再来考核他们的养马情况，把所生的小马交给官府。明代洪武年间以后，一直推行这套制度在淮北、山东实行，而废除了国家养马的牧场。愚蠢的小民贪图养母马的一点眼前小利，怀有侥幸心理以为以后会对牧地实行免征，就轻率地承担了为国家养马的责任。等到他们的子孙变得贫弱，种马已经死了，牧地被迁移了，隔年收马，马不是良马，就折价交给官府，一匹马的价值，达到了二十五金，换来的金钱贮藏在宦官手中，而国家没有一匹马，民户还有养马的赋役，于是贫穷饥饿的民众四处流亡，要求免除保马的赋役也得不到允许，这都是保马法造成的恶果。说到马匹，不是合适的牧地就不会成为良马，不是合适的人来养也牧不了马。发生了水旱灾害时就因为喂马的草料不够而受困，天气寒冷或炎热之时又会死于疾病。只有官府有专门的牧场，而让马匹成群地聚在里面任由它们在里面活动和休息；只有官府有专门的牧马人员，会根据时节而避免马匹的疾病；只有官府有放牧的费用，发生了水灾和旱灾都不会缺乏饲料；官府与民众相比，一亏一盈之间，所生出的小马自会有成倍的差别。从西周到唐代，都是官府养马的制度。汉、唐两代车马强盛，用来捍卫边防，而不担忧马匹会匮乏，为什么引诱愚民而让他们陷于死亡呢？实行保马法的人，就不曾顾及这是王安石的虐政，只会让民众遭殃而无益于国家的养马法，相继而实行，灾祸延续不止，所以说危害最为严重。

【正文】

保甲之法，其名美矣，好古之士，乐称说之；饰文具以塞责之俗吏，亟举行之。以为可使民之亲睦而劝于善邪？则非片纸尺木之能使然矣。以为团聚而人皆兵，可以御敌邪？则寇警一闻而携家星散，非什保之所能制矣。以为互相觉察而奸无所容邪？则方未为盗，谁能诘之；既已为盗，乃分罪于邻右，民皆重足以立矣。以为家有器仗，盗起而相援以擒杀之邪？则人持数尺之仗、蚀锈之铁，为他人以与盗争生死，谁肯为之？责其不援而加以刑，赇吏猾胥且乘之以索贿[①]，而民尤无告矣。如必责以器仗之精，部队之整，拳勇者赏之，豪桀者长之；始劝以枭雄，终任以啸聚。当熙、丰之世，乘以为盗者不一，而祸尤昭著者，则邓茂七之起[②]，杀掠遍于闽中，实此致之也。溺古不通之士，无导民之化理、固国之洪猷，宝此以为三代之遗美，不已愚乎！

【注释】

① 赇（qiú）：贿赂。

② 邓茂七（？—1449）：江西南城（今江西南城）人。明英宗正统初年，与兄弟杀豪强后逃亡福建沙县。后杀死官府弓兵，在沙县陈山寨起义，自号铲平王。进军至广东海阳，攻破江西石城、瑞金等地，正统十四年（1449）二月，中伏阵亡。

【译文】

保甲之法，其名称是很美好的，喜好古代的士人，乐于称赞保甲法；修饰表面文章来塞责的俗吏，急切地实行了保甲法。以为保甲法可以使民众亲睦而引导他们向善吗？那么这不是只靠一片纸、一尺木板就能使他们这样的。以为保甲法能让民众团聚而人人皆兵，可以抵御敌寇吗？那么敌寇来犯的警报一旦响起他们就带着家人四处逃散，不是什保制度所能控制的。以为保甲法能让民众互相监视而奸人奸事无处可容吗？那么在民还没有成为盗匪的时候，谁能怀疑他呢？在他已经成为盗匪的时候，就把罪过让邻居们分担，民众于是就会缩手缩脚而更胆小了。以为保甲法可以让民众每家都有武器，盗匪出现之后可以相互支援而擒杀盗匪吗？那么每人手持数尺的棍棒、生锈的铁器，替别人来与盗匪拼死搏斗，谁肯做这种事？责备他们不相互支援而施加刑罚，贪官污吏将要乘机索取贿赂，而民众更是无处可告了。如果一定要责求他们武器精良、部队严整，有武艺而敢战的人就予以奖赏，豪杰的人就让他当保长、甲长；那么开始用为人枭雄来激励他们，最终将会听任他们啸叫着成群为盗匪。当熙宁、元丰之世，乘机做了盗匪的人不少，而祸害尤其昭著的，就是邓茂七的起兵，在闽中杀掠一遍，确实就是以保甲法导致的。溺于古代而不通的士人，没有引导民众化为良民的办法，没有巩固国家的宏大谋略，却把这个保甲法作为三代留下的好制度当作宝贝，不已是愚蠢吗！

【正文】

免役之愈于差役也[①]，当温公之时，朝士已群争之，不但安石之党也。民宁受免役之苛索，而终不愿差役者，率天下通古今而无异情。驱迟钝之农人，奔走于不习知之政令，未受役而先已魂迷，既受役而弗辞家破，输钱毕事，酌水亦甘，不复怨杼柚之空于室矣[②]。故免役之害日增，而民重困者，有自来也。自宇文氏定“租、庸、调”之三法以征之民也[③]，租以田，庸以夫。庸者，民之应役于官，而出财以输官，为雇役之稍食也。庸有征而役免矣。承平久而官务简，则庸恒有余，而郡库之积以丰，见于李华所论清河之积财[④]，其征也。及杨炎行“两税”之法[⑤]，概取之而敛所余财归之内帑，于是庸之名隐，而雇役无余资。五代僭伪之国，地狭兵兴，两税悉充军用，于是而复取民于输庸之外，此重征之一也。安石唯务聚财，复行雇役之法[⑥]，取其余羡以供国计，而庸之外又征庸矣。然民苦于役，乃至破产而不偿责，抑不复念两税之已输庸，宁复纳钱以脱差役之苦。繇是而或免或差，皆琐屑以责之民；民虽疲于应命，然止于所应派之役而已。朱英不审[⑦]，而立“一条鞭”之法[⑧]，一切以输之官，听官之自为支给。民乍脱于烦苛，而欣然以应。乃行之渐久，以军兴设裁减之例，截取编徭于条鞭之内，以供边用。日减日削，所存不给，有司抑有不容已之务，酷吏又以意为差遣，则条鞭之外，役又兴焉。于是免役之外，凡三征其役，概以加之田赋，而游惰之民免焉。至于乱政已亟，则又有均差之赋而四征之。是安石之立法，已不念两税之已有雇赀；而温公之主差役，抑不知本已有役，不宜重差之也。此历代之积弊已极，然而民之愿雇而不愿差者，则脂竭髓干而固不悔也。

【注释】

① 差役：宋代官府按照税钱、物力多寡，将民户分为五等，再按户等高下及丁口多少轮流负担官府的事务，称为差役。一般下户要承担的职役少，上户则较多较重，这使上户在乡村以至州县的各色官府事务中具有了一定权力。从乡到州县的官府之役分很多细目，如乡村的里正、耆长、户长、壮丁到州县的衙前、人吏、承符、散从、步奏官、弓手、手力、院虞候、杂职、斗子、拣子、掏子、秤子、仓子、解子、拦头、医人、所由等。下户只能担任低等差役，上户才能承担权力较大的差役，甚至可以补为官。

② 杼柚（zhù zhóu）：也作“杼轴”。本指织布机上的两个部件，用来持纬线的梭子和用来承经线的筘，故又代指织机，引申指纺织。

③ 租、庸、调：唐前期的税收制度。凡受田农民应向国家负担租、庸、调。租指丁男每年交纳粟二石或稻三石，庸是丁男每年应服劳役二十天，不服徭役，可以折成绢、布代替。调指丁男每年交纳绢、麻、布等。

④ 李华（715—766）：赵州赞皇（今河北赞皇）人。开元二十三年（735）进士，历官监察御使。安禄山陷长安时，任凤阁舍人。安史之乱后，贬为杭州司户参军。后来隐居山阳，信奉佛法。

⑤ 杨炎（727—781）：天兴（今陕西凤翔）人。历任吏部侍郎、道州司马、礼部郎中、知制诰、中书舍人、吏部侍郎、门下侍郎、同平章事等。德宗建中元年（780），废除租庸调制，推行两税法。为人睚眦必仇，果于用私，以刘晏曾弹劾自己，执政时把刘晏贬到忠州，又诬而杀之。罢相后，被庐杞诬陷。两税法：由征收谷物、布匹等实物为主的租庸调法，改为征收金钱为主，一年两次征税，称为两税法。唐德宗建中元年（780）开始实行。对民户和人丁，统一编入州县户籍，就地纳税。

⑥ 雇役法：即免役法，雇人服役。令民输钱于官，另外募人代役。

⑦ 朱英（1416—1484）：汝城（今湖南汝城）人。明正统十年（1445）

进士。任浙江道监察御使、广州布政司参议、陕西参政、福建右布政、陕西左布政、右副都御使、右都御使。为政清廉，皇帝赏赐玺书金币，他只收玺书，把金币归入库府。

⑧ 一条鞭法：明代赋役改革，初名条编，又名类编法、明编法、总编法。编又作“鞭”“边”。总括一县的赋役，全部合并为一条，先将赋和役分别合并进行计算，最后将役银与赋银合并征收。

【译文】

免役法比差役法好，在司马光的时候，朝廷大臣已经群起争论了，不只是王安石的同党参与争论。民众宁愿遭受免役的苛刻盘剥，最终也不愿意承担差役，在这件事情上，整个天下和古往今来都没有不同的想法。驱赶迟钝的农民，在不熟习的政令之间奔走，还没有承受赋役先就已经迷惑了，当已承受赋役之后而不辞家庭破碎，交钱完事，喝水也觉得甜，不再怨恨家里空无财产了。所以免役法的危害日益增加，而民众越来越贫困是有来由的。自宇文氏规定了租、庸、调三种赋税方法来向民众征收，租是根据田地征收，庸是根据人头来分担。庸，就是民为官府服劳役，或拿出财产交给官府，作为官府雇人服役的报酬，所以如果征收了庸钱就可免除劳役。天下太平时间久了，官府的事情也很简单，那么庸总是有余的，而州郡的仓库也渐渐积储得丰足，这一点看李华关于清河积财的论说，就可证明。到杨炎实行“两税”法，把租和庸都作为两税收取，而把剩余的钱财收进官内仓库，于是“庸”的名称就渐被淡忘了，而雇役也没有多余的钱了。五代僭越称帝的国家，地域狭小而不断用兵，两税所收全部充为军用，于是又在民众的输送田租和服劳役之外再收赋税，这是过重征收赋税的一种情况。王安石只求聚敛钱财，又实行雇役法，取其剩余以供国家开支，这是在已有了庸之外再收庸。而民众为劳役所苦，乃至破产而不能偿债，也不再顾及两税已经交了租和庸，宁愿再次交钱以摆脱差役的痛苦。由此而或免了差役，或仍要服差役，都琐碎地要民众来承担；民众虽然疲于应命，但也仅限于所应派的差役而已。明代的朱英不审察这一情况，而建立了“一条鞭”法，一切都交给官府，任由官府自己支出。民众一时摆脱了烦苛的赋税，于是高兴地响应“一条鞭”法。但是实行时间逐渐长久之后，由于不断用兵而设了裁减的条例，在“一条鞭”内截取部分数额作为徭役来用，以供应边境用兵。不断地减削，所储存的就不够供给了，有关部门也有不能停止的事务，酷吏又根据自己的意思加以差遣，就在“一条鞭”之外，又出现了徭役。于是在原来所免的徭役之外，又三次征发徭役，都一概加在田赋中，而游手不劳的懒惰之民却不用交这种新加的田赋。到了乱政达到极点的时候，就又有均差之赋，成为第四种多征的赋役。可知王安石设立的免役法，已不考虑两税法中已有雇人代役的费用；而司马光主张的差役，又不知本已有徭役，不应重复差遣。这是历代积弊达到极点，这样民众愿意雇人代役而不愿意差遣去服役，就是脂髓被抽吸已干也不会后悔的。

【评析】

各项新法在制定时都有一定的理由与目的，但在实际中会出现不少问题，根本原因是无论什么法都要由人来执行，而执法的人会利用相关的规定与所掌握的权力从中谋利，而不顾百姓的死活，这是任何时候都存在的普遍现象。所以所谓新法中有不少执行不久就会被废除，或执行不下去，就是因为执法上会有种种弊端，这是实行变法或改革时必须注意的。王夫之论王安石新法的危害，说明对王安石变法要做具体情况的具体分析。

论以经义取士

【题解】

在科举中强调经义的重要，使之位在策问和诗赋之上，这是正确的。因为古代的治国之道都来自经义。士人在经义方面有怎样的理解与研究，通过经义考试就能得以了解。但掌管经义考试的官员是不是具有对经义的足够学术素养，参加经义考试的人是不是都有真正的研究经义的诚意，则不一定，于是经义考试也会出现弊端。王夫之此篇对此有深入的分析。

【正文】

若夫经义取士，则自隋进士科设以来[①]，此为正矣。纳士于圣人之教，童而习之，穷年而究之，涵泳其中而引伸之。则耳目不淫，而渐移其不若之气习。以视取青妃白，役心于浮华荡冶之中者，贞淫之相去远矣。然而士不益端，学不益醇，道不益明，则上之求之也亡实，而下之习之也不令也。六经、《语》《孟》之文，有大义焉，如天之位于上，地之位于下，不可倒而置也。有微言焉，如玉之韫于山，珠之函于渊，不可浅而获也。极之于小，而食息步趋之节，推求之而各得其安也。扩之于大，经邦制远之猷，引伸之而各尽其用也。研之于深，保合变化之真[②]，实体之而以立其诚也。所贵乎经义者，显其所藏，达其所推，辨其所异于异端，会其所同于百王，证其所得于常人之心，而验其所能于可为之事，斯焉尚矣。乃司试者无实学，而干禄者有鄙心，于是而王鏊、钱福之徒[③]，起而为苟成利试之法。法非义也，而害义滋甚矣。大义有所自止，而引之使长；微言有所必宣，而抑之使隐；配之以比偶之词，络之以呼应之响，窃词赋之陋格，以成穷理体道之文，而使困于其中。始为经义者，以革词赋之卑陋，继乃以词赋卑陋之成局为经义，则侮圣人之言者，白首经营，倾动天下，而于道一无所睹。如是者凡屡变矣。而因其变以变之，徒争肥癯劲弱于镜影之中，而心之不灵，已濒乎死。风愈降，士愈偷，人争一牍，如《兔园》之册[4]，复安知先圣之为此言者将以何为邪？是经义之纳天下于聋瞽者，自成、弘始，而溃决无涯。岂安石之为此不善哉？

【注释】

① 进士科：隋唐科举制度取士的科目之一，用分科考试的方法来选拔官员，隋以后各朝选拔官吏都用进士科为主要科目。考试内容，以时务策为主，后或加试杂文。宋以后进士科成为科举的唯一科目。考试内容，自王安石提倡实学，用经义、策论取士，后虽屡变，终于以经义为主。

② 保合：《周易·乾卦·彖辞》："保合大和，乃利贞。"是说需要保合大和才能实现利贞。保合指保守合会，达到大和，才能使万物得利而贞正。

③ 钱福（1461—1504）：松江华亭（今上海松江）人，明弘治三年（1490）进士，任职翰林院修撰，性坦率，喜饮酒，每饮至醉，往往言语伤人，不为同列所喜，致招谤议。

④《兔园》之册：即《兔园册府》，据说唐代李恽的下属杜嗣先根据科举中的条目，用问答体，引用经史，加上注释而编成，唐以后成为民间村塾俚儒教人读书来应付科举的通俗读物。李恽是太宗之子，于是就用汉梁孝王的"兔园"作书名。或说虞世南著。省称"兔册"。

【译文】

至于在科举中用经义科来取士，则自隋设立了进士科以来，这就是最正当的一科。让士人接受圣人的学说，在儿童时就开始学习，整年都来研究圣人的学说，沉浸在里面而引导他们不断增长见识，那么耳目就不淫乱，而逐渐地改变了他们不合乎正道的习气。拿这种学习来看学对偶作诗词、让学生在浮华冶荡的事情上用心，两种学习的贞正与邪淫就相差很远了。然而士人更不端正，学问更不纯粹，道义更不明白，这就是在上的人要他们所学的是没有实际内容的，而在下的人所学也就不会贞正了。六经、《论语》《孟子》的文章，里面有重大的义理，如同天的位置在上，地的位置在下，是不可倒置的。里面又有微妙的意旨，如同玉埋在山中，珠藏在深渊，不是浅浅而学就能获得。学问的极小之处，也有饮食止息行步趋进的节度，推求其中的道理而分别获得正确的理解。扩大来看，治理国家控制远方的谋略，引申开来也要分别尽到它们的用处。研究到深处，对于其中保合大和以及事物变化的真理，要切实体会出来并由此树立起自己心中的诚意。经义科考试最为宝贵的，是把圣人学问中隐藏的义理揭示出来，达到这些义理所能推及之处，分辨出它与异端之学的不同之处，在历史上的君王那里加以会通而看出共同的治国之道，又在常人的心里证明这种心得，并验证它在可为之事中能如何应用，这就算达到上等层次了。可是主管科举考试的人却没有实际的学问，而通过科举考试想求取官禄的人又有鄙陋的用心，于是王鏊、钱福这种人，就起而采用苟且而便利的考试方法了。有关的制度并不是义理，但危害义理却更为严重。重大的义理自有它的界限，而拉伸使它变长；微言大义有些内容必须要宣示出来，却又压抑它们使之隐晦；用对偶的辞藻来配合，在文章写法上又用前后响应联络的方法，窃用辞赋中的卑陋格律，以此形成穷尽义理体会大道的文章，而使士人困窘于这套科举考试的框架之中。开始采用经义科目的人，是用来革除辞赋的卑陋，继而竟然用卑陋的辞赋所写成的文章作为经义，那么羞辱了圣人之言的人，耗费一生精力来钻研经义，使整个天下都来从事这种经义之学，而对于大道一无所知。像这样的情况已经屡次变化了。而根据它的变化再来变化，徒然地在镜影里竞争肥和瘦、强劲和虚弱，而人心的不灵，已濒于死亡。风气愈益下降，士人愈益苟且偷懒，人们争相去读那种教人写科举文章的书，如《兔园册府》一类，又哪里知道先圣说的那些话是为什么呢？这就是经义科目把天下读书人都笼罩起来使他们变成了聋子和瞎子，自明代成化、弘治年间开始，以后就像黄河决口一样泛滥得无边无际了，哪里是王安石做成的不善之事呢？

【正文】

合此数者观之，可知作法之难矣。夫安石之以成宪为流俗而亟改之者，远奉尧、舜，近据《周官》，固以胁天下曰："此圣人之教也。"夫学圣人者，得其精意，而古今固以一揆矣。《诗》云："思无疆，思马斯臧[①]。"此固自牧畜之证，而保马可废矣。子曰："苟子之不欲，虽赏之不窃。"此不责民以弭盗之证也，而保甲徒劳矣。《周官》行于千里之畿，而胥盈于千，徒溢于万[②]，皆食于公田，此民不充役之验也。则差役之虐政捐，而免役之诛求亦止矣。《记》曰："顺先王诗、书、礼、乐以造士。"则经义者，允为良法也。而曰顺者，明不敢逆也。为琐琐之法以侮圣言者，逆也。绌其逆，而士可得而造，存乎其人而已矣。诚得圣人之精意以行之，而天下大治。自立辟以扰多辟之民[③]，岂学古之有咎哉？

【注释】

① 思无疆，思马斯臧：《诗经·鲁颂·駉》赞颂鲁僖公治国遵守伯禽之法，推其诚心，反复思考治国之事，其思虑无所不及，不能遍举，只举养马一事，说他思虑了养马，马就养得好。比喻君主为了治国而无不思考，所思又没有不善。思无疆，指思无疆域。臧，善、好。

② 胥、徒：《周礼·天官·序官》："胥，十有二人，徒，百有二十人。"泛指高级官员之下的低级官吏。王夫之引用来说明周代有众多的低级官吏，为国家服务，而不用民众来服徭役。

③ 立辟、多辟：《诗经·大雅·板》："民之多辟，无自立辟。"民多辟，是说民众多有邪恶。立辟，指君主立法。意思是说民众的行为多有邪恶，乃是你君臣的过失，不要把自己所订立的都称为法律，来约束民众。所以《晏子春秋》中说："无以多辟伤百姓。"都是说君主官府多立法律只能伤害百姓，并不能把国家治理好。

【译文】

将这几件事合起来看，可知制定制度是很难的。王安石把已成的制度看作流俗而想马上加以改革，远的尊奉尧、舜，近的依据《周礼》，用这些来威胁天下人，说："这是圣人的经学。"学圣人的人，得到圣人经学中的精意，而古今本来就是一个道理。《诗经》里说："思虑无疆界，想到养马，马就养得好。"这本来就是国家养马的证明，而保马法就可以废除了。孔子说："如果你不想偷，虽然有人奖赏你，你也不会去偷。"这是不责求民众来对抗盗匪的证明，而保甲法也是徒劳的。《周礼》里说：在上千里的王畿里巡行，就有成千上万的胥徒，都靠公田生活，这是民众不为官府服徭役的证明。那么差役法的虐政废除之后，免役法对民众的责求也应停止。《礼记·王制》中说："顺着先王的诗、书、礼、乐来培养士人。"那么科举的经义科目，确实是好办法。而说"顺"，表明是不敢违逆的。制定了琐碎的法律来羞侮圣人学术的人，就是违逆。废除他们的违逆，士人就能培养出来，但这些事要由合适的人来做才行。真的得到圣人学说的精意而加以实行，天下就能大治。自己立法来骚扰多有邪辟的民众，难道是学习古代而有了咎误吗？

【评析】

考经义也要由人来执行，但司试者无实学，干禄者有鄙心，于是变为苟成利试之法。而在写作上，又是窃辞赋之陋格，以成穷理体道之文，经义本来是要革辞赋的卑陋，最后却变成了以辞赋卑陋之成局为经义，这就是侮圣人之言，是对经义的侮辱。考经义，重点是要求符合经义的根本道理，这就是所谓的"顺"，但又为琐琐之法以侮圣言，就变成了"逆"。这样的经义，不能培养合格的士人，所以说：士可得而造，存乎其人而已。如果执行经义考试的人是不合乎要求的人，经义也会变质。任何事情不能只满足于字面上的意思，必须切实地在执行层面追求其效果。考试制度越来越变得不可思议，是不可能引导士人认真研究经义，掌握治国之道的。

论治国的苛政

【题解】

治国之所以出现种种苛政，就是因为治国之人多为不义，使本来用意良好的制度，变成小人谋取私利的工具，且小人用国家制度作为护身的虎皮，为害更为猖狂，国家必然走向衰弱。

【正文】

国民之交敝也，自苛政始。苛政兴，足以病国虐民，而尚未足以亡；政虽苛，犹然政也。上不任其君纵欲以殄物，下不恣其吏私法以戕人，民怨渐平，而亦相习以苟安矣。惟是苛政之兴，众论不许，而主张之者，理不胜而求赢于势，急引与己同者以为援，群小乃起而应之，竭其虔矫之才[①]、巧黠之慧、以为之效。于是泛滥波腾，以导谀宣淫蛊其君以毒天下，而善类壹空，莫之能挽。民乃益怨，衅乃倏生，败亡沓至而不可御。呜呼！使以蔡京、王黼、童贯、朱勔之所为[②]，俾王安石见之，亦应为之发指。而群奸尸祝安石、奉为宗主、弹压天下者，抑安石之所不愿受。然而盈廷皆安石之仇雠，则呼将伯之助于吕惠卿、蔡确、章惇诸奸，以引凶人之旅进，固势出于弗能自已，而聊以为缘也。势渐迤者趋愈下，志荡于始而求正于末者，未之有也。是故苛政之足以败亡，非徒政也，与小人为类，而害乃因缘以蔓延。倡之者初所不谋，固后所必至也。

【注释】

① 虔矫：本作矫虔，《尚书·吕刑》："罔不寇贼，鸱义奸宄，夺攘矫虔。"矫虔，指矫称上命以取人财，如同自己固有的财物，泛指官吏假借国家的名义巧取豪夺民财。这里指小人利用官府名义盘剥欺压人民。

② 王黼（1079—1126）：开封祥符（今河南开封）人。崇宁时进士，后为左司谏，助蔡京复相，升御史中丞。勾结宦官梁师成，祸国殃民，为害甚多。陈东上书时列其为"六贼"之一。钦宗即位，抄没其家，流放永州（今湖南永州市零陵区）。开封尹聂山派武士跟踪到雍丘县南辅固村，将他杀死。童贯（1054—1126）：河南开封人。初任供奉官，在杭州为徽宗搜括书画奇巧，助蔡京为相，领枢密院事，掌兵权二十年，时称蔡京为"公相"，他为"媪相"。宣和七年（1125），金兵南下，随徽宗南逃，钦宗即位后被处死。朱勔（miǎn，1075—1126），苏州（今江苏苏州）人。父亲朱冲谄事蔡京、童贯，父子得官。为宋徽宗搜求珍奇花石，从淮河、汴河运入京城，号称"花石纲"。朱勔权势既大，州郡官吏纷纷巴结，号称"东南小朝廷"。钦宗即位，被罢官抄家，流放循州（今广东龙川），随后被处死。被陈东列为"六贼"之一。

【译文】

国家与民众交相疲敝，是从实行苛政开始的。苛政兴起，足以使国家出现弊病而虐害民众，但尚不足以使国家灭亡；国政虽然苛刻，仍然还是国政。上不放任国家的君主纵欲以败坏物资，下不让官吏恣意用私法残害人民，民众的怨恨会逐渐平定，也会相互习惯而求苟且偷安了。只是苛政的出现，众人的议论不会赞同，而主张实行苛政的人，在道理上不能说服众人而追求在权势上取胜，就急切地引用与自己意见相同的人作为声援，成群的小人就会起来响应他，竭尽他们狐假虎威的才能、巧妙狡黠的智慧来为这种人效力。于是掀起阵阵波浪泛滥翻腾，来引人谄谀肆行荒淫，蛊惑君主而毒害天下，使得善人君子在朝廷空无一人，没人能够挽救局势。民众就会更为怨恨，祸隙于是不断发生，败亡接连到来而不可抵御。呜呼！假使把蔡京、王黼、童贯、朱勔所干的事，让王安石看到，也应该为之发指。而成群的奸人以王安石为祖师，奉之为宗主，用来弹压天下的手段，也是王安石所不愿接受的。然而满朝廷都是王安石所仇视的人，那么从吕惠卿、蔡确、章惇诸奸臣那里想得到有力的协助，而引来凶恶之人不断进用，本来就是势所难免而不能自己止息的，而使诸奸人以此为机缘而借以得逞了。形势逐渐延续下去就更趋恶劣，在开始就让自己的志向放纵而想在后来求得正当，这是不会有的。所以苛政足以让国家败亡，不只是因为苛政本身，而是因为与小人为同类，而使祸害得以借着机缘而逐渐蔓延。这是提倡者在开始时所没有想到的，本来也是后来所必然到来的。

【正文】

夫欲使天下之无小人，小人之必不列于在位，虽尧、舜不能。其治也，则惟君子胜也。君子胜而非无小人。其乱也，则惟小人胜也。小人胜而固有君子。其亡也，则惟通国之皆小人。通国之皆小人，通国之无君子，而亡必矣。故苛政之兴，君子必力与之争；而争之之权，抑必有所归，而不可以泛。权之所归者，德望兼隆之大臣是已。大臣不能持之于上，乃以委之于群工，于是而争者竞起矣。其所争者正也，乃以正而争者成乎风尚，而以争为正。越职弗问矣，雷同弗问矣。以能言为长，以贬削为荣，以罢闲为乐，任意以尽言，而惟恐不给。乃揆其所言，非能弗相刺谬也；非能弗相剿袭也；非能无已甚之辞，未然而斥其然也；非能无蔓延之语，不然而强谓然也。挢举及于纤微之过[①]，讦谪及于风影之传，以激天子之厌恶，以授群小之反攻，且跃起而自矜为君子，而君子小人遂杂糅而莫能致诘。如攻安石者，无人不欲言，无言不可出，岂其论之各协于至正，心之各发于至诚乎？乃至怀私不逞之唐坰[②]，反覆无恒之陈舜俞[③]，亦大声疾呼，咨嗟涕洟，而惟舌是出。于是人皆乞罢，而空宋庭以授之小人。迨乎蔡京、王黼辈兴，而言者寂然矣。通国无君子，何怪乎通国之皆小人哉？

【注释】

① 挢（jiǎo）举：纠正。

② 唐垌：生卒年不详。支持王安石变法，说："青苗法不行，宜斩大臣如韩琦者数人。"王安石荐为御史。后对王安石不满，趁百官朝见皇帝时，请求皇帝接见，在皇帝面前读其奏疏，对王安石等大臣一一指责，众人不敢言，皇帝令他停止，仍不退缩，读完奏疏才下殿拜退。当时视为狂人。

③ 陈舜俞（？—1074）：湖州乌程（今浙江湖州市吴兴区）人。初曾弃官居秀州白牛村，自号"白牛居士"。庆历六年（1046）进士，知山阴县。王安石变法，推行青苗法，陈舜俞为山阴县令，不予执行，上书自劾，贬为监南康军盐酒税。

【译文】

要想让天下没有小人，让小人必定不在大臣行列之中，就是尧、舜也做不到。国家大治的时候，只是君子胜过小人。君子胜过小人并不是没有小人。国家在动乱的时候，就只是小人胜过君子，小人得胜也还是有君子。国家在灭亡的时候，就只会是全国都是小人。全国都是小人，全国没有了君子，国家的灭亡就是必然的了。所以苛政的兴起，君子必须极力与之相争；而相争的权力，也还是必须有所归属，而不可泛滥。权力的归属，就是归到那种品德与人望都很高尚的大臣。大臣不能在上面坚持正道，就把这种事交给众臣，于是争论就竞相出现了。他们所争的是正当的事，但以争为正当而形成了风气，就会把争斗当成正当的事了。越职的事也不过问了，议论雷同也不过问了。就以能发表言论为长处，以受到贬官削职为荣耀，以罢官赋闲为乐事，任意地发表言论，而唯恐来不及发表言论。但是考察他们的言论，不是能不相互指责错误，不是能不相互抄袭，不是能没有过分的言辞，而是尚未如此就斥责已是如此了；不是能没有枝蔓夸张的话，而是不是如此而强说已是如此了。对别人的指责纠正到了细微过失也不放过的地步，攻讦指摘到了捕风捉影的程度，以此来激起天子对此人的厌恶，来让成群小人进行反攻，并且跳起来自矜为君子，于是君子、小人就混乱杂糅而无人能加以诘问了。如攻击王安石的人，没有人不想发言，没有什么话不能说出，难道他们的言论都各自符合至正之道，他们的内心都是各自出于至诚吗？就连怀着私心有不可告人目的的唐坰、反复无常的陈舜俞，也大声疾呼，感叹流涕，而只由着舌头发表言论。于是人人都求罢职，让宋的朝廷空无一人而把朝廷交给了小人。到了蔡京、王黻这伙人出来时，而发表言论的人就沉寂了。整个国家已无君子，哪里能怪整个国家都是小人呢？

【正文】

乃其在当日也，非无社稷之臣，德重望隆，足以匡主而倚国是，若韩、富、文、吕诸公者[①]，居辅弼之任，而持之不坚，断之不力，如先世李太初之拒梅询、曾致尧，王子明之抑王钦若、陈彭年，识皆有所不足，力皆有所不逮。而以洁身引退，倒授其权于新进之庶僚，人已轻而言抑琐，不足耸人主之听，祇以益安石之横。且徒使才气有裨之士挫折沉沦，不为国用；而驱天下干禄者，惩其覆轨，望风遥附，以群陷于邪。诸公过矣，而韩公尤有责焉。躬任两朝定策之重，折母后之垂帘，斥权奄以独断，德威树立，亘绝古今。神宗有营利之心，安石挟申、商之术，发乎微已成乎著，正其恩怨死生独任而不可委者。曾公亮、王陶之琐琐者[②]，何当荣辱，而引身遽退，虚端揆以待安石之纵横哉？韩公尤过矣！虽然，抑非公之过也。望之已隆，权之已重，专政之嫌，先起于嗣君之肺腑。则功有不敢居，位有不敢安，权有不敢执，身有不可辱，公亦末如之何也。夫秉正以拒邪，而使猝起争鸣之安石不得逞者，公之责也。斥曾公亮之奸，讼韩公之忠，以觉悟神宗安韩公者，文、富二公之责也。乃文之以柔居大位，无独立之操；富抑以顾命不与，怀同堂之忌；睨韩公之远引，而隐忍忘言。及安石之狂兴，而姑为缓颊，下与小臣固争绪论，不得，则乞身休老，而自诩不污，亦将何以质先皇而谢当世之士民乎？韩公一去，而无可为矣。白日隐而繁星荧，嘒彼之光[③]，固不能与妖孛竞耀也[④]。

【注释】

① 吕：指吕公著（1018—1089），寿州（今安徽寿县）人，早年登进士第，神宗时为翰林学士，反对王安石新法，哲宗时为司空，同平章军国事，与司马光同时辅政。

② 王陶（1020—1080）：京兆万年（今陕西西安）人。仁宗庆历二年（1042）进士，任右正言、知制诰、御史中丞、权三司使等。

③ 嘒（huì）彼之光：微光，光线微弱。

④ 妖孛：妖星、孛星，古时指不正常出现的星象，以为这种星象出现，预示将有灾祸。泛指不正常的邪恶征兆。

【译文】

神宗在当时，不是没有社稷之臣，德高望重、足以扶助君主而托付国家大政的人，如韩琦、富弼、文彦博、吕公著诸人，身负辅助大臣的重任，但对政策的坚持不够坚定，对事情的决断也不够得力，不像从前李沆拒斥梅询、曾致尧，不像王旦抑制王钦若、陈彭年，见识都有所不足，力量都有所不及。而为了名声高洁就引退，把权柄倒送给新进的众僚属，不在宰相位上，人就变得轻微而言就变得琐碎，不足让君主听从自己的话，只能增加王安石的骄横。而且使才气有助国政的士人挫折沉沦，不为国家重用；而驱使天下追求禄利的人，以他们翻车的事情为教训，望着王安石的风声而遥相依附，而使众人都陷于奸邪。韩琦等人在这时都有过失，而韩琦尤其有责任。身任两朝确定太子继承人的重担，折败了太后的垂帘听政，以一个人的决断斥退了专权的宦官，品德与威望都已树立，如此功劳亘绝古今。神宗有营求财利的心愿，王安石怀揣申不害、商鞅的学说，在不显眼的情况下开始提出而在完成时就已显著，对于这些，正是韩琦要独自担任恩怨死生之责而不可推托的。曾公亮、王陶这类琐小之辈，哪里当得上荣辱的名分，却急忙引身退去，空出宰相之位要等待王安石任意横行吗？可知韩琦的过失尤其大。虽然如此，也不全是韩琦的过失。声望已经很高，权势已经很重，擅权专政的嫌疑，首先就在继位君主的心中产生，于是有功也不敢居功，有位也不敢安于位，有权也不敢执掌，有身体而不可让它受辱，韩琦也是无可奈何的。秉持着正道来抗拒邪恶，而使突然出现进行争鸣的王安石不能得逞，这是韩琦的责任。斥责曾公亮的奸邪，为韩琦的忠诚进行争辩，以此来让神宗醒悟而让韩琦得以平安的，这是文彦博、富弼二人的责任。可是文彦博却以柔顺的态度居于相位上，没有独立担当的节操，富弼还因为未能参与后继君主的顾命，也对同为宰相的韩琦心怀忌恨，冷眼旁观韩琦的远去，而隐忍着不为他说话。等到王安石的狂妄发作之后，还姑且替他婉言劝解，又与下面的小臣为人们的言论进行争辩，争论不成，就请求引身退休养老，还自诩没有污点，又将拿什么来面对先皇而向当世的士人民众解释呢？韩琦一旦离去，就无可作为了。明亮的太阳隐去之后，繁多的星星就发光了，但星星的小光，本来就是不能与妖星来争光亮的。

【正文】

夫神宗有收燕云、定银夏之情，起仁宗之积弛，宋犹未敝，非不可图也。和平中正之中，自有固本折冲之道[①]。而筹之不素，问之莫能酬答，然且怀私以听韩公之谢政，安得谓宋有人哉？无大臣而小臣瓦解；小臣无可效之忠，而宵小高张；皆事理之必然者。司马、范、吕诸公强挽已发之矢而还入于彀[②]，宜其难已。然则宋之亡也，非法也，人也。无人者，无大臣也。李太初、王子明而存焉，岂至此乎？

【注释】

① 折冲：冲是一种战车。折冲，使敌人的战车后撤，指制敌取胜。

② 彀（gòu）：箭袋。

【译文】

神宗有收复燕云、平定银夏等州的心愿，这起自仁宗时期的长期松弛，宋朝还没有敝坏，不是不能谋求这种目标的。在和平中正之中，自有巩固根本再来取胜的方法。但没有充分的筹划，询问起来就无人能回答，而且还怀着私心听从了韩琦辞职的要求，怎能说宋朝有人才呢？没有了大臣，小臣就会瓦解；小臣没有可以效命的忠诚，于是小人就会势力大增，这都是事理的必然情况。司马光、范仲淹、吕公著诸位大臣强行挽住已经射出的箭要把它收回箭袋里，当然是很难的。这样说来，宋的灭亡，不是因为制度，而是因为人才。没有人才，就没有好的大臣。李沆、王旦还在的话，难道会到这一步吗？

【评析】

不可能让天下无小人，或让小人必不在位，但一定要让参与治国的人以君子占主导地位，这就是所说的“君子胜”，而不能相反，即“小人胜”。否则就会变得“通国皆小人，而亡必矣”。这说明治国理政最终的问题，就是用什么样的人。让小人掌握朝中大权，就会使小人越来越多，而君子就被压制，多么好的制度也会变质，成为小人手中为非作歹的工具。

如何论人

【题解】

对人的衡量有三个标准：正与邪，是与非，功与罪。对此要分辨清楚：什么是正，什么是邪，什么是是，什么是非，功与罪如何定义？不把这些问题彻底搞清楚，就会在用人问题上不断出现错误，最终不能杜绝出现“小人胜”的局面。

【正文】

论人之衡有三：正邪也，是非也，功罪也。正邪存乎人，是非存乎言，功罪存乎事。三者相因，而抑不必于相值。正者其言恒是，而亦有非；邪者其言恒非，而亦有是；故人不可以废言。是者有功，而功不必如其所期；非者无功，而功固已施于世。人不可以废言，而顾可以废功乎？论者不平其情，于其人之不正也，凡言皆谓之非，凡功皆谓之罪。乃至身受其庇，天下席其安，后世无能易，犹且摘之曰：“此邪人之以乱天下者。”此之谓“不思其反”①。以责小人，小人恶得而服之？已庇其身，天下后世已安之而莫能易，然且任一往之怒，效人之诃诮而诃诮之；小人之不服，非无其理也，而又恶能抑之？

【注释】

① 不思其反：《诗经·卫风·氓》：“及尔偕老，老使我怨。淇则有岸，隰则有泮。总角之宴，言笑晏晏。信誓旦旦，不思其反。反是不思，亦已焉哉！”是说当年信誓旦旦，现在反而不再记着。对当年誓言

不再记着，也就算了吧！王夫之引用此句是说不去反思当初是怎么回事。

【译文】

评论人的标准有三个，这就是：正邪，是非，功罪。正邪存在于人，是非存在于言，功罪存在于事。三者相互为契因，而又不必相等。贞正的人，他的言论通常都是对的，但也有不对的；奸邪的人，他的言论通常都是不对的，但也有对的；所以人不可以不让他发言。说得对就有成功，但成功不必定像他最初说的那样完善；说得不对就没有成功，但事情本来就已做成而施展到世间了。人不可以不让他发言，但能让他不做成事吗？评论的人不平静自己的心情，对于不正的人，就认为凡是他说的全都不对，凡是他做成的事就都称为罪。以至于自身还受到他的庇护，天下享受他的安宁，后世不能改变，还要指摘他说："这是邪人扰乱天下的事。"这就称为"不思其反"。以此来责备小人，小人哪能心服？已庇护了其人，天下后世已经安心而无人能改，这样还要放任以往的愤怒，仿效别人的苛责而苛责他；小人的不服气，不是没有他的道理，而哪里又能抑制他呢？

【正文】

章惇之邪，灼然无待辨者。其请经制湖北蛮夷，探神宗用兵之志以希功赏，宜为天下所公非，亦灼然无待辩者。然而澧、沅、辰、靖之间①，蛮不内扰，而安化、靖州等州县②，迄今为文治之邑，与湖、湘诸郡县齿，则其功又岂可没乎？惇之事不终，而麻阳以西③，沅、溆以南④，苗寇不戢，至今为梗。近蛮之民，躯命、妻子、牛马、粟麦莫能自保。则惇之为功为罪，昭然不昧，胡为乐称人之恶，而曾不反思邪？

【注释】

① 澧：澧州，今湖南澧县，是湘西北通往鄂、川、黔的重镇，因澧水贯

穿全境而得名。沅：沅州，治所在卢阳（今湖南芷江侗族自治县）。辰：辰州，治所在今湖南沅陵县，湘西门户。靖：靖州，治所在今湖南靖州苗族侗族自治县。

② 安化：今湖南安化县。

③ 麻阳：今湖南麻阳苗族自治县。

④ 沅、溆（xù）：沅水、溆水，河流名，在今湖南。

【译文】

章惇的奸邪，是灼然明显不用分辨的。他请求前去平定湖北蛮夷，试探神宗用兵的志向以此来求得功赏，当然要受到天下公众的非议，这也是灼然明显而不用分辨的。然而在澧州、沅州、辰州、靖州之间，蛮夷之人不扰乱内地，而安化、靖州等州县，至今都是以文化治理的郡县，与湖、湘的各郡县相邻，那么章惇的成功难道又是可以埋没的吗？章惇办的事没有结尾，而麻阳以西，沅、溆两州以南，苗人的盗寇未被平定，至今还是朝廷的麻烦。靠近蛮夷的民众，他们的身体性命、妻子、牛马、粮食没有人能靠自己保得住。那么章惇是为功还是为罪，是明白而不隐晦的，为什么乐于称人家的恶，而不曾反思人家的善呢？

【正文】

乃若以大义论之，则其为功不仅此而已也。语曰：“王者不治夷狄[①]。”谓沙漠而北，河、洮而西，日南而南，辽海而东[②]，天有殊气，地有殊理，人有殊质，物有殊产，各生其所生，养其所养，君长其君长，部落其部落，彼无我侵，我无彼虞，各安其纪而不相渎耳。若夫九州之内，负山阻壑之族，其中为夏者，其外为夷，其外为夏者，其中又为夷，互相襟带，而隔之绝之，使胸腋肘臂相亢悖而不相知，非无可治，而非不当治也。然且不治，则又奚贵乎君天下者哉？君天下者，仁天下者也。仁天下者，莫大乎别人于禽兽，而使贵其生。苗夷部落之魁，自君于其地者，皆导其人以驼戾淫虐[③]，沉溺于禽兽，而掊削诛杀，无间于亲疏，仁人固弗忍也。则诛其长，平其地，受成赋于国，涤其腥秽，被以衣冠，渐之摩之，俾诗、书、礼、乐之泽兴焉。于是而忠孝廉节文章政事之良材，乘和气以生，夫岂非仁天下者之大愿哉？以中夏之治夷，而不可行之九州之外者，天也。其不可不行之九州之内者，人也。惟然，而取蛮夷之土，分立郡县，其功溥，其德正，其仁大矣。

【注释】

① 王者不治夷狄：《春秋》隐公二年："公会戎于潜"，何休为《春秋穀梁传》作注时说："王者不治夷狄，录戎来者不拒，去者不追也。"是说天子不直接治理夷狄。夷狄是中国古代对周围少数民族的称呼。

② 日南：日南郡，汉代设，秦代为象郡，汉初为南越国，汉灭南越国，设十郡，其中之一是日南郡，在今越南境内。辽海：指辽河流域以东至海地区。

③ 駤（zhì）戾：蛮横凶暴。淫虐，过多或过分。

【译文】

如果用大义来评论他，那么他的成功也不仅此而已。古人说："王者不治夷狄。"这是说沙漠以北、河洮以西、日南以南、辽海以东，天有不同的气候，地有不同的地理，人有不同的体质，物有不同的物产，各自产生本地所能生长的，养育本地所能养育的，以自己的君长为君长，以自己的部落为部落，你没有我的侵犯，我没有对你的担心，各自安于自己的制度而不相互侵犯。而在中国的九州之内，背靠着山以沟壑为险阻的部族，其里面为华夏的，其外面就是夷狄；其外面为华夏的，其里面就又是夷狄，相互之间如襟带一样缠连着，而又相互隔绝，使胸腑肘臂相背相抗而不相互了解，不是没有可治的事，而是不要不得当的治理。然而还是没有治理，则对君临天下的人又有什么可贵的呢？君临天下的人，是仁爱天下的人。仁爱天下的人，最大的事情是把人与禽兽相区别，而使人重视自己的生命。苗夷部落的首领，在他的地盘上自为首领，都用野蛮凶狠和荒淫暴虐引导他的民众，沉溺于禽兽的行为之中，而盘剥诛杀，不分亲疏，这是仁爱的人所不忍做的。那么诛讨他们的首领，平定他们的地域，由国家来接受当地的赋税，改变他们的落后，让他们穿戴上衣冠，逐渐教化他们，使诗、书、礼、乐的恩泽在这些地区出现。于是就有懂得忠孝廉节文章政事的优良人才，乘着和气产生出来，这难道不是仁爱天下的人的大愿望吗？用中原华夏文化治理夷狄，而不能推行到九州之外，这是天然的限制。而不能不推行到九州之内，则是人的问题。只有这样，取得蛮夷的土地，分别设立郡县，其功劳就很广博，其德行就很正当，其仁爱就很伟大了。

【正文】

且夫九州以内之有夷，非夷也。古之建侯也万国，皆冠带之国也①。三代之季，暴君代作，天下分崩。于是而山之陬，水之滨，其君长负固岸立而不与于朝会，因异服异制以趋苟简。至春秋时，莒、杞皆神明之裔，为周之藩臣，而自沦于夷。则潞甲之狄②，淮浦之夷③，陆浑之戎④，民皆中国之民，君皆诸侯之君，世降道衰，陷于非类耳。昭苏而衅祓之⑤，固有待也。是以其国既灭，归于侯服⑥，永为文教之邦，而彝伦攸叙。故《春秋》特书以大其功，岂云王者不治，而任其为梗于中区乎？永嘉之后⑦，义阳有蛮夷号⑧，仇池有戎名⑨，迨及荡平，皆与汴、雒、丰、镐无异矣。然则辰、沅、澧、靖之山谷，负险阻兵者，岂独非汉、唐政教敷施之善地与？出之泥滓，登之云逵，虽有诛戮，仁人之所不讳。而劳我士马，费我刍粮，皆以保艾我与相接壤之妇子。劳之一朝，逸之永世，即有怨咨，可弗避也。君天下者所宜修之天职也。

【注释】

① 冠带之国：冠带，帽子和带子，指礼仪之国及其受到教化的民众。

② 潞甲之狄：潞，春秋国名。潞氏，单称潞或路。赤狄的一支，在今

山西潞城东北。狄，古代的北方民族之一。春秋前，活动于齐、鲁、晋、卫、宋、郑等国之间，居住于北方，又称北狄，狄又作“翟”。

③ 淮浦之夷：汉武帝元狩六年（前117），置淮浦县（在今江苏涟水），属临淮郡。东汉光武帝将临淮郡并为东海郡，淮浦属东海郡。夷，古代东方的民族，通称东夷。淮浦之夷，泛指东方的夷人。

④ 陆浑之戎：春秋时，陆浑戎居住在今河南嵩县东北一带，汉代在此置陆浑县，后并入伊阳县。戎，古代泛指中国西部的民族，如西戎。

⑤ 昭苏：苏醒，开豁，指使之醒悟。衅祓（fú）：衅，指熏香斋戒沐浴；祓，指蛮夷的服装。意谓使之教化，接受先进文明，改变落后习惯。

⑥ 侯服：古代王城外围，按距离远近划分的区域之一。夏代指离王城一千里的地方。五百里甸服，甸服外之五百里为侯服。侯，候也，斥候而服事。周代指王城周围方千里以外的方五百里的地区。方千里曰王畿，其外方五百里曰侯服，又其外方五百里曰甸服。服，服事天子。

⑦ 永嘉：东晋怀帝年号，307年至313年。永嘉之后，指永嘉之乱以后。永嘉之乱发生于永嘉五年（311），前赵刘聪遣石勒、王弥、刘曜等攻晋，在平城（今河南鹿邑西南）大败晋军，之后攻入京师洛阳，俘获晋怀帝。

⑧ 义阳：今河南信阳。

⑨ 仇（qiú）池：甘肃仇池山。

【译文】

那九州以内的夷狄，并不是夷狄。古代建立诸侯，有上万的诸侯国，都是实行礼乐的国度。三代的末年，暴君一代代出现，天下分崩离析。于是在山脚水滨，当地的首领就仗恃着地势险要而参与诸侯对天子的朝拜，于是就用不同的服装和不同的制度以趋向于简便。到春秋时代，莒、杞等国都是古代神明圣王的后裔，作为周天子的屏藩之臣，而自己沦落为夷狄。那么潞甲的狄人、淮浦的夷人、陆浑的戎人，他们的民众都是中国的民众，他们的首领都是诸侯之君，只是因为世道衰落，而沦落为与中华不同的族类而已。让他们醒悟过来而受到中原礼乐的熏陶教化，本来就是对天子的期待。所以他们的国家灭亡之后，就划归为侯服，永远成为文明教化的邦国，而天子的大法就在那里得以施行。所以《春秋》特地加以记载以表彰这种功劳。难道说王者可以不加治理，而任由他们在九州之内作梗吗？晋代永嘉年间之后，义阳有蛮夷的名号，仇池有戎的名称，等到天下平定之后，就都与汴京、洛阳、丰、镐地区没有不同了。这样说来，辰州、沅州、澧州、靖州的山谷，背负着险要而阻挡军队的地方，难道独独不是汉、唐时期广泛施以政教的好地方吗？从泥滓中出来，登上走向云端的大路，虽然也有诛戮，也是仁爱之君所不讳言的。而劳费朝廷的士兵马匹，耗费朝廷的粮草，但都是为了保护养育与我接壤的地区的妇女和儿童的。在一个朝代辛劳一次，使之永久获得闲逸，即使还有怨恨，可以不用躲避。这是君临天下的人所应做到的天职。

【正文】

夫章惇之立心，逢君生事以邀功，诚不足以及此。而既成乎事，因有其功；既有其功，终不可以为罪。迄于今日，其所建之州县，存者犹在目也。其沿之以设，若城步、天柱诸邑之棋布者①，抑在目也。而其未获平定，为苗夷之穴，以侵陵我郡邑者，亦可睹也。孰安孰危，孰治孰乱，孰得孰失；征诸事，问诸心，奚容掩哉？概之以小人，而功亦罪，是亦非，自怙为清议，弗能夺也。虽然，固有不信于心者存矣。

【注释】

① 城步：在今湖南城步苗族自治县，境内中部巫水流域及岭南之境，古为五溪蛮地，有“西原蛮地”“桂州蛮地”等名。天柱：今贵州天柱县，有侗、苗等少数民族。

【译文】

章惇的用心，是逢迎君主弄出事来以邀功，确实不足以达到这种意境。

但既然做成了事，于是就有他的功；既然有他的功，就最终不能定他的罪。直到今天，他所设立的州县，仍然存在的都还在人们眼中。他沿用以前的地名所设置的，如城步、天柱等星罗棋布的郡县，也还在人们的眼中。他没有平定的地方，作为苗夷的巢穴，还要侵犯我朝郡邑的那些地方，也是可以看到的。何为安，何为危，何为治，何为乱，何为得，何为失？用事实来验证，问问人们的心，怎容掩盖呢？一概而论地说他是小人，把他的功也说成罪，他做得对的也说成不对，把这种做法自称为清议，这种清议，是别人不能剥夺的，虽然这样，本来还是存在着让人心中不能相信的事情。

【评析】

以章惇为例，说明了衡量大臣的三条准则：正与邪，是与非，功与罪。这说明对历史人物进行评价，要从这三个方面来加以衡量。正与邪是指一个人的本质，是与非是指一个人做事中的正确与错误，功与罪是指一个人做事的后果对于国家利益的效果。前面说的区分君子、小人，就是区分正与邪。做事的方法上就有是与非，做事的后果上就有功与罪。三者结合起来，才能全面衡量与评价人物。

论哲宗

【题解】

宋哲宗赵煦（1077—1100），宋神宗第六子，北宋第七任皇帝，1086至1100年在位，即位时仅9岁，由高太后听政，用司马光为宰相，把熙宁新法全部废止。高太后死，哲宗亲政，起用变法党章惇、曾布等，恢复新法的保甲法、免役法、青苗法等。

哲宗时期的主要问题，是如何对待新法。高太后主政时期，史称她是女中尧舜，罢除了新法。哲宗亲政，又用变法派，恢复新法，一反一复，产生了许多问题。

在王夫之看来，变法的根本道理在于势、理、天三者的关系。势是客观形势及其演变，能不能变法，要仔细分析当时的形势及其演变的趋势，不能只看眼前一时的情况，这就要有历史的眼光和发展变化的眼光。势的变化有必然之理，而理的自然性，就是天，这是不以人的意志为转移的。说明王夫之把天（自然）看作第一位，而对天的认识则是理，理就是天的规则，人认识了它就可以称为理。势的发展变化，是天与理的表现而已。所以变法的依据是对天、理的认识，从而分析势的变化，才能真正奠定变法的基础，排除人的盲目性。

他说："君子顺乎理而善因乎天，人固不可与天争。""天未然而争之，其害易见。天将然而犹与之争，其害难知。"变法就是人与天争，天从未然到将然再到已然，就是势。变法与势是否相符合，需要人对天的未然将然加以分析，不能想当然，否则会形成人与天争而必有其害。人的作为应该顺乎天的变化之势，而不可与之逆反。知道势"为天下乐循之"，顺着这样的势采取行动，就可以“不言而辨，不动而成，使天下各得其所，嶷然以永定而不可复乱”。因此君子治国最重要的是分析势及其变化，这样的治国，才是合理的，也会成功。如“汤之革夏，武、周之胜殷，率此道也”。

在历史上，帝王想有所作为，而在不知不觉之中导致了“繁苛之政”，于是“开边牟利，淫刑崇侈，进群小以荼苦其民，势甚盛而不可扑”。这样的作为对于治国来说，只有害而无益。所以最好的帝王治国，应该是“应之以理，一顺民志，而天下不见德，大臣不居功，顺天以承祐。承天之祐者，自无不利也”。顺天就是顺乎自然，顺乎客观之势，于是天就会祐助，而使国家无不利。

神宗没有做到这一点，他有“开边之志，聚财之情”，使“王安石乘之以进，三司条例使一设，而震动天下以从其所欲”，于是“群小揣意指而进”。之后，势的发展表明变法的诸项措施都遇到困难，推行不下去，必然走向反面，这就是变法与势相反。王夫之认为，神宗能活到汉武帝的年龄，也会颁下“轮台之诏”，停止变法。这是势所决定的：“否极而倾，天之所必动，无待人也。”所以哲宗继位初期罢除新法，只不过是势的必然变化而已。王夫之分析了势的转变，认为哲宗初期的元祐“诸君子积怒气以临之，弗能须臾忍也”，不能像“古先圣哲”那样“调元气而养天下于和平”，所以匆忙采取行政措施，将新法一概废除。似乎是大快人心的事，却反映了他们对势的发展变化不能清醒认识，所以后来激起了变法党人的反扑，这也是违反了势的表现。

当时的代表人物司马光，是废除新法最得力的大臣，但王夫之认为他有三个毛病：惜名而废实、防弊而启愚、术疏而不逮。第一是说司马光不过问具体的财政问题，这于治国是非常不好的。第二是说为了防止君主实行弊政，要不让他了解国家的具体情况，王夫之认为这种做法“尤其大谬不然”。第三是说君臣在治国上都没有适当的方法，最终也不能治理好国家。天子“不能周知出入之数、畜积之实”，“大臣则亦昔之经生，学以应人主之求者耳”，下者只知道词章，稍好一点只会发表议论，再好一点，是只懂“天人性命之旨”，而对“天下之务，亦上推往古数千年兴废得失之数，而当世出纳之经制，积聚之盈歉，未有过而问者”。所以说是术疏而不逮。

因此，王夫之认为司马光等反对变法的人主政，也不能把国家治理好，所以他说元祐诸公也是惛然与王安石一样。而他们之间的争论，“何异两盲之相触于道，其交谇也必矣”。大臣既如此术疏，就使“天子之卒迷也，故其害有不可胜言者”。大臣们对国家的具体事务完全不清楚，“守之者，胥隶也，掌之者，奄宦也；腐之者，暗室也；籍之者，蠹纸也；湮沉而不可问，盗窃而不可诘”。王夫之感叹说，国家的财富都是“小民粟粟而获之，丝丝而织之，铢铢而经营之，以效立国久长之计，使获免于夷狄盗贼之摧残者”，可是“君臣上下交置之若有若无之中，与粪土均其委弃”，数十年的财富积累，究竟是什么情况，他们都不能清楚知晓，元祐“诸君子不能举此以胜安石之党，且舌挢而不能下，徒以气矜，奚益哉”？王夫之对哲宗元祐时期的反变法党人，是非常失望的，所以后来新党再次上台，而反变法党人备受打击，也就是必然的。

对这种情况，王夫之感叹道，呜呼！宋之不乱以危亡者几何哉？可知，王夫之并不是对某个人的失望，而是对宋朝由此走向混乱危亡而痛心。而“哲宗在御之世，贸贸终日，而不知将以何为”，这样的君臣，不能扭转颓败之势，王夫之经过分析，找到了具体的原因，是出色的历史分析和评论。

为政的通病

【题解】

王夫之说明了为政的通病，是有人能正确分析天下形势，而执政大臣不能听取而付诸实行。就司马光而言，表现在三个方面：惜名而废实，防弊而启愚，术疏而不逮。说明执政大臣犯了为政的通病，根本原因还是怀有私心和思考不密以及能力不足。

【正文】

毕仲游之告温公曰[①]：“大举天下之计，深明出入之数，以诸路所积钱粟，一归地官，使天子知天下之余于财，而虐民之政可得而蠲。”大哉言乎！通于古今之治体矣。温公为之耸动而不能从。不能从者，为政之通病也，温公不免焉。其病有三：一曰惜名而废实，二曰防弊而启愚，三曰术疏而不逮。

【注释】

① 毕仲游（1047—1121）：郑州管城（今河南郑州）人。举进士，任霍邱主簿、开封府推官、礼部郎中等。后列入元祐党人籍。

② 地官：《周礼》中有地官，又称司徒，武则天一度把户部称为地官，所以后人用“地官”称户部。

【译文】

毕仲游告诉司马光说：“对全天下的钱财进行总的统计，深入地弄清楚支出与收入的数字，把地方上各路积储的钱粮，全部收归朝廷的户部管理，让天子知道天下的钱财是有余的，那么对民众征收赋税过重的制度就可以废除了。”这个建议很宏大啊！贯通了古今的治国之体。司马光听了之后也为之震动但不能听从。不能听从，是执掌国政的人的通病，司马光也不能避免。他的弊病有三个：一是爱惜名声而废弃了实际事务，二是为了防止弊端而开启了愚蠢，三是方法疏阔而不能把事情办好。

【正文】

天子不言有无，大臣不问钱谷，名之甚美者也。大臣自惜其清名，而又为天子惜，于是讳言会计，而一委之有司，是未察其立说之义，而蒙之以为名也。不言有无者，非禁使勿知之谓也，不于有而言无以求其溢，不于无而计有以妄为经营。知其所入，度其所出，富有海内，不当言无也。不问钱谷者，非听上之縻之，任下之隐之，而徒以自标高致也。出入有恒，举其大要，业已喻于心，而不屑屑然问其铢累也。若乃宾宾然若将浼己而去之，此浮薄子弟之所尚，而可以为天子、可以为大臣乎？自矜高洁之名，而忘立国之本，此之谓惜名而废实。习以为尚，而贤者误以为道之所存，其惑久矣。

【译文】

天子不讲钱财的有无，大臣不问钱谷的事情，这是非常美的名声。大臣自己珍惜他的清高名声，而又为天子顾惜名声，于是讳言关于钱财的统计，而将此全部委托给有关部门。这是没有弄明白有关说法的真义，而把空虚的名声作为蒙在外面的皮。不讲钱财的有无，不是说禁止天子让他不知道钱财的情况，而是说不在国家实际有钱财时却说没有以求过分地增多钱财，不在国家没有钱财时说成有而以便狂妄地经营钱财。知道钱财的收入情况，估量钱财的支出情况，整个天下都为天子所有，如此富有就不应当说是没有。所谓的不问钱谷之事，不是听任天子挥霍、听任下属隐瞒，而徒劳地标榜自己的清廉高雅。支出与收入有一定的常规，掌握它们的大致情况，已经在心里弄清楚了，而不是琐碎地询问具体细微的数字。至于对钱财敬而远之，让自己干干净净地离开钱财的事，这是轻浮浅薄的子弟所崇尚的，这样做的人还可以当天子、还可以当大臣吗？用清高清廉的名声自矜，而忘记了立国的根本，这就称为爱惜名声而废弃了实际事务。习惯了这种做法还作为风尚，而贤人还误以为这里就存在着道，他们的迷惑已经很久了。

【正文】

为弼成君德之说者曰：天子不可使知国之富也，知之则侈心生。于是而幸边功、营土木、耽玩好、滥赐予之情，不可抑止。李林甫、丁谓之导君以骄奢①，唯使知富而已。禁使勿知，而常怀不足之心，则不期俭而自俭。之说也，尤其大谬不然者。天子而欲宣欲以尚侈乎，岂忧财之不足而为之衰止哉？高纬、孟昶、刘𬬮仅有一隅②，物力凡几，而穷奢以逞。汉文惜露台之费③，非忧汉之贫也。奄有九州之贡税，即不详知其数，计可以恣一人之挥斥者，虽至愚暗，不虑其无余。唐玄、宋真既有汰心，侵令日告虚枵，抑且横征别出。夫颦眉坐叹而相戒以贫，鄙野小人施之狂子弟而徒贻其笑。欲止天子之奢，而勿使知富，则将使其君如土木偶人，唯人提掇而后可乎？为新法者，本以北失燕、云，西防银、夏为忧，则亦立国之本图，固不当以守财坐叹，导其君以抱璧立枯也。此防弊者之迂疏，为谋已下也。

【注释】

① 李林甫（683—752）：初为吏部侍郎，交结宦官、妃嫔，讨好武惠妃，升黄门侍郎。开元二十二年（734）为礼部尚书、同中书门下，为相十九年。玄宗对他深信不疑。李林甫玩弄权术，表面甜言蜜语，背后阴谋暗害，人称“口有蜜，腹有剑”。死后，杨国忠使安禄山诬告李林甫与蕃将阿布思谋反，籍没家产，子婿流配。

② 高纬：北朝齐后主（556—577），河清四年（565）其父北齐武成帝禅位于他，隆化二年（577），他又禅位于长子高恒。高纬言语涩讷，不

喜见朝士，好奢侈，大起宫殿。宠任陆令萱、和士开、高阿那肱、穆提婆和韩长鸾等人，杀害宗室及大臣，后被北周武帝宇文邕讨伐，高纬被俘。于建德六年（577）被赐死。

③ 汉文惜露台之费：汉文帝刘恒为政节俭，在位二十三年，宫室、苑囿、车骑、服御无所增益，曾想建造露台，经过计算，需用百两黄金，文帝认为百金就是十户中等人家的财产，使用先帝留下来的宫室，都还时常觉得有愧，遂不复建造。

【译文】

提出助成君德之说的人说：天子不可让他知道国家的富裕，知道了就会产生奢侈心。于是天子在边境用兵的侥幸心、大兴土木、耽于玩乐奢好、对人们滥给赏赐的心情，就不可抑止了。李林甫、丁谓用骄淫奢侈引诱君主，正是让他们知道了国家富裕而已。禁止天子知道国家的富裕，就会常常怀有国家财用不足的心情，那么不用期望他节俭而他也会自己节俭了。这个说法，尤其是大谬不然的。作为天子而想发泄欲望来崇尚奢侈的时候，他哪里会担心钱财不够而为此减轻这种欲望而停止奢侈呢？高纬、孟昶、刘𬬮只有一个小角的领土，物力总共能有多少？还是要穷奢极欲以求满足自己的欲望。汉文帝舍不得修建露台的费用，不是因为汉王朝的贫困，他掌有全天下的赋税，即使不详知具体的数字，估计是可以让一个人恣意挥霍的，即使是最愚蠢的人，都不会担心钱财没有剩余。唐玄宗、宋真宗已经有了奢侈之心，即使国库天天宣告虚空，还将会另外横加征收。那种皱着眉头坐着叹气而用穷困来相互告诫的人，是鄙野的小人用来警告狂妄子弟的，但还会被人笑话。想制止天子的奢侈之心，而不让他知道国家的富裕，就将使它的君主如同土木做的偶人，只由人在背后加以操纵而后才可以吗？制定新法的目的，本来所担忧的是北方失去了燕、云，西方要防备银州、夏州，那么这也是谋求立国的根本，本来就不应为了守财而坐着叹气，引导他的君主抱着宝贝而过穷苦日子。这就是所说的为防止弊端所想出的迂腐办法，作为谋略已是很低级的了。

【正文】

乃若术疏而不逮，则虽博练如温公，吾不能信其不然矣。天子之不能周知出入之数、畜积之实者有故：方在青宫之日[①]，既无以此为其所宜闻而详告者矣；迨其嗣立，耽宴乐而念不及之者勿论已；即在厉精之主，总其要不能察其详，抑以此为有代我以来告者，而弗容亟问也。若大臣则亦昔之经生，学以应人主之求者耳。乃其童之所习，长之所游，政暇公余之所涉猎，即不以宴游声色荡其心，而所闻所知者，概可见矣。下者，词章也；进而上焉，议论也；又进而上焉，天人性命之旨也。即及于天下之务，亦上推往古数千年兴废得失之数，而当世出纳之经制，积聚之盈歉，未有过而问者。故亿其有，而不知其未必有也；亿其无，而不知其未尝无也；知其出，而不知其出之何所支也；知其入，而不知其入之何所藏也；知其散，而不知合其散者之几何也；知其合，而不知合之散者几何也。虽以温公经济之实学，上溯威烈[②]，下讫柴氏，井井条条，一若目击而身与之；然至于此，则有茫然若群川之赴海，徒见其东流，而不知归墟者何天之池矣。则虽欲胪列租税之所登，度支之所余，内府之所藏，州郡之所积，计其多寡，而度以应人主有为之需，固有莫扪朕舌而终以吃呐者。则学之不适于用，而一听小人之妄为意计也，其能免乎？

【注释】

① 青宫：古代太子住在东宫，东方属于木，木的颜色为青，所以东宫又称青宫，又进而引申指太子。

② 威烈：即周威烈王（？—前402），周考王之子。公元前403年封晋国大夫韩虔、赵籍、魏斯为韩侯、赵侯、魏侯，即三家分晋，此年为春秋与战国分界线。司马光编纂《资治通鉴》，纪事从周威烈王三家分晋开始，到五代后周柴氏王朝结束，所以下面说司马光虽然也有关于国家经济的实学，上溯到周威烈王，下述到五代后周。这也证明前面说大臣涉及当代事务，也只是向上推到以往古代数千年的兴废得失，

而并不真切了解当时的国家财政事务。

【译文】

至于所说的方法疏阔而不切实际，那么即使是博雅干练像司马光这样的人，我不能相信他不是这样。天子之所以不能完备地知道支出、收入的数字和积储的实际情况是有原因的：当他还是太子的时候，就已经没有人认为这些事情是太子所应知道的而向他详细报告了，等太子继位之后，有的帝王就耽于宴乐游玩而心思没有顾及钱财的事情，这就不用说了；即使有的帝王励精图治，能总体上掌握概况，但也不能仔细地了解详细的数字，还有的帝王认为这些事会有人代我来报告的，就不用急于询问了。而大臣们也是从前读经书的士人，所学是为了应对君主的求问而已。至于他们从小所学的知识，长大后的交游，政事之暇和公务之余所涉猎的书籍，即使不是用饮宴、游乐、声色、玩好来放荡自己的心思，那他所闻所知的事情，也是大致可知的。低下的人，就是研究词章的作法；高明一点的人，就是写些议论人物政事的奏章；再高明一点的人，就是研究天人性命的义理宗旨。即使涉及天下的事务，也是向上推到以往古代数千年的兴废得失的情况，而对于当代的钱财的支出收入的制度，钱财积聚的盈亏，却是没有人来过问的。所以估计国家有钱财，却不知道它是未必有的；估计国家没有钱财，却不知道它是未尝没有的；知道钱财的支出，却不知道其支出是如何支出的；知道钱财的收入，却不知道其收入是如何储藏的；知道钱财的分散，却不知道将分散的钱财合起来是多少；知道钱财的聚合，却不知道已经聚合的钱财又散去了多少。虽然司马光也有关于经济的实学，向上追溯到周威烈王，向后直到后周柴氏王朝，叙事井井有条，完全就像自己目击和亲身参与的一样，但是到了当代的事务，就茫然得像是众多的江河奔流到大海，只看到它们向东流去，而不知道最终的归宿是天上的哪个池子了。那么虽然想罗列租税的收入数字以及国家开支的节余、内府的储藏、各州郡的积聚，统计它们的多少，而来估计君主有所作为时需求多少，就只有摸抚着胸口、张口结舌而最终像是口吃一样而无法说出。那么学问的不适于实用，而完全听任小人狂妄地提出主意和办法，他能避免这个结局吗？

【正文】

夫王安石之唯不知此也，故妄亿国帑之虚，而以桑、孔之术动人主于所不察[①]。元祐诸公欲诎其邪，而惛然者亦安石耳。则相惘相值，勿问贞邪，而各以时竞，何异两盲之相触于道？其交谇也必矣。夫唯大臣之不以此为务，而俾天子之卒迷也，故其害有不可胜言者。守之者，胥隶也；掌之者，奄宦也；腐之者，暗室也；籍之者，蠹纸也；湮沉而不可问，盗窃而不可诘。呜呼！此皆蔀屋小民粟粟而获之[②]，丝丝而织之，铢铢而经营之，以效立国久长之计，使获免于夷狄盗贼之摧残者。而君臣上下交置之若有若无之中，与粪土均其委弃；智者所不能自已，抑仁者所不忍忘者也。天子大臣非山椒水涘携杖观云之畸士，而曰此非所宜知也。则孔子曰“足食足兵”[③]，其为俗吏之嚆矢与？丁谓上《会计录》以后[④]，至熙宁元年，六十年矣。中历仁宗四十一年之节俭，民无流亡，国之所积可知也。青苗、均输、农田、水利之所获，一部娄之于泰山[⑤]。诸君子不能举此以胜安石之党，且舌挢而不能下，徒以气矜，奚益哉？

【注释】

① 桑、孔之术：桑弘羊与孔仅的理财术。孔仅，南阳人，大盐铁商。武帝元鼎二年（前115），任大农令，领盐铁事，主管盐铁专卖。后任大司农。

② 蔀（bù）屋：草席盖顶之屋，泛指贫家幽暗简陋之屋。

③ 足食足兵：《论语·颜渊》篇，子贡问政，子曰：“足食，足兵，民信之矣。”王夫之认为孔子提出治国要足食足兵，表示治国者要重视食与兵的事情，而后来的君臣不把钱财等事放在心上，只让低级的官吏去管理计算，这样看来，孔子所说的足食足兵的主张，只对后世管理国家钱粮的俗吏有意义，所以说孔子这一主张是后世俗吏的先声。

④《会计录》：唐朝有《国计簿》，宋朝有《会计录》，都以每年户籍及赋税等资料归类汇总而成。宋代有《景德会计录》《祥符会计录》《皇祐

会计录》《绍兴会计录》等十几种。

⑤ 部娄：《左传》襄公二十四年："部娄无松柏。"部娄又作附娄，小土山。

【译文】

那王安石正是不懂得这一点，所以妄加估计国家钱财的空虚，而用桑弘羊、孔仅等人的办法，在君主没有觉察的情况下来打动君主。元祐时期的诸位大臣想贬斥王安石的邪恶，但也是昏昏然如王安石一样。于是在相互照面时相互失望，不问是正是邪，而各在不同的时候进行竞争，这与两个瞎子在路上相遇有什么区别？相互责骂也就是必然的了。正是大臣不务求弄清楚国家的钱财情况，而使天子最终感到迷惑，所以它的危害就无法一一说出了。守藏钱财的，是低级的官吏；掌管钱财的，是宦官；使钱财腐坏的，是幽暗的仓库；对钱财加以登记的，是虫子咬了的旧纸；钱财湮没而无法细查，钱财被盗窃了也无法追查。呜呼！这都是草屋的小民一粒粒粮食收获来的，一条条丝线织出来的，一文文钱经营来的，来为国家的长久之计效用，使他们免于夷狄盗贼的摧残。而君臣上下相互把它们放在若有若无的状态下，与粪土一同丢弃；但这又是智者不能不问的，还是仁者不忍忘记的。天子大臣不是隐居在山脚水边带着手杖观看云彩的畸形之士，而说这不是所应知道的，那么孔子说的"足食足兵"，难道就成为俗吏的先声了吗？丁谓献上《会计录》以后，到熙宁元年，已有六十年了，中间又经过仁宗四十一年的节俭，民众没有流亡，国家积储的情况就可想而知了。青苗、均输、农田、水利等新法所获得的钱财，不过是一座小山丘来与泰山相比。诸位君子不能用这个事实来战胜王安石的党徒，而且抬起舌头要说话却说不出，只靠一种自矜的气势，又有什么益处呢？

【正文】

呜呼！国之将乱也，黄发耆臣老死而无与继者[1]。神宗之季年，韩、富二公先后而逝，文潞公虽存，年已迟暮，且仁柔以召物议，众望所不归也。使有秉国钧者，如韩公于英、仁二庙嗣立之初，持德威以翼戴，当元祐三四年间，撤太后之帘，以兴革之权、进退之柄归之天子，则群小无言可执，无隙可乘，而国定矣。温公权藉既轻，道亦逊焉，徒恃愚氓浮动之气、迁客跃起之情，迫于有为而无暇择焉，其能济乎？权轻者，非势之胜也；道逊者，非理之贞也。捷反捷覆，捷兴捷废，天下皆丧其贞，则女贞之失先之也。故曰古今之通义，不可违也。

【注释】

① 黄发：老人头发变白，但白了很久以后又会变黄，所以黄发指老人。又指年老而富有经验的大臣，《尚书·秦誓》："尚猷询兹黄发，则罔所愆。"是说如果向黄发的老臣咨询，在治国时就不会有过失。耇臣也指老臣。

【译文】

呜呼！国家将要发生祸乱的时候，黄发的老臣年老去世而没有后继。神宗晚年，韩琦、富弼二公先后去世，文彦博虽然还在，但年纪已是迟暮，而且因为仁爱柔弱而招来人们的言论，不是众望所归之人。假使有人此时掌握国家大权，如韩琦在英宗、仁宗两皇帝刚继位时那样，持有德望与威严来辅助两位皇帝，在元祐三、四年时，撤除太后临朝听政的帘子，把制度兴革的权力和进退大臣的威权交还天子，那么小人们就无话可说、无隙可乘，而国家就稳定了。司马光权势还轻，道义上也稍逊于韩琦，只是仗着愚民对新法不满的浮动心气和流放到外地的官员想重新跃起的心情，受要有所作为的形势逼迫而没有时间进行选择，他能成功吗？权势轻的人，不是靠权势就能取胜的；道义稍逊的人，也不合乎义理的贞正，快速地反复，快速地兴建和废除，天下都丧失了贞正，那么司马光在依赖太后的时候就已失去了贞正。所以说古今通义，是不可违背的。

【评析】

毕仲游所说，极有道理，司马光不能听从，是执掌国政的人的通病，表现为爱惜名声而废弃了实际事务，从而使实际情况变得更坏，为防弊端却开始做出愚蠢的事，治国的种种方法不够严密周密，故不能达到治国的目的。司马光对历史非常了解，编过《资治通鉴》，但性格与能力上仍有不足。爱惜名声是性格的问题，这也是不能真切理解圣人之道的表现，归根结底还是能力问题。为防弊端而做愚蠢之事，也是能力问题。方法疏漏，更是能力问题。可知选择治国大臣，能力是最根本的，而其人的德行也包括在里面，不能把才与德分为两截。

论徽宗

【题解】

宋徽宗赵佶（1082—1135），神宗第十一子，哲宗的弟弟。哲宗病死，太后立他为帝，1100年至1125年在位，在位期间，重用蔡京、王黼、童贯、梁师成、朱勔、李邦彦等奸臣，搜刮民财，穷奢极侈，信奉道教，大建宫观。宣和七年（1125），金军攻宋，他传位钦宗。靖康元年（1126），金军攻占汴京。靖康二年（1127）二月，金太宗将徽、钦二帝废为庶人，北宋灭亡（960—1127），二帝被押往北方。绍兴五年（1135），徽宗病死于五国城（今黑龙江依兰）。

北宋到徽宗时，已到灭亡的阶段，王夫之对此做了深刻分析。认为这时宋朝已是“朝为无人之朝，野为无人之野”。从徽宗大观年间到靖康年间，徽宗至以下的大臣全都“醉梦倾颓，无有止讫”，最终没有一个人“能挽海宇之狂趋以救死亡”。这是让王夫之最感痛心的事。这种局面的形成由来已久。

从宋仁宗景祐年间（1034—1038）出现第一次变化，宋神宗熙宁年间（1068—1077）出现第二次变化，宋哲宗元祐年间（1086—1094）出现第三次变化，哲宗绍圣年间（1094—1098）出现第四次变化，到徽宗在位时出现了第五次变化。

这个变化的实质是数十年来小人不断进用，公正忠诚的大臣也接连出现，但公正忠诚的大臣都有难于进用而容易退去的节操，足以让天子产生敬畏心情，所以天子也不能放心地用公正忠诚的大臣。这说明治国的大道已被贬低，公正之臣已被轻侮，国家命运必然走向衰落。

而最关键的问题是：“有治人，无治法。乱天下者，非乱法乱之，乱人乱之也。”乱人就是掌握了权力的小人，如蔡京，他表面上继续推崇王安石，复行新法。但他仅是以新法为名义，把王安石用心制定的新法全都视为“故纸”，使新法“名存而实亡者十之八九”。王安石变法最大的祸害是“杂引吕惠卿、邓绾、章惇、曾布之群小”，使他们“授贼贤罔上之秘计于蔡京”，所以最终说来，王安石“贻败亡于宋者此尔”，这就是王夫之所说的乱人，其祸害大于乱法。

乱人是怎么来的？王夫之认为君主治国的关键是任贤，大臣辅助君主治国，关键是推举贤人。推举任用一个贤人，更多的贤人就会“以类升”，越来越多。推举任用一个小人，会使更多的小人以类相升，越聚越多，而且“趋而愈下，流而愈淫”，干起坏事来也越来越无顾忌。所以，“善治天下者”，最重要的是“树之百年者人也”，以保证好的制度不断得到贤才来推行，避免小人进入朝廷，把不管善政还是恶政都搞到弊端丛生的地步。王夫之认为王安石变法以来的最大恶果，就是使小人在朝廷中越来越猖狂，而正人君子越来越没有立足之地。

他还分析了奸人靠什么能得到君主的欢心：“才足以代君，而贻君以宴逸。巧足以逢君，而济君之妄图。下足以弹压百僚，而莫之敢侮。上足以胁持人主，而终不敢轻。”即他们引诱君主宴逸，让君主的妄想得以实现，又对下弹压百官，对上胁持君主，也就是说小人完全掌控了朝廷与君主。后人分辨什么人是小人，可由此吸取教训。蔡京更恶劣的是他与徽宗都不把治国当作正事，而是当作游戏。这是王夫之的独到见解。他说：徽宗让蔡京当宰相，“实则以弄臣畜之而已”，而蔡京“实则以弄臣自处而已”。这表明徽宗把治理国家当作游戏，所以他选人当宰相就把此人视作弄臣，而蔡京也懂得徽宗的心理，也以弄臣自处。这样的君臣，其所作所为，在王夫之看来，无非游戏：“计自其进用以迄乎南窜之日，君亦戏也，臣亦戏也。嗣之者，攸也、絛也；偕之者，王黼也、朱勔也、李邦彦也；莫非戏也。花鸟、图画、钟鼎、竹石、步虚、受箓、倡门、酒肆，固戏也；开熙河、攻交趾、延女真、灭契丹、策勋饮至、献俘肆赦，亦莫非戏也。”

君臣如此治国，在历史上确实罕见，而后果可想而知：“如是而欲缓败亡之祸，庸可得乎？”读了王夫之这样的分析与评论，人们对于宋朝的覆灭还有什么话说呢？

徽宗初期的治国

【题解】

徽宗刚继位时，还有志气，王夫之也肯定这一点。但后来很快走向反面：小人有可借之口，庸主有轻士之情，人士无固穷之节，朝为无人之朝，野为无人之野，大观迄于靖康，醉梦倾颓，无有止讫，终无一人能挽海宇之狂趋以救死亡，最终还是徽宗的责任。

【正文】

徽宗之初政，粲然可观。……酌之以道，规之以远，持之以贞，而善调元气以使无伤，固有道焉。天下有道，道在天下，则身从天下以从道。天下无道，道在其身，则以道爱身，而即为天下爱道。以道爱身者，喜怒不轻动于心，语默不轻加于物，而进退之不轻，尤其必慎者也。执之仇仇，而知仇仇者之必不我力，不可得而执也。爱而加膝，念加膝者之无难投渊，不以身试渊也。夫且使昏庸之主，知我之不以欣欣而动，弗得以我为赖宠。夫且使邪佞之党，见我之迟迟以进，弗得疑我之力争。夫且使天下之士，惜其名节，念荣宠之非荣，而不辱身以轻试。夫且使四海之民，知世之方屯[①]，隐忍以茹荼苦，而不早计升平，以触苛虐而重其灾。故范淳夫劝蜀公之不赴，而尹和靖疑伊川之易就[②]，非独为二公爱其身也，为天下爱道，而道尚存乎天下也。

【注释】

① 屯（zhūn）：困难，艰难。

② 尹和靖（1061—1132）：名焞，字彦明，洛（今河南洛阳）人。程颐的学生，隐居不仕，靖康初召至京师，赐“和靖处士”。绍兴四年（1134）授左宣教郎、崇政殿说书、权礼部侍郎兼侍讲。

【译文】

徽宗初期的国政粲然可观。根据大道加以斟酌，进行长远的规划，来坚持贞正，善加调护元气而使它不受伤害，本来也是有其方法的。天下有道的时候，道在天下，那么自身就跟从天下来顺从于道。天下无道的时候，道就在自身，那么就以道来爱护自身，这也是为天下爱护正道。以道爱护自身的人，喜怒不轻易地在心中发动，对于事物不轻率地发表言论和沉默不语，至于不轻率地进用和退身，就是更为慎重的。视之为仇敌，就要知道仇敌必不会为我效力，所以就不可以让别人视我为仇敌。爱就放在膝盖上，但要想到放在膝盖上的人也不难把他扔到深渊中，所以尝试不让自己被人扔进深渊。而且那昏庸的君主，知道我不会欣欣然地为他而动，不能把我作为他的依赖和恩宠之人。而且让邪佞之人看到我迟迟地受到进用，不得怀疑我在起用后会与他力争。而且让天下的士人，珍惜声名和节操，想到荣华恩宠并不是荣耀，而不有辱自身而轻率尝试获得这种荣耀。而且使四海的民众，知道世道正处于困顿之时，于是克制忍耐以忍受苦难，不会认为太平日子能很快来到，而触犯苛政暴虐以加重灾祸。所以范祖禹劝范镇不要赴任，而尹和靖也对程伊川轻易赴任表示疑虑，不只是替这二人珍爱他们的生命，而且是为天下爱护正道，这样天下就还保存有正道。

【正文】

以爱君之切，而不忍逆君之命；以忧国之至，而迫欲为国宣力；以恤民之笃，而辄思为民请命；则小人之占风而趋、待隙而钻者，固将曰：“彼犹我也。”一虚一实迭相衰王，而凶威可试，不遗余力，以捋采而尽刘之；昏庸之主，亦将曰：“此呼而可来者，麾而可去，天下安得有君子哉？”唯予言而莫违，否则窜之诛之，永锢而无遗种，亦不患国之无人也。后生者，不得与于直道之伸，亦将曰：“先生长者，亦尝亟于进矣。”则弗待君之果明，臣之果直，未进而获进焉，无不可也，奚必与世龃龉哉？于是而小人有可藉之口，庸主有轻士之情，人士无固穷之节。朝为无人之朝，野为无人之野。则大观以后，迄于靖康，醉梦倾颓，无有止讫，终无一人焉能挽海宇之狂趋以救死亡，不亦痛与！

【译文】

因为爱君主的心切，而不忍违逆君主的命令；因为极为忧国，而迫使自己为国效力；因为怜恤民众的心情太笃厚，而总是想为民请命；那么观察风向而趋进、等待缝隙而钻营的小人就将会说：“他也和我一样想当官。”虚与实相继在盛衰间转换，而凶残之威权就有人认为可以尝试着应用，于是就不遗余力地捕捉仇人而全部杀害；那么昏庸的君主也将会说：“这种人可以呼之即来，也可以挥之即去，天下哪里能有君子之人呢？”认为自己的话无人敢于违抗，否则就把他流放或诛杀，永远禁锢而不留遗种，也不担心国家没有人才。后来出生的人，不能参与正直之道的伸张，也将会说：“年长的先生们，也曾经急于求进。”他们也就不等君主果真贤明、大臣果真正直，不当进用而获求进用了，就会认为没有什么事不可以做，何必让自己与世道对抗呢？于是小人就有了可以凭借的理由，昏庸的君主就有了轻视士人的心情，士人就丧失了君子固穷而不可滥的气节。这样一来，朝廷就成了没有正人君子的朝廷，民间就成了没有正人君子的民间。那么从徽宗大观年间（1107—1110）以后，直到钦宗靖康年间（1126—1127），人们就在醉生梦死之中变得颓废而没有终止，天下最终没有一个人才，能起来拉住全天下的狂乱趋势而挽救宋朝的死亡了，不也是很悲痛的吗！

【正文】

宋之不靖也，自景祐而一变矣。熙宁而再变，元祐而三变，绍圣而四变，至是而五变矣。国之靡定，不待智者而知也。乃数十年来，小人迭进，而公忠刚直之臣项背相依。然求其立难进易退之节、足以起天子之敬畏、立士类之坊表者，无其人焉。骐骥与驽骀争驾，明星与萤火争光，道已贬，身已媟，世安得而不波流，国安得而不瓦解哉？韩忠彦孤立以戴女主，而望起两世之倾危，诸君子何其易动而难静也！伊川贬，而尹和靖、张思叔诸学者皆罹“伪学”之禁[①]。韩侂胄之恶，自此倡之，则非祸中于国家，而且害延于学术矣。建中靖国之初政，有识者所为寒心也，奚粲然可观之有？

【注释】

① 张思叔（1071—1108）：张绎，河南寿安（今河南宜阳）人。家贫，为人当雇工，后发愤读书，投程颐门下求学，读《孟子》“志士不忘在沟壑”，遂以功名为轻，道德为重。朝廷三次召他任官，他都婉言谢绝。卒赠翰林学士。

【译文】

宋朝的不安宁，从宋仁宗景祐年间（1034—1038）就有了第一次变化，到宋神宗熙宁年间（1068—1077）出现了第二次变化，在宋哲宗元祐年间（1086—1094）出现了第三次变化，在哲宗绍圣年间（1094—1098）出现了第四次变化，而到这时（徽宗在位期间）就出现了第五次变化。国家的不安定，不用等智者就会知道了。这数十年来，小人不断进用，而公正忠诚、刚烈正直的大臣，也是接连出现。但是寻求一个树立了难于进用而容易退去的节操、足以让天子产生敬畏心情、可以树立为士人的榜样的人，却没有了。骏马与驽马争夺驾车的位置，明星和萤火虫争夺谁更有光亮，大道已经被贬低了，自身已经被轻侮了，世道怎能不随波逐流，国家怎能不瓦解呢？韩忠彦孤立一人拥戴皇后，而期望能够挽救绵延了两代人的危局，这些君子们是多么容易采取行动而难于安静啊。程伊川被贬官，尹和靖、张思叔诸位学者都遭受了“伪学”的禁锢，韩侂胄的恶行，由此开始，那么就不仅使国家受到了祸害，而且让祸害波延到学术。徽宗即位时的建中靖国（1101）年间的最初国政，是让有识者为之寒心的，哪里有什么粲然可观可言呢？

【评析】

徽宗时的败落，责任也不全在他身上，王夫之认为这是从仁宗时就开始了一个走向衰落的过程，而关键之处就在于小人逐渐得势，正人逐渐被斥，终使国家无法挽救。但当时正人崇尚的气节，只注意个人的清高，所以难进而易退，也是对儒家治国之道的歪曲，这也是宋代理学兴起的内在原因，也应对宋朝的命运承担责任。换言之，从“二程”开始的宋代理学，只强调个人的修身之清高，以为这就是圣人之道，却忘记了治理国家的重大责任。把这种思想放在历史的过程中来看，也是有着重大缺陷的。

弊端的产生

【题解】

政治上的弊端，其产生有两方面的原因：一是制度本身的缺陷，二是执行制度的人不合乎要求，从而使制度的目的无法得到充分实现，并产生出许多人为的弊端。对此，应重视历史的教训。

【正文】

政之善者，一再传而弊生，其不善者，亦可知矣。政之善者，期以利民，而其弊也，必至于厉民。立法之始，上昭明之，下敬守之，国受其益，人受其赐。已而奉行者非人，假其所宽以便其弛，假其所严以售其苛，则弊生于其间，而民且困矣。政之不善者，厉民以利国，而其既也，国无所利，因以生害，而民之厉亦渐以轻。立法之始，刻意而行之，令必其行，禁必其止，怨怒积于下而不敢违，已而亦成故事矣。牧守令长之贤者，可与士民通议委曲，以苟如其期会而止，而不必尽如其法。若其不肖者，则虽下不恤民嵒，上亦不畏国法，但假之以济其私，而涂饰以应上，亦苟且塞责而无行之之志。则其为虐于天下者，亦渐解散而不尽如其初，则害亦自此而杀矣。故即有不善之政，亦不能操之数十年而民无隙之可避。繇此言之，不善之政，未能以久贼天下；而唯以不善故，为君子所争，乃进小人以成其事，则小人乘之以播恶，而其祸乃延。故曰："有治人，无治法。"则乱天下者，非乱法乱之，乱人乱之也。

【译文】

好的制度，一传再传之后就会产生弊端，而不好的制度，也就可想而知了。好的制度，目标是利民，而它的弊端，必定会走到害民的地步，而不好的制度，也就可想而知了。开始建立制度的时候，君主明白宣布它，官员们都恭敬地遵守它，国家受到了它的好处，人民受到了它的恩赐。之后奉行这套制度的人不再是合适的人，就会利用制度的宽大之处而方便地废弛制度，利用制度的严厉之处而兜售他们的苛刻，那么弊端就在其间产生了，而民众就将受困了。不好的制度，使民众受害而让国家得利，而到最后，国家得不到利益，于是就产生害处，而民众所受的害也渐渐变轻。建立制度之初，刻意地推行它，令必须要执行，禁必须要停止，怨怒在下面积聚而不敢违抗，之后也就成为旧的制度了。地方官员当中的贤明者，可以与士民一起协商具体情况，以大致符合制度的要求为止，而不必完全按照制度来执行。如果是不贤明的地方官员，就会对下不怜恤民众的哀痛，对上也不畏惧国法，只是利用制度以满足他的私欲，而做表面文章来应付上面，也会采取苟且塞责的态度而没有执行制度的愿望。那么它对天下的危害，也会渐渐地消散而不尽如当初那样严厉，那么危害也从此而减小了。所以即使有不好的政治，也不能推行数十年而让民众没有空子可躲避。由此说来，不好的政治，不能长久地祸害天下；而正是因为制度不好的缘故，会受到君子的批评争辩，这才进用小人来执行这项制度，那么小人就乘机把奸恶传播开来，而它的祸害也就延长和扩大了。所以说："有治国的人，没有治国的制度。"那么扰乱天下的，不是混乱的制度扰乱了天下，而是乱臣贼子扰乱了天下。

【正文】

蔡京介童贯以进，与邓洵武、温益诸奸剿绍述之邪说[①]，推崇王安石，复行新法。乃考京之所行，亦何尝尽取安石诸法，督责吏民以必行哉？安石之昼谋夜思，搜求众论，以曲成其申、商、桑、孔之术者，京皆故纸视之，名存而实亡者十之八九矣。则京之所为，固非安石之所为也。天下之苦京者，非其苦安石者也。是安石之法，未足以致宣、政之祸；唯其杂引吕惠卿、邓绾、章惇、曾布之群小，以授贼贤罔上之秘计于京，则安石之所以贻败亡于宋者此尔。载考熙、丰之时，青苗、保甲、保马、市易之法，束湿亟行，民乃毁室鬻子，残支体，徒四方，而嗁号遍野[2]。藉令迄乎宣、政，无所宽弛，则天下之氓，死者过半，揭竿起者，不减秦、隋之季。乃绍圣踵行，又二十余年，而不闻天下之怨毒倍于前日。方腊之反[3]，驱之者朱勔花石之扰，非新法迫之也。此抑可以知政无善恶，俱不足以持久，倚法以求赢，徒为聚讼而已矣。

【注释】

① 邓洵武（1057—1121）：成都双流（今四川成都双流）人。哲宗时为国史院编修官、中书舍人、吏部侍郎。徽宗时为尚书右丞、知枢密院。温益（1037—1102）：晋江（今福建晋江）人。中进士后任大宗正丞、工部员外郎、知开封府等，徽宗时为太常少卿、给事中、吏部尚书、尚书右丞。依附蔡京，史称“温益仕宦”，没有善事可纪，为人狡谲，附和有权势者。

② 嗁（tí）号：嗁即“啼”。啼哭呼叫。

③ 方腊（？—1121）：歙州（今安徽歙县）人，后迁睦州青溪（今浙江淳安）。宣和间，朱勔等人在东南各地为徽宗搜刮花石竹木和奇珍异宝，用大船运向汴京，时称“花石纲”。青溪产竹木漆，颇多酷取，又值大旱，官吏逼税。方腊揭竿而起，打下六州五十二县，威震东南。宣和三年（1121），在帮源战败被俘，押至汴京处死。

【译文】

蔡京得到童贯的帮助而进用为相，与邓洵武、温益诸奸人抄袭绍述的邪说，推崇王安石，恢复推行新法。考察蔡京的行为，又何尝完全恢复王安石的各种新法，督责吏民必须执行呢？王安石昼思夜想，搜求众多的论说，婉转地构成他所提倡的申不害、商鞅、桑弘羊、孔仅的主张，蔡京全都视为故纸，十之八九都名存实亡了。那么蔡京所作所为，本来就不是王安石的所作所为。天下是遭受蔡京的苦痛，不是遭受王安石的苦痛。王安石的新法，未足以导致徽宗宣和（1119—1125）、政和（1111—1118）年间的祸害；只是他杂乱地进用吕惠卿、邓绾、章惇、曾布这群小人，而将迫害贤人、欺骗君主的秘计授给了蔡京，这才是王安石遗留下来祸害宋朝的东西。考察熙宁、元丰时期，青苗、保甲、保马、市易等新法，官吏们苛酷急切地加以推行，民众这才毁了家室卖了儿女，弄残肢体，流亡四方，并且遍野啼号。假使新法到宣和、政和年间还没有松弛，那么天下的民众就会死者过半，揭竿而起的人，不会比秦朝、隋朝末年少了。而哲宗绍圣时期继续实行新法，又有二十多年，却没有听说天下对新法的怨恨比王安石时期成倍增加。方腊的造反，驱动他的是朱勔花石纲的扰害，而不是新法逼迫他的。从这里也可以知道制度无论好坏，都不能够持久，依靠制度求胜，只是让人聚众争论而已。

【正文】

神宗之求治也迫，安石之欲售其邪僻之术也坚，交相骛而益之以戾气，力持其是，以与君子争，无从欲偷安之志以缓之，故行之决而督之严，吏无所容其曲折，民无所用其推移，则如烈火之初炎，而无幸存之宿草。及哲宗而以怠心行之，及徽宗而抑以侈心行之矣。则吏民但可有盈余以应诛求，饰文具以免勘督者，自相遁于下而巧避之。且如保甲之法，固可以一纸报成功；青苗之息，固可洒派于户口土田[①]。醉梦之君，狭邪之相，苟足其欲，而以号于人曰：“神宗之所为，吾皆为之矣。”而民之害，亦至此而稍纾矣。

【注释】

① 洒派：古代富户为了逃税赋，把自己的田地分派到他人名下。

【译文】

神宗迫切地寻求治国之道，王安石想兜售他的邪僻之术也很坚决，双方相互有所求而加上了暴戾之气，极力坚持他们认为正确的，来与君子争辩，没有纵欲偷安的意志把事情放缓，所以推行起来坚决而且督管得很严，官吏没办法夹杂他们的想法，民众也没办法躲避和钻空子，那么就像烈火一旦开始燃烧，就没有幸存的旧草。等哲宗用懈怠之心来推行新法，到徽宗就又用奢侈之心推新法了。于是官吏民众只要有盈余以应付新法的监管和征收，做表面文章加以修饰以免除检查督察的，就自相在下面逃遁和巧避新法了。就像保甲之法，本来就可以用一张纸来汇报已经执行成功；青苗法的利息，本来可以按户口田亩数量分别承担。醉生梦死的君主，狭隘邪恶的宰相，如果满足他们的欲望，就会向人们宣称说："神宗的所作所为，我也都做到了。"而民众所受的祸害，到此也就稍微纾缓了。

【正文】

繇此言之，政无善恶，统不足以持久。吏自有其相沿之习，民自有其图全之计。士大夫冒谴以争讼于庭而不足，里胥编户协比以遁于法而有余。故周公制六官，叙六典，纤悉周详，规天下于指掌，勒为成书，而终不以之治周。非不可行也，行之而或遁之，或乘之，德不永而弊且长也。

【译文】

由此说来，制度不论好坏，都不足以持久。官吏自有他们相沿袭的习惯做法，民众自有他们谋求安全的办法。士大夫冒着别人的谴责在朝廷进行争讼还感到不满足，基层官吏和编在户籍中的民众相互合作来逃避制度的苛求也是有余的。所以周公制定六官的制度，分成六典加以叙述，非常详细完备，把天下所有事务都在指掌之中加以控制了，并且编纂成书，却最终不能用来治周国。不是不可行，而是如果推行就有人逃避、有人乘机用来谋私，恩德不会长久而弊害却很长久。

【正文】

人主而为国计无疆之休，任贤而已矣；大臣而为君建有道之长，进贤而已矣。所举贤，而以类升者，即不如前人之懿德，而沿流风以自淑，必不为蟊贼者也。所举不肖，而以类升者，岂徒相效以邪哉？趋而愈下，流而愈淫，即求前人之不韪而不可得。呜呼！安石岂意其支流之有蔡京哉？而京则曰："吾安石之嫡系也。"诸君子又从而目之曰："京所法者，安石也。"京之恶乃益以昌矣。故善治天下者，章民者志也，贞民者教也，树之百年者人也。知善政之不足恃，则非革命之始，无庸创立己法；知恶政之不可久，则虽苛烦之法，自可调之使驯。读一先生之言，欲变易天下而从己，吾未见其愈于安石也，徒为蔡京之口实而已。

【译文】

君主为国家谋划永久之福，只是任用贤人而已；大臣为君主选用有道的官长，只是推举贤人而已。大臣推举的贤人，是按同类提升的，即使不如前人的美德，也会继承前人传下来的风气来增强自己的善德，必定不会成为蟊贼。大臣推举不贤之人，是按同类提升的，难道他们只会相互仿效邪恶吗？他们只会变得越来越低下，越来越荒淫，即使想找前人的不善也是不可能的。呜呼！王安石哪里想到他的后继者会有蔡京这种人呢？而蔡京则说："我是王安石的嫡系。"诸位正人君子又看着他说："蔡京所效法的，就是王安石。"蔡京的邪恶于是就更加严重了。所以善于治天下的人，让民众明白的，是志向；使民众正直的，是教化；培养可以使用百年的，是人才。知道好的制度不能够依赖，那不是革命的开始，不用创立自己的制度；知道恶的制度不可长久，那么虽然是苛刻烦琐的制度，自可调整它使之顺畅。读到一位先生的话，想按照自己的想法来改变天下，我没有看到能超过王安石的人，只是让蔡京作为自己的借口而已。

【评析】

再好的制度，也会在执行者手中变坏而出现无数的弊端。所以王夫之说：“政无善恶，统不足以持久。”因为在长期的执行过程中，官吏自有相沿之习，民众自有其图全之计。无论士大夫怎样修补弥缝，里胥编户协比以遁于法而有余。如周公制定的周礼制度，虽然纤悉周详，但最终也不能挽救周朝的灭亡。其原因不是制度不可行，而是在执行过程中，人们会钻空子，或歪曲利用，制度的好处不会长久存在，而弊端却越生越多，后来的人想改也会越改越乱。

论靖康之祸

【题解】

徽宗靖康年间的灭国之祸，全由他的无能与小人的胡作非为导致。昏君一无所为还好，就怕他欲望多而被小人利用，干出许多完全不合乎治国之道的事来，再加上正人君子被排斥，他们变得只知洁身自好，无人出来纠正国家的错误，这就是靖康之祸的根本原因。

【正文】

靖康之祸，自童贯始。狡夷不可信而信之，叛臣不可庸而庸之，逞志于必亡之契丹，而授国于方张之女直。其后理宗复寻其覆轨，以讫其大命。垂至于后，犹有持以夷攻夷之说取败亡者，此其自蹈于凶危之阱，昭然人所共喻矣。而宋之一失再失以陨命者，不仅在此。藉令徽宗听高丽之言①，从郑居中、宋昭之谏②，斥童贯、王黼之奸③，拒马植、张觳之请④，不以一矢加辽，而且输金粟、起援兵、以卫契丹，能必耶律淳之不走死乎⑤？能必左企弓之固守燕山而不下乎⑥？能使女直不压河北而与我相迫乎？能止女直之不驰突渡河而向汴乎？夫然，则通女直之与不通，等也；援辽之与夹攻，等也。童贯兴受其败，而宋之危亡，非但贯之失算也。

【注释】

① 徽宗听高丽之言：宣和四年（1122），高丽睿宗王俣去世，其子王楷立，称仁宗。睿宗在位时曾向宋求医，宋派两名医生前往，他们在高

丽时，王楷曾对他们说："听说朝廷将与女真合兵伐契丹。契丹若存，犹足为朝廷捍边。女真如狼虎，不可交。愿二医回国向天子汇报，宜早为备。"两位医生回国转达了这个警告，但徽宗并未听从。

② 郑居中（1059—1123）：开封（今河南开封）人，举进士，任起居舍人、翰林学士、同知枢密院事。蔡京等人主张遣使与金相约夹攻契丹，郑居中极力反对。其后金人因不断攻打契丹，日益衰弱，王黼、童贯建议出兵夹击契丹，郑居中主张"待其自毙"。宋昭：生卒年不详，徽宗时为朝散郎，宣和四年，宰相王黼以辽宣宗耶律淳死，命童贯、蔡攸治兵，准备北伐，宋昭上书谏阻，王黼大怒，将宋昭除名、勒停，流放广南编管。

③ 王黼（1079—1126）：开封祥符（今河南开封市祥符区）人，徽宗崇宁年间（1102—1106）进士，任左司谏、御史中丞、翰林学士。勾结宦官梁师成，后代替蔡京执政，请置应泰局，取水陆珍异之物。朝廷欲联金攻辽，王黼趁机搜括，得钱六千余万缗，买五六座空城伪称胜利，钦宗即位，抄没其家，开封尹聂山派人将他杀死。

④ 马植（？—1126）：燕（今河北北部地区）人。世为契丹大族，徽宗政和元年（1111），童贯使辽，马植向他提出"联金灭辽"，童贯改其姓名为李良嗣。归宋后，赐姓赵。宣和年间七次赴金与阿骨打约定攻辽，钦宗靖康元年因金兵南侵，贬郴州处死。张瑴（jué，？—1123），又名张觉（后文用张觉），平州义丰（今河北卢龙）人，原为辽兴军节度副使，金军攻下燕京，命他为同平章门下事。宣和五年（1123），他降宋，不久金军来讨，张觉逃入郭药师军中，其弟降金。此时宋徽宗怕金人以此为借口攻宋，就杀死了张觉及其二子。

⑤ 耶律淳：即辽宣宗（1062—1122），1122年，金军攻辽，天祚帝逃入夹山，宰相李处温拥耶律淳为帝，史称北辽。耶律淳称帝，欲与北宋缔结和约。北宋不同意，出兵攻讨。耶律淳请求作金国的附庸，金未答复。

⑥ 左企弓（1051—1123）：蓟州（今北京）人。辽国进士，任来州观察

判官、知三司使事、同中书门下平章事。金太祖克辽燕京，左企弓降金，为中书令。后与虞仲文等人路过平州，被平州留守张觉派人杀死，张觉随后叛金降宋。

【译文】

靖康年间的祸害，是从童贯开始的。狡诈的夷狄不可相信却相信他们，叛逃的臣子不可任用却任用他们，让自己的愿望实现在必定灭亡的契丹身上，而把国家的命运交给正在兴起的女真。其后理宗又踏上他的覆车之轨，而使宋的命运告终。延续到后来，还有人持以夷攻夷之策而自取败亡，这是他自己踏进凶危的陷阱，事情非常明白，是人所共知的。而宋朝一失再失以至于国命灭亡，其原因又不仅仅在此。假使徽宗听从了高丽人的建议，采纳了郑居中、宋昭的进谏，斥退童贯、王黼的奸邪，拒绝马植、张觉的请求，不用一支箭射向辽国，而且输送钱粮、出动援兵来保护契丹，能一定让耶律淳不逃窜死亡吗？能一定让左企弓固守燕山而不被攻下吗？能让女真不逼压河北而与我相逼迫吗？能制止女真不驰马冲击渡过黄河而向汴京进军吗？如果是这样，那么与女真联不联合，就都是一样的；援辽和与金人夹攻辽国，也是一样的。童贯执政以来承受了这些失败，而宋朝的危亡，却不只是因为童贯的失算。

【正文】

辍夹攻之计以援辽，辽存而为我捍女直，此一说也。宋岂能援契丹而存之者？以瓦解垂亡之契丹，一攻之，而童贯败于白沟矣[①]；再攻之，而刘延庆、郭药师败于燕山矣[②]。攻之弗能攻也，则援之固弗能援也。不可以敌爝火将熄之萧斡[③]，而可以拒燎原方炽之粘没喝乎[④]？拒契丹而勿援，拒女直而勿夹攻，则不导女直以窥中国之短长，守旧疆以静镇之，此一说也，近之矣。乃使女直灭辽，有十六州之地，南临赵、魏，以方新不可遏之锐气，睥睨河朔之腴土，遣一使以索岁币，应之不速而激其忿怒，应之速而增其狎侮。抑能止锋戢锐、画燕自守，而不以吞契丹者龁我乎？然则夹攻也，援辽也，静镇也，三者俱无以自全。盖宋至是而求免于女直也，难矣。

【注释】

① 白沟：白沟河，发源太行山，途经山西东部、河北张家口、保定，最后流入白洋淀，是宋与辽的界河。

② 刘延庆（1068—1127）：保安军（治在今陕西志丹）人。宣和四年（1122）在卢沟（在今北京西南）南，败于辽将，将熙宁、元丰以来储藏的军备全部丧失。靖康之变时，守京城，城破遁走。郭药师：生卒年不详。渤海铁州（今辽宁盖州东）人。辽募辽东人为兵，号称“怨军”，药师为帅。辽亡，药师归宋，为武泰军节度使。金天会三年（1125，宋宣和七年），金兵两路攻宋，东路军入燕山，郭药师在白河兵败降金。金太宗命为燕京留守，后随金兵攻宋，因知宋之虚实，使金军获胜。

③ 萧干（？—1123）：辽朝奚王，辽天祚帝保大三年（1123），自称奚国皇帝，契丹名为回离保，又作和勒博、古尔班、夔离不等。

④ 粘没喝：完颜宗翰（1080—1137），本名黏没喝，又名粘罕，阿骨打起兵反辽后，宗翰拥立阿骨打称帝，天会二年（1124）灭辽，天会五年（1127）灭北宋，宗翰均为副帅之一。天会六年（1128）攻克扬州，宋高宗渡江南逃。天会十年（1132）宗翰升国论右勃极烈兼都元帅，为金朝最高军事长官。扶立合剌（完颜亶）即金熙宗即位，后因高庆裔犯罪而受株连，宗翰愤懑而死。

【译文】

停止宋与金夹攻辽的计划来援救辽，辽国得以保存而替我大宋抵御女真，这是一种说法。宋朝难道能援救契丹而保存它吗？以瓦解垂亡的契丹来说，一旦进攻它，童贯就在白沟吃了败仗；再次攻击它，刘延庆、郭药师又在燕山战败。攻击它而不能攻克，那么援救它也本来是不能救援的。不可与如同火把将要熄灭的辽国萧干相对抗，还能抗拒如同燎原之火正处于炽热状态的金国粘没喝吗？拒绝契丹而不救援，拒绝女真而不夹攻辽国，就不会导致女真来窥伺中国的虚实，以冷静镇守旧的边疆，这一种说法，就比较接近了。却让女真攻灭辽国，占有了十六州之地，向南面临赵、魏地区，用正在新生而不可遏止的锐气，窥视河北的沃土，派出一个使节来索求岁币，回应得不快就激起了金人的愤怒，回应得快则会增加金人对我的狎侮，还能制止金人的锋锐、以燕地为界守住自身，而让金人不用吞灭契丹的手段来吞灭我吗？这样说来，无论是宋与金对辽的夹攻，还是救援辽国，抑或是冷静镇守，三种方法都无法使宋自我保全，这是因为宋朝到了这个时候想求得金人不吞灭自己，已经很难了。

【正文】

自澶州讲和而后，毕士安撤河北之防，名为休养，而实以启真宗粉饰太平之佚志，兴封祀、营土木者十八载。仁宗以柔道为保邦之计，刘六符一至，而增岁币如不遑，坐销岁月于议论之中者又四十一年。神宗有自强之志，而为迂谬之妄图，内敝其民于掊克，而远试不教之兵于熙河①。契丹一索地界，则割土以畀之，而含情姑待，究无能一展折冲之实算。元祐以还，一彼一此，聚讼盈廷，置北鄙于膜外者又二十余年。阃无可任之将，伍无可战之兵，城堡湮颓，戍卒离散。徽宗抑以嬉游败度，忘日月之屡迁。凡如是者几百年矣。则攻无可攻，援无可援，镇无可镇。请罢夹击之师者，罢之而已；抑将何以为既罢之后画一巩固之谋邪？故曰童贯误之，非徒童贯误之也。

【注释】

① 熙河：宋熙宁五年（1072）置熙河路经略安抚使，治所在熙州（今甘肃临洮）。徽宗时，宋与吐蕃在熙河进行的战役，史称“熙河之战”。宋英宗治平二年（1065），吐蕃唃厮啰去世，第三个儿子董毡继位，王韶建议先取河湟，再取西夏。宋神宗熙宁六年（1073），王韶发兵攻打河州的木征，次年木征与董毡等入侵河州，宋军景思立战败而

死，王韶疾驰熙州，木征等人退走，王韶赶到白城，杀戮甚众，木征投降，赐名赵思忠。

【译文】

自从澶州与契丹讲和之后，毕士安撤除了河北的防备，称为休养，而实际上就开启了宋真宗粉饰太平的放佚之志，于是真宗举办泰山封禅和西封后土、大兴土木长达十八年。仁宗用柔软之道作为保国之计，但辽国的使臣刘六符一到，就增加岁币还怕来不及，坐等岁月在议论之中消失，又过去了四十一年。神宗有自强之志，但做了迂谬狂妄的谋求，国内使民众受到盘剥而疲敝，而让没有训教的士兵到远方的熙河去与西夏作战。契丹一索求土地，就割让土地送给他们，而忍着心情暂且等待，终究不能一展对抗取胜的切实手段。元祐年间以来，新党旧党彼此双方，满朝聚讼争论，把北方边境置之度外又有二十多年。国内没有可以任用的将领，军中没有可以作战的士兵，城堡颓坏，守边的士卒离散。徽宗又以嬉乐游玩败坏制度，忘记了日月的不断消失。凡像这样的情况有近百年了，于是就使进攻没有可以进攻的力量，救援没有可以救援的手段，镇守也没有可以镇守的能力。请求罢止夹击辽国的军队，也只是罢止而已；还将靠什么在罢止夹击之后筹划一条巩固国家的谋略呢？所以说童贯误导了徽宗，但不全是童贯的失误。

【正文】

虽然，宋即此时，抑岂果无可藉以自振者乎？以财赋言，徽宗虽侈，未至如杨广之用若泥沙也。尽天下之所输，以捍蔽一方者，自有余力。以兵力言，他日两河之众，村为屯、里为砦者，至于飘泊江南，犹堪厚用。周世宗以数州之士，乘扰乱之余，临阵一麾，而强敌立摧，亦非教练十年而后用之也。以将相言，宗汝霖固陶侃之流匹也[①]。张孝纯、张叔夜、刘子羽、张浚、赵鼎俱已在位[②]，而才志可征。刘、张、韩、岳，或已试戎行，或崛起草泽，而勇略已著。用之斯效，求之斯至，非无才也。有财而不知所施，有兵而不知所用。无他，唯不知人而任之，而宋之亡，无往而不亡矣。

【注释】

① 宗汝霖：即宗泽（1060—1128），浙江义乌人。元祐六年（1091）进士，后为龙游、胶州、掖县县令、河北义兵都总管。靖康元年（1126），康王赵构准备赴金议和，行至磁州，宗泽劝阻。建炎元年（1127），宗泽以69岁高龄任东京留守，与金兵隔黄河对峙，屡破金兵，金人畏惧，称“宗爷爷”。此年上疏24次，即著名的《乞回銮殿疏》，力劝宋高宗还京，收复北方失地，为奸佞所阻。宗泽忧愤成疾，疽发于背，连呼“渡河！渡河！渡河”而逝。陶侃（259—334）：鄱阳（今江西鄱阳）人，初为县吏，晋怀帝永嘉五年（311）任武昌太守。建兴元年（313）任荆州刺史，后任荆、江二州刺史，都督八州诸军事。

② 张孝纯（？—1144）：滕阳（今江苏徐州）人。徽宗时，为河东宣抚使兼知太原府。宣和七年（1125），金军围困太原，张孝纯坚守逾年（1126）。靖康元年，太原城破，被俘拒降，囚归云中，后降金。天会八年（1130），金人立刘豫为大齐皇帝，张孝纯为丞相。伪齐政权废后，又任汴京行台左丞相。张叔夜（1065—1127）：永丰（今江西广丰）人。历任襄城、陈留二县知县、通判颍州，知舒、海、泰三州，后为右司员外郎、秘书少监、中书舍人、给事中、吏部侍郎，为蔡京所忌，出知海州、宣州、济南府、青州等。靖康元年（1126），金军南侵，率兵入援京师，拜签书枢密院事。是年与徽宗、钦宗同时被俘，押往金国，行至白沟，绝食而死。刘子羽（1096—1146）：建州崇安人（今福建崇安人），宋徽宗时，以破方腊有功，为太府簿，后为枢密院检详文字、川陕宣抚使参议军事、利州路经略使兼知兴元府，以不附秦桧，罢职。张浚（1097—1164）：汉州绵竹（今四川绵竹）人。徽宗政和八年（1118）进士，后为山南府士曹参军、枢密院

编修、知枢密院事、同中书门下平章事兼知枢密院事都督诸路军马。张浚在高宗初年负责防御金兵南下，又与韩世忠平定苗傅、刘正彦叛乱，之后在关陕、江淮组织宋军抵抗金兵。赵鼎（1085—1147）：解州闻喜（今山西闻喜）人。崇宁五年（1106）进士。历任河南洛阳令、户部员外郎、御史中丞、签书枢密院事、尚书左仆射、同中书门下平章事兼枢密使。南宋初期名相，与李纲齐名。他荐岳飞、韩世忠等人抵抗金兵，反对秦桧和议，遭秦桧打击迫害，罢相，绝食而死。

【译文】

即使这样，宋在此时，难道就真的没有可以凭借使自己振奋的出路了吗？以财赋来说，徽宗虽然奢侈，还没有像隋炀帝杨广那样如同使用泥沙一样使用国家的钱财。用天下输送的全部财赋，来捍卫一方的领土，自有多余的力量。以兵力来说，当年两河作战的兵士，以村落为屯、里巷为寨的人们，后来漂泊到江南，仍然委以重任。周世宗就用几个州的兵士，乘着天下纷乱的机会，临阵一挥，就把强敌顿时摧毁，也不是经过十年教训而后才能用来作战的。以将相来说，宗泽本来就是陶侃一流的文臣。张孝纯、张叔夜、刘子羽、张浚、赵鼎都已在官位上了，而他们的才能志气都可以使用。刘锜、张俊、韩世忠、岳飞，或已在军队中得到任用，或已从草泽中崛起，而他们的勇敢和谋略也已表现出来。任用他们就会取得效果，寻求他们就会到来，不是没有人才。有财赋而不知用在哪里，有兵士而不知用在何方。没有别的原因，只是不知道人才而任用他们，而宋朝的灭亡，就不论走到哪里也都不可避免了。

【正文】

不知犹可言也，不任不可言也。是岂徒徽宗之暗，蔡京之奸，败坏于一旦哉？自赵普献猜防之谋，立国百余年，君臣上下，惴惴然唯以屈抑英杰为苞桑之上术[①]。则分阃临戎者，固以容身为厚福，而畏建功以取祸。故平方腊，取熙河，非童贯以奄宦无猜，不敢尸战胜之功。哓哓者满堂也[②]，而窥其户，久矣，阒[③]其无人矣。虽微童贯挑女直以进之，其能免乎？汉用南单于攻北单于[④]，而匈奴之祸讫；闭关谢绝西域，而河西之守固；唯其为汉也。庙有算，阃有政，夹攻可也，援辽可也，静镇尤其无不可也。唯其人而已矣。

【注释】

① 苞桑：《周易·否卦》："其亡其亡，系于苞桑。"苞桑，指桑树的树干。系于苞桑，是说若能随时记着将会灭亡，为此而自我戒慎，就会像系在苞桑之上一样不会倒掉和灭亡。王夫之这里指宋朝拿猜忌大臣作为保全国家的手段。上术，指上等方法。

② 哓哓（xiāo）：吵嚷，唠叨。

③ 阒（qù）：寂静。

④ 北单于：优留单于的弟弟，东汉章和二年（88），鲜卑攻击北匈奴，杀死北匈奴优留单于，立其弟为单于。东汉永元元年（89），东汉大败北匈奴，北单于奔走。永元三年（91），北单于再次被东汉打败，逃亡后不知所在。他弟弟右谷蠡王於除鞬自立为北匈奴单于。永元五年（93），东汉出兵消灭於除鞬。永元十六年（104），北单于请求和亲，东汉未答应。南单于：建武二十四年（48），匈奴内部发生分裂，单于舆死后，其子乌达鞮侯立为单于，不久又死，其弟蒲奴立为单于，匈奴头曼和冒顿单于的后裔单于比也得到八部大人拥护，拥立为呼韩邪单于，希望得到汉朝廷承认，派郭衡向东汉朝廷献上匈奴地图，献上五原塞，愿永为蕃蔽，扞御北匈奴。光武帝采纳五官中郎将耿国建议，予以同意。于是单于比自立为呼韩邪单于，而匈奴始有南、北单于之分。建武二十六年（50），南单于被北单于击败，光武帝命南匈奴单于入塞居云中郡。此后设置使匈奴中郎将，派兵监护。

【译文】

不知道人才还有话可说，不加任用就无话可说了。这哪里只是徽宗的愚暗、蔡京的奸佞使人才败坏于旦夕之间呢？自赵普献上猜疑防范的计谋，宋朝立国一百余年，君臣上下，小心翼翼只以压抑英杰人才作为保住国家安全的高明方法。于是分兵与外敌作战的人，本来就会把保住自己的安全作为最大的福分，而害怕建功带来灾祸。所以平定方腊、攻下熙河，如果不是因为童贯作为一个宦官使皇帝对他没有猜疑，他也不敢占有战胜的功劳。满堂都是吵嚷和争论，而窥视他们门户，就会发现很久都没有一个人才了。即使没有童贯挑动女真南下进攻契丹，宋朝就能免除被灭的危险吗？汉代让南单于攻打北单于，而匈奴的祸害就终止了；闭关不与西域来往，而河西的守御也就巩固了；这正是汉成为汉的原因。庙堂有长远的谋划，治军有固定的制度，就可与金人夹攻辽国，也可以求援辽国，而冷静镇守更不是不可以的。只在于要有人才而已。

【评析】

此篇分析宋在外交与军事上的失策，终至靖康亡国。这说明君主治国要在平时就选拔人才，收集信息，不断决策，维持国家安定，增强国家力量，利用一切机会削弱敌人。不能在这些问题上掉以轻心，不做严密思考与部署。其中的历史教训，值得后人吸取。

论李纲对形势的判断

【题解】

李纲在靖康之变中肩负重大责任，如能对形势和大局做出全面而正确的分析与决断，还有机会挫败敌人的进攻。以当时宋朝在人力、物力等方面的情况来看，还不至于只能俯首就擒。而李纲未能挽救宋朝的战败亡国，实有不可推卸的责任。王夫之对历史人物的分析评价，总是那么严厉。因为这种人物占据国家权力中心，本应负起应负的责任。

【正文】

势极于不可止，必大反而后能有所定。故《易》曰："倾否，先否后喜[①]。"否之已极，消之不得也，倾之而后喜。惜其倾而欲善保其终，则否不倾而已自倾。谋国者，志非不忠，道非不正，不忍视君之琐尾[②]、民之流离，欲因仍而补救之，其说足以耸动天下。乃弗能救也，而祗甚其危亡[③]，则唯惜倾而靳于倾者使之然也。

【注释】

① 倾否（pǐ），先否后喜：《周易·否卦》内九爻的爻辞。否指天地不通，人处此时就会不顺，所以否卦表示小人道长，君子道消。但恶劣的时势也开始发生转机，所以《象辞》说"否终则倾，何可长也"！否不可长，所以先否后喜。后人以"倾否"指丧乱、危殆的时势。

② 琐尾：《诗经·旄丘》："琐兮尾兮，流离之子。"琐为细，尾为末。事物非常细微，就容易流离漂散。后来用以形容人们的颠沛流离，处

境艰难。这里形容北宋灭亡，徽、钦二帝被俘北去，人民流离失所。

③ 祇（zhī）：应为“衹（zhǐ）”。祇是“敬”，衹为“只”。

【译文】

时势到不可停止的时候就到了极点，必定会发生大的转变而后能有所定。所以《周易·否卦》九爻说：“危亡之时，先否后为喜。”无路可走已经到了极点，不能等它消失、使它倾覆之后才会有喜。不想看到它的倾覆而想在最终时善加保护，那么否极的时势不倾覆而自己就会倾覆。为国家谋划的人，志向不是不忠，道不是不正，不忍看着君主飘散、民众流离失所，想在这种形势下继续有所作为而进行补救，他（李纲）的论说就足以耸动天下。却不能挽救这种危亡的时势，而只会加重时势的危亡，那就只能是因为痛惜宋朝的倾覆而采取的种种做法，却使宋朝最终倾覆了。

【正文】

宋至徽宗之季年，必亡之势，不可止矣。匪徒女直之强不可御也，匪徒童贯之借金亡辽之非策也，尤匪徒王黼受张瑴之降以挑狡虏也。君不似乎人之君，相不似乎君之相，垂老之童心，冶游之浪子，拥离散之人心以当大变，无一而非必亡之势。于是而宇文虚中进罪己之言[①]，吴敏、李纲定内禅之策[②]，不可谓非消否之道也。乃汴都破，二帝俘，愈不可挽矣。内禅者，死守之谋也。死守则必有死守之具矣。任庙算者唯纲，纲之外无人矣；任戎阃者唯种师道，师道之外无人矣。尽纲之谋，竭师道之勇，可以任此乎？朱子固已论之曰：“不足恃也。”且微徒纲与师道也，婴孤城，席懈散之势，一日未亡，一日有处堂之计。人心不震，规画不新，虽诸葛孔明不能止荆州之溃，虽郭子仪不能已陕州之奔。何也？势已倾者不倾，而否亦不倾也。乱起于外者，制之以中；乱集于中者，制之以外。处于有余之地，而后可以自立；可以自立，而后可以御人。先王众建诸侯，以为藩屏，时巡其守，王迹以通，五服四方皆天子之外舍也[③]。故幽王死于宗周[④]，而襄王存于汜水[⑤]。《春秋》记之曰："天王出居于郑。"居者，其所宜居也。举天下而皆其所居，则皆其所自立矣。皆其所居，而拘挛于不可久居者以自困，则有余之地，皆非其地，有余之人，皆非其人，畏倾而倾必及之，否岂有自消之理哉？

【注释】

① 宇文虚中（1079—1146）：初名黄中，宋徽宗改名虚中，广都（今四川成都双流）人。宋徽宗大观三年（1109）进士，官至资政殿大学士，出使金国时被扣，官礼部尚书，尊为"国师"，后因图谋归宋而被杀。进罪己之言，徽宗宣和七年（1125），金人南下，徽宗谓宇文虚中怎么办？虚中说："今日宜先降诏罪己，更革弊端……备御之事，将帅可以任之。"即命宇文虚中起草了罪己诏。

② 吴敏（？—1131）：真州（今江苏仪征）人。初受蔡京赏识，官以浙东学事司干官、秘书省校书郎，又除右司郎官、中书舍人、给事中等。金兵南下，徽宗有内禅之意，命吴敏草传位诏。钦宗继位，徽宗居龙德宫，吴敏与蔡攸同为龙德宫副使，迁知枢密院事。吴敏主张与金人和议，与太宰徐处仁不合，御史中丞李回弹劾二人，同时罢相，为观文殿大学士、醴泉观使，又出知扬州，贬崇信军节度副使。绍兴元年（1131），复为观文殿大学士、广西湖南宣抚使。李纲（1083—1140）：邵武（今福建邵武）人。政和二年（1112）进士，后为兵部侍郎、尚书右丞。靖康元年金兵包围汴京，任京城四壁守御使，击退金兵。不久被斥。高宗即位，起用为相，仅七十七天又遭罢免。绍兴二年（1132），为湖南宣抚使兼知潭州。多次上疏主张抗金，未被采纳，后贬鄂州、海南万安军（今海南儋州）。李纲与赵鼎、李光、胡铨合称"南宋四名臣"。

③ 五服：古代王畿外围，五百里为一区划，由近及远，分侯服、甸服、绥服、要服、荒服，合称"五服"，有时又称为侯服、甸服、男服、采服、卫服。或又分为九服：侯服、甸服、男服、采服、卫服、蛮服、夷服、镇服、藩服。

④ 幽王（？—前771）：周宣王之子，西周末代君主，在位时，泾、渭、洛三川皆震，幽王不问政事，又废嫡立庶，废除申后及太子宜臼，立褒姒为后，立其子伯服为太子，并加害太子宜臼，致使申侯、缯侯和犬戎攻周。周幽王为取悦褒姒，数举骊山烽火，失信于诸侯。最后被犬戎兵杀死于骊山之下，西周灭亡。

⑤ 襄王存于氾（fàn）水：氾水为河流名，流经当时的郑国，现在已经湮没，故道在今河南中牟南。周襄王（？—前619），周惠王之子。当时齐桓公、晋文公先后为霸主，凌驾于周王之上。郑国也把周王的使臣囚禁，襄王借翟人伐郑，结果周发生内乱，翟人进入周都，襄王逃到郑国，郑国人让襄王住在氾。后来晋文公助襄王平定周的内乱。

【译文】

宋朝到了徽宗的晚年，必亡的形势已经不可阻止了。不只是女真的强横不能抵抗，不只是童贯借助金人灭亡辽国的计策不是好计策，更不只是王黼接受了张觉的投降而挑起狡猾的金人进军。君主不像人们的君主，宰相不像君主的宰相，一个是年纪已老的人还有玩乐的童心，一个是爱好冶游的浪子，拿着已经离散的人心来面对大的事变，没有一条不使形势必定趋于灭亡。于是宇文虚中献上颁布罪己诏的建议，吴敏、李纲定下禅位给钦宗的策略，不能说不是消除颓败之势的办法。可是等到汴京被攻破，徽、钦二帝被俘，颓败的形势就更不可挽回了。向钦宗禅位，就是要死守京城的策略，死守就必须有死守的资本。担任朝中出谋划策的人只有李纲，李纲之外没有其他人了；担任军中将帅的人只有种师道，种师道之外就没有其他人了。用尽了李纲的谋略，竭尽了种师道的勇气，能够胜任扭转这种时势的重任吗？朱子本来就已评论说过："这是不足依靠的。"而且不是只有李纲和种师道，守卫孤城，处于懈散的形势下，一天没有灭亡，就一天还有身处其时的办法。人心不震动，谋划不更新，即使是诸葛孔明也不能止住荆州的溃败，即使是郭子仪也不能制止陕州的逃奔。为什么呢？时势已经倾覆但还没有最终倾覆，而颓败之势也就不会倾覆。纷乱在外部发生，靠内部想办法来制服它；乱子集中在内部，就在外部想办法制服它，让自己处于有余之地而后就可以自立，可以自立了而后就可以抵御对方。先王建立众多的诸侯作为自己的外围屏障，按一定的时节进行巡视，天子的行迹也就通于天下，五服四方就都是天子在外地的住处了。所以周幽王死在宗周，而襄王能在氾水待下来。《春秋》记载："天王出了都城居住在郑国。"所谓的居，是天子适宜居住的地方。整个天下都是他居住的地方，那么就都是他自立的地方了。整个天下都是他居住的地方，却在不能久居的地方拘束着让自己困窘，那么其他有余的地方也就都不是他可以居住的地方了，各个地方有余的人马也就都不是他的人马了，害怕倾覆那么倾覆必定会到来，颓败之势难道有它自己消失的道理吗？

【正文】

徽宗南奔以避寇，势迫而不容弗避，避之尚未足以亡也。以势言之，头不剸者命不倾[①]；以理言之，死社稷者，诸侯之道也，非天子之道也。诸侯弃其国而无国，天子弃都城而固有天下，未丧其世守也，故未大失也。其成乎必亡者，内禅而委位于钦宗也。委位于钦宗，则徽宗非天下之君矣。本不可以为人之君，而又委位以自失其柄，为萧然休老之人，则处有余之地而非其地，抚有余之人而非其人。权藉之所归，据之以抗强虏者，犹然孑处危城之嗣主。是出奔犹未失，而内禅之失不可救矣。唐玄宗走蜀，而太子北走朔方，犹太子也。玄宗犹隐系东南人心，而人知有主。太子虽立，而置身于外，以收西北之心，故可卷土重来以收京阙。钦宗受内禅之命，是天子固在汴京，走而东者，已非天子也。盈廷之士，类皆谗贼之余，婴城之众，徒恋身家之计。纲以此曲徇其意，拥钦宗以迟回于栈豆[②]，为之名曰"效死弗去"。肩货贿以惜迁徙之愚氓，群起欢呼，以偷一日之安。怀、愍之覆辙[③]，憯莫之惩[④]，以冥行而蹈之，不亦悲乎！

【注释】

① 剸（tuán）：割断，截断。

② 栈豆：本指马房豆料，比喻才智短浅的人所顾惜的小利。

③ 怀、愍：晋怀帝、晋愍帝。晋怀帝司马炽（284—313），西晋第三代皇帝，307年至313年在位。初封豫章王，惠帝时立为皇太弟。司马越毒死惠帝，扶持司马炽为帝，年号永嘉。晋愍帝司马邺（300—317），西晋第四代皇帝，永嘉六年（312），晋怀帝被刘曜俘虏，群臣立他为太子。建兴元年，怀帝被毒死，鞠允、索琳、梁芬等人在长安扶立司马邺为帝，年号建兴。建兴五年（317），刘曜围攻长安，愍帝出城投降。刘曜将他押到平阳。西晋至此灭亡，司马邺后被刘聪杀害。

④ 憯（cǎn）莫之惩：《诗经·十月之交》："烨烨震电，不宁不令。百川沸腾，山冢崒崩。高岸为谷，深谷为陵。哀今之人，胡憯莫惩。"是说灾害甚重，天崩地裂，天翻地覆，然而可哀的是，人们却不曾接受教训，不加改正。胡，何。憯，曾。胡憯莫惩，是说为何不曾引为鉴戒，接受教训。

【译文】

徽宗南逃来躲避敌寇，形势紧急而不容不躲避，如果到南方躲避就尚不足以灭亡。以形势来说，头不割断，命就不会结束；以事理来说，为社稷而死，是诸侯之道，不是天子之道。诸侯放弃他的国家就没有国家了，天子放弃都城还是有天下的，没有丧失他世代所守的天下，所以还没有形成大的亡失。使必亡得以到来的，是徽宗禅位给钦宗。禅位给钦宗，徽宗就不是天下人的君主了。本来不可以作为人们的君主，而又禅位于钦宗而使自己丧失了大权，成为一个萧然休息的老人。这就使自己本来可以处于有余之地而现在都不是自己可居的地方了，本来可以拥有的人马而现在就不是自己可以拥有的人马了。权势归属钦宗，依靠他来抵抗强大的敌寇，但他还是一个独孤地处在危城之中的继承王位的人。这就是为什么说徽宗出奔还没有失误，而禅位于钦宗的失误，就是不可挽救的了。唐玄宗逃到蜀，而太子向北逃到朔方，他还是太子。玄宗还能维系东南的人心，而人们还知道有君主。太子虽然建立了，但置身在外地，来收聚西北的人心，所以可以卷土重来收复京城。钦宗接受徽宗禅位的命令，这就是天子仍在汴京，出城到了东方的人，已经不是天子了。此时满朝廷的士大夫，全都属于进谗贼害国家的人，守城的众人，只做留恋自己身家的打算。李纲用这种人守城来曲从自己的意图，通过拥立钦宗而留恋眼前的小利。还把这称之为“为国家效死命而不离去”。背负着财物而不愿迁徙的愚民，对李纲群起欢呼，来换取一天的苟且偷安。晋怀帝、晋愍帝的覆辙，不曾引以为戒，在暗中行走而重蹈他们的覆辙，不也是可悲的吗？

【正文】

向令内禅不行，徽宗即出，人知吾君之尚在，不无奋死之心；帝持大柄以旁招，尚据河山之富；群小抱头以骇散，不牵筑室之谋；太子受钺以抚军，自效广平之绩①；揆其时势，较康王之飘泊济州者，尚相什百也。唯纲昧此，惜此四面受敌之孤城，仍此议论猥繁之朝廷，率此奸邪怙党之佥壬，殉此瞻恋秾华之妇稚。虏兵乍退，歌舞仍前，夫且曰：“微纲之使有君而有国也，安得此晏处之休哉？是奠已溃之宗祊而宁我妇子也，功施不朽矣。”《盘庚》曰：“胥动以浮言②。”非此谓与？

【注释】

① 广平：指唐代宗。安史之乱时，玄宗逃到蜀，其第三子李亨则到西北即位，为唐肃宗，时肃宗长子李豫随从，为广平王，后以兵马元帅名义率军收复洛阳、长安两京。

②《盘庚》曰：“胥动以浮言”：《尚书·盘庚》：“汝曷弗告朕，而胥动以浮言。”盘庚，商代祖丁的儿子，阳甲的弟弟。阳甲死后继位，为商代第二十任国王，在位第三年（前1300）把商的都城从奄（今山东曲阜）迁到殷（今河南安阳），此后270多年，商的都城一直固定在此，商朝也因此而称为殷。胥动以浮言，是指相互传播浮言，使人心骚动。浮言指无根据的传言、谣言。

【译文】

此前假使不实行禅位，徽宗即使离开汴京，人们知道我们的君主还在，不会没有奋死抵抗的心情；徽宗掌握着大权广招各地兵马，还会据有富饶的河山；众小人抱头而害怕逃散，也不会受筑室道谋的牵累；太子接受指挥军队的大权来监抚军队，自会奉效如同广平王一样的功绩；考察当时的时势，比康王赵构漂泊在济州，还是有十倍百倍的力量。只是李纲看不到这些情况，顾惜汴京这座四面受敌的孤城，靠着这个言论猥琐繁杂的朝廷，率领这些奸邪结党的小人，顺着这些贪恋繁华的妇人和小孩。金兵乍一撤退，歌舞仍然如以前一样，而且都还说："不是李纲使我们有君主有国家，怎会有这个太平安处的美好呢？这是安定了已经崩溃了的国家而让我们妇人和小孩得到安宁，功劳可以称为不朽了。"盘庚说："相互传播不实之言以扰乱人心。"不就是说的这种情况吗？

【正文】

徽宗以脱屣自恣之身[①]，飘然而去，翩然而归，既不能如德宗之在奉天[②]。钦宗以脆弱苟延之命，有召不应，有令不行，抑不能如肃宗之在灵武[③]。都城官吏军民，以浮华安佚之累，倏然而忧，俄然而喜，终不能如朔方、邠、宁之军[④]，愤起反攻，以图再造。祸在转盼，而犹为全盛之图，纲何未之思也！其在当日者，城连万雉，阙启千门，鸡犬方宁，市廛未改，不忍弃之一朝，而思奉一人以固守，夫岂非忧国恤民之至意？而目前之殷盛，一俄顷之浮荣；转盼之凋残，成灰飞之幻梦。卒使两君俘，六宫虏，金帛括尽，冻饿空城，曾不得逸出以谋生，而上下交绝其大命。如是而以为不忍，其忍也，不已惨乎？故所咎于纲者，有所惜而忘所大惜也。邪说行，狂夫逞，敷天之痛，纲其罪之魁与！

【注释】

① 脱屣（xǐ）：脱掉鞋子，比喻把一件事情看得很轻，无所顾恋就抛弃掉，不让它成为自己的包袱。

② 奉天：今陕西乾县。唐德宗建中四年（783）因朱泚之乱，逃到奉天避难，叛乱平定之后，兴元元年（784）升奉天为赤县，由京都直辖。

③ 灵武：古称灵州，今宁夏灵武。唐安史之乱时，肃宗李亨于756年在此即位。

④ 朔方：唐置朔方节度使，治所在灵州（今宁夏灵武）。邠、宁：唐肃宗时，将朔方节度使所辖的泾、原、宁、庆、坊、鄜、延等州，归属邠宁节度使。邠州原称豳州，开元时改称邠州，治所在新平（今陕西彬县）。宁州，治所在今甘肃宁县。

【译文】

徽宗离开汴京就像脱掉鞋子而让自己能够恣意行动一样，飘然而去，翩然而归，也就不能像唐德宗在奉天那样了。钦宗以脆弱苟延残喘的命运，虽有召命也得不到响应，虽然有命令也不能执行，也不能如唐肃宗在灵武一样了。都城的官吏军民，因为受了贪图浮华安逸的拖累，忽然因金兵围城而惊扰，很快又因金兵撤走而高兴，终究不能像朔方、邠州、宁州的军队那样，奋起反攻，以求再建国家的大业。灾祸就在人们转盼之间，还做全盛时期的打算，李纲对此为什么没有思索呢？他在当时，看到京城有上万城墙垛口，全城也有上千的城门可以开启，鸡狗还很安宁，市场街道没有改变，不忍在一个早上放弃，而想尊奉一个皇帝来固守京城，这难道不是忧国恤民的至诚之意吗？而眼前的兴盛景象，在一转眼之间就会变成虚浮的荣华；转眼之间的凋残，就使繁华的京城成为灰飞烟灭的幻梦。最终使得徽、钦二帝被俘，六宫被虏，金帛被搜括一空，在冻饿之中而使汴京变成空城，人们不曾有机会能逃出来谋生，而上下全都断绝了他们的生命。像这样而不忍撤离汴京，它所忍心做的不也是很悲惨吗？所以怪罪于李纲的，是他顾惜了一座京城而忘了更大的应加珍惜的东西。邪说得到实施，狂夫得逞，普天下的痛苦，李纲就是此罪的魁首吧！

【评析】

王夫之认为，当金军围困汴京时，李纲应该保护徽宗撤离汴京，再做下一步打算，可是李纲不愿意让徽宗离开汴京，认为徽宗离开汴京就象征宋朝的覆亡，所以他想通过保卫汴京来使全国军民团结，而让宋朝不致灭亡。王夫之认为他这个主张足以耸动天下，但不能真正挽救宋朝的覆亡，反而加重了危亡的局势。这说明李纲对大局形势的判断有误，唐代皇帝数次因兵乱而离开都城，后来都能平定叛乱，返回都城。这说明李纲的做法并非万全之计，故使汴京被攻破，徽、钦二帝被俘，仍不免宋朝的灭亡。

论钦宗

【题解】

宋钦宗赵桓（1100—1156），宋徽宗赵佶的长子。宣和七年（1125）金人入侵，徽宗禅位于他，年号靖康，靖康二年（1127）与徽宗一起被金人俘虏押往北方，高宗绍兴二十六年（1156）病死于燕京。

钦宗继位，正是徽宗焦头烂额之时，钦宗继位，也无能为力，只能遭受靖康之祸。靖康之变时，李纲想挽救宋的倾覆危亡，但他的做法，王夫之认为没有抓住根本，倾覆的原因虽然可以追溯到王安石变法，但已不是倾覆危亡的根本原因了。

一个王朝出现危机，将要倾覆，就要有人出来“扶危定倾”。王夫之认为不能等到王朝已经危险或将要倾覆了才来扶危定倾，因为危和倾是事势发展的结果，而应在事势没有发展到这一步的时候防止危险和倾覆的出现，才是根本之道。一个王朝能不能有人在这个问题上有先见之明，决定了王朝的最终命运。王夫之对此深有感触，宋与明都在这件事情上做得不好，所以王夫之有深刻的分析与感叹。

他追溯北宋靖康之祸的形成，认为“王安石变法以进小人，实为其本”。这就导致后来“蔡京之进，自以书画玩好介童贯投徽宗之好，因躐大位，引群小导君于迷，而召外侮”。“靖康之初，欲靖内以御外，追其祸本，则蔡京、王黼、童贯、朱勔乱于朝，开衅于边，允当之矣。李邦彦、白时中、李棁、唐恪之流，尸位政府，主张割地，罢入卫之兵，撤大河之防者，皆京、贯辈同气相求、因缘以进者”。有这么多的小人在朝廷中，没有做一件有益的事，尽干坏事，王朝不灭亡才是怪事。

王夫之又论女真胁宋以割三镇、割两河时，宋廷之臣争论不决，由此可知宋之必亡，而且还会知道“宋亡而贻中国之祸于无已”。这个危害太大了，王夫之即使在几百年后的明末清初，都深感宋亡对中国造成的灾祸之长远。

在他看来，当时宋朝廷大臣争来争去，都没有把根本问题弄清楚，这就是不能“得女直之情”。用兵法术语说，就是不知彼。“不得其情，虽为之计无补也，况乎其无能为保固三镇、两河之计也”。只是就事论事，当然找不到根本的解决之道；就算是就事论事，也拿不出具体有效的办法，宋朝到这一步，其命运可想而知。

当时女真之情是什么？王夫之认为女真“自败盟南侵以来，驰突于无人之境，至一城则一城溃，一城溃则一路莫不溃矣。欲三镇即可得三镇，欲两河即可得两河”，他们可以为所欲为，宋不管怎么与女真争，都无济于事，“中国之无人久矣，祸乃延及无穷而不可遏矣”。这就是当时的形势。

但女真之情，是“辽之既灭，女直之志已得，未尝有全举中国之成心也”。这一点，宋人并没有认识清楚，反而“召之挑之，自撤其防以进之，于是而欲逞志于宋”，但仍然没有抱有必得的心情，“乃且无定情”。他们只是想“求地耳，求赂耳，求为之屈耳”。所以“终女直之世，止于此三者”。

大河以南的地区，金人并不是自己占有，而是“举以授之张邦昌、刘豫而不欲自有”，“永嘉以来，南北分而夷、夏各以江、淮为守，沿而习之，局定于此，志亦仅存乎此也”。不能清楚了解女真的这种心情，又不能采取切实有效的措施加强三镇两河的防守，朝廷大臣们“空谈无实，坐废迁延，而三镇、两河不待割而非己有矣。轻骑驰突于汴京，而宗祧永丧矣。疆土任人之吐茹，而何割与不割之有哉”？最终就不是割让土地的问题，而成为王朝灭亡的问题。这本来不是女真的目的，而是宋朝的无能让女真得到了意外之喜。

王夫之还论述了宋朝内部的上与下交争，认为这样做只能使“其国必倾”。正确的做法是“大臣能得之于上，而不使与下争，惟君子能辑之于下，而不使与上争”。凡是争论的产生，都是由于“上不见信，下不相从，乃相持而不相下”。一旦争论起来，“则意短而言长，言顺而气烈”，于是“得失、利害、存亡、生死皆所不谋”。这样的争论，无非都是一种“浮言”，即没有切实内容的言论，只是意气相争而已。为此只会借助于权势和地位，而不是凭借道理和是非。“上之争下也，斥之、诎之、窜之、禁之，乃至刊之于籍，勒之于石”，采取不正当的权力压制，造成正人君子被排斥一尽。北宋的党争，就是这样的上下相争，钦宗之时，人们“登屋援树，喧呼以争命相之权者，其流风所鼓，乃至万众奔号，蹙君门而为李纲鸣其不平”，也是这样的上下相争。“上既违之，下乃愤之。下且竞之，上愈疑之。交相持，而利害生死俱所不恤”。面对强敌之时，内部还这样相争，怎能对抗外敌，不灭亡又等待什么？所以王夫之说“任国事者”要按孔子说的“君子无所争”，自己不与上下相争，也就不会“使君与民挟己以为争端”了，内部团结一致，才有可能对抗强敌。

怎样扶危定倾

【题解】

在国家遇到重大危险而将要倾覆之时，需要有人站出来挽救国家，这就是“扶危定倾”。这个说法来自范蠡帮助越王勾践从败于吴而免于灭国，并最终使越国恢复力量，并灭掉吴国的历史事件。范蠡提出如何扶危定倾，有一套理论与办法，宋人为什么不能从中吸取教训、学习方法？这对于后人也是一个重大的历史课题，需要认真研究。王夫之的论述，可以提供重要的价值。

【正文】

扶危定倾有道，于其危而扶之，不可得而安也；于其倾而定之，不可得而正也。倾危者，事势之委也，末也；所以致倾危者，本也。循其所以危，反之而可以安；矫其所以倾，持之而可以正。故扶危定倾者，其道必出于此。虽然，本之与末，有发端而渐启者，有切近而相因者。则正本之图，有疏有亲，有缓有急，必审其时而善持之。不然，则穷溯其本而不足以救其末，无益也。发端而渐启者，其始之弊，未至于此，相沿以变，而并失其旧，乃成乎切近相因之害；于此图之，而已得倾危之本。若其始之所启，虽害繇此以渐兴，而时移势易，无所复用其匡正，其本也，而固非其本矣。

【译文】

出现了危难、将要倾覆的时候扶助并稳定它是有方法的，在它已经危难时再来扶助，就不能获得安定；在它已经倾覆的时候再来稳定住它，就不能把它挽救起来。倾覆和危难，是事势的演变，属于事情的最后阶段；而导致倾覆和危难的原因，才是事情的根本。追溯产生危难的原因，采取相反的措施就可以让它安定；对造成倾覆的原因进行矫正，就能把它重新扶正。所以挽救危难、扶定倾覆，必定要用这种方法。即使如此，事情的根本与末节，有的是事情的发端而后渐渐引起了变化，有的是事情的最近状况由以前的情况演变而来。那么扶正根本的方法，就要分清与根本原因的远和近，采取的措施也要分清缓和急，这就必须审察事情的时势而采取适当的办法。如果不这样做，就算穷溯到事情的最初原因也不足以挽救事情发展到最后阶段的倾覆和希望，这是没有益处的。事情发端之后渐渐引起的危害，在它开始时所具有的弊端，还没有发展到最后阶段的那种严重程度，而是由于不断地从开始演变而来，还完全失去了事情开始时的状况，而成了眼前最近时期所形成的危害；针对这种状况来挽救事情的倾覆危亡，就是已经抓住了倾覆危亡的根本。至于事情开始时所引起的事端，虽然危害由此逐渐演变出来，但后来随着时势的改变，就不能再对事情开始时的情况进行匡正，它虽然是事情在最初时的根本原因，但到最后阶段它就不再是这场倾覆危亡的根本原因了。

【正文】

靖康之祸，则王安石变法以进小人，实为其本。而蔡京之进，自以书画玩好介童贯投徽宗之好，因躐大位，引群小导君于迷，而召外侮。其以绍述为名，奉安石为宗主，绘形馆阁、配食孔庙者，皆假之以弹压众正，售其佞幸之私而已矣。夫安石之修申、商之术，以渔猎天下者，固期以利国而居功，非怀私而陷主于淫惑，此其不可诬者也。安石之志，岂京之志？京之政，抑岂安石之政哉？故当靖康之初，欲靖内以御外，追其祸本，则蔡京、王黼、童贯、朱勔乱于朝，开衅于边，允当之矣。李邦彦、白时中、李棁、唐恪之流[1]，尸位政府，主张割地，罢入卫之兵，撤大河之防者，皆京、贯辈同气相求、因缘以进者也。出身狭邪，共习嬉淫，志茶气枵，抱头畏影，而蕲以苟安，岂复知有安石之所云云者？师京、贯之术，以处凶危，技尽于请和，以恣旦夕之佚乐而已。京、贯等虽渐伏其罪，而所汇引之宵人，方兴未殄。则当日所用为国除奸者，唯昌言京、贯之为祸本，以斥其党类，则国本正，而可进群贤以决扶危定倾之大计，唯此而可以为知本矣。骨已冷、党已散、法已不行、事势已不相谋之安石，其为得为失，徐俟之安平之后而追正之，未为晚也。舍当前腹心之蛊，究已往萌蘖之生，龟山、崔鶠[②]等从而和之，有似幸国之危以快其不平之积者。而政本之地丛立者皆疲茸淫荡之纤人，顾弗问也。则彼且可挟安石以自旌曰："吾固临川氏之徒也。弹射我者，元祐之苗裔，求伸其屈者，非有忧国之忱者也。"荧主听，结朋党，固宠利，坏国事，恶能复禁哉？

【注释】

① 白时中（？—1127）：寿州寿春（今安徽寿县）人。进士出身，后为吏部侍郎、尚书右丞、中书门下侍郎。执政遵奉蔡京父子的意志，靖康之变，建议钦宗弃城逃跑，被弹劾。李棁：生卒年不详，钦宗时为吏部尚书，与吴敏同知枢密院事，李纲为东京留守，李棁为其副手，曾出使金军。后为尚书右丞，后其主和，与李邦彦等人同时被罢黜。高宗时，李棁、宇文虚中等人出使金营请求割地。唐恪（？—1127）：余杭钱塘（今浙江杭州）人。绍圣元年（1094）进士，任郴县尉、榆次知府、户部侍郎、尚书右仆射兼中书侍郎。金军南侵，唐恪与耿南仲等人主和议，各路勤王军至，唐恪下令不准妄动，勤王军不战而散。金军提出划河为界，唐恪怂恿钦宗完全遵从，随从钦宗巡城，遭到军民唾弃和怒打。徽、钦二帝被俘，金军立张邦昌为帝，唐恪在推戴状签名后服毒自尽。

② 崔鶠（yǎn）：哲宗元祐年间（1086—1094）进士，后为凤州司户参军、筠州推官。宋徽宗继位，上书颂扬司马光，被蔡京归入"邪等"。后为宁化军通判、殿中侍御史。钦宗即位，上书论蔡京之奸，时北宋垂亡，他深知局势难以挽回，每叹天下事不可为，不久病死。

【译文】

追溯靖康年间的灾祸的源头，那么王安石变法而进用小人，确实是这场灾祸的根本原因。但蔡京的进用，自是利用书画玩乐一类的嗜好通过童贯来投徽宗之好的，于是越级而升到相位，引来成群小人诱导君主走到迷惑的地步，从而召来了外敌的欺侮。他以绍述作为名义，把王安石奉为宗主，在馆阁中绘王安石的画像、让王安石在孔庙中与孔圣人配享，都是借之用来弹压众多正人君子，兜售他的佞幸之私而已。王安石研究了申不害、商鞅的学说，用来获取天下的财利，本来是期望来利国而居功的，不是怀着私心而把君主陷于淫侈迷惑的，这是他的不可诬蔑的地方。王安石的志向，难道是蔡京的志向吗？蔡京的政治，又难道是王安石的政治吗？所以在靖康初期，想安定国内以抵御外侮，追溯当时灾祸的根本，应该是蔡京、王黼、童贯、朱勔在朝廷中造成混乱，在边境挑起战争，这才是最符合当时情况的根本原因。李邦彦、白时中、李棁、唐恪之流，在朝廷中把持权位，主张割地，罢止前来保卫京城和皇帝的军队，撤掉黄河的防守，这些都是与蔡京、童贯一流同气相求、利用关系而得到进用的人。他们出身褊狭邪恶，共同热衷于嬉乐荒淫，志气软弱空虚，抱头畏惧敌人的影子，而只求苟且偷安，哪里还知道有王安石以及他所讲过的道理呢？他们都是仿效蔡京、童贯的方法，在面临凶险危亡之时，就只会讲和而没有别的办法，想通过讲和让自己恣意于旦夕的佚乐而已。蔡京、童贯等人虽然逐渐都俯首认罪了，但他们引来的成群的小人，还正处于得势状态而没有消灭。那么当时用来为国家除去奸人的办法，就只应当大讲蔡京、童贯等人是灾祸的本源，以此来斥退他们的同党，那么国家的根本就贞正了，就可以进用众多的贤人来决定扶救危亡倾覆的大计，只有这样才能说是知道了消除这场灾祸的根本之道。此时尸骨已冷、同党已经散去、新法已经不再推行、事势已经不再相关的王安石，他的是非得失，等到天下太平之后再慢慢地来追究和纠正，也不为晚。放下当前的心腹之患，追究已往的过失如何产生，杨龟山、崔鶠等人也跟着附和，甚至似乎是对国家的危难幸灾乐祸而使自己长期积累的不平心情加以发泄而求痛快。那么在主持国家大政的地方成群居于官位的都是软弱淫荡的小人，对他们却不去过问。

而且他们还要借着王安石的名义自我标榜说："我们本来就是临川王安石先生的学生，弹劾攻击我们的人，则是元祐党人的后代，想通过弹劾我们来伸展他们的委屈，并不是有忧国热忱的人。"用这种说法来迷惑君主的视听，结成朋党，巩固已有的恩宠和利禄，毁坏国家大事，又怎能再禁止他们呢？

【正文】

杨国忠受戮于马嵬[①]，而唐再造，无庸究李林甫之奸也。辨学术，正人心，善风俗，定纲纪，前不能伸于建中靖国之初，而事已大败，乃泄其久蕴之忿怒，所本者，非本矣。辽绝而不相及，泮涣而不相济，何为者邪？迨及建炎之后，安石之说不待攻击而自销亡，亦足以知安石之不足攻，而非靖康之急务矣。竭忠尽力，直纠京、贯之党，斥其和议之非，以争存亡于庙算，言不溢而事不分，此之谓知本。

【注释】

① 马嵬（wéi）：马嵬镇，又称马嵬驿，在今陕西兴平境内，东晋太元十八年（393），朝廷派马嵬在此筑城而得名。唐玄宗天宝十四年（755），唐玄宗西逃至此时，爆发"马嵬兵变"，杨国忠被杀，杨贵妃被逼自缢身亡。

【译文】

杨国忠在马嵬坡受到诛戮，唐朝得以再次兴起，不用再去追究以前李林甫的奸邪。辨章学术，端正人心，改善风俗，稳定纲纪，不能向前延伸于徽宗建中靖国年间的初期，而到靖康之时的国事已经大为毁败时，却发泄自己长期积聚的愤怒，以追究很早以前的人和事作为导致国家危难的根本原因，这就不是真正的根本原因了。时间已很遥远而不相关了，之间的联系已很松散而互不涉及了，这样做又是为了什么呢？等到高宗建炎年间以后，王安石的学说不等人们攻击就自行销亡了，这也足以知道王安石不值得攻击，攻击王安石也就不是靖康时急着要办的事了。竭尽忠心和力量，直接纠正蔡京、童贯的同党，斥责他们主张和议的错误，以此而在朝廷高层争议国家存亡的方针，这样做的话，言不用多，而事情也不会被分散，这就叫作知道扶救倾覆的根本。

【评析】

扶危定倾之道，不能等到危险已经出现，倾覆已经形成，才来采取措施，这样就晚了，也不能挽救倾覆。必须认识到所谓的倾危，是事势发展变化的结果，要在事势的发展变化过程中，及时加以分析，判定将要如何发展，将会有怎样的后果，做未雨绸缪的工作，而最根本的是要认识清楚事态发展变化的根本原因何在，找到了根本，就会有正确的处理办法，也就能防止危险与倾覆的出现。古人说，宜未雨绸缪，勿临渴掘井。个人的事要这样，国家的事更要这样。只是对于国家事势发展变化的分析要复杂得多，所以更要聚集选择一批贤才与正人，来做这些事。

宋亡而贻中国祸无已

【题解】

中国古代历史上朝代的先后更替不断出现，前朝亡，后朝立，似乎成了家常便饭，王夫之没有认为这种朝代更替具有另外的意义，只对宋的灭亡提出了特别的评价。他说“知宋亡而贻中国之祸于无已也”，强调宋的灭亡不仅是宋朝本身的灾祸，更是当时整个中国的灾祸，而且这种灾祸之危害不限于宋朝本身，而是影响到后来的数百年。王夫之经历了明亡清立，他没看到清朝的命运，如果他看到清的灭亡，他会说宋的贻祸长达千年，但这也与他说的“贻祸无已”是相符的。贻祸就是把灾祸遗留到后来，不是这一个朝代的事，后来的朝代也不免受这次灾祸的影响，而且这种影响没有尽头。这一评价，可谓发人深省。今天的人也要好好思考王夫之所提出的问题。

【正文】

女直胁宋以割三镇、割两河①，宋廷之臣，争论不决，于其争论而知宋之必亡也，抑以知宋亡而贻中国之祸于无已也。李邦彦、聂昌、唐恪之徒②，固请割地以缓须臾之死者勿论已。徐处仁、吴敏以洎李伯纪、杨中立之坚持不割之策③，义正矣。虽然，抑有能得女直之情，而自善其不割之计者乎？不得其情，虽为之计无补也，况乎其无能为保固三镇、两河之计也。

【注释】

① 三镇：即河北三镇，平卢、魏博、成德统称河北三镇，是唐代在北方

设置的三个重要藩镇。三镇都在唐朝的河北道，故称河北三镇，又称河朔三镇。两河：唐安史之乱后，称河南、河北二道为两河。宋代则称河北、河东地区为两河。

② 聂昌（1078—1127）：临川（今江西抚州）人。徽宗大观三年进士，任相州教授、荆湖转运使、户部侍郎、开封府尹。因惩治豪强，得罪权贵，贬为德安知府、崇信军副使。靖康年间，聂昌上书，主张诛奸臣，全力抗战。宋钦宗派聂昌和耿南仲到金营议和，保持气节和尊严，金国将聂昌杀害。

③ 徐处仁（1062—1127）：应天谷熟（在今河南商丘东南）人。神宗元丰间进士，曾知永兴军，反对强平物价，奏请量入为出，节浮费，罢横敛。钦宗时，建言储粮修战备以御金兵。金军北撤，又请伏兵袭其后队。靖康元年（1126），为中书侍郎，不久罢。杨中立：即杨时，字中立。

【译文】

女真用割三镇和两河来威胁宋，宋朝廷的大臣，争论不决，看他们争论就知道宋是必亡的，还可以知道宋亡之后留给中国的祸难也是没有尽头的。李邦彦、聂昌、唐恪之徒，坚持请求割地以延缓转眼之间的死亡，这就不用评论了。徐处仁、吴敏以及李纲、杨中立坚持不割地的方针，道义上是正确的。即使这样，还有能知得女真的用心，而自有更好的不割地的办法吗？不知道对方的用心，即使商量对策也是于事无补的，何况他们并没有能够保住和稳固三镇、两河的办法。

【正文】

胁人以割地者，契丹之胁石晋也，秦人之胁三晋也[①]，皆未能得而须其自割也。契丹胁石晋于求援之日，地犹王从珂之地，而两非所有。秦人之胁三晋，三晋虽弱，抑婴城固守，必覆军杀将、旷日持久而后得之，故胁其割而后得不劳。而女直之势异是。自败盟南侵以来，驰突于无人之境，至一城则一城溃，一城溃则一路莫不溃矣。欲三镇即可得三镇，欲两河即可得两河，何为哓哓然竞使命之唇舌，而莫能使其必从邪？呜呼！当时议者盈廷，曾无一人焉察及于此，中国之无人久矣，祸乃延及无穷而不可遏矣。

【注释】

① 三晋：周成王封叔虞于唐，唐在河、汾之东，河指黄河，汾指汾河。唐叔虞的儿子燮改国号为晋。春秋时，晋最大的贵族分为智、赵、魏、韩、范、中行六家，智伯伙同韩氏、魏氏瓜分了范氏、中行氏的邑地，赵襄子则联合韩、魏杀死智伯。公元前453年，赵、韩、魏三家把晋国分为三国。周威烈王二十三年（前403），赵、魏、韩被周天子封为诸侯，于是晋国变成了三晋。

【译文】

用割地来威胁别人，以前有契丹威胁石敬瑭的后晋，还有秦国威胁三晋，都未能得到地而要等它自己割让奉送。契丹威胁石敬瑭的后晋是在石敬瑭向契丹求援的时候，土地还是李从珂的土地，而不是契丹和石敬瑭双方所有的土地。秦人威胁三晋，三晋虽然弱，如果环城坚守，必会使得攻城一方军队的将士有很大的伤亡，在旷日持久的攻战之后才能得到，所以威胁对方割地之后就能不费力而得到这块土地。而女真的形势与此不同。自从毁约败盟南侵以来，如同在无人之境奔驰冲击，到达一城，一城就崩溃，一城崩溃就使一路无不崩溃。想得到三镇即可得到三镇，想得到两河即可得到两河，为何喋喋不休地让使者费了口舌，而无人能使金人必定听从呢？呜呼！当时议政的人满朝廷，不曾有一个人考虑到这一点，中国没有人才已经很久了，灾祸于是就延及无穷而不可遏止了。

【正文】

辽之既灭，女直之志已得，未尝有全举中国之成心也。宋人召之挑之，自撤其防以进之，于是而欲逞志于宋，乃且无定情焉。而教之以胁地胁赂者，郭药师也。药师者，亦习乎契丹之所以加宋者，而欲效之女直，求地耳，求赂耳，求为之屈耳。是故终女直之世，止于此三者。而大河以南，国破君俘，城空千里，且举以授之张邦昌、刘豫而不欲自有[①]，夫岂贪之有所止，而戢自焚之兵哉？永嘉以来，南北分而夷、夏各以江、淮为守，沿而习之，局定于此，志亦仅存乎此也。汴京破而立张邦昌、刘豫者，修石晋之故事也。和议成而画淮以守者，循拓拔氏之已迹也。盖自苻坚溃败以后，王猛之言[②]，永为定鉴。故拓拔佛狸临江而不敢渡[③]。正统之名，天式临之；天堑之设，地固限之；虽甚鸱张[④]，罔有越志。然则宋持其不敢擅有中夏之情，苟须地必待我之割之也，则固有以处此矣。不割三镇，必有以守三镇。不割两河，必有以守两河。欲守三镇、两河，必固守大河以为之根本。欲守大河，必备刍粮，缮城堡，集秦、陇、吴、蜀、三楚之力以卫京邑。此之不谋，但曰“祖宗之疆土，不可与人”。即不与之，不能禁其不取。空谈无实，坐废迁延，而三镇、两河不待割而非己有矣。轻骑驰突于汴京，而宗祧永丧矣。疆土任人之吐茹，而何割与不割之有哉？

【注释】

① 刘豫（1073—1146）：景州阜城（今河北阜城）人。北宋时曾任殿中侍御使、河北提刑等，金兵南下时弃官潜逃。建炎二年（1128）降金，建炎四年（1130）九月，被金人立为大齐皇帝，建都大名（今属河北），后迁汴京（今河南开封）。绍兴七年（1137）被废，居临潢（今内蒙古巴林左旗附近）而死。

② 王猛（325—375）：北海剧县（今山东寿光）人。苻坚自立为大秦天王，王猛为中书侍郎、尚书左丞，辅佐苻坚，使北方匈奴刘氏部、乌桓独孤部、鲜卑没奕干部、鲜卑乞伏部、拓跋部代国及吐谷浑等归服前秦，又破前凉，消灭前燕，平定巴蜀，基本统一北方。建元十一年（375），王猛病重，临终前告诫苻坚，不可期望攻灭东晋，但要铲除鲜卑、西羌。苻坚把王猛比为诸葛亮。苻坚后来忘记王猛遗教，建

元十九年（383）攻东晋，在淝水大败。而王猛要除掉的鲜卑、羌族贵族，如慕容垂、慕容冲、姚苌之流，苻坚却未除掉，建元二十一年（385），苻坚被姚苌杀死，不久前秦灭亡，北方重新陷入分裂。

③ 拓跋佛狸（408—452）：即拓跋焘，字佛狸，鲜卑族拓跋部人。北魏太武帝，北魏泰常八年（423）即位，任用崔浩等士人为谋臣，先后攻灭夏、北燕、北凉，破柔然，击敕勒，袭山胡，降鄯善，逐吐谷浑，统一北方。拓跋焘常亲自率军出征，决策雄断，部署周密，讲究战法，临阵勇猛，多获胜利。正平二年（452），被中常侍宗爱谋杀。

④ 鸱（chī）张：鸱，古指鹞鹰。鸱张，像鸱鸟张翼一样，比喻嚣张、凶暴。

【译文】

辽已灭亡，女真的愿望已经达到，不曾有攻下整个中国的既定用心。宋人招来女真并向他挑衅，自己撤除自己的防线让女真前进，于是女真就想进攻宋了，但还没有定下决心。而教女真用威胁割地威胁贿赂的人，是郭药师。郭药师这个人，也熟知契丹向宋提出的要求，而想教给女真，目的只是求取割地，求取贿赂，求取宋向女真屈服而已。所以在整个金朝，也只是向宋提出这三个要求而已。而黄河之南，国家残破，君主被俘，千里的城邑都空无一人，还要把这些地区全交给张邦昌、刘豫而不想由自己占有，难道是他们的贪心有所止限，而收敛起自焚之兵吗？晋代永嘉以来，南北分为夷狄与华夏，各自以长江、淮河为界而相互防守，沿袭已经习惯了，局势就这样稳定下来，愿望也只是到这一步。汴京被攻破就扶立张邦昌、刘豫，就是想重用石敬瑭后晋的先例。和议谈成后就以淮河为界各自防守，这就是沿用拓跋氏已有的做法。自从苻坚在淝水之战溃败之后，王猛告诉苻坚的话，就永远成了北人固定的鉴戒。所以北魏的拓跋佛狸兵临长江而不敢渡江。南方王朝具有国家正统的名义，这是上天对它的关照；长江如同上天所设的壕沟，在地势上本来就限制了南北来往；即使北方的军力非常强悍，但也都没有敢于越过长江的愿望。这样的话宋掌握了女真不敢擅有中原的心情，如果女真想得到地，就必须等我割让给他，那么本来就有办法面对女真的割地要求。不割让三镇，也必须要有守卫三镇的办法。不割让两河，也必须要有守住两河的办法。想守住三镇、两河，必须固守黄河作为根本。想守住黄河，就必须储备粮草、修缮城堡，召集秦、陇、吴、蜀、三楚的人力和物力来保卫京城。不谋划这些事，只是说“祖宗的疆土，不能送给别人”。即使不想送给别人，却又不能禁止他不来夺取。空谈而没有实际对策，坐失良机而拖延下去，于是三镇、两河不用割让就不是自己所有的了。女真的轻骑在汴京奔驰冲击，而宋朝的宗庙社稷就永远丧失了。疆土任由人家吞进和吐出，而还有什么割与不割的事情可言呢？

【正文】

然而女直之所欲者，且自三镇而止。彼且曰：“天以中原授中原之主，吾不得而力争。”故挞懒、兀术[①]，人异其志，金山之匹马[②]，且以得返为幸，完颜亮马一南牧[③]，而群下叛离以致之死。然则处当日之情形，勿问三镇也，勿问两河也，抑可弗问汴京之守与不守也。名号存，呼召集，亲统六师以与相颉颃；充彼之欲，得河北而其愿已毕，气已折，力已疲，且安坐而饱饫以嬉游，天下事尚可徐图其大定。即令不克，亦岂授女直以意想不及之弋获，而无所讫止乎？意想不及之获，可以获矣。立邦昌，而邦昌不能有；立刘豫，而刘豫不能有；大河以南人无主，而戴之以为君，则江、淮以南，何不可戴之以为君？蒙古氏乃以知天之无有定情，地之无有定域，而惟力是视，可有者无不可有矣。呜呼！不测其不敢深求之情，弱者靡、强者嚣，纵使氾澜而流及于广远，天且无如人何，而万古之纲维以裂。故曰中国之无人，非一晨一夕之故也。

【注释】

① 挞懒：完颜昌（？—1139），女真名挞懒。金太祖的主要将领，擒获契丹枢密使萧得里底，经略奚霫之地（今河北与辽宁交界地区），降

伏奚部。攻打契丹遥辇昭古牙部，击走昭古牙，降伏遥辇各部。设置猛安谋克，使契丹、奚、女真都以猛安谋克为基层组织。天会五年（1127），灭北宋。天会八年（1130），将秦桧纵归南宋。天眷元年（1138），完颜昌与宗磐、宗隽合议，以齐地与宋，使宋向金称臣。天眷二年（1139），为行台尚书右丞相，解除兵权，欲投南宋，被宗弼追获处死。兀术：完颜宗弼（？—1148），本名斡啜，又作兀术、斡出、晃斡出。阿骨打第四子。天会三年（1125），攻宋，围攻东京（今开封）。多次率军南下攻宋，取得不少战功，逼宋向金称臣。

② 金山之匹马：指韩世忠与兀术在黄天荡进行的一战。南宋建炎三年（1129）十月，金军第三次南下深入长江地区，攻破建康，直逼临安。第二年正月，金军攻明州，高宗乘船入海逃向温州，二月，金军北撤。宋浙西制置使韩世忠率水军赶至镇江，截击金军于焦山、金山（在今江苏镇江）之间。双方在长江上展开激战，韩世忠重挫金军。金军溯江而上，韩世忠率军沿江追击，将金军逼进了死港黄天荡（位于栖霞山和龙潭之间大江支汊湖荡），进退无路，长达四十天。后兀术得人建议，一夜之间凿通老鹳河故道三十里，逃出黄天荡，反居宋军上游。金山匹马，指兀术大败而逃。

③ 完颜亮（1122—1161）：即金废帝，阿骨打的孙子，史称海陵王。皇统九年（1149）十二月杀金熙宗后称帝。正隆六年（1161）在采石矶准备渡长江，被宋朝名将虞允文击败。又准备从瓜洲（今江苏扬州南）渡江，此时军中发生叛变，被浙西兵马都统制完颜元宜等人砍伤，最后被勒死。

【译文】

然而女真所想得到的，也只是三镇而已。他们已说：“上天把中原授给中原的君主，我得不到所以用力争取。”所以挞懒、兀术，每人的心愿都不一样，兀术在金山战败带着残余部队，只以能够返回为幸运；完颜亮的战马向南方一放，成群的下属就叛乱而使他死亡。这样的话，处于当时的情况，就不要问三镇了，也不要问两河了，还可以不用问汴京能不能守住。只要宋的名号还存在，招来各地的部队能够聚集，亲自统帅六军来与女真相对抗；满足他们的欲望，他们得到河北就已达到目标了，士气已经衰弱，力量已经疲惫，而且安然坐着饱食嬉乐游玩，还可以徐徐地谋求天下的更大安定。即使不能这样，还要让女真获得意想不到的战果而无所停止吗？意想不到的收获，可以获得了，立张邦昌称帝，而张邦昌不能占有这块土地；立刘豫为帝，而刘豫也不能占有这块土地。黄河以南的人们没有君主，而拥戴占有这块土地的人为君主，那么长江、淮河以南，怎么不可以拥戴占有它的人为君主呢？蒙古人却知道上天没有固定的心意，土地也没有固定的区域，而只看谁的力量更大，可以占有它的人就没有不能占有的了。呜呼！不能测知女真当时不敢深求中原土地的心情，而使弱者更软弱、强者更嚣张，纵使这种情况泛滥开来而延续得更广更远，上天也将对人没有办法，而万古传下来的纲纪就被破坏了。所以说中国没有人才，不是一朝一夕的原因。

【正文】

谢安石之知及此矣，故以一旅抗百万之众而不慑。自立也有本，则持重以待之，而其锋自折。气矜取胜，茫然于彼己之情伪，徒为大言以耸众听，流俗惊为伟人，而不知其无当于有无之数也，是可为大哀也矣！

【译文】

谢安石的智慧已经知道这一点了，所以用一支部队抵抗百万大军而不胆战。自立时有了根本，就会重视根本来维持它，而对方的锋锐自会挫折。自矜于气势来取胜，对彼我双方的真假茫然不知，只是说大话来耸动众人的听闻，流俗惊叹他是伟人，而不知道他并不能决定大局的成败之数，这是他非常悲哀的地方。

【评析】

之所以说宋亡贻祸无穷，就是因为宋对外来的入侵毫无办法，这不仅仅是割地求和的问题，而是为什么对方永不满足，你一再割地求和，他还不停地入侵，而你根本没有办法阻止和制止这种入侵。王夫之认为当时的中国没有人能察及于此，所以也就没人能想出办法来消除这种情况，因此也就是祸乃延及无穷而不可遏了。换言之，面对敌人，要有守卫三镇的办法，没有！要有守住两河的办法，还是没有！要有守住黄河的办法，更是没有！要有保卫京城的办法，仍然没有！只会说祖宗的疆土，不能送给别人，但又不能禁止敌人不来夺取。空谈而没有实际对策，坐失良机而拖延下去，于是中国的土地，一片片地，不用割让，也都不是自己的了。如果不能从根本上消除这种情况，中国的灾祸怎能说不是无穷的呢？王夫之看到宋代是这样；到他所处的明代，还是这样；到他不在的清代，仍是这样，他担心这样的灾祸永远延续下去，这才是中国最大的悲哀。他不是悲哀宋的灭亡，而是悲哀中国无法制止外来入侵，一次，两次，三次，无数次，怎么办才能改变这种情况？他没有提出什么好办法，而把问题留给后来的中国人。

论高宗

【题解】

宋高宗赵构（1107—1187），南宋第一任皇帝，宋徽宗第九子，宋钦宗之弟。靖康元年，金兵南侵，他奉命出使金国求和，经过磁州（今河北磁县），州官宗泽劝他停下不去，于是驻留相州（今河南安阳）。靖康二年，金兵攻陷汴京，北宋灭亡。赵构在南京应天府（今河南商丘南）即位，建立南宋，年号有建炎、绍兴等。在位初期，用李纲、宗泽等人抗金，后重用黄潜善、汪伯彦，把宋军防线从黄河一线后退到淮、汉、长江一线，金兵进入中原。高宗逃至临安（今浙江杭州），从此偏安一隅，又重用秦桧，迫害岳飞，剥夺韩世忠等人军权，与金朝订立“绍兴和议”。绍兴三十二年（1162）退位，禅位太子赵昚。

高宗朝是两宋转换过程中的重要时段，评论较多，共十六条，其中比较重要的有高宗屈辱于女真、李纲向高宗的建言、胡安国与秦桧想法一致、颁戒石铭于州县并没有实际益处、岳飞的渡河之志以及他的立身定交问题、秦桧诛逐异己以及他的真实野心等。

王夫之认为宋高宗作为一个皇帝，是非常不合格的，最明显的一点是他畏惧女真达到无以复加的地步，他“畏女直也，窜身而不耻，屈膝而无惭，直不可谓有生人之气矣”。如此懦弱胆小，不能算是一个男子汉。当然不是说他非常昏庸，这一点“固非周赧、晋惠之比”，那为什么还是这么胆小？王夫之认为主要是当时大臣普遍“主张屈辱”，不光是汪伯彦、黄潜善，就连张浚、赵鼎这些极力主战的大臣，也是首鼠两端，进退不定，而且还不敢昌言和议之非。自李纲、宗泽而外，能坚定主张不可避寇求和的人，只有“一二冗散敢言之士”。而且在时势上，当时“诚有旦夕不保之势”，所以高宗的“迟回葸畏，固有不足深责者焉”。另外以前“高宗为质于虏廷，熏灼于剽悍凶疾之气，俯身自顾，固非其敌”，这也让高宗在心理上早就具有了害怕的阴影。而且女真追赶的势头很猛，每一次如果不是跑得快，都已成为俘虏。这就为高宗的惧怕女真找到了原因，王夫之认为这是“中人之恒”，不是无能的昏君，但也不是敢于作为的英主。

对于李纲向高宗的进言，王夫之认为他有一个根本的不足，即他所提出种种事情，如报君父之仇，复祖宗之宇；远小人，亲君子；议巡幸，决战守；择将帅，简兵卒；抚河北，镇荆襄等，都没有提纲挈领，没有点到要害，只是就事情的表面而论。王夫之认为，报仇雪恨等，最关键的是继位君主要有志向，有其志，不待言也，无其志，言无益也。所以报仇雪恨一类的话，谁都会说，说了等于没说，充其量只是一种空话。应该更进一步地具体说明怎样才能报仇雪恨。至于“远小人，亲君子”，也是老生常谈，也要有相应的具体办法，还应该说明怎样区分君子和小人。如诸葛亮的出师表，就明确列出了人名，这样才能让君主知道具体应该怎样做。说到“议巡幸，决战守”，也要具体说明“行伍之凭借，孰为干城？强敌之争趋，何从控御？刍粮何庤以不匮？器仗何取以求精”？没有具体仔细的规划，仍旧是空谈。“岂天子匹马以前，疲卒扶羸以进，遂足定百年之鼎，成三捷之功乎”？至于“择将帅，简兵卒”，也要具体说明其办法，是“就莅戎行而数奔者择之邪”？还是“求之偏裨，求之卒伍，求之草泽而择之邪”？“天子自择之邪”？还是李纲“代为之择邪”？总之，李纲的进言虽然表面上看都是不错的，但由于没有切实的措施和办法，所以“不如其无言”。

胡安国是宋代有名的学者，人们从来都是称赞有加，但王夫之却认为他的某些言论与秦桧有不谋而合之嫌。胡安国的《胡氏春秋传》主张攘夷尊周，他用此书入告高宗，以正人心而雪靖康之耻。但他就公子翚伐郑、公子庆父伐于余邱两处强调“兵权不可假人”，而这正是宋太祖以来防范军事将领的用意所在，王夫之对此多有批评。对于胡氏此说，王夫之论述说：“考古验今，人君驭将之道，夫岂然哉？前之胤侯之于夏，方叔、召虎、南仲之于周；后之周亚夫、赵充国之于汉，郭子仪、李光弼之于唐”，都不是兵权不可以假人，而是相反，才能取得战功，安定朝廷。将在军中，就要“任其事”，如果不授兵权给将帅，而是猜疑不信，“乍然使之，俄然夺之”，将领如何率军作战？所以兵权不可以假人的说法，非常有害，尤其是在宋代，就更因为有它特定的背景而成为一种误国的学说。这是王夫之对胡安国最不满的地方。“唯胡氏之言如此，故与秦桧贤奸迥异，而以志合相奖”。胡氏虽然不是秦桧那样的奸人，也算是一个贤明的学者，但让君主猜疑将领这一点上，二人没有什么不同，所以说他们二人是志合相奖。王夫之还指出，“此非胡氏专家之说，宋之君臣上下奉此以为藏身之固也久矣”，对于将领，君臣“皆畜菹醢之心，而不惜长城之坏。胡氏沿染余风，沁入心肾，得一秦桧而喜其有同情焉”。这一批评，应该引起研究胡安国学术者注意。

宋代的吏治，有一种做法，是在各州县竖立一块石碑，上刻官戒，称为“戒石铭”。其文词是后蜀孟昶撰写，文字多由当时的书法家书写，在南宋时就由黄庭坚书写，高宗下令在各地刻石立碑，希望让各地官吏以此为戒。一般人们认为这种戒石铭，可以“励有司之廉隅，恤生民之疾苦”，而王夫之则认为“儒术不明，申、韩杂进，夷人道之大经，蔑君子之风操，导臣民以丧其忠厚和平之性，使怀利以相接而交怨一方者，皆此言也”。官吏为朝廷向民众征收赋税，人们往往说这是榨取民脂民膏，王夫之认为，“小人耕而以其有余养君子，君子治而受其食以勤民事”，这是天经地义的事，只要“取之有经，班之有等，民不怨于输将，上不勤于督责”。如果说百姓向朝廷交纳赋税就是取其脂膏，那么“天子受万方之贡赋，愈不忍言矣”，若要不取民脂膏，就只能是“天下之无吏而后可”，甚至“必天下之无君，而后无不可”。所以他认为这是“夷人道之大经”。

君子在朝廷做官而享受俸禄，也不能说是“取民之膏脂”。如果君主对君子“酬而升之，揖而进之，寄之以民社”，却反过来说：“吾取民之膏脂以奉汝。”这就是对君子的极大侮辱，如果这样还期望君子“戒饬自矜，以全素履”，也是做不到的，所以说这将会“毁君子之风操”。

对于民众，他们的气“易动而难静”，他们都以“得利为恩，失利则怨”，所以先王担心民众怀私挟怨的习气不可涤除，于是就在政治上有所扬抑，言论上有所劝诫，务求培养民众的良好风气，“使泳游于雍和敬逊之休风，以复其忠顺之天彝”，“俾怨讟不生，而民志允定”。可是戒石铭中却说：“凡吏之受禄于国者，皆尔小民之膏脂也。”于是就会博得民众的欢心，而让他们对于地方官都有了疾视的心理，这种心情一旦开启，就会使民众“互相怨怒，而人道夷于禽兽矣”。所以王夫之说这就“导臣民以丧其忠厚和平之性，使怀利以相接而交怨一方”。这样的分析，都能不被表面的好听所迷惑，而深入剖析出其中的义理，令人颇受启发。

对于岳飞的命运，人们都深为痛惜，但王夫之也从岳飞的角度为他找出了不当之处，可以说这是对于君子之人的严格要求，对后世君子也有警醒作用。最大的问题是帅臣不可求令誉，只把将领的本职做好就行，即带兵打仗。如果让民之誉、士之誉、公卿百僚之誉全都归于自己，那就不是好事，反而会使自己有危险。这一点，往往是人们所没有注意的。一般的学者、文人、大臣，这样就可以做一个有美好声誉的君子，但在宋代那种猜忌武将的时代，一个帅臣却有令誉，就不可避免地有危险。这就是王夫之为岳飞所可惜的：“君子惜之，惜其处功名之际，进无以效成劳于国，而退不自保其身。遇秦桧之奸而不免，即不遇秦桧之奸而抑难乎其免矣。”并引《周易》的话：“安其身而后动，定其交而后求。”身不安就不能做成大事，交不妥也会引来无妄之灾。比如，武将而“修儒者之容，以艺文抒其悲壮”，“于是浮华之士，闻声而附，诗歌咏叹，洋溢中外，流风所被，里巷亦竞起而播为歌谣，且为庸主宵人之所侧目矣”。这就是有令誉而带来的危险。所以历史上成功的武将，如“汉之功臣，发纵指示，一听之萧、张，绛、灌无文，不与随、陆争春华之美。郭子仪身任安危，知李泌、崔祐甫之贤，而不与纳交以结君子之好，知元载、鱼朝恩之恶，而不相攻讦以触奸佞之机。李光弼改纪其军政，而不竞其长，仆固怀恩固属其部曲，而甘与为伍”。这都是前代武将注意安身定交的例子，保证自身的安全，“以是动，而动罔不利也；以是求，而求无不得也”。岳飞在这方面还有不足，王夫之的指正，值得深思。最后王夫之说：“故君子深惜岳侯失安身定交之道，而尤致恨于誉岳侯者之适以杀岳侯也。悠悠之歌诵，毒于谤讪，可畏矣夫！”

高宗惧怕女真而无耻无惭

【题解】

王夫之看历史，越看越生气。宋太祖、太宗时那样英明豪气，到宋高宗时怎么那么无耻又无惭呢？宋高宗对女真的害怕，怎么到了那种地步呢？只知道逃跑，而毫无羞耻；只知道屈膝，而毫无羞惭，简直就不是一个活着的人，而像一具行尸走肉。不仅如此，他还不知听从忠臣的进言，不知任用忠臣，不知奖赏战将，不知贬斥投降的奸臣。而是乱杀敢言的人，以此来向敌人讨好。这样的君主，怎能治国使之坚强？只是因为中国国土太大，敌人力量有限，才让宋朝不至于马上灭亡，如此而已。那些无耻无羞的君主，就是靠这一点，来延长自己的生命，哪里还管国家与人民的命运呢？

【正文】

高宗之畏女直也，窜身而不耻，屈膝而无惭，直不可谓有生人之气矣。乃考其言动，察其志趣，固非周赧、晋惠之比也[①]。何以如是其馁也？李纲之言，非不知信也；宗泽之忠，非不知任也；韩世忠、岳飞之功，非不知赏也；吴敏、李棁、耿南仲、李邦彦主和以误钦宗之罪[②]，非不知贬也。而忘亲释怨，包羞丧节，乃至陈东、欧阳澈拂众怒而骈诛于市[③]，视李纲如仇雠，以释女直之恨。是岂汪、黄二竖子之能取必于高宗哉？且高宗亦终见其奸而斥之矣。抑主张屈辱者，非但汪、黄也。张浚、赵鼎力主战者，而首施两端，前却无定，抑不敢昌言和议之非。则自李纲、宗泽而外，能不以避寇求和为必不可者，一二冗散敢言之士而止。以时势度之，于斯时也，诚有旦夕不保之势，迟回葸畏，固有不足深责者焉。苟非汉光武之识量，足以屡败而不挠，则外竞者中必枵，况其不足以竞者乎？高宗为质于虏廷，熏灼于剽悍凶疾之气，俯身自顾，固非其敌。已而追帝者，滨海而至明州[④]，追隆祐太后者[⑤]，薄岭而至皂口[⑥]，去之不速，则相胥为俘而已。君不自保，臣不能保其君，震慑无聊，中人之恒也。亢言者恶足以振之哉？

【注释】

① 周赧王（？—前256）：亦称王赧，东周最后一位国王。周慎靓王之子。统治仅限于东周都城洛邑一带，当时秦以西戎霸主自居。周赧王五十九年（前256），西周公降秦。周赧王六十年（前255），秦取九鼎，后七年，秦灭东周。

② 耿南仲（？—1129）：汴京（今河南开封）人。宋元丰五年（1082）进士，历任提举两浙常平、提点广南东路刑狱、夔州路提点刑狱、荆湖及江西两路转运副使、户部员外郎、礼部员外郎等。宋钦宗继位后，拜资政殿大学士，签书枢密院事，升尚书左丞、门下侍郎。金军入侵，他力主割地求和。宋高宗继位，罢为观文殿大学士，提举杭州洞霄宫。以其主和误国，责临江军居住，南雄州安置，行至吉州而卒。后人评论说："南仲在内，李纲无功。潜善秉成，宗泽殒命。"是当时投降派的代表。

③ 欧阳澈（1097—1127）：抚州崇仁（今江西崇仁）人。身为布衣，敢于直言，以国事为己任。靖康初年，上书奏论弊政三十余事，陈安边御敌十策。高宗继位后，伏阙上书，力言李纲不能罢，黄潜善、汪伯彦、张浚等人不可重用，并请御驾亲征。黄潜善等人诬称"语涉宫禁"，高宗震怒，把他与陈东一起处死。

④ 明州：今浙江宁波。唐武德四年（621）设鄞州，开元二十六年（738），分出慈溪、翁山（今浙江舟山市定海区）、奉化等县，设为明州。北宋建隆元年称明州奉国军，南宋绍兴三年（1133）置沿海制置使，辖温、台、明、越四郡。南宋庆元元年（1195），明州升为庆元

府，府治在鄞县（今浙江宁波市鄞州区）。元世祖至元十四年（1277）改庆元路。明初朱元璋改庆元路为明州府，洪武十四年（1381），又改为宁波府。

⑤ 隆祐太后（1073—1131）：哲宗的废后孟氏，洺州（今河北邯郸市永年区）人。元祐（1086—1094）中，册立为皇后。后因宫内秘狱，被废，降居瑶华宫，号华阳教主、云清妙净仙师，法名冲真。哲宗死后，徽宗曾将孟氏恢复为皇后，但不久又废。因宫内失火，孟氏到宫外居住。金兵攻陷汴京，掳徽、钦二帝及皇室人员，她因不在宫中而幸免于难。金人立张邦昌为帝，张邦昌迎孟氏入宫，尊为太后，并请她垂帘听政。孟氏于是派人到济州要康王继位，又颁布手书告天下，安抚全国百姓。康王在南京即位后，太后也离汴南下，被尊为隆祐太后。

⑥ 薄岭而至皂口：岭指五岭，即大庾岭、骑田岭、都庞岭、萌渚岭、越城岭。薄岭指接近五岭。皂口，在今浙江龙泉市。龙泉位于浙、闽、赣边境，为由浙入闽通道。这两句是说金兵追赶高宗和太后，已经来到海滨和接近五岭了。此句的薄岭，与上句的滨海相对而言。

【译文】

高宗畏惧女真，自身逃窜而不以为耻辱，屈膝而没有惭愧，真不可说他还有一个活人的志气了。再考察他的言行，考察他的志趣，本来就不是周赧王、晋惠王所能比的。为什么要像这样气馁呢？对于李纲所说的话，不是不知道相信；对于宗泽的忠诚，不是不知道信任；对于韩世忠、岳飞的战功，不是不知道奖赏；对于吴敏、李棁、耿南仲、李邦彦主张议和以误导钦宗的罪行，不是不知道贬斥。但他忘记亲人，释怀怨恨，忍着羞辱丧失气节，对于陈东、欧阳澈，违逆众人之怒而把他们在市场上并首诛杀，把李纲视为仇人，来期待解消女真对他的恨，这难道是汪伯彦、黄潜善两个小人能必定让高宗做的事吗？且高宗最终也看到这二人的奸邪而斥退了他们。主张采取屈辱态度的人，不只是汪伯彦、黄潜善两个人，张浚、赵鼎力主对金作战的人，也首施两端，进退不定，也不敢公开批评和议的不对。那么除了李纲、宗泽之外，能以躲避敌寇求和为必定不能做的人，只有一两个作为冗散之人的敢言士人而已。以时势来衡量，在这个时候，确实是旦夕不保的形势，犹豫畏葸，本来就有不能深为责备的事情。如果不是汉光武的见识度量，能够屡次战败而不挠，那么对外与人竞争的人心中必定会虚空，何况是那种不足以对外与人进行竞争的人呢？高宗曾到金人军中作人质，受到金人剽悍凶疾之气的影响，俯下身子自我顾视，就会认为本来就不是金人的对手。之后金兵追赶高宗的部队，滨临海边而到了明州；追赶隆祐太后的金兵，逼近南岭而到了皂口，逃跑得不快，就会相继全部被俘而已。君主不能自保，臣子不能保卫他的君主，因为没有人可以依赖而感到震惧，这是中等人的常情。说大话的人哪里能够让他振奋呢？

【正文】

靖康之祸，与永嘉等，而势则殊矣。怀、愍虽俘，晋元犹足以自立者①：以外言之，晋惠之末，五胡争起②，乱虽已极，而争起者非一，则互相禁制，而灭晋之情不果。女直则势统于一，唯其志之欲为而无所顾也。以内言之，江南之势，荆、湘为其上游，襄、汉为其右臂。晋则刘弘夙受方州之任③，财赋兵戎听其节制，而无所掣曳，顾、陆、周、贺诸大族④，自孙氏以来⑤，世系三吴之望，一归琅琊⑥，而众志交孚，王氏合族拥众偕来以相扶掖。宋则虽有广土，而无绥辑之人，数转运使在官如寄，优游偃息，民不与亲，而无一兵之可集、一粟之可支。高宗盱衡四顾⑦，一二议论之臣，相与周旋之外，奚恃而可谋一夕之安？琐琐一苗、刘之怀忿⑧，遽夺其位而幽之萧寺⑨，刘光世、韩世忠翱翔江上⑩，亦落拓而不效头目之捍。自非命世之英，则孑然孤处，虽怀悲愤，抑且谁为续命之丝⑪？假使晋元处此，其能临江踞坐，弗忧系组之在目前哉？故高宗飘摇而无壮志，诸臣高论而无特操，所必然矣。

【注释】

① 晋元：司马睿（276—323），东晋开国皇帝。司马懿的曾孙，“八王之

乱”后期依附东海王司马越，为平东将军、监徐州诸军事。刘渊举兵后，移镇建邺（今江苏南京），为安东将军、都督扬州诸军事。建兴四年（316），刘曜攻陷长安，俘获晋愍帝，西晋灭亡。司马睿即晋王位，改元建武，318年即位，史称东晋。由王导、王敦辅助，时称“王与马，共天下”。又引用刘隗、刁协、戴渊等人，排斥王氏权势。王敦于永昌元年（322）在武昌起兵，攻入建康，杀戴渊等人，刘隗投奔石勒，晋元帝忧愤病逝。

② 五胡：指匈奴、鲜卑、羯、氐、羌，晋代“八王之乱”及永嘉之乱，中原政权衰弱，北方民族进入中原，建立政权，共有十六国，即前凉、后凉、南凉、西凉、北凉、前赵、后赵、前秦、后秦、西秦、前燕、后燕、南燕、北燕、夏、成汉。

③ 刘弘（236—306）：沛国相（今安徽濉溪）人。官侍中、荆州都督、镇南大将军、开府仪同三司、车骑大将军。天下大乱，刘弘专督江、汉，威行南服，士民感恩，后卒于襄阳。

④ 顾、陆、周、贺：三国时孙吴的将相顾雍、陆逊、周瑜、贺齐。孙氏政权以吴郡四姓——顾、陆、朱、张为骨干，代表人物为顾雍、陆逊、朱桓、张温，贺齐是会稽士族，为后将军，雄姿武毅，勋绩卓著，也为孙吴的骨干。

⑤ 孙氏：指三国孙氏所建的吴国。

⑥ 琅玡：指王氏的王敦、王导。琅邪王氏，从太保王祥以来，一直是名门望族，王祥族孙王衍，官至司空、司徒、太尉，王导是王衍的族弟。王导承袭父爵，后为东海王司马越参军事。永嘉元年（307），晋怀帝以司马睿为安东将军，出镇建邺（今南京），王导相随，拥立司马睿为帝，即晋元帝，建立东晋。此后王导在元帝、明帝、成帝三朝总揽国政，其从兄王敦都督江、扬六州军事，家族弟子均居要职，时有“王与马，共天下”之说。

⑦ 盱（xū）衡：举眉扬目。盱衡四顾，指扬目观察政局。

⑧ 苗、刘：指苗傅、刘正彦。建炎元年（1127），赵构即位，为宋高宗，

为躲避金兵追击，从南京逃到扬州、镇江、临安（今杭州）。建炎三年（1129）三月，负责护卫皇帝的统制苗傅、刘正彦发动政变，逼高宗让位给钦宗的太子，又请隆祐孟太后听政，孟太后拒绝。张浚与韩世忠等人出兵讨伐苗傅，攻入临安，苗傅与刘正彦逃奔衢州、信州等地，终被俘获，同时被杀。

⑨ 萧寺：即佛寺。唐李肇《唐国史补》称："梁武帝造寺，令萧子云飞白大书'萧'字，至今一'萧'字存焉。"于是称佛寺为萧寺。

⑩ 刘光世（1089—1142）：保安军（治所在今陕西志丹）人，以荫补入官，历官防御使、鄜延路兵马都监、鄜延路兵马钤辖、两浙路安抚使等。刘光世虽为军事将领，却畏惧金军，每逢移驻前线，总是设法退避，又招降大量流寇、叛军，成为当时人数最多的军队之一。常虚报军额，多占军费，作战时不亲临前线，以便逃跑。绍兴十一年（1141），与韩世忠、张俊、岳飞一起被罢兵权。

⑪ 续命丝：又作续命缕（lǚ），古人在端午节时在手臂上系上彩丝，以为可以避灾延寿，故名"续命丝"。

【译文】

靖康之祸，与晋代永嘉之乱一样，但形势就不同了。晋怀帝、晋愍帝虽然被俘，晋元帝还足以自立：从外部的情况来说，晋惠帝的末年，五胡争相崛起，祸乱虽然已达到极点，但争相崛起的部族不止一个，而且他们也互相牵制，消灭晋朝的心情也不坚定。女真在形势上只有这一个崛起的民族来与宋朝为敌，因为它有灭宋的意愿而无所顾忌。从内部的情况来说，江南的形势，荆、湘是宋的上游，襄、汉是宋的右臂，而在晋代，刘弘一向被朝廷任命为这一地区的最高长官，当地的财赋、兵戎都听从他的指挥调用，无所掣肘和拖累，而顾、陆、周、贺这几个大家族，自从孙氏控制东南以来，世代都是三吴的望族，一旦归属晋代，而众人的内心都相互忠诚，王氏又带着全族拥众一起来到东南与晋王朝相互扶助。而宋朝虽有广阔的土地，但没有安定这片广阔土地的人，几个转运使在官位上就像在旅途中寄宿的人一样，在当地做官也是只顾优游偃息，民众不与他们亲近，而且没有一个士兵可以召集，没有一点粮食可以支用。高宗环顾四周，除了一两个议论的大臣与自己周旋以外，仗恃谁才能谋划一晚的安定呢？官位很低的苗傅、刘正彦两个人因为怀着愤恨，突然夺去高宗的帝位而把高宗幽禁在寺庙中，刘光世、韩世忠在长江一带率军来往游动，也是豪放不羁而未尽对帝王的捍卫之责。自己如果不是命世的英才，就只能孑然孤处，即使怀有悲愤之心，但又有谁是自己的续命丝呢？假使晋元帝处于这种情况，他还能面对着大江坐着，不担忧眼下就被人俘虏吗？所以高宗飘摇不定而没有壮志，诸臣只会发表高论而没有特别的节操，也是必然的了。

【正文】

于是而知国之一败而不可支者，唯其孤也。有萧何在关中，而汉高泗水之败[①]，得有所归。有寇恂在河内[②]，而邓禹长安之败[③]，散而复合。崛起者且如是矣。若夫唐室屡覆，而朔方有可藉之元戎，江、淮有可通之财赋，储之裕而任之人者勿猜，非一朝一夕之积矣。宋则奄有九土[④]，北控狡夷，西御叛寇，而州无绥抚之臣，郡无持衡之长，军卫为罪人之梏，租庸归内帑之藏。吏其土者，浮游以需，秩满而飏去。一旦故国倾颓，窜身无所，零丁江介，俯海澨以容身。陈东、欧阳澈慷慨而谈，其能保九子仅存之一线[⑤]，不随二帝以囚死于燕山乎[⑥]？《传》曰：“周之东迁，晋、郑焉依。”言其必有依也。《诗》曰：“池之竭矣，不云自频。”外已久枯，而中存之勺水一涸而无余也。宋自置通判于诸州[⑦]，以夺州镇之权，大臣出而典郡者，非以逸老，则为左迁。富庶之江南，无人也；岩险之巴、蜀，无人也；扼要之荆、襄，无人也；枢要之淮、徐[⑧]，无人也。峨冠长佩，容与于天下，贤者建宫墙以论道，其次饰亭榭以冶游，其下攘民财以自润。天子且安之，曰：“是虽不肖，亦不至攘臂相仍，而希干吾神器者也。”则求如晋元以庸懦之才，延宗社而免江、淮之民于左衽[⑨]，不亦难乎？故以走为安，以求和为幸，亦未可遽责高宗于一旦也。

【注释】

① 汉高泗水之败：汉二年（前205），刘邦利用项羽攻齐的机会，从汉中出兵攻占关中，又进军洛阳聚集各地诸侯联军，共56万人，占领项羽的都城彭城（今江苏徐州）。项羽留部将攻齐，自己率精兵南下，切断刘邦退路，由西向东反攻。刘邦疏于防范，被项羽击败。在灵璧（今安徽濉溪西南）被楚军包围，值大风骤起，飞沙走石，刘邦率数十骑逃走。

② 寇恂（？—36）：上谷昌平（今属北京）人。早年任郡功曹，为太守耿况所器重。刘秀起兵后投奔刘秀。邓禹与他结为好友。刘秀南定河内，命寇恂为河内太守。刘秀北伐燕、代，寇恂统领属县，造箭百万支，养马两千匹，收租四百万斛，转运前线。

③ 邓禹（2—58）：南阳新野（今河南新野）人，游学长安时与刘秀结识。刘玄称帝，以刘秀为破虏大将军，往定河北。邓禹追至邺（今河北临漳），与刘秀相见，刘秀拜邓禹为前将军。天下平定后，光武帝封邓禹高密侯，后任司徒。

④ 九土：九州的土地，泛指九州，即整个天下。

⑤ 九子仅存之一线：九子，指宋太宗共有九子，真宗、仁宗、英宗、神宗、哲宗、徽宗、钦宗，都是太宗后裔，钦宗时北宋灭亡，与徽宗及皇族全部被金兵俘虏，只有其弟康王赵构在外地，没有被俘，于是继位为宋高宗，故称九子仅存之一线。

⑥ 燕山：在今北京。宋钦宗于靖康二年被金兵押送到燕山，与徽宗会合。后迁到中京（今内蒙古宁城西大明城），金天会六年，钦宗迁到通塞州（今吉林四平一面城），金人分给1500顷田，让他们耕垦种植。后来迁到金国上京（今黑龙江哈尔滨市阿城区南白城）、韩州（今辽宁昌图八面城）。

⑦ 通判：在知府下掌管粮运、家田、水利和诉讼等事。宋初，武将解除兵权后，往往以朝臣身份出守州郡，官名为“权知军”“州事”。权表示临时，又在州郡设通判，作为副职，与权知军、州事共同处理政

事，通判还要对所部官员的善否及职事修废情况向上级进行报告。

⑧ 淮：即淮河，源于河南桐柏山，流经安徽、江苏进入洪泽湖。徐：汉以后所设徐州，地域在今淮北一带，以彭城（今江苏徐州）或下邳（今江苏邳州）为治所。此处说的淮、徐泛指中原以东地区。

⑨ 左衽（rèn）：衽即衣襟。古代少数民族服装的前襟向左，而中原人民服装的前襟则为右衽。

【译文】

于是便知道国家经历一次战败就无法支撑的原因，就只是因为它的孤军作战。有萧何在关中，所以汉高祖在泗水战败，还有地方可以回去。有寇恂在河内，所以邓禹在长安战败，还可以打散之后再次聚合。新近崛起的人既是这样，而本来就有天下的人如唐皇室屡次被打败，但在北方有可以依赖的大将，江、淮有可以输送的财赋，存储充足而对任用的人没有猜疑，这不是一朝一夕的积累。宋朝据有了整个天下，北方控制住契丹，西方抵抗了反叛的敌寇，但是在州一级地方没有安抚的大臣，郡一级没有掌控平衡的官长，各地设置的军卫是流放罪人的地方，从百姓手里征收的租庸都归属内府收藏。在各地任职的官吏，用浮动游玩的态度等着调走，任期一满就扬长而去。一旦故国倾覆，无处可以让自身流窜，只有飘零到江南，逃窜到海边来容身。陈东、欧阳澈慷慨而谈，他们能保住太宗九子中的最后一个子孙，让他不随着徽、钦二帝被囚禁在燕山而死去吗?《左传》里说："周朝向东迁徙，就依靠晋、郑两国。"是说周朝必定有所依靠。《诗经》里说："池中的水全都干了，没有说是自己干涸的。"池外已经长久干枯，而池中所存的一勺水也就全部干涸而无余了。宋自从在各州设置了通判官，用来剥夺州镇的权力，大臣从朝中出去主管一郡，不是作为养老，就是作为贬职。富庶的江南，没有人才；险要的巴、蜀，没有人才；占据扼要地带的荆、襄，没有人才；处于枢要之地的淮、徐，也没有人才。官员们穿戴着高高的帽子和长长的佩带，在天下各地优游闲适，贤明的人建立了书院的高墙来论道，次等的人修饰了亭榭来游玩，再下等的人就攘取民财来让自己发财。天子还对这种情况感到安宁，说：“这种人虽然不够贤明，但也不至于攘臂挥动，而希求我的帝位。”那么要像晋元帝那样以庸懦的才能，延续国家命运而使江、淮地区的民众避免被异族统治，不也是很困难吗？所以高宗以逃走为安宁，以求和为幸运，也未可在一个早上就忙着来责备高宗了。

【正文】

乃其后犹足以支者，则自张浚宣抚川、陕而奉便宜之诏始。宋乃西望而犹有可倚之形。且掣肘之防渐疏，则任事之心咸振。张、韩、岳、刘诸将竞起，以荡平群盗，收为部曲。宋乃于是而有兵。不絷其足者，不仆其身；不刘其枝者，不槁其本。故垂及秦桧椓削之余，而逆亮临江，高宗不为骇走，且下亲征之诏。则使前此者，有威望之重臣镇江、淮，以待高宗之至，亦未必气沮神销之至于如斯也。

【译文】

可是他到后来还足以支撑，就是从张浚任川、陕宣抚使时高宗赐给他可以随机处理事务的诏书开始的。宋朝在西方又有了可以依靠的形势。而且宋朝对于将领视为掣肘而加以防备的心理逐渐松弛，于是人们承担重任的心情就都振奋起来。张浚、韩世忠、岳飞、刘锜等将领竞相崛起，以荡平各地的盗匪，收编为自己的部队。宋朝于是就增多了兵力。如果不捆住他的腿，就不会让他的身体仆倒；不砍掉枝叶，就不能让它的树干干枯。所以等到以后秦桧对军事将领们打击的时候，完颜亮来到长江北岸，高宗没有被他吓走，而且还颁布了亲征的诏书。那么假使在此之前，让有威望的重臣镇守江、淮，以等待高宗的到来，也未必志气沮丧、精神毁败到这种程度。

【正文】

首其谋者，唯恐天下之不弱；继其后者，私幸靡散之无忧。国已蹙，寇已深，而尸位之臣，争战争和，穴中相讼，无一人焉，惩诸路勤王之溃散，改覆辙以树援于外。宋本不孤，而孤之者，猜疑之家法也。以天子而争州郡之权，以全盛而成贫寡之势，以垂危而不求辅车之援[①]，稍自树立，而秦桧又以是惑高宗矣。和议再成，依然一毕士安之策也。岳飞诛死，韩世忠罢，继起无人，阃帅听短长于文吏，依然一赵普之心也。于是举中原以授蒙古，犹掇之矣[②]，岂真天骄之不可向迩哉[③]？有可藉之屏藩，高宗犹足嗣唐肃之平安史；无猜忌之家法，高宗犹足似唐德之任李晟[④]。故坏千万世中夏之大闲者[⑤]，赵普也。以太祖之明，而浸润之言，已沁入于肺腑，况后之豢养深宫，以眇躬莅四海者乎？光武不师高帝之诛夷，上哲能之，非可期于中材以下也。

【注释】

① 辅车：辅为脸颊，车为牙床，二者互相依存又互相帮助。

② 犹掇之矣：《庄子·达生》："仲尼适楚，出于林中，见病偻者承蜩，犹掇之也。"承蜩，即以竿取蝉。掇之是从树上取蝉之后，又从地上把蝉拾取起来，是说先取后拾，把所要获取的目标彻底拿到手。

③ 天骄：汉时匈奴自称为"天之骄子"，后来称某些北方强盛的民族或是他们的君主也为"天之骄子"，简称"天骄"。这里指蒙古民族。

④ 李晟（727—793）：洮州临潭（今甘肃临潭）人。18岁投奔河西节度使王忠嗣，王忠嗣称他是"万人敌"。安史之乱，李晟多次击败吐蕃进犯。唐德宗即位后，长安被朱泚占领，李晟率兵收复长安，剿灭叛将李希烈，封西平郡王，拜太尉、中书令，最终仍被德宗解除兵权。

⑤ 大闲：指基本的行为准则。出自《论语·子张》："大德不逾闲。"因此后人常说"节谊为天下大闲"。

【译文】

首先提出防备军事将领这一谋略的人，唯恐天下不弱；后继的人，私自庆幸天下分散和软弱可让皇帝没有担忧。国家已经被困，敌人已经深入，而占据重要官位的人，争论是战是和，都是在洞穴中相互争论，朝廷中没有一个人，在诸路勤王部队的溃散中吸取教训，痛改前车颠覆的做法而在外地建立援兵。宋朝本来并不孤立，而让它孤立的原因，是宋朝对将领猜疑的家法。作为天子来争夺州郡的权力，处于全盛时期却形成了贫弱的形势，在垂危的时候而不寻求可以互相帮助的支援，这种外援稍加建立，秦桧又拿在外地重用将领的事情来迷惑宋高宗了。宋与金的和议再次达成，仍然是当年那个毕士安的办法。岳飞被杀，韩世忠罢官，后继也没有人，军事将帅要听从文官判断事情是短是长，这仍然是那个赵普的用心。于是把整个中原交给蒙古，还让它彻底占领了。难道蒙古真的是"天之骄子"而不可靠近的吗？有可以凭借的各地军队作为屏藩，高宗还足以像唐肃宗平定安史之乱一样；没有猜忌军事将领的宋朝的家法，高宗还足以像唐德宗任用李晟一样平定战乱。所以破坏了华夏传承了千万代的重大准则的人，就是赵普。宋太祖那样贤明的人，都让赵普不断浸染的谗言沁入了肺腑之中，何况后来那些在深宫中养大而在年幼时就亲身君临天下的人呢？汉光武帝不效法汉高祖诛杀功臣的做法，只有最高明的人才能这样，不可以期望中等才能以下的人也能做到。

【评析】

仅仅因为太宗的后裔全被金人俘虏，无人可以继位，人们因宋高宗是太祖的直系后裔，才把他推上帝位。而高宗根本不具备帝王的素质，对女真害怕到了极点，只知逃跑、下跪求饶，毫无志气与勇气，又信任小人，排斥忠臣与武将，使南宋面对入侵，毫无办法，一味割地求存。不是宋朝无人，而是当时的宋朝缺乏称职的君主，于是人才被打压，国家被灭亡。

大臣言论的宗与纲

【题解】

中国古代，大臣有责任向君主上书，就自己对治国理政中的问题提出看法和建议等，供君主参考。这个制度有应有的价值。但大臣上书说什么，这就是一个问题。所以王夫之提出，言要有纲，道要有宗，所谓的纲和宗，就是大正。所谓大正，就是重大而符合正道。这样的言论，才能循之而可以言致，推之而可以知通，传之天下后世而莫能摘其瑕璺。这样的言论，才是对于治国理政有价值的。

【正文】

言有纲，道有宗；纲宗者，大正者也。故善言道者，言其宗而万殊得；善言治者，言其纲而万目张。循之而可以尽致，推之而可以知通，传之天下后世而莫能擿其瑕璺。然而抑必有其立诚者，而后不仅以善言著也。且抑必听言者之知循知推，而见之行事者确也。抑亦必其势不迫，而可以徐引其绪；事不疑，而可以弗患其迷也。如是，则今日言之，今日行之，而效捷于影响。乃天下之尚言也，不如是以言者多矣。疏庸之士，剽窃正论，亦得相冒以自附于君子之言；宗不足以为万殊之宗，纲不足以为万目之纲，寻之不得其首，究之不得其尾，泛然而广列之，若可以施行，而莫知其所措。天下有乐道之者，而要为鞶帨之华[1]，亦奚用此喋喋者为哉？

【注释】

① 鞶帨（pán shuì）：腰带和佩巾，又指古代妇女用的小香囊和毛巾，比喻外饰华丽。

【译文】

言有纲要，道有宗旨，纲要和宗旨，就是大正。所以善于论说大道的人，说明它的宗旨就能掌握万事万物的不同的情况；善于论述治国的人，说明它的纲要就能统领事情的所有细节。遵循纲要和宗旨就可以掌握所有的情况和细节，把纲要和宗旨加以推论就可以贯通所有的事情，传给天下后世就让任何人都不能找出它的瑕疵。然而这还必须要论说的人树立诚意，而后不仅仅是靠善于言论，而且听他论说的人还必须知道遵循、知道推广，而在实际中加以切实推行。这还必须要形势不紧迫，而可以徐徐地引出事情的端绪，还必须对事情不疑惑，而可以不担心他的迷惑。像这样，那么今日说了这件事，今日就来实行，而很快就取得相应的影响。可是天下崇尚言论，却不像这样来发表言论的人太多了。疏浅平庸的士人，剽窃正确的言论，也能冒充这种正确的言论让自己依附在君子之言的名义下，其言论的宗旨不足以作为万事万物的宗旨，纲要不足以作为所有细节的纲要，寻讨起来找不到它的首，探究起来看不到它的尾，泛泛地广博列举，似乎可以施行，而没有人知道它应怎样措手。天下有乐于称道他的人，而大致上就是一种外在修饰的华丽，又哪里用得着这种喋喋不休的言论呢？

【正文】

高宗南渡，李伯纪之进言数矣。其言皆无可非也，顾其为纲宗者，报君父之仇也，复祖宗之宇也。又进而加详焉，远小人，亲君子也；议巡幸，决战守也；择将帅，简兵卒也；抚河北，镇荆、襄也。如纲之言，循之推之，以建中兴之业，允矣其无瑕璺矣[①]。故天下后世无有得议其非者，而咎高宗之不用。虽然，以实求之，而奚足以当纲宗哉？足以立纲宗而非其诚，则纲宗者，虚设之纲宗，固无当也。

【注释】

① 瑕璺（wèn）：本指玉上的斑点和裂纹，比喻人的瑕疵和不足。

【译文】

高宗南渡，李纲多次向高宗进言。他的言论都不可以非议，但他的言论的纲要和宗旨，就是报君父之仇，恢复祖宗的天下，在这个宗旨的基础上进而提出更详的内容，这就是疏远小人，亲近君子；商议让高宗巡幸各地，决定作战守地；选择将帅，挑选兵卒；安抚河北，镇守荆、襄地区。如李纲所言，遵循它、推行它，以建立中兴的功业，确实它是没有瑕疵的。所以天下后世没有人能评议其说是不对的，而咎怪高宗不采用李纲的进言。即使这样，以实际情况来考察他的进言，又何足以作为纲要和宗旨呢？足以立为纲要和宗旨但不是他的诚意，那么纲要和宗旨，就是虚设的纲要和宗旨，本来就是不当的。

【正文】

君父之痛，土宇之蹙，诚不容已者。然其容已与不容已，系乎嗣君之志而已。有其志，不待言也；无其志，言无益也。有其志而不知所以为之，弗示以方，固弗能奖也。故此二言者，人皆可言，人皆可信，而究止于空言也。进而加详，则固愿终其说以导之而出于迷涂，天下后世之所乐听，或亦高宗之所欲闻乎！其云亲君子，远小人，尚矣。苟非清狂不慧者，孰以为不然？乃君子小人，有定名而无定指者也。以小人为君子，而君子矣；以君子为小人，而小人矣。故诸葛《出师表》必目列其人以当之。今不直简贤而求其进，斥奸而请其退，则奚以知汪伯彦、黄潜善之非君子，而赵鼎、胡寅之非小人邪？议巡幸，决战守，急矣。而行伍之凭借，孰为干城？强敌之争趋，何从控御？刍粮何庤以不匮[①]？器仗何取以求精？岂天子匹马以前，疲卒扶羸以进，遂足定百年之鼎，成三捷之功乎？择将帅，简兵卒，尤其要者。抑就莅戎行而数奔者择之邪？无亦求之偏裨，求之卒伍，求之草泽而择之邪？天子自择之邪？纲可代为之择邪？天子自择之，则亦非不有所任用矣。纲可代择之，则胡不心维口诵于坐论之下，如赵普之为太祖谋者，而但虚悬一择之之号，以听人之诡遇乎？惊奔之余，兵卒之不足久矣。集之必有其方；部之伍之，必有其制；教之练之，督之绥之，必有其将。河北之南来，闽海、楚、蜀之新募，必有其可使战可使守之势。合其散而使壹，振其弱而使强，必有其道。纲诚以一身任安危之寄，则躬任之，默识之，日积月累，以几于成，尤非大声疾呼，悬一榜、下一令之所能胜也，则尤不可以空言效也。抚河北，镇襄、邓，诚形势之不容缓矣。河北之待抚，岂徒号于上曰“吾不割也”，众志遂以成城乎？其吏民为朝廷守者，孰可任也？孰未可任，而急须别拣将帅以任之也？张所、傅亮固未足以胜任[②]。即令任之，而所以安所、亮而使尽其力者何术也？襄、邓之财赋兵戎，其可因仍者何若？其所补葺者何从？专任而无旁挠者何道？凡此，皆就事而谋之，因势而图之，非可一言而据为不拔之策。国政在握，成败在于目睫，迫与天子谋之，进群策以酌之，固有密藏于夙夜而研几于俄顷者，岂建鼓而亡子可追哉[③]？乃纲但琅琅乎其言之矣。一言而气已竭矣。则汪、黄之党且笑之曰：是老生之常谈，谓饥当食，而为无米之炊者也。恶足以拯吾君于危殆而措之安哉？于斯时也，二帝俘矣，两宫陷矣，自河朔以向江、淮，数千里城空野溃，飘摇徐、兖之郊，内顾而零丁孑处。纲以一身系九鼎之重，则宜以一言而析众论之归。犹且组练篇章，指未可遽行之规画，以祈免乎瑕璺。夫岂贾、董际汉盛时[④]，高论以立令名之日？则言之善者，不如其无言也。

【注释】

① 庤（zhì）：储备。

② 张所（？—1127）：青州（今山东青州）人。徽宗朝进士，官至监察御史。靖康元年，金兵围汴京，他招募河北兵民17万人。高宗即位后为兵部员外郎，被黄潜善贬为凤州团练副使。李纲为相，任河北西

路招抚使，以王彦为都统制，提升岳飞为统制。李纲罢相后，他被谪居广南，后至潭州遇害。傅亮（374—426）：灵州（今宁夏灵武）人。东晋末年任员外散骑侍郎、领军长史、太尉从事中郎、中书黄门侍郎等。佐助刘裕代晋建宋有功，任中书令、尚书仆射等。刘裕临死，与徐羡之、谢晦、檀道济同为顾命大臣。宋少帝继位，不理政事，傅亮与徐羡之、谢晦杀少帝，迎立宋文帝。元嘉三年（426），与徐羡之被宋文帝杀死。

③ 建鼓：古时军队作战，用晋鼓指挥进退，称为建鼓。

④ 贾、董：贾谊和董仲舒。贾谊（前200—前168），洛阳（今河南洛阳）人。年少时有才名，文帝召为博士，任太中大夫。文帝欲委以重任，绛侯周勃、颍阴侯灌婴、东阳侯张相如、御史大夫冯敬等人反对，文帝于是疏远贾谊，出为长沙王太傅。文帝七年（前173），召回长安，深夜长谈，询问鬼神之事。后命为梁怀王太傅，文帝十一年（前169），梁怀王坠马而死，贾谊深自歉疚，忧伤而死。

【译文】

君父被俘的悲痛，领土的蹙迫，确实是不容置之不顾的。但是，是否对这些事情加以容忍，都直接与继位君主的志向相关联。有报仇复土的志向，不用大臣来进言，没有这种志向，大臣进言也没有益处。有这种志向而不知怎样来做，不向他显示方法，本来就是不能帮助他的。所以说这两件事，是所有人都可以说的，是所有人都可以相信的，而最终不过是空言。进而更详细地论说，那本来是愿意把他的想法都说完而引导高宗脱离迷途，应当是天下后世的人所乐于听的，或者也是高宗所想听的吧！他说亲近君子，疏远小人，是很高尚的了。如果不是狂妄不聪慧的人，谁会认为说得不对呢？而君子小人，是有一定名义而没有一定指向的名词。把小人作为君子，那他也就是君子了；把君子作为小人，那他也就是小人了。所以诸葛亮《出师表》必定要列出相关人物的姓名来与君子和小人对应。如今不直接推荐贤才而求得他们的进用，斥退奸邪而请求把他们贬退，那么怎么能知道汪伯彦、黄潜善不是君子，而赵鼎、胡寅不是小人呢？商议高宗巡幸各地，决定作战和守御，这是很紧急的事情。但是部队所要依靠的将领，谁可以作为守卫宋朝的重臣？强敌向着宋朝的趋近争夺，如何加以控制和防御？粮草怎样储藏而不致匮乏？武器装备采用什么办法求得精善？难道要天子单枪匹马向前，疲惫的士卒羸弱地跟进，就足以恢复宋朝百年的王权，完成多次作战的胜利吗？选择将帅，挑选士兵，是尤为重要的事情。是亲临军队在多次逃奔的人中选择呢？还是在偏将、裨将中寻找？在士卒中寻找？在民间挑选吗？是天子自己来选择呢？还是李纲可以代替天子来选择呢？天子自己选择将领，那么也不是不会有所任用。李纲可以代替天子来选择，那么何不在坐而发表言论之后为天子心思口诵，像赵普为宋太祖那样谋划，而只是空虚地提出一个选择将领的说法，而听任人们用不正当求得任用呢？在惊恐逃奔之后，兵卒的不足已经很久了。召集兵卒必须有它的方法；对兵卒加以编制部署，必须要有它的制度；训练兵卒，督导安定他们，必须要有将领。河北的士卒来到南方，闽海、楚、蜀等地新招募的士兵，必须要有可以让他们作战和守御的形势。聚合四散的士兵而使他们统一起来，振奋疲弱的士兵而使他们强大起来，必须要有它的方法。李纲真的是靠自己一个人来担任天下安危的寄托，就要亲身承担这些事情，默默地了解这些情况，日积月累，以接近事情的成功，并不是靠大声疾呼、悬挂一张布告、下达一个命令就能取得的，而且尤其不能用空言来为天子效命。安抚河北，镇守襄阳、邓州，形势实在是不能更迟缓了。河北等着安抚，难道只是向天子宣称“我们不能割让河北”，就能让众志成城吗？那些官吏和民众之中为朝廷守卫这些地区的职任，谁是可以任用的？谁是不可以任用的，而必须紧急地另外选择将领加以任用？张所、傅亮本来不足以胜任，即使让他们担任这个职务，而用来让张所、傅亮得以安心而让他们完全奉效力量又有什么方法？襄阳、邓州的财赋兵力，它可以依靠来进行防御的又是怎样的？它所要补充的人力、物力又从哪里得到？专门任用张所、傅亮而没有其他人从一旁加以干扰，又有什么办法？凡是这些事情，都根据其事而进行谋划，根据形势而加以策划，不能只听一句话就视为不可更改的国策。国家大政握在手中，成败就在转瞬之间，紧急地与天子进行谋划，进用众人的各种谋略而加以斟酌，本来就有在早晚之时加以密藏而在极短时间内加以研究的事情，哪里是立起军鼓就能追击逃亡的敌军呢？可是李纲只是声音琅琅地谈论这些事。说了一次，气就已经竭尽了，于是汪伯彦、黄潜善的党徒就嘲笑他说：这是老生常谈，是说肚子饿了就应当吃饭，但提出的办法则是无米之炊，哪里足以从危险之中拯救我们的君主而把他放在安全的地方呢？在这个时候，徽、钦二帝都已被俘，两宫都已被攻陷，从河北到江、淮一带，数千里城邑空无一人、人们溃散到田野之中，在徐州、兖州的郊野中飘摇流离，反顾自己则是孤苦伶仃孑然独处。李纲以一己之身维系着整个国家的重任，就应该用一句话来分析众人的言论而做出归纳，可是还在雕琢篇章，提出不可以马上实行的规划，以求免于过失瑕疵。这哪里是贾谊、董仲舒处于西汉强盛时期，发出高论以建立美名的时候呢？这样的话发表高明的言论，不如没有言论。

【正文】

夫宋之所以浸弱浸削至于亡者，始终一纲宗之言，坐销岁月而已。继纲而献策者，杨中立、胡敬仲犹是也[①]。后乎此而陈言者，刘共父、真西山犹是也[②]。乃前乎此而倡之者，景祐以来，吕、范诸公以洎王介甫之邪僻，苏子瞻之纵横，无非是也。以拟诸道，皆提其宗；以考诸治，皆挈其纲；孰得指其瑕璺者？而求其言之即可行，行之即可效者，万不得一焉。故曰："其言之不怍[③]，则为之也难。"不怍者，可正告于天下后世，而不违于纲宗之大正者也。叩其所以为之而不得，则难矣。夫言也，而仅以祈免于怍也与哉？陆敬舆以奏议辅德宗，而反奉天之驾，一议为一事而已，非建立纲宗、统万殊万目于数纸之中也，斯则诚为善言者乎！

【注释】

① 胡敬仲：指胡安国，建宁崇安（今福建武夷山）人。绍圣四年（1097）进士，为太学博士，后提举湖南和成都学事。钦宗时曾召见，

安国奏言“明君以务学为急，圣学以正心为要”。除中书舍人。高宗绍兴元年，召为中书舍人兼侍讲，安国献《时政论》二十一篇，除给事中，又除为侍读，专讲《春秋》。后与左相吕颐浩意见不合，遂卧家不出，纂《春秋传》。书成献上，进宝文阁直学士。

② 刘共父：刘珙（1122—1178），崇安（今福建武夷山）人。以父荫补承务郎，登进士乙科，监绍兴府都税务，后为吏部员外郎、中书舍人、翰林学士、知制诰、同知枢密院事、参知政事等。任湖南安抚使时重建毁于战火的岳麓书院。真西山（1178—1235）：建宁浦城（今福建浦城）人，本姓慎，避孝宗讳改姓真。宁宗庆元五年（1199）进士，授南剑州判官。召为太学正。真德秀于宁宗后期，屡屡进言，引起权相史弥远忌恨，史弥远又想笼络他，真德秀不与之合作。

③ 其言之不怍（zuò），则为之也难：出自《论语·宪问》篇。怍，惭愧。意思是说他说起来毫无愧疚之感，但做起来就难了。比喻言谈容易实行难。

【译文】

宋朝之所以逐渐衰弱、逐渐丧失国土而走向灭亡，其原因就是始终谈论一条可以作为纲要和宗旨的言论，坐等着岁月消失而已。在李纲之后来献上谋略的人，如杨时、胡安国也还是这样。在此之后向朝廷提出论说的人，如刘珙、真德秀也还是这样。而在此之前提出种种言论的人，景祐年间以来，吕夷简、范仲淹等大臣以及王安石的偏邪、苏轼的议论纵横，无不是这样。拿来与大道相比，都揭示了道的宗旨；拿来考察政治，都归纳了国政的纲要，谁能指斥他们的言论有瑕疵呢？但是追求他们的言论的立即可以施行，施行了当即就能有效，那就是一万条里找不到一条了。所以孔子说：“他言谈起来不愧疚，做起来就难了。”不愧疚，是说其言论可以正告于天下后代，而不违背纲要宗旨的大正。但是叩问如何做到就得不到回答了，于是就难了。人们的言论，仅仅祈求说了就免于愧疚吗？陆贽用他的奏议辅助唐德宗，而让唐德宗逃到奉天的车驾返回到长安，一个奏议就为一件事而发，不是提出纲要宗旨、在数页纸中统赅万事万物，这样的话就真的是善于发表言论的人了！

【评析】

李纲的言论，王夫之说，表面上看是符合大正的，但以实际情况来考察，他的言论并不足以作为纲要和宗旨，这就是虚设的纲要和宗旨，因此就是不当的。之所以这样说，是因为他们的言论不可以施行，施行了也不会有效。这种情况，又不仅是李纲一人，在他之前与之后，不少大臣都是这样，这就正是孔子所批评的："其言之不怍，则为之也难。"因此，作为大臣所发的言论，不能光追求字面上的冠冕堂皇，更要追求能够付诸实施且能收到实效。无论什么时候和什么人，对他们的言论，都应该这样衡量和评价。

论南宋的战略失误

【题解】

北宋灭亡，南宋重立，还没有到马上亡国的程度，宋人如果奋起，则仍可有所作为，不至于一直颓败，令人气丧。王夫之分析了当时的形势，指出了南宋的战略失误，虽于南宋是事后之言，但于后世中国，仍为可以借鉴的思考，可忽之哉？

【正文】

兀术渡江而南，席卷吴、会，追高宗于四明[①]，东迤海滨；其别将追隆祐太后，南至于虔州之皂口[②]，西掠楚疆，陷岳、潭[③]，而武昌在其怀袖[④]。当是时也，江南糜烂，宋无一城之可恃，韩、岳浮寄于散地，而莫能自坚。此苻坚所几幸而不得，拓拔佛狸所迁延而惮进者也。举天下而全有之，奚待蒙古于他日哉？然而兀术急于渡河而归，高宗且可画淮而守，此可以知国家安危之机，非一朝一夕之故矣。

【注释】

① 四明：浙江宁波的别称，以境内有四明山得名。

② 虔州：今江西赣州。赣州历史上有庐陵郡、南康郡、南康国、虔州以及百胜军、镇南军等名。

③ 岳：岳州，今湖南岳阳，历史上曾有巴陵郡、巴州、岳州、罗州等名。潭：潭州，今湖南长沙。历史上曾有潭州、长沙郡等名。

④ 武昌：今属湖北武汉。

【译文】

兀术渡过长江南下，席卷吴郡、会稽一带，在四明追击高宗，向东进至海滨；他的别将追赶隆祐太后，向南到达虔州的皂口，向西掠劫楚地疆界，攻陷岳州、潭州，而武昌就已在他们的怀袖之中了。在这时，江南全被蹂躏得糜烂，宋朝没有一座城池可以依恃，韩世忠、岳飞漂浮分散寄居在不同地区，而不能自行坚守。这就是苻坚怀着非分企求而没有得到、拓跋佛狸犹豫迁延而害怕进军的地方。整个天下都全部占有了，哪里等到以后的蒙古人来占领呢？然而兀术急于渡过黄河而返回，宋高宗又能以淮河为界而守住南宋的领土，由此就可以知道有关国家安危的枢机，其原因不是一朝一夕形成的。

【正文】

女直之不能久处江东也，若有所怵惕，而梦寝不安。非其欲之有所厌也，非其力之不足恃也；攻有余而守不足者，无与故也。杜充之降[①]，疑有与矣。而充不足以当有无之数，孑然自以其身降，而号令不能及众；则女直之不能凭借以有江、淮，深知之矣。深入国境而能因而据之者，必有拥众降附代为招集之人。故刘整、吕文焕降于蒙古[②]，而后宋不能免于土崩。地非其地也，人非其人也，风土之刚柔，山川之险易，人心之向背，乍履其地而无以相知，安能孤军悬处，设守令，索刍粮，以无忧其困？师行千里而不见敌者，心必危；乌合以附而无任其安辑者，信之必不固。则兀术之方胜而惧，得地而不敢有，所必然矣。

【注释】

① 杜充（？—1141）：相州（今河南安阳）人。哲宗绍圣间进士，靖康初，知沧州。高宗建炎二年，宗泽死，代为东京留守，嫉贤妒能，宗泽所招两河忠义军皆离去。此年冬，金兵南下，杜充弃城南逃，决黄河大堤，淹死百姓二十万以上，北宋最为富饶的两淮地区毁于一旦。后为尚书右仆射同平章事，驻守建康，金兵渡江，他弃城逃往真州，

随即降金，金朝命他为燕京三司使、行台右丞相等。

② 刘整（1212—1275）：邓州穰城（今河南邓州）人。金末时投奔南宋，隶属名将孟珙，后随李曾伯入蜀，任泸州知府兼潼川路安抚副使。刘整以武功升迁，引起襄阳守将吕文德的嫉妒。当时权臣贾似道推行“打算法”，派官查核各地军将的军费，使赵葵、史岩之等武将受到迫害。吕文德与四川制置使俞兴勾结，利用“打算法”迫害刘整。刘整以泸州及所属十五郡向元军投降，又提出绕过长江、嘉陵江易守难攻的山城，先取襄阳，还为元军组建水军，使南宋水军优势荡然无存，元军得以长驱直至临安，使南宋灭亡。当时文天祥说：“亡宋贼臣，整罪居首。”吕文焕：安丰（今安徽寿县西南）人。南宋度宗咸淳四年（1268），知襄阳府兼京西安抚副使，守卫襄阳，元军阿术及宋叛将刘整围攻五年，终因樊城被克，襄阳孤立无援。咸淳九年（1273），吕文焕向元军投降，任昭勇大将军、襄汉大都督，后随伯颜攻下临安。在元任参知政事、中书左丞等。

【译文】

女真不能长久驻在江南，好像有所畏惧而梦寝不安，不是他们的欲望有所满足，也不是他们的力量不足依靠，他们进攻有余而驻守不足的原因，是没有人协助他们。杜充的投降，似乎是在协助他们了，但杜充不足以决定大局的成败之数，孤身一人投降，而他的号令不能指挥大众。那么女真不能凭借这种人占有江、淮，对此是有深知的。深入国境而能够占据住，必须要有拥有众多的降附者并能代替金人对降附者进行招集的人。所以刘整、吕文焕投降蒙古，而后宋朝就不能避免土崩瓦解。土地不是金人自己的土地，人民也不是他们自己的人民，风土的刚柔性质，山川的险易形势，人心的向背，刚刚踏上这样的土地是无法了解的，又怎能让孤军驻守在这样的地方，设置郡县的守令，向当地民众索取粮草，而不担忧会受到困扰呢？军队行走了千里而不见敌人，他的内心必定感到危险，乌合之众向我投降而没有能够安抚招集他们的人可以任用，对这些投降者的相信必定不会强固，那么兀术刚刚取胜而感到畏惧，得到了土地而不敢占领，就是理所必然的了。

【正文】

夫宋之得此，于天下虽无片土之安，而将帅牧守相持以不为女直用，固有以致之也。其于士大夫也，亦几失其心矣；然而诛夷不加也，鞭笞愈不敢施也。祖宗之家法定，奸邪虽逞，而天子不为之移，则奸邪亦知所禁而弗能播其凶德。其于武臣也，猜防之而不使展其勇略，是以弱也；然而有功而未尝故挫抑之，有过而未尝深求之，危困而未尝割弃之，败衄而未尝按诛之。待之也既使有余，而驭之也亦有其制。不使之擅部曲而听其去来，不使之幸寇存以胁吾权宠。不纵之于先而操之于后，则怨不深；不操之已穷而纵之使傲，则情不悖。故武人犹思媚于君，而部曲不从逆以靡。天下之大势，十已去其八九，而士心协，民志定，军情犹固；宋之所以立国百余年如一日，而滨危不改其恒也。

【译文】

宋朝得到这样的结果，对于天下虽然没有一片安全的土地，而将帅和地方官员一同坚持不被女真任用，本来就有原因导致这种情况。至于士大夫，也几乎失去他们的忠心了，但对士大夫不加诛夷之刑，鞭笞之刑也更不敢施用。祖宗的家法确定下来，奸邪之人虽然有时得逞，但天子不被他们改变，那么奸邪之人也就知道哪些事是被禁止的而不能放纵他们的凶残。宋朝对于武臣，猜疑防备，而不让他们施展勇敢和谋略，所以宋朝就很弱，然而武臣立有功劳而不曾故意压抑他们，有了过失也不曾深加责怪，遇到危困时也不曾割舍抛弃他们，作战失败了也不曾治罪诛杀他们。对待他们已是宽容有余的，而驾驭他们也是有一定制度的。不让他们擅自领有部曲而听任他们的来去，不让他们以敌寇尚存而存侥幸心理以胁迫宋朝对他们的放权和恩宠。不在先放纵他们而在后操纵他们，他们的怨恨就不会深；不在他们处于穷困时操纵他们，又不放纵他们让他们傲慢，他们的感情就不会背叛。所以武臣还想向君主取媚，而部队也不跟从叛逆之人来投降金人。天下的大势，十分已去其八九，而士人的心还是协同的，民众的意志还是稳定的，军队的心情还是稳固的，所以宋朝才能建立国家一百多年如一日，而濒临危险时不会改变他们的正常情况。

【正文】

至于史嵩之、贾似道起[①]，尽毁祖宗之成法，理宗汶弱而莫能问，士心始离，民心始散。将帅擅兵，存亡自主，而上不与谋，然后望风瓦解。蒙古安驱以入，晏坐以抚，拾天下如一羽而无所疑。不然，刘、吕虽降，安能举我所豢养之吏士直前相搏，而乐附狡夷如其父兄也哉？斩刈亟，则小人易激；鞭笞用，则君子亦离。部曲众而封赏早，则去来自恣；孤旅危而应援绝，则反噬必深。上与下泮涣而不相知，敌乃坐收之，而反为吾腹心之患。宋之乱政，至蔡京当国、童贯临戎而极矣。而凡数者之病犹未剧也，是以高宗跳身航海而终不亡也。

【注释】

① 史嵩之（？—1256）：鄞县（今浙江宁波）人，宁宗嘉定十三年（1220）进士，任光化军司户参军、京西转运判官、大理少卿、刑部侍郎、京西荆湖安抚制置使、参知政事、右丞相兼枢密使、都督两淮四川京西湖北军马。理宗端平元年（1234）金亡后，反对出兵收复河南，主张与元讲和。任右丞相时，排斥异己。理宗淳祐四年（1244）以父丧去官，太学生们上书反对重新起用他，称史氏三代（史浩、史弥远、史嵩之）执政专权误国，不久罢归闲居。

【译文】

到史嵩之、贾似道等人占据了高位，就全部毁坏了祖宗的成法，理宗为人文弱而不能过问，士人的心才开始离散，民众的心才开始散乱。将帅擅有军队，存亡由自己做主，而在上的人不与他们谋划，然后就对蒙古军望风瓦解了。蒙古安心地长驱直入，安稳地坐着就抚定了天下，拾取天下就像拾取一根羽毛一样没有任何的疑虑。如果不是这样，刘整、吕文涣即使投降，蒙古又怎能全部得到宋朝豢养的官吏士人直往向前与宋朝廷作战，而对狡诈的蒙古则乐于依附就像依附他们的父兄一样呢？对士大夫的斩杀太多，就易于激怒小人；对士大夫使用鞭笞，就会使君子离去。所辖的部队太多而且封赏太快，他们的来去就会全由自己的心意；孤军遇险而朝廷不派出救援，他们反叛投降的心情就会加深。上与下涣散而不相互了解，敌人就坐收其利，反而让投降的官员、军队成为宋朝的心腹之患。宋朝的混乱政治，到蔡京掌握国家大权、童贯带领军队时就达到了极点。但这几种弊病还没有达到严重的程度，所以高宗时还能逃身到海上而终不亡国。

【评析】

王夫之的分析，是根据南宋所控制的领土及其人力、物力和众多的人才之救国意志，且分析了金人的能力与愿望的不足之处。这些情况在当时就无人知道吗？关键是没有坚强的决心与意志，不敢与之斗争，在内部打压有生力量，自毁长城，无法组织起坚强有力的抵抗，缺乏正确无误的战略与部署，终究还是人的问题。这种情况，放在中国近现代史上来看，也是一样的。

宋代州县的戒石铭

【题解】

明智的君主都会注意吏治的问题，北宋太宗命各州县衙门前竖立戒石铭，上书“尔俸尔禄，民膏民脂，下民易虐，上天难欺”十六字，作为基层官员的训诫，用心是好的。王夫之分析这个问题，认为下层官吏虐取于民者，都是民众的膏脂，其方法就是“因公而科敛”、“峻罚其锾金”、“纳贿而鬻狱”、“市贾而无值”四者，总之就是下层官吏利用所掌握的权力，假借国家的名义来向民众手中巧取豪夺而已。这是吏治问题的重心所在，不把这些问题解决好，吏治永远都是空话，民众对治国理政者也永远不抱信心，国家的毁坏也永远没有尽头。

【正文】

自宋以来，州县之庭立戒石铭[①]，蜀孟昶之词也。黄庭坚书之[②]，高宗命刻石焉。读者佥曰：“励有司之廉隅，恤生民之疾苦，仁者之言也。”呜呼！儒术不明，申、韩杂进，夷人道之大经，蔑君子之风操，导臣民以丧其忠厚和平之性，使怀利以相接而交怨一方者，皆此言也。孟昶僭伪亡国之主，无择而言之，可矣。君天下者，人心风化之宗也，而可揭此以正告天下乎？

【注释】

① 戒石铭：五代蜀主孟昶有一篇《令箴》，原文二十四句，宋太宗摘取其中“尔俸尔禄，民膏民脂，下民易虐，上天难欺”四句，颁于各州

县，敕令刻石立于衙署大堂前，称《御制戒石铭》。

② 黄庭坚（1045—1105）：洪州分宁（今江西修水）人。英宗治平四年（1067）进士，任国子监教授、著作佐郎、起居舍人等。绍圣初年，新党以其修史多诬，贬涪州别驾。

【译文】

自从宋朝建立以来，在州县的衙门庭院里就立有一块刻着官戒铭文的石碑，碑上的铭文是后蜀孟昶写的官戒。后来又由宋朝的黄庭坚书写出来，宋高宗时又下令把官戒刻成石碑。读到这条记载的人都说："激励官员们守清廉，体恤民众的疾苦，真是仁者之言。"呜呼！儒家学术得不到阐明，申不害、韩非的学说混杂着得到进用，毁灭了人道的根本原则，破坏了君子的风操，引导臣民丧失了他们的忠厚和平的本性，让他们怀着求利的心相互来往而在一个地方交互怨恨，都是因为这种官戒之言。孟昶是僭越伪国的亡国君主，没有选择而对官员提出这样的戒语，那是可以的。而作为天下的君主，是人心教化的宗主，还能提出这样的戒语来正告天下吗？

【正文】

夫谓吏之虐取于民者，皆其膏脂，谓夫因公而科敛者也，峻罚其锾金者也[①]，纳贿而鬻狱者也，市贾而无值者也。若夫俸禄之颁，惟王所诏，吏不自取也。先王所制，例非特创也。小人耕而以其有余养君子，君子治而受其食以勤民事。取之有经，班之有等，民不怨于输将，上不勤于督责。天尊地卑，而其义定；典叙礼秩，而其分明。若曰是民之膏脂也，则天子受万方之贡赋，愈不忍言矣。率此言也，必天下之无吏而后可也；抑将必天下之无君，而后无不可矣。是之谓夷人道之大经也。

【注释】

① 锾（huán）金：锾本是古代的重量单位，后以锾金代指罚金。

【译文】

所说官吏残虐地从民众手里榨取的东西，都是民脂民膏，所说官吏利用公家的名义而对民众进行搜刮，他们的方法就是对民众罚以很重的罚金，接受贿赂又借着审理案件而收取金钱，还让百姓购买没有价值的东西。至于官吏俸禄的颁发，只是听从天子的诏命，官吏不会自己伸手来要。先王定的制度，照例都不是为某些人特地设立的。百姓耕种而用他们多余的粮食养活君子，君子治理国家而享受百姓的粮食来为百姓的事辛勤工作。取得俸禄是有一定原则的，颁发给他们也是有一定等级的，百姓不怨恨向国家输送粮食，在上的人也不过多地督责百姓交纳赋税。天处尊位，地处低位，而天地的道义就确定了；典礼制度确定了秩序和等级，而各自的本分就明确了。如果说这是民脂民膏，那么天子享受天下百姓所献的赋税，就更不忍心说出了。若要遵守这种官戒，那就必须是天下没有官吏而后才是可行的，或是将要使天下必须没有君主，而后才是无不可行的。这就叫作毁灭人道的根本原则。

【正文】

君子之道，以无伤于物者自旌其志，苟非人所乐与者，一介不取，弗待于人之靳之也。如其所受之禄，斥言之曰此民之膏脂矣，恶有君子而食人之膏脂者乎？上既酬而升之，揖而进之，寄之以民社，而谓之曰："吾取民之膏脂以奉汝。"辱人贱行，至于此极，欲望其戒饬自矜，以全素履，其将能乎？是以谓毁君子之风操也。

【译文】

君子之道，以不伤害万物作为他的志向而由自我宣示出来，如果不是人们所乐于赞同的，就连最小的一点儿都不取，不等待人们舍不得拿出来。如果是他所应得到的俸禄，却斥责说这是民脂民膏，那么哪里会有君子还吃人们的脂膏呢？君主既然酬报他而把他提升到官位上，向他行礼而进用他，把民众及国家的事情交给他，而且对他说："我拿来民脂民膏给你用。"羞辱人并把他的行为看得低贱，到了这种极端的程度，那么还想让他自己戒惧修饰而自我矜持，以保全他平素的节操，他还能做到吗？所以说这是破坏君子的风操。

【正文】

易动而难静者，民之气也。得利为恩，失利则怨者，民之情也。故先王惧其怀私挟怨之习不可涤除，而政之所扬抑，言之所劝戒，务有以养之，而使泳游于雍和敬逊之休风，以复其忠顺之天彝。故合之于饮烝，观之于乡射，逸之于大蜡[①]，劳之于工作，叙之以礼，裁之以义，远之于利，禁之于争，俾怨讟不生，而民志允定。今乃揭而示之曰："凡吏之受禄于国者，皆尔小民之膏脂也。"于是乍得其欢心，而疾视其长上。其情一启，其气一奔，则将视父母之食于其子者，亦其子之膏脂；趋利弃义，互相怨怒，而人道夷于禽兽矣。先王以君子长者之道期天下，而人犹自弃，则克己自责，以动之于不言之化。今置其土木、狗马、声色、宴游之糜民财者，曾不自省；而以升斗之颁指为朘削[②]，倡其民以嚣陵诟谇之口实[③]，使贼其天良，是之谓导臣民以丧其忠厚和平之性也。

【注释】

① 大蜡（zhà）：古代年终合祭农田诸神，祈求来年不降灾害，这是天子所要进行的一种祭祀。

② 朘（juān）削：剥削，搜刮。

③ 嚣陵：喧嚷争吵。诟谇（suì）：辱骂，责骂。

【译文】

容易躁动而难以安静的，是民的心气。以得到好处为恩，失去了好处则怨恨，这是民众的心情。所以先王怕他们怀私心挟怨恨的习气不能涤除，就在政治上有所抑扬，在言语上有所劝诫，务求有方法来培养他们，而让他们沐浴在雍和敬逊的美好风气中，以恢复他们忠顺的天性。所以用饮烝的礼仪来聚合他们，用乡射的礼仪来观察他们，让他们在大蜡礼仪中放松，在工作中辛劳，用礼制分出秩序，用道义加以裁定，让他们远离物利，禁止争夺，使他们不产生怨恨，这样民众的心志就能安定了。如今却要写出来向他们告示说："凡是官吏所享受的俸禄，都是你们小民的民脂民膏。"于是就让民众暂时得到了欢心，而仇视他们的官长。这种心情一旦开启，这种心气一旦奔腾，就将把父母享受子女的食物，也看作是子女的脂膏；就使民众奔向物利而抛弃道义，互相怨恨，而人道就被禽兽破坏了。先王用君子长者之道期望于天下，而人还自我抛弃，于是先王就克制自己、自我责求，用不言之教来感化天下之人。如今设置了土木兴建、狗马玩好、声色享乐、宴享游乐这些事来耗费民众的财物，对此不曾自我反省，却说对官吏所颁发的几升几斗的粮食是盘剥民脂民膏，引导民众以此为理由来喧嚷、争吵、辱骂，使他们残害了天生的善良本性，这就叫作引导臣民丧失了他们忠厚和平的天性。

【正文】

迪君子以仁民者，教之有术也；进贤士以绥民者，选之有方也；饰吏治以勿虐民者，驭之有法也。仁不能教，义不能择，法不能整，乃假祸福以恐喝之曰："上天难欺。"无可如何，而恃鬼神之幽鉴。惟孟昶以不道之身，御交乱之众，故不得已而姑为诅咒，为人君者而焉事此乎？

【译文】

启迪君子要仁爱民众，教育他们是有方法的；进用贤士来安定民众，选择贤士也是有方法的；整顿吏治不让他们虐民，驾驭他们同样是有方法的。不能教他们学会仁，不能让他们选择义，有制度不能整顿，却利用祸福来威吓他们说："上天难欺。"没有办法，就依靠鬼神在冥冥中的鉴照。只有孟昶以无道的自身，来统治交相混乱的民众，所以不得已而姑且进行诅咒，当人君的人怎能做这种事呢？

【正文】

王者之道，无不敬而已。敬天，而念天之所鉴者，惟予一人而已，非群工庶尹之得分其责也。敬民，而念民有秉彝之性，不以怀利事其长上，务奖之以坦然于好义也。敬臣，而念吾之率民以养贤者，礼必其至，物必其备，辞必其顺，而与共尽天职勤民事也。天子敬臣民，臣民相胥以敬天子，而吏敬其民以不侮，民敬其吏以不嚣。无不敬者无不和，则虽有墨吏，犹耻讥非；虽有顽民，犹安井牧[①]。畏清议也，甚于鬼神；贱货财也，甚于鞭挞。以宽大之心，出忠厚之语，平万族之情，定上下之纪，夫岂卞急刻峭之夫所得与也？君子出其言不善而千里违之，诅怨之言，何为在父母斯民者之庭哉？

【注释】

① 井牧：本来指按照土质划分田地，有的作为井田进行耕作，有的作为牧地进行畜牧，二牧相当于一井，以便朝廷向民众授田和收取贡赋。这里指朝廷对民众的授田和收赋税。

【译文】

王者之道，不过是没有不敬而已。敬天，就要想着上天所鉴照的只有我一个人而已，不是众大臣、官员们得分担其责任的。敬民，就要想着民有秉持常道的本性，不以怀着私利之心来奉事官长，务求鼓励他们以坦然的心胸喜好道义。敬臣，就要想着我率领民众来养育贤者，礼节必须达到极致，物品必须达到完备，言辞必须敬顺，而与他们一起尽效天职而为民众之事辛勤工作。天子敬臣民，臣民全都来敬天子，而官吏敬他所管的民而不侮辱民，民众敬他们的官吏而不喧嚣作乱。没有不敬重和不和谐，那么虽然会有贪官，还会以被别人批评、非议为耻辱；虽然有顽劣之民，还会安心接受朝廷的授田和收取赋税。畏惧清正舆论的评议，认为比鬼神还可怕；看轻财货，认为比受到鞭挞还严重。用宽大的心胸，说出忠厚的话语，让万族的心情都很平静，确定上下的秩序纲纪，哪里是严酷峻急的人所能参与做到的？君子说出的话如果不善，就会使方圆千里的人都违背你，那种诅咒怨恨的话，为什么会出现在作为民众的父母官的衙门里呢？

【评析】

立石劝诫，其实没有多大作用，必须有严密的法律制度和切实有效的执行，才能及时发现官员对民脂民膏的榨取情况，并及时加以惩治。不能因为官员们都这样干，就说法不制众。所谓的众，是不治而后积累的结果，越不治，越众，于是就越不敢治，恶性循环，无有穷尽。在积重难返的情况下，要敢于严惩，逐步肃清，逐步减少，逐步改良，才让民众觉得有希望。找借口不治，只会越来越严重，最后与你同亡。

论南宋军事失败

【题解】

南宋并不是没有杰出的将领与人才，而是君主一向不信任将领，一有功绩，就猜忌不已，不惜自毁长城。这种心态与制度，从北宋创立时就形成了，后来只会愈演愈烈，不惜让国家灭亡，也不改正。这是对唐代藩镇的祸害所形成的恐惧心理，不想却矫枉过正，贻害千年。

【正文】

尽南宋之力，充岳侯之志，益之以韩、刘锜、二吴①，可以复汴京、收陕右乎？曰，可也。由是而渡河以进，得则复石晋所割之地，驱女直于塞外；不得，亦据三关②，东有沧、瀛③，西有太原，仍北宋之故宇乎？曰，不能也。凡得失之数，度之于彼，必察其情；度之于此，必审其势；非但其力之强弱也。情有所必争，力虽弱，未可夺也，强者勿论已；势有所不便，力虽强，未可恃也，弱者勿论已。

【注释】

① 二吴：指吴玠与吴璘兄弟，南宋镇守川陕地区的军事将领。

② 三关：瓦桥关，在今河北雄县，瓦桥关东北又设益津关、淤口关，合称“三关”。五代周世宗夺取瀛州、莫州后，以此三关与契丹分界。

③ 沧州：今河北沧州，位于河北省东部。瀛州：今河北河间市，北魏时开始设瀛州，后曾称河间郡、瀛州。

【译文】

使用南宋全部的力量，满足岳飞的愿望，再加上韩世忠、刘锜、吴玠吴璘兄弟，可以收复汴京、收复陕右吗？回答说："可以。"由此而渡过黄河进军，取胜就恢复石晋割让给契丹的土地，把女真驱赶到塞外；不得取胜，也可占据三关，东有沧州、瀛州，西有太原，恢复北宋原有的领土吗？回答说："不能。"凡是得失的限度，要估计对方的情况，必须了解他们的想法；估计己方的情况，必须考虑整个形势，又不只是比较力量的强弱。对方心里想着有些地方必须争夺，对方的力量虽然弱，己方也不能夺到手，对方的力量强大时就更不用说了；形势上有所不便，自己的力量虽然强大，也不能仗恃，力量弱小时就更不用说了。

【正文】

以河南、陕右言之：女直之初起也，积怨于契丹而求泄，既胜以还，亦思夺其所有之燕、云而止。及得燕而俯视河朔，得云而下窥汾、晋，皆伸臂而可收也，遂有吞并关南之志。乃起海上，卷朔漠，南掩燕南，直数千里，斗绝而难于遥制，故乘虚袭取三河、两镇[①]，而所欲已厌矣。汴、雒、关、陕[②]，宋不能守，势可坐拥神皋[③]，而去之若惊，不欲自有，以授之叛臣，则中原之土非其必争之地，明矣。朱仙一败，卷甲思奔，非但其力之不足也，情不属也。而宋自收群盗以后，诸帅愤盈，东西夹进，东清淮、泗[④]，略梁、宋[⑤]，有席卷之机；西扼秦、凤[⑥]，指长安，有建瓴之势；岳侯从中而锐进，交相辅而不虑其孤，走兀术，收京阙，画河以守新复之疆，沛然无不足者，故可必也。

【注释】

① 三河、两镇：当作两河、三镇。宋称河北、河东地区为"两河"，即今河北、山西地区。宋在河北置招抚司，河东置经制司。三镇，指唐代在河北地区设的三个重要藩镇：幽州、魏博、成德，后泛指河北地区军事要点。

② 汴、雒、关、陕：指汴京、洛阳、关中、陕西，即今河南中部到陕西一带。

③ 神皋：京城地区。南宋时京城偏安东南，以临安（今浙江杭州）为都。

④ 淮、泗：淮河、泗水流域，在今河南东部、安徽、江苏北部至山东南部一带，为南宋防守北方强敌的东部。

⑤ 梁、宋：梁指战国时的魏国，宋指周代的宋国，在今河南商丘一带。梁、宋泛指河南西部地区。

⑥ 秦、凤：秦州，今甘肃天水。凤州，今陕西凤县。北宋时，合为秦凤路。

【译文】

以河南、陕右而言：女真初起的时候，与契丹有长久积压的仇怨而想发泄，战胜契丹之后返回，还想着夺取他们所占有的燕、云才停止。等到夺取了燕北而俯视着河北时，得到了云州而向南窥视着汾州、晋州的时候，就以为都是伸出手臂就能拿到手中的，此时就有了吞并关南地区的想法。于是就从海上起兵，席卷北方沙漠，向南攻击燕南地区，直下数千里，孤军深入而难于遥控，所以乘虚袭击攻占了两河、三镇，而他们的欲望也已满足了。汴京、洛阳、关中、陕西地区，宋朝不能守住，在形势上又可以得到宋朝的京城地区，但他们离去时却像受到惊吓，不想由自己来占领，就把这一地区交给宋朝投降的叛臣，这样一来，中原地区就不是他们的必争之地了，这是很明白的。朱仙镇一战失败之后，女真卷起甲兵想逃回去，不仅是他们的力量不够了，他们的愿望也不在此了。而宋朝自从收服各地的盗匪之后，各位大帅气愤满胸，东西夹击进军，在东方肃清了淮河、泗水一带，又攻下汴梁及以东地区，在西方扼守住秦州、凤州，攻势指向长安，有高屋建瓴的气势；岳飞从中路锐利进军，各方交互协助而不担心自己孤军深入，逐走兀术，收服京城，以黄河为界来守卫新近收复的领土，力量充沛没有不足够的，所以说可以肯定能收复汴京和陕右地区。

【正文】

以河北、燕南言之：女直自败盟而后，力未能得，而胁割于宋，以其为燕之外护也，以其为刍粮金帛之所取给也，以其士马之可抚有而弥强也。郭药师一启戎心，而女直垂涎以歆其利，久矣为必争之地矣。军虽屡折，而宿将未凋，余威尚振。使宋渡河而北，则悉率海上之枭，决死以相枝拒，河阻其归，敌摧其进，求军之不覆没者，十不得一也。宋之诸将，位相亚，权相埒，力相等，功亦相次。岳侯以少年崛起而不任为元戎者，以张俊之故为主将，从中而沮之也。韩、刘、二吴，抑岂折节而安受其指麾？则雁行以进，麋骇而奔，功不任受，咎亦无归。故五国合从之师衅于函关[①]，山东讨卓之兵阻于兖、豫，九节度北伐之军溃于河南，其不如刘裕孤军直进，擒姚泓、俘慕容超者，合离定于内，而成败券于外，未有爽焉者也。乃欲合我不戢，撄彼必争，当百战之骄虏，扼其吭而勿忧其反噬乎？若此，则虽高宗无疑畏之私，秦桧无腹心之蠹，张俊、刘光世无从旁之挠，且将忧为吴明彻淮北之续，退且河南之不保；而遥指黄龙[②]，期饮策勋之爵，亦徒有此言，而必不能几幸者也。

【注释】

① 函关：指函谷关。战国时秦在今河南灵宝境内设关，因路在谷中，深险如函，故名。西汉元鼎三年（前114），移至今河南新安境内，离原来的旧关有三百里远。

② 黄龙：黄龙府，在今吉林农安，是辽、金两代的军事重镇和政治中心，借指辽、金的老巢。

【译文】

以河北、燕南的情况来说：女真自从撕毁盟约之后，以他们的力量不能得到河北、燕南地区，而向宋朝威胁要求割让这一地区，作为他们在燕地的外围保护带，因为他们要从这一地区获得粮草、金钱、布帛，还可以在这一地区获得士兵和马匹而使自己更强。郭药师一旦开启了敌人的野心，女真就对这一地区垂涎而心慕求其利，这一地区成为必争之地已经很久了。军队虽然屡次受挫，但老将还没有凋败，余威尚可振起。假使宋朝渡过黄河向北进军，女真就会调动海上的全部枭兵，决死来与宋军抗拒，黄河阻断了宋军的归路，敌人又挫败前进的锋芒，要想军队不覆没，十分之一的可能都没有。宋朝的诸位将领，地位相仿，权力相当，力量相等，功劳也相差不多。岳飞年轻而崛起，但没有担任统军的主帅，是因为张浚原来就是他的主将，从中阻止了岳飞的提升。韩世忠、刘锜、吴玠吴璘兄弟，难道还要折节而安心地接受张浚的指挥吗？因此如果进军就会是如大雁飞行一样的阵势，一旦受惊也会像麋鹿一样逃奔，有功也不能接受，有过也无所归咎。所以五国合纵的部队在函谷关挑衅，山东讨伐董卓的部队在兖州、豫州受阻，九个节度使进行北伐的部队在河南崩溃，这样的进军就不如刘裕率领一支部队孤军直进，擒捉了姚泓、俘虏了慕容超，其原因就在于内部能决定是分还是合，而让成败取决于对外的作战，这就不会有差失了。宋朝却想聚合不能约束的各支部队，挑战敌人必争之地，与经过了百战的骄狂敌军对阵，扼住对方的喉咙而不担忧他们会反咬一口吗？像这样的情况，虽然高宗没有对将领们猜疑畏惧的私心，秦桧没想着搞破坏，张俊、刘光世没有从一旁阻挠，还会担心吴明彻在淮北的断后不能成功，如果宋军撤退就会使河南地区保不住；而遥指黄龙府，约定痛饮记录功勋时的庆功酒，也就是只有其言，而必不能侥幸获得成功了。

【正文】

是故《易》言鬼方之伐[①]，忧其难为继也；《春秋》许陉亭之次，谓其可以止也。自赵普沮曹翰之策，而燕、云不可问矣。自徽宗激郭药师之叛，而河北不可问矣。任诸帅阃外之权，斥奸人乞和之说，弃其所不争，攻其所不可御，东收徐、兖，西收关、陇，以环拱汴、雒而固存之；支之百年，以待兴王之起，不使完颜氏归死于蔡州[②]，以导蒙古之毒流四海，犹有冀也。然抑止此而已矣。如曰因朱仙之捷，乘胜渡河，复汉、唐之区宇，不数年而九有廓清[3]，见弹而求鸮炙[4]，不亦诞乎！

【注释】

① 鬼方：商周时西北方的少数民族，商周曾多次出兵攻打鬼方，使之远迁。经考古发掘得知鬼方迁到南西伯利亚的贝加尔湖至巴尔喀什湖一带。

② 完颜氏归死于蔡州：完颜氏指金。蔡州，治所在今河南汝南。宋绍定六年（1233）十月至端平元年（1234）一月，宋与元联合，攻克金哀宗完颜守绪固守的蔡州，金朝灭亡。

③ 九有：指九州，即整个天下。

④ 鸮炙（xiāo zhì）：指炙鸮鸟为食。鸮，古时认为是鹏鸟，形如雌鸡，肉美，可做羹，故炙鸮鸟为食。见弹而求鸮炙，出自《庄子·齐物论》。

【译文】

所以《周易》说到讨伐鬼方，就担忧出兵之后难以为继；《春秋》赞许齐军驻扎在陉亭，也说到这里就可以停止了。自从赵普沮止了曹翰的用兵谋略之后，燕、云地区的收复就是宋朝不能再来过问的事了。自从徽宗激起了郭药师的叛变，那么收复河北的事情也就不可问了。如果对诸位将帅授以在各地战场作战的权力，斥退奸人求和的说法，放弃对方不争的地区，攻击对方所不能防御的地方，在东方收取徐州、兖州，在西方收取关中、陇右地区，以此构成环形来拱卫汴京、洛阳地区而加以固守，这样支撑一百年，以等待中兴之王的出现，不让完颜氏回去后死在蔡州，以引导蒙古的毒害流及天下，宋朝就还是有希望的。但是也只能到这一步而已。如果在朱仙镇取胜之后，就想乘胜渡过黄河，收复汉、唐两朝的领土，不用几年就扫清天下的敌人，就像刚刚看到弹子就想炙烤鸮鸟来吃，不也是很荒诞吗！

【评析】

王夫之认为用南宋全部的力量，满足岳飞、韩世忠、吴玠吴璘兄弟等将领的愿望，可以收复汴京、陕右，但想恢复北宋原有的领土，则不可能。这种看法，也许过于悲观。因为收复失去的领土，难以一举成功，可以逐步来完成。为此要不断有所进取，有所恢复，逐步推进，坚持不懈，最终必能完成国家的统一大业，收复所有失去的领土。没有这样的决心与战略部署，就是失败的根源所在。

论孝宗

【题解】

宋孝宗赵昚（shèn，1127—1194），宋太祖七世孙，南宋第二任皇帝，1162年至1189年在位。宋高宗的元懿太子夭折，之后没有嗣子，只好选择孝宗为太子，绍兴三十二年（1162），高宗禅让帝位。孝宗淳熙十六年（1189）又让位给儿子宋光宗赵惇。孝宗即位，立志光复中原，命老将张浚北伐，但在符离战败，隆兴二年（1164）与金国签订“隆兴和议”。此后出现“乾淳之治”（乾道、淳熙）。

王夫之对孝宗时期的评论有四条：关于符离之战溃败的分析，孝宗奉养高宗的问题，从朱熹等人的引退谈到宋朝的人才问题，宋与金再次和议后实现和平究竟是好是坏。重点是符离之战的分析、人才问题以及和议之后的和平问题。

孝宗继位初期是想有所作为的，但北伐进军没有取得成功，使他一下子气馁而不再进思有为了。王夫之对孝宗初期的符离之战的溃败作了分析。他认为，不能因为一次作战的失败就完全丧失信心，如汉高祖被匈奴包围，之后经过文景时期的休养生息，到武帝时就能破匈奴。东晋时祖逖死，桓温败，但到谢安又能端默凝立，声色不显，密任谢玄练北府之兵，而使苻坚百万之师披靡以溃。之后又有刘裕，俘姚泓，斩慕容超，拓跋氏和赫连氏无能与竞。如果孝宗懂得这个道理，就不会因为“符离一败”，而“萎敝不复振，以迄于宋之亡”。就当时南宋的情况而言，如果能冷静地分析形势，积极地做好战备工作，积聚力量，仍有可能复兴。只因一次战败，就对自己的力量完全丧失信心，这是孝宗的最大失败，也为后来的君主提供了一个教训。

对于宋朝的人才问题，王夫之也是一再发出感叹，到孝宗时，他认为“人才之摧抑已极，则天下无才”。而根源在于“邪臣之恶，莫大于设刑网以摧士气，国乃渐积以亡”。到了后来，当初摧残人才的人虽然已经死了，用朋党一类的罪名打击正人君子的法网也已松弛，但“熏灼之气挫其初志，逼侧之形囿其见闻，则志淫者情为之靡，而怀贞者德亦已孤”，人才还是不容易出现。于是一些正人君子，因为“德孤”而只能“别立一不可辱之崖宇，退处以保其贞”，而“先正光昭俊伟之遗风，终不可复”。这才是人才的最大悲哀，也正是宋朝不能不走向灭亡的原因所在。王夫之认为到了这种时候，人才会有三种情况，但都“无裨于国”了。第一种情况是看到世道已无法对抗而采取独善其身的态度，退隐不仕，对于国家大事不能有所作为；第二种情况是出来做官，也能保持志向的贞正而不干坏事，既不想让君子批评自己，又不想得罪小人，做什么官都可以，不引导君主干坏事，也不生事以疲民，更不打击忠良之人，因为不能纠正小人干坏事，所以对国家也没有帮助；第三种是真正的正人君子，也想在乱世有一番作为，成就伊尹、傅说一样的功业，但最终不能成功，是因为个人力量有限，已不能扭转整个世道。在人才都只能成为这样三种情况时，就表明世间的人才已被摧压到极点，其危害会绵延百年而不息，而这就是邪恶小人摧残人才的恶果。

王夫之认为，宋自王安石执大政开始，排斥异己，附从于变法的新党对反对者搏击无已，后来蔡京秉国，又立党人碑，勒石题名，锢及子孙，使天下之士无不入于罪罟。再到靖康时，徽、钦二帝被俘，又有小人助纣为虐，痿痹不仁者已到处都是。高宗继位后，秦桧又加以重摧，群情震慑，无所适从，奸慝相沿，这就使天下的士气被压抑打击将近百年。士人生在这样的时代，求其扩心振气以夐出而规天下于方寸，已是不可能的了。到孝宗继位时，也想有所作为，但他所能找到的人才，只有陈康伯、叶颙、陈俊卿、虞允文等人，只能使国家有一个小康的局面，但不能彻底扭转国家的困局。相比而言，王夫之认为当时的朱元晦、张敬夫、刘共父三人可称为君子，也可称为旷代不易见之大贤，但因为奸邪已淫，又要保持自己的人格，所以器使之途已很狭隘，又因为政治风波的变化不定，从而洁身念切，而任重之志不坚。

此外对于国家的整体大计，也只能停留在言论上，至于真正用心治国并拿出各种手段和方案，也不敢轻易加以尝试。即使孝宗真的把他们放在百僚之上，亦不敢保证他们就有“定命之讦谟，廓清九有”。追溯这种局面的根本原因，王夫之认为就是“王安石妒才自用之恶”，这等于是“率兽食人”，其危害不仅是“变法乱纪，虐当世之生民”，更使宋朝从此一蹶不振，逐步走向灭亡。由此也可看出王夫之对于王安石的评价是极为严厉的。

孝宗乾道元年（1165），宋与金的和议再成，从此有四十年时间，双方没有发生战争。于是人们认为这是一件好事，“天下咸被其泽”。而王夫之仍有不同看法，他说：“此偷安之士，难与虑始之民，乐怀利以罢三军，而不恤无穷之祸。”甚至说“宋与女直相枕而亡，其几兆于此矣”。这是因为秦桧掌权时，把宋朝的军事将领打击得非常彻底，岳飞被害死，“免于死亡者，循墙而走，不敢有所激扬”，之后的将领，“皆循文法、避指摘之庸材”。而士卒们“则甲断矛挠，逍遥坐食，抱子以嬉，视荷戈守垒之劳，如汤火之不可赴”。这就是和平对军队建设的破坏。而在士大夫方面，“不肖者耽一日之娱嬉，贤者惜生平之进止，苟求无过，自矜君子之徒，谈及封疆，且视为前生之梦”，也是毫无斗志，只求偷安。在王夫之看来，这几十年的和平，使宋朝“奄奄衰息，无复生人之气矣”。同样，女真也因为和平而变得没有战斗力了，“去其故穴，尽部落以栖苴于客土，耽卤获之乐，解骄悍之气”，所以也无法对抗蒙古新锐之兵。因此王夫之说双方的和议使大家耽于安乐，而不思进取，丧失了战斗力，等待他们的就是灭亡。所以说“天下虽安，忘战必危。安而忘战，其危可必，况在危而以忘战为安乎”？这就是他对当时和平局面的批评。由此可知，这样的和平不是真正的和平，只是暂时的偷安，认识不到这一点，就不能真正懂得和平与战争的关系。而这是只有具备“通识者”才能达到的“洞观”，“非流俗之所得与知也”。这一批评在任何时候都有警示意义。

论南宋人才的毁坏

【题解】

人才永远都是治国理政的根本问题。君主要培养人才，不能摧抑人才，关键是不要任用小人，因为小人是迫害人才的主力。所以君主要想培养和任用人才，首要之务就是识别小人，不用一个小人。小人执政，会利用国家法律来迫害人才，即王夫之所说的设刑网以摧士气，而这又会挫伤人才的志气，使人才越来越少，国家就不再有复兴的希望。

【正文】

人才之摧抑已极，则天下无才；流及于百年之余，非逢变革，未有能兴者也。故邪臣之恶，莫大于设刑网以摧士气，国乃渐积以亡。迨其后，摧折者之骨已朽矣，毛击钳网之风亦渐不行矣，后起者出而任当世之事，宜可尽出其才，建扶危定倾之休烈；而熏灼之气挫其初志，逼侧之形囿其见闻，则志淫者情为之靡，而怀贞者德亦已孤。情靡者相沿而滥，德孤者别立一不可辱之崖宇，退处以保其贞；于是而先正光昭俊伟之遗风，终不可复。如是者，其弊有三，要以无裨于国者均也。

【译文】

人才的摧残压抑已达极点，那么天下就没有人才了；这种情况延续到百年之后，不遇上大的变革，就没有人能重新兴起。所以邪恶之臣的罪恶，没有比设下刑网来摧残士人的志气更大的了，国家会因此而逐渐积弱而至灭亡。等到以后，摧残人才的人的骨头已经朽烂了，寻找细微过失进行攻击和钳制人们言行的刑网的风气也逐渐不再流行了，后起的人出来担任国家大政，应该可以完全发挥他们的才能，完成扶救危世、稳定倾覆的伟大功业；但是声威逼人的气势还会打击他的最初志向，狭隘逼迫的形势还会限制他的见闻，这会使志气不定的人的心情为此而萎靡，而怀抱正直的人的美德也会孤立。心情已经萎靡的人相互沿袭而泛滥成风，美德孤立的人另外树立一种不可侮辱的高洁气度，退隐而处以保持自己的贞正；于是先代正人君子光明英杰伟大的遗风，最终不能恢复。像这样的情况，其弊害有三种，总之都无益于国家。

【正文】

其下，目之所睹，耳之所闻，皆见夫世之不可抗志以相撄也，而求一深渊之区宇，以利其游泳。正与邪迭相往复，无定势矣。而正胜邪，小人之蒙谴也浅；邪胜正，君子之受祸也深。则趋彼避此，以徼所行之利，虽有才可试，亦乐用之于诡随[①]，而奚有于国事之平陂[②]？

【注释】

① 诡随：不顾是非而附和别人的意旨。《诗经·大雅·民劳》："无纵诡随，以谨无良。"毛氏传："诡随，诡人之善，随人之恶者。"朱熹《诗集传》："诡随，不顾是非而妄随人也。"

② 平陂（bēi）：平与倾斜不平。《易经·泰卦》："无平不陂，无往不复。"用来形容事物的变迁不定。这里是指国事的正与邪、是与非的变化。

【译文】

最差的弊害，是眼睛所看到的，耳朵所听到的，这些都是世间不能凭借高尚志向来对抗的，于是就寻求一个深沉的空间，以利于自己在其中活动。正与邪相继地来往反复，没有哪一方能固定不变。当正战胜邪的时候，小人受到的谴责会是很小的；而当邪战胜正的时候，君子却要受到很深的灾祸。于是就趋向一方而躲避另一方，以求得自己行动的利益，虽然有才能可以试用，也乐于让自己的才能用于附和随从别人的意旨，这对于国家大事的正邪变化又有什么作用呢?

【正文】

其次，其志亦怀贞而不欲托足于邪途矣。以为士自有安身利用之术，进不贻君子之讥，退不逢小人之怒，可以处闲散，可以试州郡，可以履台端[①]，可以位宰执。不导淫以蛊上，不生事以疲民，不排击以害忠良，不气矜以激水火。无必进之情，而进之也不辞；无必退之心，而退之也不吝。故当世习与相安，而获吉人之誉。如是，则才有所不尽效，而抑不求助于才以自辅。其究也，浸染以成风尚而不可问矣，始以容容，终以靡靡矣。

【注释】

① 台端：又称台杂，唐代侍御史之称。侍御史之职有四，谓推、弹、公廨、杂事，台内之事悉主之，号为台端。指处理杂事的官职。

【译文】

稍好一点的弊害，是人才也怀着正直之志而不想让自己走上邪路。认为士人自有安定自身和发挥才能的方法，进用掌权不会受到君子的讥评，退处闲散不会遇上小人的怨恨，因此可以处于闲散官职，可以尝试在州郡做官，可以去当处理杂事的官职，也可以进位宰相执掌大权。不引导邪恶来蛊惑君主，不多生事让民众疲惫，不排挤打击残害忠良，不矜持意气以激起党派的争斗。没有一定要升进为高位的心情，但在进用到高位时也不推辞；没有一定要退处闲散的心意，但在退处闲散时也不会为之难过。所以当世的人都习惯与他相安无事，而获得了吉人的声誉。像这样，即使自己的才能不能完全发挥，也不去求助于才能而辅助自身。这样做的最终结果，是人才受到这种状态的影响已成为一种风气而不能深加过问了，开始时是从容不迫的，到终时就会变成随顺时代的风气而没有自己的原则了。

【正文】

又其上，则固允矣为秉正之君子矣。观其所志与其所为，天下之所想望，后世之所推崇，伊、傅之德业[1]，舍此而不能与焉。故一时有志之士，乐就之以立风轨。然而终不能者，则惟德之孤也。天下无能与其德者，而德孤矣；视天下无能与其德者，因举天下置之德外，而德愈孤矣。其好善也笃，而立善之涂已隘；其恶恶也严，而摘恶于隐已苛。以义正名，名正而忘求其实；以言卫道，言长而益启其争。以视先正含弘广大[2]之道，默以持之如渊涵，慎以断之如岳立，操扶阳抑阴之权，密用而奸邪自敛；受智名勇功之集，捊取而左右皆宜；其意似不欲然也，而考其所成，则固不能然也。欲托以伊、周耆定之元功而未逮，即以絜[3]韩琦、李沆定国是、济危疑之大猷，而亦有所未遑及此者。使当休明之世，无奸邪之余威以激其坚忍，无诡随之积习以触其恶怒，无异端之竞起以劳其琐辩，无庸懦之波流以待其气矜，则道以相挟而盛，业以相赞而成，其所就者岂但此哉？故摧抑人才者，虽不受其摧抑，而终为摧抑，害乃弥亘百年而不息。故曰邪臣之恶，莫有大于此者也。

【注释】

① 傅：即傅说（yuè），在傅岩筑墙的奴隶，商王武丁梦见一个圣人，名为说，到处寻求这个圣人，在傅岩找到此人，任用为相，国家大治。

② 含弘广大：指包容博大宽厚而处世光明正大。《周易·坤卦》的彖辞："至哉坤元，万物资生……含弘光大，品物咸亨。"指包含宏厚，光著盛大，所以万事万物都能含容而使它们按照自己的特性而存在和发展，因此用来比喻恩德广被、宽厚仁慈。

③ 絜（xié）：用绳度量围长，引申指度量。贾谊《过秦论》："试使山东之国与陈涉度长絜大，比权量力，则不可同年而语矣。"

【译文】

最好的情况是，自身本来确实是秉持正道的君子。观察他的志向和他的作为，都是天下所期盼、后世所推崇的，有着伊尹、傅说的那种品德和功业，帝王舍弃这种人就不能成功的。所以一个时期的有志之士，乐意接近他而树立起一种风尚。可是最终他不能实现自己的志向、愿望，就成为只有自己孤单地坚守这种美德了。天下没有人能与这种人一起坚守这种志向和美德，那么自己坚守这种美德就很孤单了。看到天下没有人能与自己一起坚守这种志向和美德，于是把整个天下置于自己的志向和美德之外，而自己的美德就更孤单了。他喜好正直之善是笃实的，但他树立善道的路径却已狭隘；他厌恶丑恶是极为严厉的，但他把人们的丑恶从幽隐之中揭发出来，就显得很苛刻了。他根据道义来纠正名义，名义得到了纠正但忘了追求它的实际；他用言论捍卫道义，言论过多就更会引来别人与自己的争斗。来看先代圣哲所秉行的含弘广大之道，在沉默中坚持正道就像深渊涵容一样，谨慎地对事物加以判断就像山岳屹立一样，掌握和实行扶助阳而抑制阴的权力，秘密地加以运用而使奸人邪人自行收敛，智慧、名誉、勇敢、功业都愿意让它们集中在自己身上，汲取各种权力事务无论怎样做都是合宜的，如果与先代圣哲的这种德行相比，这种人的用心就不像是这样的，而考察这种人所成就的事业，本来就不能达到圣哲那样的境界。想把伊尹、周公辅助完成王朝建立而稳定下来的至大功业托付给这种人，他就是不能做到的，就是来与韩琦、李沆确定国家大计、救助危疑的大功相比，也有未能赶得上的地方。假使这种人处于美好开明的时代，没有奸邪的余威来激起他们的坚忍意志，没有曲意随顺的积习来触发他们对邪恶的厌恶和愤怒，没有异端之学竞相出现而让他们疲劳地进行烦琐的论辩，没有平庸懦弱的风气以等待他们矜持气节，那么就会在道义上相互支持而使国家兴盛，在功业上相互帮助而使功业完成，他们所能成就的事业哪里仅仅是如此呢？所以摧毁打击人才这种事，虽然有些人物没有受到摧毁打击，但最终也要被这种风气所摧毁和打击，所造成的危害就会绵延上百年而不停息。所以说邪臣的恶行，没有比摧毁打击人才更大的了。

【正文】

宋自王安石倡“舜殛四凶”之说以动神宗，及执大政，广设祠禄[①]，用排异己，其党因之搏击无已。迄于蔡京秉国，勒石题名，锢及子孙，而天下之士，有可用者，无不入于罪罟。延及靖康，女直长驱以入，二帝就俘，呼号出郭。而宋齐愈、洪刍之流[②]，非无才慧，亦有时名，或谈笑而书逆臣之名，或挟虏以乱宫嫔之列。于是时也，虽有愤耻自强之主，亦无如此痿痹不仁者之充塞何矣！高宗越在江表，士气未复，秦桧复起而重摧之，赵、张、胡、李几不保其死，群情震慑，靡所适从，奸慝相沿，取天下之士气抑之割之者且将百年矣。士生而闻其声，长而见其形，泛泛者如彼以相摇荡也，岌岌者如此以相惊叹也，则求其扩心振气以复出而规天下于方寸，庸讵能乎？

【注释】

① 祠禄：宋代大臣罢职后，让他管理道教宫观，没有实际事务，只是仍然让他有一个官职，食用朝廷的俸禄，称为“祠禄”。

② 宋齐愈（？—1127）：徽宗宣和间为太学官，靖康初，为右谏议大夫。靖康二年（1127），金兵准备立异姓为帝，让大臣商议此事。宋齐愈正好从金营返回，在纸上写“张邦昌”三字。宋高宗继位后，处罚当时叛逆和依附伪帝者，逮捕宋齐愈，处死。

【译文】

宋朝自从王安石提倡“舜诛杀四凶”的说法来打动神宗之后，到他掌握了大权，广泛设立宫观食俸的职位，用来排斥异己，他的党徒趁机对正人君子打击不止。后来到蔡京掌握大权的时候，在石碑上刻下大臣的姓名，禁锢他们的子孙，而天下的士人，有可以进用的人才，全都打入了罪网。延续到靖康年间，女真长驱直入，徽、钦二帝被俘，呼号着出了城郭。而宋齐愈、洪刍之流，不是没有才能，在当时也有名气，有的就在谈笑中书写出将被金人立为皇帝的叛逆之臣的姓名，有的就仗着金人的兵势掳掠宋皇室的宫女、妃嫔。在这个时候，即使有感到愤怒、耻辱而想自强的君主，也拿如此萎靡懦弱、毫无仁义的人没办法了！高宗颠簸来到江南，士气还没有恢复，秦桧又受到重用而对人才施以沉重的打击，赵鼎、张浚、胡铨、李光几乎不能保住性命，人们的心情受到震惊，无所适从，奸邪相互沿袭，对天下的士人气节加以压抑打击，持续了将近一百年。士人生下来就听说了这种情况，长大之后又目睹了这种事情，泛泛之辈就像宋齐愈那种人一样受到这种风气的影响，对这种状态感到危险而痛心的人就会相互惊叹，那么要想求得他们能够扩大心胸、振兴气节而以远远超出众人的才能、德行在心中规划天下的大事，哪里又能做到呢？

【正文】

故孝宗立，奋志有为，而四顾以求人，远邪佞，隆恩礼，慎选而笃信之，乃其所得者，大概可睹矣。陈康伯、叶颙、陈俊卿、虞允文①，皆不可谓非一时之选也。内不失身，上不误国，兴可兴之利而民亦不伤，辨可辨之奸而主亦不惑。会君之不迷，幸敌之不竞，而国以小康。至若周必大、王十朋、范成大、杨万里之流②，亦铮铮表见，则抑文雅雍容，足以缘饰治平而止。絜之往代，其于王茂弘、谢安石、李长源、陆敬舆匡济之弘才，固莫窥其津涘。即以视郗鉴之方严③，谢弘微之雅量④，崔祐甫之清执，杜黄裳之通识⑤，亦未可与相项背也。下此，则叶适、辛弃疾之以才自命⑥，有虚愿而无定情，愈不足言矣。

【注释】

① 叶颙（1100—1167）：绍兴二年（1132）进士。高宗召见，论国仇未复，中原民众希望皇帝返回，其语剀切，升吏部侍郎，迁尚书左仆射兼枢密使。推荐汪应辰、王十朋等人。陈俊卿（1113—1186）：兴化（今福建莆田）人。绍兴八年（1138）进士，先后为泉州观察推官、校书郎、著作佐郎、尚书右仆射、同中书门下平章事兼枢密使。俊卿在朝正色立言，无所顾避。

② 周必大（1126—1204）：庐陵（今江西吉安）人。绍兴二十一年（1151）进士，后为左迪功郎、徽州司户参军、建康府教授、吏部尚书、参知政事、枢密使。为人正直，曾被韩侂胄弹劾为“伪学罪首”。王十朋（1112—1171）：乐清（今浙江乐清）人。绍兴二十七年（1157）进士，后为承事郎兼建王府教授、知饶州等，正直敢言，不避权贵，人称“真御史”。范成大（1126—1193）：平江吴郡（今江苏苏州市吴中区）人。绍兴二十四年（1154）进士，后为户曹、知处州，出使金国，慷慨抗节，不畏强暴，后任参知政事，与孝宗意见不合，在职仅两月。后隐居石湖，号石湖居士。杨万里（1127—1206）：江西吉州人（今江西吉水）。绍兴二十四年进士，后为赣州司户、国子博士、太常丞、枢密院检详官兼太子侍读、秘书少监，后辞归，不再出仕。

③ 郗（xī）鉴（269—339）：高平金乡（今山东金乡）人。晋明帝初，拜安西将军，迁车骑将军，都督徐、兖、青三州军事。明帝死，与王导等人受遗诏辅少主。祖约、苏峻之乱，郗鉴勤王，平乱后进为太尉。

④ 谢弘微（392—434）：陈郡阳夏（今河南周口）人。弘微口不言人短长，后为东晋员外散骑、琅邪王大司马参军。南朝宋文帝即位，为黄门侍郎、尚书吏部郎，参与机密。每有献替及论时事，必手书焚草，人莫之知。

⑤ 杜黄裳（738—808）：京兆万年（今陕西西安）人。唐肃宗宝应年间（762—763）进士。初在郭子仪部下，后为太常卿。唐宪宗元和二年（807），任同中书门下平章事，力主削藩，后任河中、晋、绛等州节度使。宪宗时号称唐之中兴，自杜黄裳启之。

⑥ 叶适（1150—1223）：祖籍浙江龙泉，后迁浙江瑞安。淳熙五年（1178）进士，在孝宗、光宗、宁宗三朝任职，官至吏部侍郎兼直学士院。力主抗金，反对和议。后因依附韩侂胄被弹劾夺职。辛弃疾（1140—1207）：历城（今山东济南）人。早年参加抗金义军，后任湖北、江西等地安抚使，淳熙八年（1181），因受弹劾而免职。宁宗嘉泰三年（1203），韩侂胄起用辛弃疾为绍兴知府兼浙东安抚使。他一生力主抗金，恢复中原，曾上《美芹十论》等，条陈战守之策。

【译文】

所以孝宗继位以后，奋发立志想有一番作为，但他环顾四周来寻求人才，远离邪佞之人，对人才抬高恩遇礼节，谨慎选拔而笃实信任他们，那么他所得到什么样的人才，大致就可以看到了。如陈康伯、叶颙、陈俊卿、虞允文，都不能说不是一个时期之内的杰出人选。他们对内不丧失自身的人格，对上不误国家的大事，兴办可以兴办的有利之事而民众也不受伤害，分辨可以分辨的奸恶而君主也不感到迷惑。正好这时君主不是昏惑之人，幸亏这时敌人也不再强大，而国家因此呈现小康的局面。至于像周必大、王十朋、范成大、杨万里一类人，也有骨气铮铮的表现，或者也是文雅雍容的人才，足以整饰制度而使国家得到治理和平安。与往代相比，他们对于王导、谢安、李泌、陆挚的匡济天下的宏大才能，本来就没有一个人能够窥知人家的界限。就是来看郗鉴的方正严厉、谢弘微的高雅度量、崔祐甫的清廉执守、杜黄裳的通达见识，也是不能望他们的项背的。比他们还低下的，就是叶适、辛弃疾，以才能自命，有空虚的愿望而没有稳定的心情，就更不值得论说了。

【正文】

推而上之，朱元晦、张敬夫、刘共父三君子者[①]，岂非旷代不易见之大贤哉？乃惩奸邪之已淫，故崖宇必崇，而器使之途或隘；鉴风波之无定，故洁身念切，而任重之志不坚。正报仇复宇之名，持固本自强之道，亦规恢之所及，而言论之徒长，其洗心藏密之神武，若有不敢轻试者焉。呜呼！能不为乱世所荧，而独立不闷；然且终为乱世之余风所窘，而体道未弘。德之孤，宋之积渐以乱德者孤之也。不得不孤，而终不能不自孤其德，则天下更奚望焉？即使孝宗三熏三沐[②]，进三君子于百僚之上，亦不敢必其定命之讦谟，廓清九有也。藉其摧抑之不深也，则岂但三君子之足任大猷哉？凡当日之能奉身事主而寡过者，皆已豫求尊俎折冲之大用[③]，以蕲免斯民于左衽。惟染以熏心之厉，因其愒玩之谋[④]，日削月衰，坐待万古之中原沦于异族。追厥祸本，王安石妒才自用之恶，均于率兽食人[⑤]；非但变法乱纪，虐当世之生民已也。

【注释】

① 张敬夫：即张栻（1133—1180），字敬夫，汉州绵竹（今四川绵竹）人，张浚之子，曾在浚幕府参与机谋庶政，后任吏部侍郎、湖北路安抚使等。主张抗金，收复中原。

② 三熏三沐：多次沐浴并用香料涂身，是古代对人极为尊重的一种礼遇。又作“三衅三浴”，此处形容孝宗对朱熹等人极为敬重和礼遇。

③ 尊俎折冲：《晏子春秋·杂上》中记载，仲尼曰：“善哉！不出尊俎之间，而折冲于千里之外。”指高明的人才能在宴席谈判中制胜对方。这里指在朝廷上就为国家出谋划策而把国家大事办妥。

④ 愒玩之谋：指赵普“杯酒释兵权”以及王安石设置祠禄的办法让文武大臣心甘情愿放弃权力而休闲玩乐，王夫之认为是宋朝不相信文武大臣而采取的谋略。

⑤ 率兽食人：《孟子·梁惠王上》：“庖有肥肉，厩有肥马，民有饥色，野有饿莩，此率兽而食人也。”指统治者只顾自己享乐，不关心百姓疾苦，后以“率兽食人”比喻虐政害民。

【译文】

再往上推论，朱熹、张栻、刘珙三个君子，难道不是旷代不易看到的大贤吗？可是他们因为奸邪之人已经得势而接受了教训，所以要求个人的德行一定要做到清高，而应用于实际事务的途径却比较狭隘了；他们又鉴于风波变化的不定，所以注意使自身高洁的念头就非常迫切，而承担重任的志向就不够坚定。确定为国家报仇而恢复疆域的名义，坚持当时本来就有的自强之道，也在宏大的规划上有所涉及，但只是长于言论，他们洗除杂念密谋大事的神武气度，也是不敢轻加尝试的样子。呜呼！能不受乱世的影响，而独立坚持君子德行而不感到郁闷，但是最终也受乱世余风的困窘，在体察大道上还不够宏大。坚守君子美德而孤立，是宋朝逐渐积累形成的毁坏君子德行的风气使他们孤立的。不能不孤立，而最终不能不在德行上自我孤立，那么天下还有什么期望呢？即使孝宗对三位君子贤人用极为尊重的礼节来对待，对三位君子加以进用而让他们处于百官之上，也不敢说他们必定能够拿出确定天命的宏大谋略，从而扫清整个天下的战乱。假使宋朝对人才摧毁压抑不是太深，那么哪里只有三位君子足以担任国家的大事呢？凡是当时能够献身为君主做事而很少有过失的人，都已经事先就可期待他们在朝廷中为国家处理国内外的各种复杂事务，而求得百姓免受异族的统治。只是受到利欲熏心的恶劣影响，借着让文武大臣放弃权力而休憩玩乐的谋略，经过了很多的年月之后，就让宋朝的人才受到削弱而变得衰败，坐等着传承了万年的中原沦丧到异族手中。追溯这一结局的根本原因，王安石妒忌人才而只让自己得到重用的恶行，就与孟子所说的带着野兽吃人是一样的，这一恶行又不仅仅是破坏了宋朝的法纪制度，而让当时的百姓受到虐害而已。

【正文】

《诗》曰：“周王寿考，遐不作人。”如鸢之戾于天也，鱼之跃于渊也，各自得也。寿考作人，延及遐远。故周之衰也，鲁、卫多君子之器，齐有天下之才，乃以维中夏，攘四夷，延文、武之泽于不坠。世胄之子，不染患失之风；崛起之英，不抱孤危之恤。沉潜而能刚克①，不荏苒以忘忧；强毅而能弘通，不孤清以违众。言可昌，而不表暴于外以泄其藏；节可亢，而不过于绝物以废其用；后世可无传书，天地且从其志气。作人者之用大矣！不知出此，而持申、商之法，以解散天下之心而挫其气。嚣然曰“天下无才也”，然后天下果不能有才也。斯可为痛哭者也！

【注释】

① 沉潜而能刚克：《尚书·洪范》：“沉潜刚克，高明柔克。”沉潜指为人深沉不露，智慧深沉。刚克指以刚强见胜。形容人才的深沉不露，而又蕴含刚强的性格。

【译文】

《诗经》中说："周文王长寿年考，从长计议培养人才。"如同《诗经》说的"鸢鸟上飞直到天，鱼儿跳跃在深渊"一样，使人才各自的才能得到发挥。天子长寿而注意培养人才，这种做法坚持下来就影响长远，所以到周朝衰落的时候，鲁国、卫国还多有君子人才，齐国有治理天下的人才，才能维系华夏的文化，攘平四方的夷人，延续文王、武王的恩泽而不坠失。贵族世袭的子孙，不受患得患失风气的影响；从民间崛起的英雄，也没有孤立无援而危险的担忧。有的人才具有性格深沉稳健而又刚强的特点，不会虚度日月而忘记国家的忧患；有的人才则是刚强坚毅而能宏大博通，不孤独清高而与众人产生隔阂矛盾。言论可以明确地提出，但又不是在外表上暴露出来而泄漏了自己内心的远大谋略；气节可以高昂不屈，但又不过分与众人隔绝而废坏了自己才能的应用，后世可以没有传留下来的著作，但天地将会顺从于他的志气。培养人才的用处真是太大了！不知道采取这种做法，而使用申不害、商鞅的办法，用来离散了天下众人的忠心而挫伤了他们的志气，为此还吵吵嚷嚷地说"天下没有人才"，这样之后天下就真的不能有人才了。这是可以为他们痛哭的事情啊！

【评析】

国家对于人才的打击，往往始于某个政治人物想有一番作为之时，对反对自己的人进行打击与排斥。这样的政治人物往往会得到君主的信任，给他很大的权力，让他能利用手中的权力来推行自己的意志，把反对者排挤出治国理政的行列。所以，明智的君主不能让一个或几个人掌握太大的权力，而应多用人才，由此形成互相监督与多种意见并存而互相促进的态势，这样可以防止少数人用权力实行专横的圈子。为此，认真读一下王夫之的这篇评论，是有好处的。

论光宗

【题解】

宋光宗赵惇（1147—1200），南宋第三位皇帝，1190年至1194年在位，与父亲关系不好，一直多病，被妒妇李皇后控制，于是心情郁闷，不思朝政。赵汝愚与韩侂胄经太皇太后允许，逼光宗退位，让位给太子赵扩（宁宗）。

王夫之的评论有三条，一是关于孝宗急忙传位其子的问题，一是朱子请行经界法的问题，一是留正请建皇太子的问题。其中最值得关注的是朱子请行经界法的问题。

王夫之在这个问题上提出一条非常有价值的认识："有非思与学之所能得者，则治地之政是已。"孔子提倡既要思又要学，二者并重，但在土地问题上，却是凭借思和学都无法真正找出妥当的答案。王夫之这一思路，对于认识历史问题，确有启示意义。

朱子在做潭州知州时要求实行经界法，得到光宗的同意，下诏在天下推行经界法。虽然作为一种制度，在纸上的规定已很"均平详审"，但最终不能实行，这是什么原因？后来贾似道也偷窃这一制度，加以实行，实际上造成了"病民"的结果，而宋朝也加速走向灭亡。王夫之说这就是"言之善者，非行之善"，许多制度可能都存在这种情况，即说起来很好，可是一旦执行起来就会很坏。这样的问题，只靠思考和学习是无法解决的。

所以王夫之说：天下的道理，可以通过思考而知道。如果思考了还不能明白，就可以通过学习而加以了解。但如何治理土地，就是光靠思考和学习而无法解决的。光靠思考，会使人认为已经思考成熟周密，而产生自信，但是一旦执行起来，"其不尽然者必多"，可知光靠思考，根本不可能把所有情况都事先考虑到，而且现实之中许多具体情况，也是无法只靠思考就能想象得到的。如果只靠学，则偏重于了解和知道前人的说法以及他们的实践总结等，但前人所面对的情况与现实又不会一样，所以只靠了解前人的说法和经验，仍然不能解决现实中的具体问题。可知只靠学仍然不行。

之所以这样，是因为思考和学习所能知道和掌握的，只能是道理，而现实中的事物，则是无法靠思和学能全部掌握了的。事物的实际情况，是“皆有类焉，类之中又有类焉，博而极之，尽巧历之终身而不能悉举”。理凭借的是概念和名义，它们是对事物的抽象，因此也就忽视了事物的许多具体情况，所以思与学不能解决现实中的全部问题。

至于经界法，是想解决百姓土地平均而且不被兼并的问题。如果只从经界的角度考虑，无论国家有怎样的规定和政策制度，也不能保证现实中的民田经界永远不发生变化。百姓生活中总有各种原因造成他们之中有些人要出卖土地，有些人要购买土地，不解决这些问题，只用法令制度限制人们买卖土地，那是无济于事的。引申而言，凡是涉及百姓财产和生活的问题，只靠一种法令制度，都是无济于事的。而且也不能设想存在一种理想状态，即百姓的生产与财产的变化，永远是最初分发田地时的状况，随着时间的推移，百姓之中就会出现许多意想不到的状况，而使他们的财产与生产无法保持最初的状况。引起这种变化的因素太多，谁都无法一一设想清楚，而用一套法令制度加以规定。所以类似土地制度和政策这样的问题，任何时代都不可能有一个一劳永逸的法令和制度加以解决。这就是王夫之所说的“非思与学之所能得者”，而且从历史上看，这种事情还不仅仅是土地的问题，还有不少问题也是只靠思与学所不能掌握的。

但不是所有的朝廷和官员都明白这个道理，他们“言之娓娓，行之汲汲，执之愈坚，所伤愈大”，而且还认为自己制定的法令、制度是为了爱民，“以是为仁，其蔽也愚，而害且无穷”，而这才是更可怕的。王夫之主张“善治地者，因其地而治之。一乡之善政，不可以行之一邑。一邑之善政，不可以行之一州。一州之善政，不可以行之四海”。但朝廷不可能为一乡一邑一州的具体情况来考虑法令和制度，而各乡、邑、州的官吏们更不能出于公心来根据本乡本邑、本州的情况来执政，于是这就形成一个永远的难题，不知道哪个朝廷及其大臣能彻底解决好这个问题。

论宁宗

【题解】

宋宁宗赵扩（1168—1224），绍熙五年（1194），宋光宗被逼退位，赵扩继位为宁宗，1194年至1224年在位。在位期间以赵汝愚为相，不久罢免，专信韩侂胄，使他专权14年。开禧二年（1206），听从韩侂胄的请求，下诏攻金，结果战败。嘉定元年（1208）与金议和，签订“嘉定和议”，比孝宗的和约更为屈辱。因为签约，杀了韩侂胄，此后杨后与史弥远操纵朝政多年。

王夫之评论了几个问题，一是关于赵汝愚对韩侂胄的扶立，宁宗不实行奖赏，最终导致韩侂胄成为又一个专擅大权的奸臣；二是关于韩侂胄实行“道学”“伪学”之禁，对正人君子形成很大打击，而其源头来自苏轼兄弟；三是朱子关于祧庙的议论，与汉代儒家学者的意见不同；四是南渡后关于和战的言论之争，毫无意义，反而不利于救国；五是对史弥远与秦桧、韩侂胄、贾似道进行了比较，并涉及《春秋》经学中的原心定罪的问题。

宋代的朋党之争，王夫之认为都是“小人蛊君以害善类”，可以用朋党作为借口，而到宋朝末年，就改了罪名，称为“道学”。但道学作为罪名还不太有力，于是又改称为“伪学”。“以道学为名而杀士”，是由韩侂胄完成的。但其起源则在于高宗时期，那时已有主张禁程氏之学，孝宗时也有人主张禁止程氏之学，之后就到了韩侂胄，终于实现了对道学的排斥打击，“乃加以削夺窜殛之法”，王夫之说这是“数十年蕴隆必泄之毒”，并不是到韩侂胄时“突起而遽能然”的。王夫之认为以这种罪名打击学者及大臣，是非常坏的事情，而且影响到明代，如张居正“踵其戾气，奄党袭其炎威”，都是一种手法。对于这样的罪名，能看出它的“蛊惑天下而售其恶”，必须是“强辨有力”的人才能做到。

王夫之又考察了形成这样一种思路的来由，认为“揆厥所繇，而苏轼兄弟之恶，恶于向魋久矣”，表达了他对苏轼兄弟的厌恶。他认为苏轼兄弟之学不是君子之学，自其父苏洵开始，其学术之路径就不正当，“弋韩愈之章程，即曰吾韩愈也；窃孟子之枝叶，即曰吾孟子也”。之后苏轼兄弟“益之以氾记之博，饰之以巧慧之才，浮游于六艺，沉湎于异端”，“引秦观、李廌无行之少年为之羽翼，杂浮屠黄冠近似之卮言为之谈助，左妖童，右游妓，猖狂于花月之下”，“以性命之影迹，治道之偏端，文其耽酒嗜色、佚游宴乐之私”，公然说：“此君子之直道而行者也。彼言法言、服法服、行法行者，皆伪也。”“伪”之名就由此而生。之后就有“苟简卑陋之士，以为是释我之缚而游于浩荡之宇”，并且“群起以攻君子如仇雠，斥道学如盗贼，无所惮而不为矣”。苏轼又“以进狭邪之狎客为入室之英，逞北里之淫词为传心之典”，说这就是“诚”，“非是则伪”。王夫之认为“眉山之学不熄，君子之道不伸，祸讫于人伦，败贻于家国，禁讲说，毁书院，不旋踵而中国沦亡”。

韩侂胄时设立了“伪学之禁”，其祸害是使“善类”在朝廷中为之一空，直接目的又是为了打击留正、赵汝愚两位宰相以及朱熹。留正和赵汝愚在位，不利于韩侂胄专擅大权，故打击二人是必然的事。而对于朱熹，王夫之则认为韩侂胄对朱熹的怨恨，起因于在孝宗陵墓选址以及孝宗祔于祖庙等问题的争议中，朱熹与他意见相左，而且把事情说得非常严重，让韩侂胄无法容忍。王夫之说：“殡宫一议，足以倾动宫府，置诸不赦之罪。”北宋时王旦就用这种罪名惩治丁谓，把他流放直到死亡。所以朱熹说韩侂胄在这个问题上“不为宗社血食久远之计”，就使韩侂胄夺魄寒心，于是与朱熹不并立之势就形成了，最终把朱熹定为“伪学魁首”。

但朱熹之所以能被韩侂胄定下“伪学”之名，在王夫之看来，也有他自身的原因。即朱熹的学生蔡元定从他父亲蔡神与那里学了葬师之学，即俗称的风水先生之业，这与殡宫问题联系起来，就让韩侂胄等人找到了借口。即朱熹在殡宫争议时，“请广询术人以求吉地”，他想询问的人就是蔡元定。而且朱熹与蔡元定以师友相称，共同治学四十多年，关系太深，所以也因蔡元定之故，而让朱熹背上了“伪学”之名。而朱熹只是罢了官，而蔡元定则受到重罚，流放道州，并死在那里。王夫之认为蔡元定受到这样的重罚，是“有以取之”的，“而朱子于此，亦不能无惑矣”，说明他对学术的分辨也存在着问题。

王夫之为此感叹说：“学君子之学，使小人得加以恶名而不能辞。”这就要在自身找原因。而且“处乱世末流，欲立于无过之地，履坦道以守贞”，就不能“亵其身心以殉游食者之言，而自罹于咎”。那些为陵墓看风水的人，就是所谓的游食者，与他们有来往，也就不能不让小人找到借口而使君子罹于祸咎了。

王夫之为此又分析了道与术的区别。在对寇准的评论中，王夫之曾分析过学与术的关系，这里又论道与术，认为二者之间“其大辨严矣”，作为一个君子学者，对此应有清醒的认识。所谓的道，是得失之衡，而术是祸福之测。与之相关的是理与数，即道与理为一，术与数为一。理是道之所守，数是术之所窥。周易根据数来穷理，而把得失看得清楚。像风水这样的小术，则依托理来起数，却并不能看清祸福的变化。能把得失看得清楚的人，就是懂得道义的君子；而对祸福看不清楚的人，就是只知利的小人。这就是道与术的根本区别。对于葬这件事，只要知道一个基本道理就足够了，这就是“仁人孝子不忍暴其亲之形体而藏之”，而只知道利的小人，却想以此为借口，侈谈什么子孙后世的吉凶祸福，这就是只知术而不知道的表现。所以，朱熹作为一个儒家学者，根本不应该相信什么风水之术，不应该让蔡元定参与这种事，尤其是在皇帝的殡宫问题上。王夫之也为蔡元定可惜，说他如果专心研究儒家学术，不跟父亲学风水之术，就会成为一个合格的儒家学者，可是他“其志乱，其学淫，卒以危其身于桎梏”，而朱熹在这个问题上也“不能无惑”，这就使韩侂胄打击正人君子有了借口，所以王夫之说：“为君子者，不以一眚丧其大德，可弗慎哉！可弗慎哉！”

南宋后期，人们总在争论是战是和的问题，王夫之认为这种停留在言辞上的争论没有意义。因为人们争论来争论去，已把最初的目的改变了，即从探讨国家大政的路线，变成了双方期于在争论中求胜。所以这样的争论对于国家的安危盛衰毫无意义。而且双方的主张，也不是绝对有是有非的，也就是说，很难确定哪种主张可以成为定论。

在高宗时，言战者以雪仇复宇为大义，在宁宗的时候，言和守者以固本保邦为本计。那么这两种主张究竟谁是正确的呢？谁能成为定论呢？由于时势在变化，也就没有一个定论了。在高宗时驳倒秦桧的讲和主张，而让人们率兵出战，就能保证“雪仇复宇”吗？在宁宗的时候，驳斥韩侂胄主战的主张，而让主和主守的人主持国政，“其果能固本保邦”了吗？

如果只从言论上来争，拿秦桧的主和之说，“则可以胜侂胄矣”，秦桧“未尝不以固本保邦求当于君”。拿韩侂胄的主战之说，“则可以胜桧矣”“侂胄未尝不以雪仇复宇昌言于众”。可见这样的争论没有意义，无论哪一派，“持之皆有故，号之皆有名”，但从实际情况上看，“则皆义之所不许，名之所不称”。

所以王夫之对于这样的争论，非常反感。他说：自宋仁宗以后，宋人在争论中求胜的习气就越来越重，而且为了在争论中取胜，而不顾实际情况以及对于国家命运的影响。君子应该“知为之难而言之必讱”，应该“熟虑之于退思，进断之于密勿”，“有弗言也，言之斯可行之”，能把所说的主张加以实行，才是有意义的。

论南宋的朋党之害

【题解】

朋党的出现，就是由于小人进入权力中心，大力排挤意见不同的人，并用朋党的罪名打击不附己的人。如果有人用朋党之名指责别人，就一定要看看这种借用朋党之名的人，是不是小人，他们要干什么，他们要打击什么人。君主稍微读一下历史，就会有这样的见识，这不是什么高深的学问。如果小人的朋党之计大行其道，而君主不能察觉，就只能证明这样的君主是一个昏君。

【正文】

小人蛊君以害善类，所患无辞，而为之名曰“朋党”，则以钳网天下而有余。汉、唐以降，人亡邦瘁，皆此之繇也。而宋之季世，则尤有异焉，更名之曰“道学”。道学者，非恶声也。揭以为名，不足以为罪。乃知其不类之甚，而又为之名曰“伪学”。言“伪”者，非其本心也。其同类之相语以相诮者，固曰“道学”，不言“伪”也。以“道学”为名而杀士，刘德秀、京镗、何澹、胡纮等成之[①]，韩侂胄尸之，而实不自此始也。高宗之世，已有请禁程氏学者。迨及孝宗，谢廓然以程氏与王安石并论[②]，请禁以其说取士。自是而后，浸淫以及于侂胄，乃加以削夺窜殛之法。盖数十年蕴隆必泄之毒，非德秀等突起而遽能然也。

【注释】

① 刘德秀（1134—1207）：宋孝宗隆兴元年（1163）进士，任左迪功郎、知长沙县、监察御史、右谏议大夫、工部尚书、兵部尚书、吏部尚书

等，韩侂胄主政期间，以“伪学”之名打击士人，刘德秀充当帮手。京镗（1138—1200）：豫章（今江西南昌）人。高宗绍兴二十七年（1157）进士，任瑞昌知县、监察御史、刑部尚书、签书枢密院事、参知政事、知枢密院事，与韩侂胄共执国政，以“伪学”之名打击士人。何澹：生卒年不详，处州龙泉（今浙江龙泉）人。孝宗乾道二年（1166）进士，官国子祭酒、兵部侍郎、右谏议大夫兼侍讲、御史中丞等。宁宗时，何澹任御史中丞，怨恨赵汝愚不引拔自己，以“伪学”之名诬陷赵汝愚，又提出“伪学”之名，后任同知枢密院事、参知政事、知枢密院。何澹阿附权奸，主伪党之禁，贤士为之一空。胡纮（1139—1204）：处州遂昌（今浙江遂昌）人。孝宗隆兴元年进士，追随韩侂胄而得进升，任监察御史、吏部侍郎等，打击朱熹、赵汝愚等人，让胡纮任监察御史，罗织罪名，弹劾赵汝愚，将朱熹列为“伪学”罪首，使汝愚贬谪永州。韩侂胄对知名之士不可一一诬罪，于是设“伪学”之目加以摈斥，胡纮、何澹、刘德秀等秉承意旨，专门攻击“伪学”。胡纮又让沈继祖专门攻击程颐、朱熹，都由胡纮起草疏稿。

② 谢廓然：生卒年不详，临海（今浙江临海）人，以父荫补官，孝宗淳熙四年（1177）赐进士出身，任刑部尚书、除签书枢密院事、权参知政事、同知枢密院事、权参知政事。

【译文】

小人蛊惑君主来残害善人君子，所担心的就是没有理由，就为其加了一个名称叫作“朋党”，于是就把整个天下加以钳制而有余了。汉、唐以后，随着人才去世国家也就衰败了，都是由此而导致的。而宋代的末年，就更有不同的地方，而称之为“道学”。所谓的“道学”，不是丑恶的名声。提出来作为一个名称，不足以作为罪名。就知道这个名称是非常不伦不类的，而又称之为“伪学”。称为“伪”，不是他的真心。他的同类之中相互谈话来相互攻击的，本来就称为“道学”，而不称为“伪”。用“道学”作为名义而杀害士人，由刘德秀、京镗、何澹、胡纮等人来完成，而韩侂胄主掌此事，但实际上不是由他们这些人开始的。在宋高宗的时候，已有请求禁止程氏之学的人。等到了孝宗，谢廓然把程氏与王安石放在一起来看待，请求在科举中禁止他们的学说。自此以后，逐渐发展到韩侂胄，就采用削职、夺官、流放、殛杀等刑罚。大致说来，数十年积聚而一定要发泄出来的流毒，不是刘德秀等人突然出现之后而很快就能做到的。

【正文】

夫人各有心，不相为谋。诸君子无伤于物，而举国之狂狺如此①。波流所届，乃至近世，江陵踵其戾气②，奄党③袭其炎威也，又如此。察其所以蛊惑天下而售其恶者，非强辨有力者莫能也，则为之倡者谁邪？揆厥所繇，而苏轼兄弟之恶④，恶于向魋久矣⑤。

【注释】

① 狺（yín）：狗叫声，比喻对人的攻击言论。

② 江陵：指明代的张居正。

③ 奄党：指明代以魏忠贤为首的宦官集团。

④ 苏轼兄弟：指苏轼、苏辙。苏轼（1037—1101），今四川眉山人。嘉祐六年（1061）应中制科考试，入第三等，授大理评事。王安石变法，他表示反对。调杭州通判。元丰二年（1079），作诗讽刺新法，被捕入狱，史称“乌台诗案”。后为黄州团练副使。哲宗即位，知登州、中书舍人、知礼部贡举。对旧党进行抨击，到杭州任太守。哲宗亲政后，新党执政，他被贬到惠阳、海南。后年老去世。苏辙（1039—1112），嘉祐二年（1057）登进士科。神宗时，反对王安石变法。哲宗时，为秘书省校书郎、御史中丞、尚书右丞等，后出知汝州。徽宗时，徙永州、岳州、许州。

⑤ 魋（tuí）：败坏、恶劣。

【译文】

作为人来说各有自己的心思，不相互进行谋划。被称为“道学”的各位君子对事物没有伤害，但全国的人却这样疯狂地攻击他们。影响所致，直到近年，张居正继承了这种狠戾之气，魏忠贤之流的宦官集团承袭了那种如火焰一般的威势，于是在明代也形成了打击正直士大夫的情况。观察这种做法之所以蛊惑了天下之人而使其奸恶得逞的原因，只有那种有力之人强行辩称才能做到。那么是谁提出这种罪名的呢？考察它的源头，就可以看到苏轼兄弟的邪恶，向着恶劣败坏发展已经很久了。

【正文】

君子之学，其为道也，律己虽严，不无利用安身之益；莅物虽正，自有和平温厚之休。小人之倾妒，亦但求异于国事之从违，而无与于退居之诵说。亦何至标以为名，惑君臣朝野而共相排摈哉？盖君子之以正人心、端风尚，有所必不为者。淫声冶色之必远也，苞苴贿赂之必拒也[①]，剧饮狂歌之必绝也，诙谐调笑之必不屑也，六博投琼、流连昼夜之必不容也[②]，缁黄[③]游客、嬉谈面谀之必不受也。凡此者，皆不肖者所耽，而求以自恣者也。徒以一厕士流，而名义相束，君子又从而饬之，苟逾其闲，则进不能获令誉于当官，退抑不能以先生长者自居于士类。狂心思逞，不敢自遂，引领而望曰：谁能解我之桎梏，以两得于显名厚实之通轨哉？而轼兄弟乘此以兴矣。

【注释】

① 苞苴（jū）：指馈赠、贿赂。

② 六博：古代掷采下棋的一种赌博。投琼：掷骰子。

③ 缁黄：指僧人和道士。僧人穿缁服，道士戴黄冠，故以“缁黄”代指僧人和道士。

【译文】

君子的学术，作为它的方法，律己虽然很严，但是会有利于安身的地方；对待外物虽然很正直，又自然会有和平温厚的美德。小人对君子的攻击和妒忌，也只是在关于国家大事的分歧上寻找不同之处，而不会涉及从公事退下后日常生活中的治学情况。又何至于对君子及其学术用一个专门的名称，来蛊惑君主、大臣和朝野的大众而一起来排斥打击君子呢？这是因为君子用他们的学说来正人心、正风气，有些事是必定不会去做的。荒淫的音乐和美冶的女色是必定要远离的，贿赂、贪污是必定要拒绝的，过量饮酒、疯狂歌乐是必定要断绝的，诙谐玩笑是必定不屑于去做的，赌博掷骰子、日夜流连沉迷是必定不能容忍的，佛僧、道士以及闲游之客、嬉笑谈说当面奉承是必定不会接受的。凡是这些事情，都是不肖之人所爱好和迷恋，而去追求让自己放纵的。这种人只是一旦身列士人行列，就受到名义的约束，君子又从而对他们加以戒饬，如果越过了界线，就会向前进而不能在所任的官职上获得美好名誉，向后退又不能作为先生、长者成为士人之中的一员。狂妄的心思想让它得逞，但是不敢让自己遂心如愿，伸长脖子而盼望着说：谁能解脱我的这些桎梏，以使我在显耀的名声和丰厚的实利两者之间得到一条贯通的道路啊？而苏轼兄弟就顺着人们的这种心愿而兴起了。

【正文】

自其父洵以小有才而游丹铅之垒[①]，弋韩愈之章程，即曰吾韩愈也；窃孟子之枝叶，即曰吾孟子也。轼兄弟益之以泛记之博，饰之以巧慧之才，浮游于六艺[②]，沉湎于异端，倡为之说曰：“率吾性，即道也；任吾情，即性也。”引秦观、李廌无行之少年为之羽翼，杂浮屠黄冠近似之卮言为之谈助[③]；左妖童，右游妓，猖狂于花月之下。而测大《易》之旨，掠《论语》之肤，以性命之影迹，治道之偏端，文其耽酒嗜色、佚游宴乐之私。轩然曰：“此君子之直道而行者也。彼言法言、服法服、行法行者，皆伪也。”“伪”之名自此而生矣。于是苟简卑陋之士，以为是释我之缚而游于浩荡之宇者。欲以之遂，而理即以之得；利以之享，而名即以之成；唯人之意欲，而出可为贤臣，处可为师儒，人皆仲尼，而世皆乐利。则褰裳以从，若将不及，一呼百集，群起以攻君子如仇雠，斥道学如盗贼，无所惮而不为矣。

【注释】

① 洵：苏洵（1009—1066），嘉祐年间，与二子轼、辙同到京师。欧阳修献上他的《权书》《衡论》等文章，一时受人传诵。丹铅之垒：指点勘书籍用的朱砂和铅粉，这里指在书籍中游观泛览。

② 六艺：古代儒家要求学生掌握的六种基本才能，即礼、乐、射、御、书、数。或说“六艺”即“六经”，指《易》《书》《诗》《礼》《乐》《春秋》。

③ 浮屠：指佛教人士。黄冠：道士之冠，借指道士。卮（zhī）言：卮又作“巵”，卮言本指随意之言，又指支离破碎之言。出自《庄子·寓言》篇：“卮言日出，和以天倪。”卮，支也。支离其言，称为卮言。日出：天天出现。这里是指随意而不经深思熟虑的言论，支离破碎，没有系统。

【译文】

自从苏轼的父亲苏洵因为小有才能而在书籍中游览，他就弋取了韩愈作文章的方法，说“我就是韩愈”；偷窃了孟子学说中的一些枝叶，就说“我就是孟子”。苏轼兄弟又有能够广泛记诵的博学，用巧慧的才能进行修饰，在六艺之中游心治学，又对正统儒学之外的异端之学非常爱好，提出一种说法：“顺着我的性情，这就是道；放任我的情意，这就是性。”又引着秦观、李廌等没有良好行为的少年作为他的党羽，混杂了佛道中与儒家学说近似的话语作为高谈阔论的材料；左边是妖冶的童子，右边是游玩的歌妓，在花月之下猖狂地嬉乐。又论说《周易》的意旨，掠劫《论语》的言辞，用性命学说的影似痕迹、治国大道的偏颇义理，文饰他嗜好迷恋酒色、放纵宴游的私心。公然说：“这是君子的正直之道而付诸实行的。那些说着正统言论、穿着正统服装、做着正统行为的人，都是虚伪。”“伪”的名称就由此产生了。于是苟且浅薄、卑鄙粗陋的士人，以为这就是他们所盼望的那种解脱束缚自我的桎梏而让我游玩于浩荡的世界的人。他们的欲望因此得以达成，而道理就因此而得到了；利益因此而享受到了，而名声也因此而得以形成了；只要顺着人们的意愿和欲望，出仕就能成为贤臣，退处就可以成儒家老师，人人都成了仲尼，而世人都对此觉得快乐而有利。于是就拉起衣襟跟从着，好像赶不及一样，一人呼喊就有百人响应，群起而来攻击君子就像是仇人一样，斥责道学就像是盗贼一样，无所畏惧而什么事都敢做了。

【正文】

故谢廓然之倡之也，以程氏与安石并论，则其所推戴者可知矣。视伊川如安石者，轼也。廓然曰：“士当信道自守，以六经为学，以孔、孟为师。”夫轼亦窃六经而倚孔、孟为藏身之窟。乃以进狭邪之狎客为入室之英，逞北里之淫词为传心之典[①]，曰“此诚也，非是则伪也”。抑为钩距之深文[②]，谑浪之飞语，摇暗君以逞其戈矛，流滥之极，数百年而不息。轼兄弟之恶，夫岂在共、驩下哉[③]？姑不念其狐媚以诱天下后世之悦己者，乃至裁巾割肉，东坡巾，东坡肉，争庖人缝人之长，辱人贱行之至此极乎！眉山之学不熄[④]，君子之道不伸，祸讫于人伦，败贻于家国，禁讲说，毁书院，不旋踵而中国沦亡，人胥相食。呜呼！谁与卫道而除邪慝，火其书以救仅存之人纪者？不然，亦将安所届哉！

【注释】

① 北里之淫词：殷纣使师涓作新淫声，北里之舞，靡靡之乐。后指萎靡粗俗的音乐和歌词。传心之典：《尚书·虞书·大禹谟》中有“人心惟危，道心惟微，惟精惟一，允执厥中”，儒家以为这是舜传给禹的秘诀，是说人心危险难测，道心幽微难明，只有自己一心一意、精诚地秉承执行中正之道，才能治理好国家。

② 钩距：古代的一种兵器。《墨子·鲁问》中有“公输班作钩距”。作用是“退者钩之，进者拒之”。引申为对敌人进行钩杀和抵御。

③ 共、驩：指共工、驩兜，古史传说人物。尧为帝的时候，共工、驩兜、三苗、鲧并称“四凶”，都被流放。因此认为这是罪大恶极的人物。

④ 眉山之学：指四川眉山人苏洵和儿子苏轼、苏辙主张的学术。北宋中期，有王安石倡导的新学、“二程”倡导的洛学、“三苏”倡导的蜀学、司马光倡导的朔学等。王安石新学谈道德性命；“二程”主张天理就是性，要穷究性理之道；“三苏”之学以情为本，与新学、洛学不同。“三苏”又兼收释、老、纵横之学，喜欢言兵御将及心术、权术等，王夫之认为“三苏”之学杂而不纯，破坏了儒学的学风和思想。

【译文】

所以谢廓然对“三苏”之学的提倡，就拿“二程”与王安石来相提并论，那么他所推重的人就可以知道了。认为程伊川和王安石一样的人，就是苏轼。谢廓然说：“士人应当相信大道而自我遵守，以六经作为学问，以孔、孟作为老师。”那苏轼也盗窃六经而依靠孔、孟作为自己的藏身洞窟。于是就抬高狭隘奸邪的狎亵之客作为入室的英才，放纵地制作粗俗的淫荡歌词作为儒家的传心典要，说“这就是诚，不是这样的就是伪”。还创作了攻击和抵御对手的周密的文章，以及戏谑放浪的流言蜚语，动摇昏庸的君主来使自己的主张得逞，流传影响达到极点，经过了数百年还没有消失。苏轼兄弟的邪恶，难道在共工、驩兜之下吗？姑且不念他用狐媚的文笔引诱天下和后世的人们喜欢自己，而且裁布做成头巾、割肉制作菜肴，什么东坡巾、东坡肉，与厨师和缝纫匠争长短，侮辱人的低贱行为就到了极端地步啊！眉山之学不灭绝，君子之道就不能得到伸展，灾祸一直伤害到人伦，败亡留给了国家，禁止学者讲说学术，禁毁书院，不等转过身来中国就灭亡了，人就开始吃人了。呜呼！谁与我来保卫正道而消除邪恶，烧了他的书来救仅存的人间纲纪？不这样的话，又将会到什么地步呢！

【评析】

用朋党的罪名打击不附和自己的人，在古代政治中往往是一种有效的武器，但它是最坏的政治的开端。君主如果不喜欢有朋党出现，那也只能证明他不懂得治国之道。因为治国是要用不同的人才来进行的，这就很难保证所有的人都意见一致，其中必然会有不同的意见，这时君主要欢迎不同意见的存在，并让他们互相交锋，从中发现真正的治国人才及最佳的治国方案，而不是一听朋党之名，就畏之如同洪水猛兽，一概罢斥与打击。这对治国最为不利。

韩侂胄迫害学者

【题解】

韩侂胄用“伪学”之名打击不同意见，就是朋党方法的实际应用。说别人是“伪学”，是“妖学”，这也表明自己没什么学问，是不学无术的人。如果真有学问，会对别人的说法进行学术上的辩驳，指出其中的错误，自然就不会让这种误说引导治国者走上邪路。如果驳斥不倒别人的学说，就简单粗暴地用权力进行政治迫害与打击，这只能证明自己不学无术。而这种方法也无法使人发现各种学说中的错误，使后人认为他们所打击的学问就是正确的。当然这也不是说他所打击的学说就一定是正确的。对此，还要进行真正的学术分析。

【正文】

韩侂胄立“伪学”之禁，以空善类，其必不两立者，留、赵二相①，其次则朱子也。蔡季通隐处论学②，未尝持清议以讥朝政，未尝作词章以斥权奸，其于侂胄远矣。乃朱子虽罢，犹得优游林泉，为学者师。而季通独婴重罚，窜死遐方，且为之罪名，“伪”不足以尽之，而斥之曰“妖”。夫真与伪，难诬者心，而可倒者言也。真者伪其所伪，伪者伪其所真，相报以相诬，而名亦可立。今所讲者日用彝伦之事，而题之曰“妖”，虽佞人之口给，其能无据而恣其狂词哉？盖季通亦有以取之，而朱子于此，亦不能无惑矣。

【注释】

① 留、赵二相：指留正、赵汝愚。

② 蔡季通（1135—1198）：蔡元定，字季通，建宁建阳（今福建建阳）人。师事朱熹，著《律吕新书》《皇极经世旨要》《八陈图说》等。诸臣举荐，皇帝下诏，以疾辞。庆元三年（1197），韩侂胄把道学诬蔑为“伪学”，诬奏伪学党人共五十九人，朱熹被定为“伪学魁首”，蔡季通被定为朱熹助手，贬至湖南道州编管。蔡季通与儿子蔡沈步行至道州，卒于道州。

【译文】

韩侂胄建立“伪学”的禁令，把正人君子全都扫光，其中与他必然势不两立的人，是留正、赵汝愚两位宰相，其次就是朱熹。蔡季通隐居论学，未尝发表清议讥讽朝廷政治，未尝作词章斥责掌权的奸人，他对于韩侂胄来说距离是很远的。于是朱熹虽然被罢官，但是还能在山林泉水间优游治学，作为学者的老师。但只有蔡季通遭到了重罚，流放死在远方，且加给他的罪名，“伪学”的“伪”还不足表示他的罪，而是斥之为“妖”。说到真与伪，人心是难以信服诬告的，而能让他倒下的则是言论。真的是把伪的看作伪的，伪的是把伪的说成真的，相互争论而相互诬蔑，而“伪学”一类的名称也可以建立。如今所讲的都是与日常生活中的事情相关的原则道理，而称之为“妖”，虽然奸佞之人能快捷辩说，他能没有根据而恣意使用狂妄的词语吗？这是因为蔡季通也有过失让对方抓住，而朱熹在这些事情上，也就不能没有迷惑的地方了。

【正文】

侂胄之深怨朱子者，以争殡宫故也[①]。当是时，侂胄勤劳方著，恶迹未彰，即欲防其奸而斥远之，亦无可施其宪典。唯殡宫一议，足以倾动宫府，置诸不赦之罪。王孝先以加诸丁谓而俯首以死海滨者，此而已矣。今朱子之言曰“不为宗社血食久远之计”，侂胄之夺魄寒心，与朱子不并立之势成矣。朱子既以此为侂胄罪，而抑请广询术人以求吉地。其所欲询者谁也？蔡神与以葬师为世业[②]，季通传其家学，而参之理数以精其说，推崇邵氏，以与濂、雒相抗；是季通者，儒之淫于小道，而为术人之领袖者也。殡宫之吉否，朱子未能知之，而季通自谓知之；朱子即知，而亦以季通之术知之。然则其云术人者，盖有季通之徒，挟术思售，而季通隐主其取舍也。《礼》曰："假于时日卜筮以惑民者杀。"则挟指天画地之说，以挠仁人孝子之心者，谓之曰"妖"，亦奚不可哉？此季通所以授小人以名，而使戕士类，诚有以致之。故早自知其不免于祸，诚哉其不可免也。

【注释】

① 殡宫：停放灵柩的地方，此指帝王的陵墓之地。孝宗去世，赵彦逾等人认为孝宗陵墓，土层太浅，下有水石，建议另选陵地。大臣集议未有结果。朱熹认为当博访名山，不宜偏信台史。当时又议孝宗祔庙和祧僖祖、宣祖之事，赵汝愚认为不宜复祀僖祖，朱熹认为不宜将僖祖神主放在夹室，朝廷仍然毁撤僖祖、宣祖庙室，建别庙以奉僖祖等四祖。此即争殡宫。孝宗去世，光宗有意禅位，赵汝愚及韩侂胄通过宦官说服太后，答应让宁宗即位。韩侂胄以为自己有定策之功，但赵汝愚说：我是宗室，你是外戚，不宜因此居功封官，引侂胄不满。朱熹担忧韩侂胄执权后会危害国政，多次进言不要重用韩侂胄。朱熹还上疏提出四条：一是不要修建旧日东宫；二是确定宁宗对光宗的定省之礼；三是论朝廷纪纲尤所当严，不要被左右之人窃取权柄；四是论孝宗殡宫宜另选佳址。韩侂胄看到疏后大怒，与其党羽谋划斥去朱熹等人，后被定为"伪学"之首。

② 蔡神与：蔡元定的父亲蔡发，字神与，擅长堪舆风水和医学。葬师：即风水先生，为人选墓地。

【译文】

韩侂胄所以深为怨恨朱熹，是因为他与自己争论殡宫的事情。在当时，韩侂胄正立有卓著的功勋，奸恶的行迹还没有暴露出来，就算是想防备他的奸邪而斥责他让他不与皇帝亲近，也不能对他施用法律。只有殡宫的礼仪问题，足以打动皇宫和官府，加给他一个不能赦免的罪名。王孝先加给丁谓罪名而让他低头认罪并被流放死在海滨，就是这样的理由。如今朱熹说韩侂胄在殡宫问题上“不为国家存续而考虑长远之计”，韩侂胄听了之后失魂寒心，与朱熹势不两立的形势就形成了。朱熹既已因此而被韩侂胄治了罪，就又请求广泛咨询术数家来寻求建立孝宗陵墓的吉利之地。那么他所咨询的术数家是谁呢？蔡神与世代以风水师为业，蔡季通传承了这种家学，并参考风水家的道理和术数来使自己的学说更为精致，他推崇北宋初年的邵雍，来与周敦颐的濂学、“二程”的洛学相对抗；这样看来，蔡季通这个人，是受了旁门左道影响的儒家学者，是术数家的领袖人物。殡宫的吉利与否，朱熹不能知晓，而蔡季通自称是知晓的；朱熹即使知晓，也是靠蔡季通的术数方法而知晓的。这样说来他所说的术数家，应当就是蔡季通这一类人，挟着术数想得到卖弄应用，而蔡季通暗中主持选择殡宫地点的取舍。《礼》书中说：“借用天时日期卜筮等术数来迷惑民众的人要处于斩刑。”那么挟带着指天画地的说法，以扰乱仁人孝子之心的人，称他为“妖”，又何尝不可以呢？这是蔡季通让小人找到了攻击自己的罪名，而让他们残害士人，实在是自己就有弱点而导致这种结果的。所以他自己很早就知道不能免于灾祸，确实他是不能免除灾祸的。

【正文】

呜呼！学君子之学，使小人得加以恶名而不能辞，修遁世无闷之德，而情移于吉凶，覆以与凶相触而危其身。处乱世之末流，正学衰，邪说逞，流俗之好尚易以移人。苟欲立于无过之地，履坦道以守贞者，可亵其身心以殉游食者之言，而自罹于咎哉？

【译文】

呜呼！学习君子的学问，让小人能加上恶名而不能推掉，修行避世不得郁闷的品德，而心情转移到判断吉凶的事情上，反而因此得到凶的结果而危害其身。处于乱世的末流状态下，正道的学术衰落，邪说得逞，流俗喜好尚容易改变人。如果想立于没有过失的地方，走在坦途上而守着贞正，能亵渎他的身心而为四处游荡来谋食的人的言论殉身，而让自己遭到罪咎吗？

【正文】

夫道之与术，其大辨严矣。道者，得失之衡也；术者，祸福之测也。理者，道之所守也；数者，术之所窥也。大《易》即数以穷理，而得失审；小术托理以起数，而祸福淫。审于得失者，喻义之君子；淫于祸福者，喻利之小人。故葬也者，藏也。仁人孝子不忍暴其亲之形体而藏之也，知慎此而已矣。而喻利之小人，舍死者之安危，就生人之利害，则彝伦斁而天理灭矣。今有人焉，役其父母之手足，饰其父母之色笑，以取富贵，则鲜不以为禽兽矣。身已死，骨已寒，乃欲持此以求当于茫茫之士而希福焉，则是利其死以徼非望之获，为君子者，何忍出于此邪？

【译文】

道与术，它们的根本区别是很严格的。道，是得失的衡量标准；术，是对祸福的预测。理，是道所要守护的；数，是术所要窥伺的。《周易》根据数来穷究理，而得失就看得很明白了；微末的小术依托理来构成数，对祸福就迷惑了。对得失能明察的人，就是懂得义的君子；对祸福迷惑的人，就是只懂利的小人。所以葬就是藏。仁人孝子不忍让他亲人的身体暴露在野外而藏埋起来，知道慎重处理这种事就够了。而只懂利的小人，不管死者的安危，迎合活人的利害，那么就使得人伦败坏而天理灭亡了。如今有一种人，让他的父母进行劳动，利用父母的脸色笑容作为装饰，以便获取富贵，就少有不成禽兽的了。父母的身体已死、尸骨已寒，还想利用父母来向茫茫的士人求得认可而获得福禄，这就是利用父母的死来求得非分的利益，作为君子，怎能忍心做出这种事呢？

【正文】

且夫以祸福言，而其说之妄，亦易知矣。自古有天下而祚永者，莫周若也。诸侯世其国，大夫士世其禄，传家之永者，亦莫周若也。考之于礼，有墓大夫以司国君之墓，有墓人以司卿大夫之墓。正始祖之兆域于上，而后世以昭穆序葬于东西，非有择于形势也。天子七月，诸侯五月，大夫三月，士逾月。《春秋》：“雨，不克葬，日昃而葬。”非有择于时日也。而血食之长，子孙之庶，后世莫能及焉。岂徒后世之土，能以福泽被其尸而施及子孙乎？祈天永命者，德也；保世滋大者，业也。内政修，外侮御，而宗社必安；君不渔色，后不妒忌，而子孙必众。推以及乎士庶，厚以传家，勤以修业，则福泽自远。舍此不务，而以所生之骨骼，求大块之荣施，仁者所不容，尤智者所不齿也。

【译文】

而且就祸福而言，他的说法之狂妄，也是容易知道的。自古据有天下而国运长久的人，没有谁能比得上周代。诸侯世代有他的封国，大夫和士世代享有他们的官禄；传家长久的人，也没有哪个朝代能比得上周代。考察相关的礼制，周代有墓大夫主管国君的坟墓，有墓人掌管卿大夫的坟墓。在墓地的正北方设定始祖陵墓的方位，而后世的子孙就按昭穆顺序埋葬在东西两侧，并不是根据陵墓位置的形势来确定的。天子葬期七个月，诸侯为五个月，大夫三个月，士一个月。《春秋》里说：“下雨，未能下葬，太阳向西倾斜才下葬。”不是选择下葬的日期。而后代祭祀的长久，子孙的众多，后世没有哪个朝代能比得上。难道只有后代的土壤，能因为风水好而使所选的墓址保佑先人的尸体并让福泽延续到子孙吗？祈求上天给自己长久命运的，是靠品德；保住王权而不断壮大的，是靠功业。修明国内的政治，抵御外来的侵侮，宗庙、社稷必定能安宁；君主不猎取女色，皇后不妒忌别人，子孙就一定众多。这个道理推到士人、庶民身上，靠厚道来传家，靠勤奋来从事功业，福泽就自会长远。放弃这些事不去做，却用父母的尸骨，来求取大地施加恩荣，这是仁者所不能容忍的，更是智者所不齿的。

【正文】

小人之欲售其术也，必诡于道以惑君子。故为葬师之言者，亦窃理与气之迹似以藻帨之[1]，而君子坐受其罔。乃乱道者，道之所必穷。故京房之谏邪佞[2]，非不正也，而为幸臣所困；郭璞之折篡逆[3]，非不义也，而为权奸所杀。妄言天者，天所不覆；妄言地者，地所不载；侮阴阳者，阴阳之灾必及之。房与璞之穷，自穷之也。充其说以浸淫于后世，于是而有委之野而不葬，以罹水火之灾者矣；于是有已葬复迁，割析之，焚烈之，以极乎惨毒者矣。导天下以枭獍之恶[4]，而以获罪于天、卒陨其世者，接踵相继。夫君子方欲辟异端以间先圣之道，奈之何？尸琐陋之术，曾不足以望异端之后尘者，公言于朝廷，姑试之君父也！以季通之好学深思也，于以望道也近矣。而其志乱，其学淫，卒以危其身于桎梏。为君子者，不以一眚丧其大德，可弗慎哉！可弗慎哉！

【注释】

① 藻帨（shuì）：指修饰、装饰。藻，指华丽的文采、文辞。帨，指佩巾。

② 京房（前77—前37）：本姓李，好音律，推律自定为京氏，于是改姓。东郡顿丘（今河南清丰西南）人。汉元帝时为博士，后任魏郡太守。多次上疏，以《周易》卦气说加上阴阳灾异说推论时政，后因劾中书令石显专权，被石氏陷害被捕处死。

③ 郭璞（276—324）：河东闻喜（今山西闻喜）人。喜好古文奇字，精通阴阳算历。西晋末年战乱将起，郭璞躲避江南，任宣城、丹阳参军。晋元帝时，官著作佐郎、尚书郎。力阻驻守荆州的王敦谋逆，被杀。

④ 枭獍（xiāo jìng）：古人认为枭为恶鸟，生而食母；獍为恶兽，生而食父。比喻忘恩负义而特别狠毒的人。

【译文】

小人想让他的方术被人相信而得到应用，必定在道理上搞诡诈来迷惑君子。所以风水师所说的话，也要盗窃理和气等与儒学相似的术语来修饰他们的说法，而君子就会坐受他们的欺骗。而这样来扰乱大道的人，大道必定会让他走投无路。所以京房针对邪佞进行劝谏，这不是不正确的，但他使用术数的说法来劝谏，所以就被佞幸之臣陷害了；郭璞指责阴谋篡逆的王敦等人，不是不正义，但他用术数来指责，最后被权奸杀害。妄言天的人，天不会护佑他；妄言地的人，地不会承载他；对阴阳不敬的人，阴阳的灾害必定会落到他身上。京房与郭璞的最终被害，是自己使自己走到这种地步。传扬他们的学说而使后世的人受了影响，于是就有人把尸体扔在荒野而不埋葬，而遭到了水火之灾；于是就有人已经下葬又重新迁葬，结果自己被人割裂、被人焚烧，遭到了极为惨毒的灾祸。用枭獍那样的凶恶狠毒引导天下，而被上天降下罪罚，最终死去的人，前后相继接连不断。君子正要批驳异端之学以保卫先圣之道，对这种人又该怎么办？他们主掌琐陋的术数，又不能指望他们步异端之学的后尘，却在朝廷上公开谈论术数，并将要试用在君父身上！以蔡季通的好学深思，他距离掌握大道也会很近了。但他的心志紊乱了，他的学术过分了，最终让自身在桎梏中遇到危险。做君子的人，不以一次过错而丧失他的大德，能不谨慎吗！能不谨慎吗！

【评析】

在被对方诬以“伪学”妖术之时，自己应能证明对方的学术是错误的，证明自己的学说是正确的，而不应用政治上的名义判断学术中的是非。当时的中国人有一个思维上的误区，即把政治上的判断带入学术之中，让政治判断代替学术研究。这样就不能分辨真正的学术见解之是非，长此以往，是非混乱，学术与政治都会走向衰落，治国理政就失去了坚实的基础。

南宋的和战之争

【题解】

是和还是战，南宋朝廷争论不止，都希望自己的主张战胜对方的主张，这是当时中国常见的情况。其实，问题不能简单地分为两个极端，和与战完全可以统一起来，既战又和，战以求和，和不能屈辱，战必须胜利，如此一来，战与和就可以统一。后来中国共产党人在自己的革命实践中，把这个问题解决得很好。但古人还没有这样的高度。王夫之认为，南宋的和与战只是言论上的争论，还没有达到以贞胜为标准的程度。所谓的贞胜，就是根据形势，该战就战，该和就和，但还没有把二者辩证地结合起来。

【正文】

言期于相胜而已邪？则言之非难也。是之胜非，直之胜曲，正之胜邪，操常胜之势，揆之义而义存，建以为名而名正，何患乎其不胜哉？故言之也，无所复屈。其或时不能用，覆以得祸，而言传于天下，天下感之，言传于后世，后世诵之，其殆贞胜者乎？贞胜则无患其不胜矣。虽然，胜者，胜彼者也。彼非而胜之，则胜者是矣；彼曲而胜之，则胜者直矣；彼邪而胜之，则胜者正矣。是胜者仅以胜彼也，非贞胜也。且夫立两说而衡其得失，有定者也。就一事而计其初终，有恒者也。然而固无定而无恒也。特以庸主佞臣之所陷溺，而其为失也，天下交起而憎恶之；已而又有不然者，天下又起而易其所憎恶。故一事之两端，皆可执之以相胜。然则所以胜者之果为定论乎？

【译文】

提出一种言论期望能战胜对方就够了吗？那么提出言论就不难。对战胜错，直战胜曲，正战胜邪，掌握着常胜之势，考察道义就使道义存，建立名声就使名声正，又何用担心不能战胜对方呢？所以提出言论，就不再被驳倒。但有时不能用，反而得了祸，那么言论传到天下，天下受这些言论的感动，言论传到后世，后世的人也传诵他的言论，他大概是以正道而得胜的吧？以正道得胜就不用担心言论不能取胜。即使这样，得胜，是战胜对方。对方不对而战胜他，那么胜利者就是对的；对方邪曲而战胜他，那么胜利者就是正直的；对方邪恶而战胜他，那么胜利者就是贞正的。这种胜利者仅仅是战胜对方，不是正道的得胜。而且提出两种说法并衡量其间的得失，就是有定。针对一件事而思考它的始终，就是有恒。然而本来就是没有定和没有恒的。只是因为昏庸的君主和奸佞的臣子陷溺在里面，而他们就有了过失，天下交相起来而憎恶他们；之后又有认为不是这样的情况，天下又起来改变他们所憎恶的人。所以一件事有两端，大家都可以各执一端来取胜。然而这样的话取胜的一方就真是定论了吗？

【正文】

定论者，胜此而不倚于彼者也。定论者，随时处中而自求之道皆得也。斯则贞胜者也。故言者以此而扶天下之危而定其倾，皆确乎其有不拔之守；推而行之，皆有不匮之业；不仅以胜彼者取天下后世之感诵，而言皆物也，故曰“君子之言有物”也。物也者，实也。言吾之是，非以折彼之非；言吾之直，非以辨彼之曲；言吾之正，非以争彼之邪。故曰“訏谟定命，远犹辰告”。唯其有定，故随时以告，而犹皆以致远，斯以为谟之訏者也。

【译文】

所谓的定论，是战胜此方而不倚靠彼方的。所谓的定论，是随时处于中正而自己追求的正道都能得到的。这就是正道之胜。所以提出言论的人由此而能挽救天下的危险并且稳住天下的倾覆，都确实有它不能动摇的准则；推而加以实行，都有不会匮乏的功业；不仅靠战胜对方而让天下和后世的人们感动和传诵，而提出的言论都是言之有物，所以（《周易》家人卦里）说“君子的言论是言之有物”的。所谓的物，就是实际内容。阐述我的正确见解，不是靠驳倒对方的错误见解；说我的正直，不是靠辩驳对方的歪曲；说我的正道，不是靠争论对方的邪道。所以（《诗经》里）说“用远大宏伟的谋略来确定国家的政令，又向远方宣告这些政令”。正是因为有定，所以随时加以宣告，而且全都要传达到远方，这就是因为所定的谋略是远大的。

【正文】

宋自南渡以后，所争者和与战耳。当秦桧之世，言战者以雪雠复宇为大义，则以胜桧之邪也有余。当韩侂胄之世，言和守者，以固本保邦为本计，则以胜侂胄之邪也有余。于是而为君子者，不遗余力而言之，以是而忤权奸，获罪罟；而其理之居胜者，煌煌奕奕，莫有能掩之者矣。乃诚如其言，绌秦桧而授之以兵柄，其遂能雪雠复宇邪？抑否也？斥侂胄而授之以国政，其果能固本保邦邪？抑否也？奚以知其未之逮也？其言也，至于胜桧与侂胄而止，而既胜之后，茫然未有胜之之实也。执桧之说，则可以胜侂胄矣，桧未尝不以固本保邦求当于君也。执侂胄之说，则可以胜桧矣，侂胄未尝不以雪雠复宇昌言于众也。反桧而得侂胄，反侂胄而又得史弥远。持之皆有故，号之皆有名，而按以其实，则皆义之所不许，名之所不称。故桧死，和议不终，符离之师，先侂胄而沮败。侂胄诛，兵已罢，宋日以坐敝而讫于亡。无他，操议者但目击当国者之非，遽欲思反。而退求诸己，所以扶危定倾之实政、足以胜彼而大服其心、使无伺我之无成以反相嗤笑者，一无有也。不世之功，岂空言相胜之可坐致乎？侂胄倡北伐之谋，而岳飞之恤典行[①]，秦桧之恶谥定；弥远修讲好之说，而赵汝愚之孤忠显，道学之严禁弛；是宜足以大快人心者，而人心益其危惧。徒相胜者，一泄而无余，天下亦何恃此清议哉？

【注释】

① 恤典：对前人进行抚恤的制度。绍兴十一年（1141），秦桧害死岳飞，宋孝宗即位下诏恢复岳飞原官，谥“武穆”，宋宁宗时又追封鄂王，谥“忠武”。这是后来皇帝对岳飞追加的抚恤之典。

【译文】

宋朝自南渡以后，人们所争论的事情就只是与金人作战还是讲和而已。在秦桧当权的时候，主张作战的人把报仇雪恨和收复领土作为大义，就足能战胜秦桧主和的邪说。在韩侂胄当权的时候，主张讲和和防守的人，把巩固国家的根本和保住国家为根本大计，就足能战胜韩侂胄主战的邪说而有余。在这个时候，作为君子的人，不遗余力来发表言论，因此而抵忤了当权的奸人，遭到了罪罚；而他们的道理处于胜利一方，光明正大，没有人能掩盖住。如果真的如他们所说，贬黜了秦桧而向主战的人授予兵权，他们就能报仇雪恨收复领土吗？还是不能呢？斥责韩侂胄而把国家大权授给这些主张固守的人，他们就真能巩固国家的根本而保住国家吗？还是不能呢？怎能知道他们的主张不能做到呢？他们的言论，只是讲到战胜秦桧和韩侂胄就停止了，而在争论取胜之后，就茫然地没有战胜对方的实际内容了。拿秦桧的说法，就可以战胜韩侂胄了，秦桧未尝不以巩固国家根本而保住国家来让君主觉得正确。拿韩侂胄的说法，就可以战胜秦桧了，韩侂胄未尝不以报仇雪恨收复领土的说法向人们宣讲。反对秦桧就得到了韩侂胄，反对韩侂胄就又得到了史弥远。他们的说法都是持之有故，讲起来也有名，但是考察他们的说法的实际内容，就都是道义所不能允许的，与名义不相称的。所以秦桧死了，和议不能告终，符离之战的军队，在韩侂胄之前就战败了。韩侂胄被诛之后，作战的部队已经罢除，宋朝一天天变得衰弱而走向灭亡。没有别的原因，提出言论的人只是目睹当权者的不对，就想赶紧加以反对。而退下来要求自己，用来挽救危险稳定倾覆的实际举措、足以战胜对方而让他彻底心服、让有些人不能窥伺我一事无成而反过来嗤笑我，这些实际内容在他们的言论中一样也没有。不是每个时代都能建立的那种大功，难道是靠空话战胜对方就能坐着取得吗？韩侂胄提倡北伐的谋略，而抚恤岳飞的典礼就举行了，秦桧谥号就改为显示他的罪恶的“谬丑”了；史弥远提出与金人讲和的说法，而赵汝愚孤单的忠诚就得以显现出来，道学的严厉禁网也就松弛了；这应该足以大快人心的，但是人心更加感到危险和畏惧了。只是相互在言论上争胜，全部发泄出来而没有剩余，天下对这种清谈的议政又能依靠什么呢？

【正文】

呜呼！宋自仁宗以后，相胜之习愈趋而下，因以相倾，皆言者之气矜为之也。始以君子而求胜乎小人，继以小人而还倾君子，继以君子之徒自起相胜，继以小人之还自相胜而相倾。至于小人之递起相倾，则窃名义以大相反戾，而宗社生民皆其所不恤。乃其所窃之名义，固即前之君子所执以胜小人者也。

【译文】

呜呼！宋朝自仁宗以后，相互争论求胜的风习就越来越卑下，于是人们相互打击，都是由提出言论的人凭借着自己的意气而导致的。开始是君子要战胜小人，继而则是小人反过来要打击君子，接着君子的同党自己起来相互争胜，接着是小人之间相互争胜和相互打击。以至于小人相继出现而相互打击，乃至于窃取名义而大肆相互反驳争论，而对宗庙、社稷以及民众则全都不加顾恤。而他们所窃取的名义，本来就是以前的君子拿来战胜小人的那些名义。

【正文】

言何容易哉？言而不自省于心，为己之所有余，则是之与非，曲之与直，正之与邪，其相去也不远。何也？义在外，则皆袭取以助气之长者也[①]。故君子知为之难而言之必讱[②]。岂悬一义以为标准，使天下后世争诵之，遂足以扶三纲、经百世、无所疚于天人乎[③]？熟虑之于退思，进断之于密勿，舍之而固有所藏，用之而实有所行。持至是之术，充至直之用，尽至正之经。有弗言也，言之斯可行之。经之纬之，斡之旋之，道备于己，功如其志。则奸邪之异己者不能攻，相倾者不能窃，斯以为贞胜也矣。

【注释】

① 义在外，则皆袭取以助气之长者：《孟子·公孙丑》论述浩然正气时说："其为气也，配义与道，无是，馁也。是集义所生者，非义袭而取之也。行有不慊于心，则馁矣。"是说气要与义、道相配，不然气就会馁。气是集义所生的，而不是义袭而取来的。集义的集就是积累、积聚，义是符合义的言行和思想，集义就是所有的言行思想都做到符合义。这是逐渐积累积聚的过程，不是一次性就可达到的，所以称为集义。义袭，指平时不做集义的工夫，偶然一次要按照义来做事或说话等，但更多的时候是不符合义的，因此气就会馁。

② 讱（rèn）：《论语·颜渊》子曰："仁者其言也讱。"指仁者不急于出言，说话谨慎。

③ 三纲：君为臣纲、父为子纲、夫为妻纲，合称三纲。纲，指根本原则。

【译文】

提出言论谈何容易呢？提出言论而不在心中自我反省，做自己能力有余的事，那么是与非、曲与直、正与邪，它们就相距不远了。为什么呢？义是在人身之外的，都是通过从外面袭取过来而帮助自己的气使它变长的。所以君子知道做起来难，因此说的时候就会很慎重。难道是悬挂出一个义作为标准，让天下后世的人争相诵读它，就足以扶立三纲、经历百代、面对天和人都无所愧疚了吗？在退思中深思熟虑，在勤勉努力中进取而决断，舍弃的时候就确实有所隐藏，应用的时候就确实有所行动。掌握最正确的方法，应用到最正直的行动中，充分做到最正当的常道。有的话是不说的，说了就能去做。用所说的作为自己行动的经纬，根据事物而进行斡旋，让自己完全掌握大道，使事功合乎自己的志向。那么与自己不同志向的奸邪就不能攻击自己，想打击我的人也不能从我的话语和行动中找到漏洞，这就是以正道而取胜了。

【评析】

南宋的和战之争，一是只停留在言论上，希望在言论上的争论由己方取胜；二是没有实际的措施使和或战得以实行，并取得应有的效果；三是由此形成意气之争，无益于事。在治国理政上，各执一端，固执己见，都不是正确的方法，必须根据实际情况，认真分析，不能从一个极端走向另一个极端。在这样的问题上，必须有辩证的对立统一之思维和重视实际以及切实调查研究的方法。

南宋衰弱的原因

【题解】

王夫之认为南宋逐步衰弱的原因是执政的大臣都是以奸相倾并相嗣的，未尝有一思效于国者，也就是说事情全坏在这些执政的奸臣手上。而且这种奸臣前后相继，中间没有一个忠臣当政，所以使南宋越来越衰弱，最后走向灭亡。当然，王夫之还对这些奸臣作出了区分，看谁最坏，危害最大。

【正文】

唐之中叶，祸乱屡作，而武、宣之世[①]，犹自振起，御外侮，修内政，有可兴之几焉。宋则南渡以后，孝宗欲有为而不克，嗣是日羸日苶[②]，以抵于亡。非其主之狂惑如唐僖、懿比也，唯其当国大臣擅执魁柄者，以奸相倾而还以相嗣，秦桧、韩侂胄、史弥远、贾似道踵迹以相剥，繇辨及肤[③]，而未尝有一思效于国者间之也。然而抑有辨焉。《春秋》之法，原情定罪以为差等，同一恶而罪殊，同一罪而法殊。栾书、荀偃不与公子归生均服污潴之刑[④]。齐之灭纪[⑤]，晋之灭虞[⑥]，不与卫毁灭邢等膺灭同姓之诛[⑦]。知此，然后可以服小人之心，而元恶无所分咎。抑君子以驭小人，处置有方，足以弭其恶而或收其用。衡有定而权可移；权不可移，则衡弗能为准也。夫然，则取史弥远而等之三凶，未可也。且取韩、贾二竖而等之秦桧，抑未可也。

【注释】

① 武、宣之世：指唐武宗、唐宣宗之世。

② 茶（nié）：疲惫不振。

③ 繇辨及肤：整体意思是说剥坏越来越严重。《周易·剥卦》，剥指剥落烂坏，初六剥床以足，六二剥床以辨，六四剥床以肤，上九小人剥庐。说明剥坏逐步严重，足指床脚，辨指床干。肤有两种解释，一种认为指人的肌肤，一种认为辨之上为肤。

④ 栾书（？—前573）：栾氏，名书，一名傀，谥号武，故称栾伯、栾武子。公元前587年到前573年任晋国正卿，服事晋景公、晋厉公、晋悼公。在他之前，荀林父主政，晋楚郯之战，晋国大败。栾书后为晋国正卿，在晋楚鄢陵之战中，取得大胜。他为人口蜜腹剑，最后导致晋国内乱，被晋悼公废黜。荀偃（？—前554）：中行氏，名偃，谥号献，又称中行偃。中行氏出自荀氏，又称荀偃，史称中行伯、中行献子。晋悼公时任晋国正卿，率齐、宋、鲁、卫、郑等十三国攻打秦国，未胜而退兵。晋平公继位后，又率晋、郑、宋、鲁、卫五国军队伐许，在湛阪（今河南平顶山）与楚军决战，楚军大败。又率宋、鲁、卫、郑等国伐齐，因荀偃病死，齐国免于灭亡。公子归生（？—前599）：名归生，郑文公之子。郑灵公时，与子公（公子宋）为郑卿，后受命于楚伐宋，大败宋师。后与子公联合杀死郑灵公。污潴之刑：污潴，平毁罪犯第宅、祖坟，掘成水池。

⑤ 齐之灭纪：公元前693年，齐国军队驱走纪国郱、鄑、郚三邑居民，占有三邑。公元前691年，纪国分裂，纪侯之弟纪季以纪国酅地投降齐国，为齐国附庸。同年，鲁庄公试图和郑君子婴保全纪国，郑君拒绝。公元前690年，纪侯将剩下的国土交给纪季，出国逃亡，纪国就此灭亡，纪季作为齐国的附庸残存。

⑥ 晋之灭虞：《左传》僖公五年，晋侯向虞国提出借道去伐虢国，宫之奇认为不能借道，否则唇亡齿寒。虞公不听，答应晋国的要求，宫之奇知虞国很快就会灭亡，带其家族离开虞国，说虞国不会有机会举行年底的腊祭了。晋军灭虢之后，回来的路上，顺便灭了虞国。

⑦ 卫毁灭邢：卫康叔是周武王同母少弟。周公旦平武庚禄父、管叔、蔡叔

之乱后，把武庚和殷的余民封给康叔，作为卫君，其国君到秦二世时被废为庶人，国亡。邢，是周公第四子的封国，周成王封，都城在今河北邢台。齐桓公时，邢国遭狄人侵犯，齐桓公率兵救邢，帮邢国把都城迁到靠近齐国的夷仪（今山东聊城西南）。狄人又攻灭卫国，齐桓公又在楚丘帮助卫国重建国都，恢复卫国。公元前635年，亡而复兴的卫国把同姓邢国灭掉。

【译文】

唐代的中叶以后，祸乱屡次出现，而在唐武宗、唐宣宗的时候，还能自我重振而兴起，抵御外侮，修整内政，在当时就有了可以复兴的征兆。宋朝则在南渡以后，宋孝宗欲有所作为而不能做到，自此之后就一日日地变得羸弱，以至于灭亡。不是宋的君主狂惑可与唐僖宗、唐懿宗相比，只是当朝的大臣中执掌大权的人，相互用奸邪排斥打击对方而相继代替，秦桧、韩侂胄、史弥远、贾似道踏着前任的踪迹而相互打击，他们造成的破坏越来越严重，而未尝有一个想报效国家的人在中间出现。这就还是有所区别的。《春秋》的礼法，根据人心中的想法来定罪而分为不同的等级，同一种恶行，论为罪时则有所不同，对同一种罪惩罚的法度也不同。栾书、荀偃不与公子归生受到同样污潴的刑罚。齐国灭纪国，晋国灭虞国，也不与卫国毁灭邢国一样受到攻灭同姓国的惩罚。知道这一点，就可以让小人心服，但首恶之人不能让别人为他分担罪过。另外君子驾驭小人，处置有方的话，就足以消弭小人的罪恶而有时还能得到一定的用处。衡量标准是有定数的，而权变则是可以改变的；权变不能改变的话，衡量标准也就不能作为标准了。如果是这样，拿史弥远与其他三个恶人比为同等的，就不可以了。而且拿韩侂胄、贾似道两个小人与秦桧比为同样的，也是不可以的。

【正文】

秦桧者，其机深，其力鸷，其情不可测，其愿欲日进而无所讫止。故以俘虏之余，而驾耆旧元臣之上，以一人之力，而折朝野众论之公，唯所诛艾。藉其有子可授，而天假以年，江左之提封，非宋有也。此大憝元凶，不可以是非概论者也。韩侂胄、贾似道狭邪之小人耳，托宫闱之宠，乘间以窃权，心计所营，不出于纳贿、渔色、骄蹇、嬉游之中。上不知有国之濒危，下不知有身之不保。其挑衅开边、重敛虐民者，皆非其本志，献谀之夫为之从臾[①]，以分徼幸之荣利，彼亦惛焉罔觉，姑且以之为戏。则抑杨国忠、王黼之俦，而固不如桧之阴惨也。然以之而亡人之国有余矣。

【注释】

① 从臾：从即"怂"，从臾即是怂恿和奉承。

【译文】

秦桧这个人，他的心机很深，他的力量很凶，他的心思不可测知，他的欲望不断增加而没有止限。所以他作为俘虏中逃回的一个人，竟能凌驾在老资格的大臣之上，靠自己一个人的力量，就把朝野的众多人士的公论全都打败，任由他来诛杀惩治。假使他有儿子可以传授，那么上天再增加给他年寿，则江南的领土，就不会再是宋朝的了。这个最大的元凶，是不能用所谓的是与非来一概而论的。韩侂胄、贾似道不过是狭隘奸邪的小人而已。靠着后宫的恩宠，利用缝隙窃取权力，心计所谋划的，不超出收取贿赂、渔猎声色、骄狂傲慢、嬉乐游玩这些事情。上不知国家已濒于危险，下不知自身也不能保住。他们向外敌挑衅而在边境发动战争、征收重赋来虐害民众，都不是他们本来的意愿，献媚阿谀的那些人怂恿、奉承他们，以求由此分得一些侥幸的荣华物利，而他们也是昏庸而没有觉察，姑且把这些事当作戏乐。就算是杨国忠、王黼之辈，本来也赶不上秦桧的阴险惨毒。但用这些让别的国家灭亡则是有余的。

【正文】

夫弥远则固有不然者。其一，擅置君之柄，以私怨黜济王竑而立理宗，非宁宗意也。然宁宗亦有以致之，而竑亦自有以取之也。仁宗之立英宗也，与韩魏公密谋之，韩公且不敢诵言其名，以须仁宗之独断。高宗之立孝宗也，以秦桧之挟权罔上，而不能与闻其事。宁宗则一任之弥远，而已无所可否，虚悬储位以听弥远之游移。弥远怀变易之心，然且密属余天锡、郑清之以徐察其德性[①]；非若王莽、梁冀贪立童昏，以为窃国地，固欲远己之害，而不忘措国之安。等为支庶，而理宗之静，固贤于竑之躁也。是可原也。其一，函侂胄之首以媚女直，损国威而弛边防也。然诛止侂胄，而不及将领，密谋预备，固未忘北顾之忧。非若秦桧之陷杀人宗族，而尽解诸帅之兵，大坏军政，粉饰治平，延及孝宗而终莫能振也。其一，进李知孝、梁成大于台省以攻真、魏[②]。而二公之进，弥远固推毂焉。及济邸难行，二公执清议以置弥远于无可自全之地，而激以反噬，祸福生死决于转移之顷，自非内省不疚者，未有不决裂以逞，而非坚持一意与君子为难，无故而空人之国者也。故弥远者，自利之私与利国之情，交萦于衷，而利国者不如其自利，是以成乎其为小人。平情以品骘之，其犹在吕夷简、夏竦之间。以主昏而得逞，故恶甚于吕、夏；乃以视彼三凶者，不犹愈乎？

【注释】

① 余天锡（1180—1241）：昌国（今浙江舟山市定海区）甬东村人。嘉定十六年（1223）进士，宁宗病重时，史弥远矫诏把太子赵竑封为济阳郡王，出居湖州，立赵与莒为皇子。宁宗去世，赵与莒登基，即宋理宗。不久潘壬等人在湖州起兵，拥立赵竑，事平之后，史弥远派余天锡前往湖州，声称为济阳郡王竑治病，下旨赐竑死。余天锡由此贵显，后官户部尚书、参知政事兼同知枢密院事。郑清之（1176—1251）：鄞县（今浙江宁波市鄞州区）人。嘉定十年（1217）进士，任光禄大夫，参与史弥远废太子竑、立理宗的决策，后为左丞相、右丞相兼枢密使等。淳祐七年（1247），辞官隐居。

② 李知孝（1170—1238）：上虞（今浙江上虞）人。嘉定四年（1211）进士，任监察御史，不断上书诬陷正人君子，当时以李知孝、梁成

大、莫泽为“三凶”，理宗时，被罢贬而死。梁成大：福建福州人。开禧元年进士，任宗正寺主簿。理宗宝庆间，遵史弥远意，诬陷魏了翁、真德秀等人，升监察御史、左司谏。史弥远死后，罢职，潮州安置。梁成大为人暴狠阴险，凡贼害忠良之事，多攘臂为之。真德秀（1178—1235）：建宁浦城（今福建浦城）人。宁宗庆元五年（1199）进士，后任太学博士、经筵侍讲。受史弥远排挤，任湖南安抚使兼知潭州。理宗宝庆元年（1225），任中书舍人、礼部侍郎，不久去职。绍定五年（1232），史弥远失势，真德秀被重新起用，任翰林学士、知制诰、参知政事，不久因病辞职。魏了翁（1178—1237）：邛州蒲江（今四川蒲江）人。庆元五年进士，知嘉定府等。后辞官归乡，在白鹤山授徒讲学。后知汉州、眉州等地，任同签书枢密院事，理宗时被梁成大等人诬陷打击。

【译文】

而史弥远本来就有与秦桧不一样的地方。其一，专擅设置君主的权柄，出于私怨废黜济王竑而扶立理宗，这不是宁宗的意思。但宁宗也有些做法导致这个结果，而济王竑自己也有些行动自取这个结果。仁宗册立英宗，与韩琦秘密商议这件事，韩琦尚且不敢公开说出立为太子的人的名字，还要等仁宗自己的决断。高宗册立孝宗时，因为秦桧挟持大权欺骗皇上，所以不能让他参与此事。宁宗则完全听任史弥远来办这种事，而自己不置可否，空着太子的位置而听任史弥远加以变化和活动。史弥远怀有改变太子人选的心思，但还秘密嘱咐余天锡、郑清之慢慢地考察太子人选的德性；不是像王莽、梁冀那样贪图册立年幼昏愚的人为太子，以此作为自己窃国的基础，所以他本来是想远避对自己的危害，而不忘让国家安宁。同样为宗室的支系，理宗为人沉静，本来就比济王竑的急躁更为贤明。由此是可以体谅史弥远的用心的。其二，用木盒子装上韩侂胄的首级向女真献媚，有损国威而且会使边防松弛。但诛杀只限韩侂胄一个人，而没有滥及将领，事先密谋而有所预备，本来就没有忘记北方敌人的忧患。不像秦桧对别人的宗族都加以陷害和诛杀，而且把将帅的兵权全都解除，使军政大受破坏，粉饰太平，一直影响到孝宗时期，最终也无人能够重振宋朝的军力。其三，进用李知孝、梁成大到台谏官位上来攻击真德秀、魏了翁。而真德秀、魏了翁的进用，史弥远本来也出了推动之力。到济王竑的灾难发生时，真、魏二公发表清议而把史弥远置于无法自全的境地，这才激起史弥远对真、魏二公反咬一口，祸福生死就在这些变化之间决定了，只要是内心反省而不感到内疚的人，都会坚决让这种事情得逞的，而不是坚持一种想法而与君子作对，无故而让人家的国家空无一人。所以史弥远这个人，自利的私心和利国的心情，是在心中交杂在一起的，而利国的心情不如自利的私心强，所以让他成了一个小人。平心而论，他的人品还在吕夷简、夏竦之间。因为君主昏庸而得逞，所以他的罪恶比吕夷简、夏竦大；但是与秦桧、韩侂胄、贾似道三个奸佞来比，不还是比他们好一些吗?

【正文】

君子之道，以人治人者也。如其人以治之，则诛赏之法允；如其人治之而受治，则驾驭之道得。不然，任一往之情，见天下无不可杀之小人，反激而成鼎沸之朝廷，此汉、唐以来乱亡之阶也，而奚足尚哉？故使明主秉鉴于上，大臣持正以赞之，而酌罪以明刑，则唯秦桧者，当其履霜而早谨坚冰之戒。自虏来归，巧行反间，其膺上刑，不宜在宋齐愈之下。盖其阴鸷之才，抑之而彼自伸，远之而彼自近；严以制之，而不敌其怀虿之毒[①]；柔以化之，而适入其网阱之中；则非服上刑，莫之能戢。若侂胄、似道，则世固不乏其人矣。不授以权，则亦与姜特立、张说均为佞幸[②]，弗能为天下戎首也。若弥远，则檠之使正，导之使顺，损其威福，录其勤劳，邪心不侈，而尺效可收；固弗待于迸逐，而恶不及于宗社。驭之之术，存乎其人而已矣。

【注释】

① 虿（chài）：蝎子之类的毒虫。

② 姜特立（？—1192）：浙江丽水人。其父姜绶在靖康之变时，应募送信，割开大腿，内藏蜡书，从南城墙缒下，被金兵发现后杀死。特立以父荫补承信郎，孝宗淳熙年间，任福建兵马副都监，赵汝愚荐于朝，除阁门舍人，得幸于太子。太子即位即宋孝宗，特立升知阁门事，恃恩纵恣。留正为右相，对孝宗说："臣与特立势难两立。"特立后被贬职，不久又为浙东马步军副总管、庆远军节度使。张说（？—1180）：河南开封人。其父张公裕，高宗建炎初年有军功。张说娶寿圣皇后女弟，迁知阁门事、除签书枢密院事。为人专权跋扈，顺我者昌，逆我者亡，与己不合者均排挤打击。孝宗知其欺罔，罢职提举玉隆宫，降为明州观察使。

【译文】

君子之道，是以人治人。如果是君子之人来治人，那么他的诛罚奖赏的法度是公允的；如果是君子之人来治国而人们接受他的治理，那么就会得到驾驭之道了。不这样的话，完全放任自己的心情，看天下就没有不可杀的小人，反而会激起别人反抗而使朝廷变得鼎沸动荡，这就是汉代、唐代以来导致丧乱灭亡的根由，哪里又值得崇尚呢？所以假使贤明的君主在上面掌握着明察的镜子，大臣坚持正道来协助君主，而用明确的刑律来定罪，只有对秦桧这种人，应当在刚降霜的时候就及早小心警戒今后会有坚冰到来的恶果。他从敌人手中逃回来，巧妙地实行反间计，他应受到最重的刑罚，处罚不应在宋齐愈之下。大概是因为他有阴险凶狠的才能，压抑它而它自会伸展，疏远它而它自会接近。严厉地限制它，但不能敌得过他害人的毒心；温柔地化解它，就正好落入他的陷阱之中；那么如果不是服以最重的刑罚，没有人能收服他。像韩侂胄、贾似道，则每个时代都不乏这种人。不交给他们大权，也就是和姜特立、张说一样的佞幸之人，不能成为天下的元凶、祸首。至于史弥远，就应矫正他使之正直，引导他使之顺服，减少他的威权和赏赐，利用他的勤劳，让他的邪心不放纵，就能收到一定的效用；本来就不会等到最后形成大恶而被斥逐，而他的罪恶也不会影响到国家。驾驭他的方法，只在于能掌握这种方法的人手中。

【正文】

秦桧擅，而赵鼎、张浚不能遏；侂胄专，而赵汝愚、留正不能胜；似道横，而通国弗能诘；君子之穷也。当弥远之世，君子未穷，而自趋于穷，亦可惜也夫！亦可惜也夫！

【译文】

秦桧专擅大权，而赵鼎和张浚不能遏止他；韩侂胄专掌大权，而赵汝愚和留正不能战胜他；贾似道横行霸道，而整个国家不能诘问他；这是君子的穷途末路。在史弥远掌权的时候，君子还没有走投无路，而自己走向穷途末路，也是可为痛惜的啊！也是可为痛惜的啊！

【评析】

整体来说，宋朝当政的大臣以小人奸臣为多，有为的正直之人为少，最坏的是这种当政的小人奸臣竟然在昏君的信任下，一个接一个，层出不穷，前后接力，这样的王朝，真是腐朽透顶。所以所造成的灾祸也对后来的中国影响深远，到王夫之之世还没有消失，怎能不令人扼腕愤慨！

论理宗

【题解】

宋理宗赵昀（1205—1264），赵匡胤之子赵德昭的九世孙。宋宁宗死后，赵昀被史弥远拥立为帝，即宋理宗。1225年至1264年在位。宋理宗继位前十年，受权相史弥远挟制，不能过问政务，1233年史弥远死，理宗亲政，罢黜史党、澄清吏治、整顿财政，史称“端平更化”。其后朝政为丁大全、贾似道等人控制。端平元年（1234），南宋联合蒙古灭金。开庆元年（1259），蒙古攻鄂州，贾似道以宋理宗名义向蒙古称臣，将长江以北全部割让给蒙古，此时南宋已岌岌可危。

王夫之首先评论了真德秀和魏了翁关于济王竑之死的讼冤，称其不够及时，所以言论应该及时才有作用。其次评论史弥远恢复儒学的举措，认为不能只看表面的意义，更要分析这种举措对于宋朝命运有什么意义。又评论了理宗君臣在蒙古灭亡女真时对大势分析之失误，认为他们没有远见，巨大的危险已经来临，而他们还麻木不仁。再次评论了君子的生与死就在于仕与隐，这也是古代君子之人如何处世的重大问题。其后又论不要与不仁者言，否则就是失言。这样的问题，也是先秦儒家学者多次论述过的，但王夫之在论述这个问题时，却联系到明代的张居正，委婉地批评了张居正的夺情任职的举动。然后又论宋代使用残酷刑具对后代的影响。又分析了所谓的士人之气问题，提出了独到的看法。最后评论为了保住国家在作战时应该如何利用险要地势，以及真正的险要是什么。其中，史弥远对儒学的褒奖、蒙古灭女真的意义、君子的仕与隐、士人之气、国家的险要等问题比较重要，值得关注。

史弥远在韩侂胄之后掌权，他纠正了韩侂胄的一些做法，解除了道学之禁，褒崇儒先，有一系列的举措。这种事情，如果孤立地看，似乎是对儒家学术有益的事，但王夫之不这样看，他把这件事放在当时的时代背景下加以观察，认为此类褒崇儒学的举措"迄于蒙古渡江，旦夕垂亡之日而不辍"，并不是"儒者之荣"，反而是误国之举。王夫之说儒家学者不仅没有因此而得到真正的崇高地位，反而是"教衰行薄，使后世以儒为膻，而儒为天下贱"，那么这时的这些举措，就是这种局面的开端。

在王夫之看来，儒家的君子之学，行则以治邦国，不行则以教子弟，不需要也不期盼君主特别加以恩宠。后世如佛老之学就特别在意帝王的赏赐恩宠，但儒家学者不应该像他们那样到帝王那里争取恩宠。所以他责问道："奈之何为君子儒者，一出登朝，急陈其所师者推为教主，请于衰世之庸君奸相，徼一命以为辉光，与缁黄争美利"，在他看来，这是"辱人贱行"，根本不是荣耀。这样的思想，真正体现了学者的价值与意义。换言之，真正的学者就应该有这样的德操，而不要以辱人贱行为荣。如果以帝王的恩宠为荣耀，这样的学术也不会有真正的生命力，所以王夫之说"朱子没而嗣其传者无一人也，是可为长太息者也"！虽然史弥远等封了"朱门之儒为山长"，但这样的学者及其学术也是"愈不足道矣"。

宋朝联合女真灭了契丹，又联合蒙古灭了女真，算是对宿敌报仇雪恨了，但是面对蒙古的强大，理宗君臣怎么能不视为危险呢？"悬明鉴于眉睫而不能知，理宗君臣之愚不可瘳，通古今天下未有不笑之者也。"王夫之认为，在理宗之时，若能奋起有为，则还有希望："自侂胄之乐进武人而重奖之也，于是而虔矫之才亦为之磨厉。孟宗政、赵方、孟珙、余玠、彭大雅之流起，而兵犹足为兵，将犹足为将，战犹有以战，守犹有以守。"理宗君臣对此也没有清醒的认识。甚至"垂至于将亡之际，而西川之争，旋陷旋复，襄、樊之守，愈困愈坚"，表明宋人抵抗力还是很强的。只是由于在川蜀和襄阳的大将吕文焕、刘整的投降倒戈，才使蒙古军顺利灭宋。王夫之对于理宗君臣的无所作为，真是无可奈何。

君子生于乱世，他的生死就是出仕和退隐，这是王夫之对宋代历史的一个总结。佛教以人的生死为大事，在王夫之看来，生死是由天决定的，人无得而与焉，所以生死对于君子来说，不足以当大事。君子的大事，在仕与隐。“仕隐者，君子之生死也”。“生以之生，死以之死，生不虚而死不妄。不轻以身试天下，不轻以天下试其身。终身守之，俄顷决之，皆存乎一心。故曰仕隐者，君子之生死也”。之所以有这样的思想，正是因为王夫之生于朝代灭亡的时期，君子的生死与国家的命运完全联系在一起。如果在太平无事的时代，无论仕与隐，都只能说是君子的一种生存方式，而与死无关。但在朝代灭亡的非常时期，仕与隐都与国家的命运密不可分，所以这里既有生的问题，又有死的问题。君子在这样的问题上，自有其根本原则，不能随意对待，“天下待以定，民待以安，君待以正，道诚在己”，这就是生。“不可死则不可仕”，“出入于风波之中，而犹可不为之葸退”，“怀悲愤以愍颠隮，忤权臣而争邪正”，于是就被权臣“斥之、罢之、窜之、逐之，乃至诬以罪罟，罗以朋党，而伏尸于都市”，这就是死。“无可避之铁钺，则逢、比之遗烈，未尝不可追，而勿为挟全躯保妻子之谋以引身佚处”，出仕退隐，都生死以之，这就是君子生当乱世的态度。王夫之这样看待宋朝末年的君子，也是这样要求处于明朝末年的自己的。到了朝代最后的时刻，“仕既无君，隐亦无土，欲求一曲之水，一卷之山，散发行吟，与中原遗黎较晴雨、采橡梠而不可得”，此时虽生犹死，无论仕与隐，都在生死之间，这就是君子的命运。

对于士来说，人们常说“志气”二字，王夫之加以分别，志与气的关系是：“以志帅气则气正，以气动志则志骄。”气要养，但不能助长，否则就会“激天下之祸，导风俗之浇，还以自罹于死辱”，这样的气，不过是“习气而已矣”，它于志并没有益处，也不是真正的浩然正气。他又分析了“所谓士气”，就是“合众人之气以为气”。但是“合众气以为气”，就不能“得其理”。所以对于士人来说，只能独自用自己的气，而不能指望用众人的气。士要以天下为志，以道义为行，从而轻生死、忘贫贱，忧君父之危，伤彝伦之斁，恤生民之苦，愤忠贤之黜，不惜犯其君、触权臣以求直，在这个时候，就是“一与一相当”，士的“气固盈”。如果担心自己一个人不足以胜，就想借助众人的气势，那就表明自己先已气馁了，气就不盈足了。士人生当王朝灭亡之时，应该保持这种正气，宋之晚期，“蒙古入杭，群驱北徙，瘃足堕指，啼饥僦食于原野，曾无一人焉捐此蟪蛄之生，就孔子之堂择干净土以为死所”。由此可知士人之气不是真正的浩然正气，只是“浮气”“习气”“意气”，这种气在历史上往往招来反面效应，“战国之士气张，而来嬴政之坑；东汉之士气竞，而致奄人之害；南宋之士气嚣，而召蒙古之辱”。后人往往赞赏宋代士人的士气，却不能像王夫之这样透彻分析，所以值得后人关注。

守住王朝及其天下，一个方面也要凭借地势的险要，在这个问题上，王夫之认为：“恃险，亡道也；弃险，尤必亡之道也。”对于南宋晚期来说，所可凭借的险是什么呢?《周易》说：“王公设险以守其国。”所以守国者不可以不知险。真正的险“非一山之岝崿，一水之波涛”，而是要有更广阔的视野，加以天险地堑，以及各方面的充足准备，配合整个国土，形成完备的防守体系。

就南宋所处的地势而言，长淮、大江为其障蔽，因此就有“天堑”的称号。但“险固不在是”，因为淮河、长江都是“一苇之可杭，无重关之足扼，江东之险，不在此悠悠之带水明矣”。根据历史的经验，“江东之险在楚，楚之险在江与汉之上流。恃大江者非所恃，弃上流者弃其所依”。就南宋而言，处于长江下游的吴、越虽已糜烂，而巴、蜀、湘、粤，仍可阻险以争衡，而上游先已沉沦，则吴、会、越、闽，就只有魂夺而坐毙了。南宋也没有放弃上游，蒙古也是从上游开始进攻，逐步向下游进逼。但更大的问题是南宋大臣如贾似道之流的无能和猜忌，他们“以贿赂望阃帅，以柔媚掌兵权，以伉直为仇雠，以爱憎为刑赏。于是余玠死而川蜀之危不支，刘整叛而川蜀之亡以必，吕文焕之援绝而阳逻之渡不可复遏”。这才是放弃了真正的险要，所以王夫之说这才是“千秋之永鉴也”。

儒者之荣，不能救世

【题解】

史弥远为了纠正韩侂胄用伪学对学者的打击，解除了道学之禁，褒崇儒家学者，采取了一系列措施让他们的子孙受到荣崇。但这并不能使儒学复兴，更不能使南宋国势复兴。王夫之认为这些表面的荣崇，并不是真正的尊崇儒学，反而使后世以儒为膻，儒为天下贱，这对国家的危害更为严重。

【正文】

自史弥远矫韩侂胄之奸，解道学之禁，褒崇儒先，而请谥、请赠、请封、请录子孙、请授山长，有请必得，迄于蒙古渡江，旦夕垂亡之日而不辍，儒者之荣也。呜呼！以此为荣，而教衰行薄，使后世以儒为膻，而儒为天下贱，胥此启之也。夫君子之道异于异端者，非徒以其言，以其行也。非徒以其行，以其心也。心异端之所欲，行异端之所尚，以表章儒者之言，而冀以动天下之利于为儒，则欲天下之弗贱之也，不可得已。

【译文】

自从史弥远矫正韩侂胄的奸邪，解除了道学的禁令，褒扬尊崇先代儒家，请求为先代儒家追加谥号、请求为他们追赠官位、请求给他们封为爵位、请求录用他们的子孙、请求对一些学者授予“山长”的称号，凡有请求必能得到允许，以至于蒙古兵渡过长江，宋朝旦夕之间就将灭亡的时候还不停止做这类事情，这是儒家学者的荣耀。呜呼！以此为荣，而儒教衰弱、人们的行为更为浇薄，使后世的人视儒生如同膻腥一样臭，而儒生就被天下人看得很低贱了，就都会是由这些事情引导出来的。君子之道之所以与异端不一样，不只是靠他们的言论，而是靠他们的行为；不只是靠他们的行为，而是靠他们的心。如果心里是异端所想的欲望，行为是异端所崇尚的，以此来表彰儒者的言论，而希望为儒者动用天下的利益，那么想让天下人不把儒者看得低贱，是不能做到的。

【正文】

古之治教统于一，君师皆天子之事也。天子建极以为立教之本，而分授于司徒、师保、司成[①]，皆设官以任教，非因其能教而宠之以官。人习于善，士习于学，学成而习于教，各尽其职分之所当为，无假于宠，而抑岂人爵之所能宠哉？周衰教弛，而孔子不用于天下，乃以其道与学者修明之，不得已而行天子之事，以绍帝王之统。故上不待命于宗周，下不假权于鲁、卫。其没也，哀公以下大夫之礼诔之曰尼父而无谥，子思自列于士而无世官[②]。非七十子之不能请，而哀公缺于尊贤也。君子之道，行则以治邦国，不行则以教子弟。以治邦国，则受天位而治天职；以教子弟，则尽人道以正人伦。其尤重者，莫大于义利之分。受天位者，利之所归，而实义之所允，极乎崇高而非有所让。尽人道者，义之所慎，而必利之所远，世虽我贵，而必有所不居。崇廉耻，谨取舍，导天下以远于荣利，俾人知虽在衡茅，而分天降下民宠绥以善之重任，斯孔子所以德逾尧、舜而允配乎天也。孔子没，七十子之徒，学散而教淫，于是有异端者兴，若田骈、惠施之流[③]，道不足以胜天下之贤智，乃假借时君之推尚，以诱人之师己。故齐王欲以万钟养弟子[④]，而孟子斥为垄断之贱夫，退而著书以开来学。其视世主之尊礼，如尘垢之在体，而浣濯之唯恐不夙。存义利之大间，而后不辱君子之道，严哉！舜、跖之分，其不容相涉久矣。

【注释】

① 司徒、师保、司成：司徒，周时称地官大司徒，掌管国家土地和教化。汉哀帝称丞相为大司徒，与大司马、大司空并列三公。东汉时称司徒。师保：负责辅弼帝王和教导王室子弟，有师有保，统称师保，如太师、少师、太保、少保。太师、太傅、太保为三公，少师、少傅、少保为三孤。司成：教育贵族子弟，后称国子监祭酒为大司成。

② 子思（前483—前402）：名孔伋，字子思，孔子嫡孙，是曾参的学生，孟子又是子思门人的学生，因此后人称子思、孟子为思孟学派。

③ 田骈（前370—前291）：又称陈骈，又名广，齐国人，齐国临淄稷下道家学派的代表人物，又从道家向法家转变，与慎到齐名。善于辩论，时称“天口骈”。惠施（前390—前317）：宋国（今河南商丘）人，主张合纵抗秦，是庄子好友。《庄子·天下》说：“惠施多方，其书五车。”

④ 齐王：齐威王，在位时建稷下学宫，招天下学者，列上大夫，给予优厚待遇。齐王曾说：“我欲中国而授孟子室，养弟子以万钟，使诸大夫国人皆有所矜式。”孟子也说：“万钟不辩礼义而受之，万钟于我何加焉？”钟，古代计量单位，春秋时齐国以十釜为一钟。万钟形容数量极多。

【译文】

古代的治国和教化是统一的，君主和老师都是天子的事。天子建立最高的中心作为建立教化的根本，而分别授给司徒、师保、司成等官，都设定官职来担任教化，不是因为他们能教才用官职来奖赏他们的。人们熟习为善，士人熟习治学，学成之后就熟习教化、各自尽力来做他们的职分所应当做的，不用依靠他们的恩宠，而又难道是赐予爵位所能恩宠的吗？周代衰败而教化松弛，于是孔子在天下受不到任用，就用这种教化之道与学者一起研究而加以阐明，不得已才来做天子的事，以承续帝王的道统。所以在上不用等待天子朝廷的命令，在下不用借用鲁国和卫国的权力。他去世之后，鲁哀公用下大夫的礼节为孔子作诔词称他为“尼父”而没有谥号，子思身列于士的行列之中而没有世代承袭的官职。如果孔子学生中的七十个有名弟子提出追加官职爵位的请求，而鲁哀公在尊贤上就会有缺失了。君子之道，实行起来就能治理国家，得不到实行就用来教导子弟。用来治理国家，就接受上天所给的官位而做好官位所应有的本职；用来教导子弟，就完全做到为人之道以纠正人伦关系。其中最重要的，没有比义利的分别更重大的了。接受上天所定的官位，就是利益要归属的，而实际上也是道义所允许的，到达最高的地位而不会有所推让。做好为人之道，在道义上就要谨慎，而必定要远离利益，世人虽然尊敬我，但必定有些地位是不能接受的。崇尚廉耻，在取舍上要谨慎小心，引导天下远离荣华与利益，使人知道我虽然在民间，但要分担上天降给下民恩宠、安宁使他们处于美好状态的重任，这就是孔子之所以德行超过尧、舜而实能与天相配的原因所在。孔子去世后，他的七十个弟子，在学术上逐渐分散而在教化上也变得混乱了，于是就有异端出现了，像是田骈、惠施这一类的人，道术不足以胜过天下的贤智之士，就利用当时的君主来加以推行和崇尚，以引诱人们以自己为师。所以齐威王想用万钟俸禄养学者，而孟子就把这种人斥之为垄断学术的低贱之人，他自己则退出来，通过著书以启示以后的学者。他看待当世君主对学者的礼遇尊崇，就像尘垢落在身上一样，唯恐不早点洗涤干净。保存义与利的重大区别，而后才能不辱君子之道，在这件事情上是很严格的啊！舜和盗跖的区别，不容混淆已经很久了。

【正文】

老子之学，流而为神仙，其说妖，其术鄙，非得势不行也。故文成、五利之于汉[①]，寇谦之之于拓拔氏[②]，赵归真、柳泌之于唐[③]，王老志、林灵素之于宋[④]，锡以师号，加以官爵，没而祀之，而后天下之趋黄冠也如骛。浮屠之学，流入中国，其说纤，其术悖，非得势不行也。故佛图澄之于石虎[⑤]，鸠摩罗什之于苻坚[⑥]，宝志之于梁[⑦]，智𫖮之于隋[⑧]，乃至禅学兴而五宗世继[⑨]，擅名山之利者，必倚诏命，锡以金紫，宠以师号，没而赐以塔庙，加以美谥，而后天下之趋缁流也如骛[⑩]。奈之何为君子儒者，一出登朝，急陈其所师者推为教主，请于衰世之庸君奸相，徼一命以为辉光，与缁黄争美利，而得不谓之辱人贱行乎？

【注释】

① 文成：汉武帝时企图长生，方士欺骗说有方术可致人长生如神仙，武帝宠信他们，将齐人少翁封为文成将军，方士栾大封为五利将军。

② 寇谦之（365—448）：上谷昌平（今北京）人，声称遇仙人成公兴指教，入华山、嵩山修道，又得太上老君、老君玄孙传授，称为天师。北魏太武帝拓跋焘继位，成为北魏国师、帝师。太武帝为他修建道坛，太延六年（440），据寇谦之建议，改年号为“太平真君”，至道坛接受寇谦之的符箓。北魏皇帝即位都到道坛受符箓，成为定制。又促使太武帝灭佛。

③ 赵归真（？—846）：唐敬宗时出入宫掖，称“赵炼师”，鼓说神仙术。唐武宗以赵归真为师，召赵归真入宫中，修金箓道场，武宗受法箓。以赵归真为左右街道门教授先生。武宗因过分崇信道教，会昌五年（845）废除佛教，史称“武宗毁佛”。会昌六年（846），武宗服赵归真炼的丹药，中毒而死，赵归真被杖杀。柳泌：元和十三年（818），大臣李道古向宰相皇甫镈推荐柳泌能炼制长生不老药，唐宪宗召柳泌，命为台州刺史，在天台山炼药，一年后无法炼出，逃入深山，被抓回，宪宗命为翰林待诏，继续服用丹药。元和十五年（820），宪宗吃药过多而性情暴怒残虐，被内侍陈弘志趁其熟睡时勒死，迎立太子继位，即唐穆宗。穆宗只知享受声色犬马，宦官专掌朝政，唐朝更加衰败不堪。

④ 王老志（？—1122）：临濮（今山东鄄城）人。初为转运小吏，后遇异人学道，以道术知名。宋徽宗政和三年（1113）召至京师，号洞微先生。林灵素（1075—1119）：温州（今浙江温州）人。道士，善妖幻，以方术受徽宗宠幸，赐号“通真达灵先生”“元妙先生”，恣横不

悛，终被斥还故里。

⑤ 佛图澄（232—348）：西域人。九岁出家，晋怀帝永嘉四年（310）来到洛阳，年已七十九，能诵经数十万言，善解文义，知见超群，后到襄国（今河北邢台），投奔石勒，辅助石勒称帝，建立后赵。石勒死后，石虎自称天王，对佛图澄更加敬奉。石虎（295—349）：后赵太祖武皇帝，上党武乡（今山西榆社）人，后赵君主石勒的侄儿，石勒死后，其子石弘继位，石虎杀石弘，自称天王，太宁元年（349）称帝。石虎荒淫残暴，却厚待佛教高僧佛图澄。

⑥ 鸠摩罗什（344—413）：简称罗什，天竺（今印度）人，精通汉文，游学诸国，遍访名师。前秦建元十八年（382），苻坚派骁骑将军吕光等人讨伐龟兹等国，掳获鸠摩罗什，返至凉州（今甘肃武威），姚苌杀死苻坚，建立后秦，欲请鸠摩罗什莅临，但后凉并不放行。姚苌死后后凉投降，鸠摩罗什才到达关中并在中国多年，是古代最著名的佛经翻译家。

⑦ 宝志（418—514）：金城（今甘肃兰州）人，亦称保志、志公，梁武帝时的佛教高僧，与达摩、傅大士合称“梁代三大士”。七岁在钟山（今紫金山）出家，梁武帝时奉为帝师，他向梁武帝引荐菩提达摩，但武帝不能理解达摩的禅机，达摩去了北魏。

⑧ 智顗（yǐ，538—597）：荆州华容（今湖北潜江）人，世称智者大师，佛教天台宗开宗祖师。十七岁在荆州长沙寺出家。陈文帝天嘉元年（560）到光州大苏山拜慧思为师，光大元年（567）慧思嘱他前往金陵（今南京）弘法，和法喜等人到达陈都金陵讲禅。陈太建七年（575）入天台山，修行佛法。陈至德三年（585）又回金陵讲经。陈亡，上庐山隐修。隋开皇十一年（591），到扬州为杨广授菩萨戒，得“智者”称号。次年（592）在当阳玉泉山创玉泉寺。开皇十五年（595），到扬州，归天台。杨广又派人迎请，行至石城病死。

⑨ 五宗：禅宗慧能一系的南宗，后来分化为五个宗派，即临济宗、沩仰宗、曹洞宗、云门宗、法眼宗。

⑩ 缁流：僧徒。僧尼多穿黑衣，故称。

【译文】

老子的学说，在后世演变就成了神仙之学，这种学说妖妄，它的方法也很鄙陋，不得到官方的势力就不能流行。所以汉代就有方士被封为文成将军、五利将军，寇谦之在拓跋氏的北魏，赵归真、柳泌在唐代，王老志、林灵素在宋代，都被天子赐给“天师”一类的封号，还赐予官爵，死后还要祭祀他们，而后天下奔走来当道士的人就像野鸭子一样多。佛教的学说，传入中国，其学说纤细，其方法悖背，不得到官府的势力也不能流行。所以佛图澄在石虎时，鸠摩罗什在苻坚的时候，宝志在南朝梁，智颛在隋，才使禅学兴起而出现了五家宗派世代相继，专擅名山之利的人，一定要仰仗皇帝的诏命，赐给他们金紫的官服，用大师的名号表示恩宠，死了之后还要赐建塔和庙，封给好听的谥号，这样之后天下奔走来当僧侣的人就会非常多。为什么君子儒士一旦出仕登上朝廷，就急于称扬他的老师并推崇为教主，向衰世的昏庸君主和奸邪宰相提出请求，求得一个称号作为自己的荣光，来与佛徒、道士争夺美妙的利益，这样能不说他们是对人格的侮辱和低贱的行为吗？

【正文】

夫君子之道，弘传奕世，非徒以迹美而名高也。使后起之君相，知之真，行之力，学其所学，以饬正其身；行其所行，以治平其天下；则旷百世以相承，而君子之志得矣。如其不能，而徒尚以名，则虽同堂而处，百拜以求，登之于公辅，而视之无异于褐夫；禄之以万钟，而视之无殊于草芥。则身没以后，片语之褒，一官之命，以莛叩钟[①]，漠乎其不相应也。为之徒者，弗能推此志以尊其师。而营营汲汲，伏伺于辇毂，奔走于权门，迨其得之，乃以骄语于俦伍。身辱者，自取之也；辱其所师以辱道，不已甚乎！

【注释】

① 以莛叩钟：莛（yáng），草本植物的茎，非常轻。以莛叩钟，比喻完全撞不出声音。

【译文】

君子之道，被世代相传，不只是靠行迹美妙和名声高远。假使后起的君主宰相，对君子之道知道得真切、实行得得力，学习君子之道所应学的，用来整饬纠正自身；实行君子之道所应实行的，用来治理平定他们的国土；那么远在百代之后也会相承续，而君子的志向就得以实现了。如果他们不能做到，而只是用名声来表示崇尚，那么就是同处在一堂，拜了百次来求，由此而让儒家学者登上王公、宰相的官位，而看待他们就像看待农夫一样没有区别；用万钟粮食作为这些学者的俸禄，而看待他们就与看待草芥一样没有差别。那么他们身死以后，用片言只语加以表彰，用一个官位加以任命，就会像用一根草来敲钟，毫无声音而不会有所响应的。作为他们的弟子的人，不能用这种志向来尊崇他们的老师。而急切地加以营求，在皇帝、官员的车轮后面匍匐窥伺，在权贵的门前来往奔走，等到他们得到一点恩赐，就用骄傲的语言来向自己的同伙夸耀。身已受辱，是自己要来的；羞辱了他们的老师又羞辱了君子之道，不是太过分了吗！

【正文】

夫为此者之志，大可见矣。志之未壹也，业之未崇也，大义弗能服躬也，微言弗能得意也。委琐因仍以相授受者，非浸淫于异教，则自比于蒙师。所恃以自旌于里塾，曰“吾理学之正传，推所渊源，而天子尊之矣，天下其何弗吾尚也？”非是，则丰屋之下，三岁而不觌一人，其为儒也亦鲜味矣。耀枯木之余焰，续白日之光辉，故朱子没而嗣其传者无一人也，是可为长太息者也！理宗之为“理”也末矣。则朱门之儒为山长者，愈不足道矣。宜其借光于史弥远、贾似道之灶炀也[①]。

【注释】

① 炀（yáng）：本指热、燥，引申指火、火光。

【译文】

作为这种人的志向，大致是可以看出来了。志向是不专一的，学业是未尊崇的，对于儒学的大义还不能亲身躬行，对于经典的微言不能掌握其中的深意。治学鄙陋委琐只能机械地相互传授，不受异端邪说的影响，就自比于教儿童的私塾教师。所仗恃而在里巷私塾里自我表彰，说“我是理学的正传，推究我的学业的渊源，就是天子所尊崇的，天下为什么不尊崇我呢？”不这样的话，就在高屋之下，三年也见不到一个，这种人作为儒生也太没有意思了。拿着枯木的剩余火焰来夸耀，想以此来承续白日的光辉，所以朱熹死后继承他的学说的没有一个人，这是要为他长长叹息的！理宗作为“理”来说也太差了。那么朱熹之门的儒者作为书院山长的人，就更不值一提了。所以他们只能借助史弥远、贾似道灶里的一点火光来为自己增光了。

【评析】

王夫之认为，对于学者及学术的尊重，不是用一些表面的荣誉称号或一些物质奖励，而是要使“治教统于一”，使从事学术研究的人成为“君师”，即君主的老师，这才是对学术和学者真正的尊重，才能使学术与学者为国家所用，成为指导国家治理者的思想与文化的权威。也就是说，对于学术与学者来说，不需要特别的恩宠，而要使之成为引导整个国家的老师，让“人习于善，士习于学，学成而习于教，各尽其职分之所当为”。史弥远的尊儒，并不是这样，所以这种举措并不能挽救宋亡的命运。后世治国者，应该懂得这个道理，不要做这种似是而非的尊崇，而要真正让学术与学者成为君主之师。有没有这种认识，是衡量一国的治理是否高明的试金石。

理宗君臣之愚不可瘳

【题解】

理宗君臣愚不可救，就在于他们根本不懂治国之道，既不学无术，又人格低下，更无志气勇气，国家怎能不败亡？

【正文】

会女直以灭契丹，会蒙古以灭女直，旋以自灭，若合符券。悬明鉴于眉睫而不能知，理宗君臣之愚不可瘳，通古今天下未有不笑之者也。虽然，设身以处之，理宗之应此也亦难矣。会女直以灭契丹，非女直之为之也。女直无藉援于宋之情，亦无遽思吞宋之志。童贯听赵良嗣间道以往约[①]，而后启不戢之戎心。使宋闭关以固守，则女直不能测宋之短长以思凌夺。且宋之于契丹也，无君父之雠，则援而存之以为外蔽，亦一策也。不此之虑，而自挑之，其咎无可委也。会蒙古以灭女直，则宋未有往迎之心，而王楫自来，其势殊矣。蒙古之蹂女直也，闻之则震，当之则靡，左驰右突，无不逞之愿欲。其将渡河而殄绝之，岂待宋之夹攻而后可取必？然且间道命使，求之于宋者，其志可知矣。女直已归其股掌，而涎垂及宋，殆以是探其情实，使迟回于为欣为拒之两途，而自呈其善败。故曰宋之应此亦难矣。

【注释】

① 赵良嗣（？—1126）：即马植，燕（今河北北部）人。在辽官至光禄卿。徽宗政和初，童贯使辽时，他向童贯献上结好女真伐辽取燕之

策，之后随童贯归宋，改姓名为李良嗣。徽宗召见时，献上联金灭辽之议，赐姓赵，任秘书丞。后多次使金（女真），与阿骨打谈判联兵攻辽。升为龙图阁直学士、光禄大夫。后因力谏勿纳张觉，夺职贬郴州。靖康初，因金人侵犯，在贬所被处死。

【译文】

联合女真以灭契丹，联合蒙古以灭女真，不久自己也灭亡了，就像符券完全相合一样。让前车之鉴明明白白地悬挂在眉睫上而不能看到，理宗君臣的愚蠢不可救药，古往今来的天下人没有不笑话他们的。即使这样，设身处地来考虑的话，理宗应对这时的形势也是困难的了。联合女真来灭契丹，不是女真的所为。女真没有借助宋朝援助的心情，也没有马上吞灭宋朝的志向。童贯听任赵良嗣走小道前去与金国约定，而后开启了他们不能收回的作战之心。假使宋朝闭关来固守，那么女真就不能测知宋朝的长短而想到欺凌和侵夺。而且宋朝与契丹，没有捉走君父的仇恨，就会让契丹存在而作为自己在北方的屏障，这也是一个办法。不考虑这些，而自己去挑动别人，其过咎就无处可以推诿了。联合蒙古来灭女真，那么宋朝未有前往迎接的心情，而蒙古的使者王楫自己前来，其形势就不一样了。蒙古蹂躏女真，女真一听到蒙古军来就震惊害怕，一与蒙古军相遇就崩溃败北，蒙古军左冲右突，没有不能达到意愿的。蒙古将渡过黄河而灭绝女真，哪里要等宋朝配合夹攻而后才能必定攻下女真呢？但还是从小路派来使者，向宋朝提出请求，蒙古的志向就可知了。女真已经归服到了他们的股掌之中，而垂涎于宋朝，大概是用这个办法来探知宋朝的虚实，让宋朝在欣然接受还是加以拒绝两条路上犹豫不决，而使宋朝自己呈现出善败。所以说宋朝如何回应蒙古也是很困难的了。

【正文】

藉不许其约而拒之与？则必有拒之之辞矣。有其辞，抑必有其践之之实矣。拒之而不以其理，则辞先诎；如其辞之不诎，而无以践之，则为挑衅之媒，而固茶然不敢尽其辞。将应之曰："金，吾与国也，世与通好，盟不可寒。今穷而南依于我，固不忍乘其危而规以为利。”如是以为辞，而我诎矣。君父囚死于彼，宗社倾覆于彼，陵寝发掘于彼，而以迫胁要盟之约为信，抑将谁欺？明恃女直为外护，以缓须臾之祸，而阳托不忍乘危以夸志义；怯懦之情不可掩，而使其谋我之志益坚，则辞先诎，而势亦随之以诎矣。惟其不可，故史嵩之亦无可如何，宁蹈童贯败亡之轨而不容已于夹攻之约。昏庸之臣主，势所不能自免也。

【译文】

假使不答应蒙古的要求而拒绝他们呢？就必定有拒绝他们的理由了。有了拒绝的理由，还必须要有能够付诸行动的实力。拒绝他们而不合乎道理，那么拒绝起来先就理屈了；如果拒绝的理由不是理屈，而没有实力来行动，那么这就成了挑衅的导火线，而宋朝本来就虚弱胆小而不敢完全用言辞拒绝。就会回应说：“金，是我国的友邦，世代与它友好，而两国的盟约不敢废除。现在金国走投无路而向南来依靠我国，本来就不忍心乘着它的危险而图谋求利。”如这样来回应蒙古，那就是我国理屈了。君父在金国那里被囚禁而死亡，宗庙、社稷被金国颠覆，先代帝王的陵墓被金国挖掘开，而用胁迫结盟的宋金和约作为信物，又将欺骗谁呢？明明是仗恃着女真作为外部的保护，以延缓很快就要来到的灾祸，而表面上借口不忍心乘女真之危来夸耀自己讲义气；怯懦之情掩盖不住，而使蒙古图谋我方的志向更为坚定，那么这就是言辞先已理屈，而形势也随之而力屈了。正因为不能这样做，所以史嵩之也无可奈何，宁愿重蹈童贯败亡的覆辙而不能不与蒙古订立夹攻的条约。昏庸的君主，受形势的逼迫是不能自免其祸的。

【正文】

诚欲拒之而善其辞，必将应之曰：“金，吾世雠也，往者我有不令之臣，听其诈诱，资之兵力以灭辽，谓举燕、云以归我。辽命既剿，猝起败盟，乘我不备而倾我宗社，吾之不与共戴天久矣。徒以挫折之后，国本未固，姑许之和，以息吾民而用之。今者生聚于数十年之余，正思悉率师武臣力以洒前耻，而天假于彼，驱之渡河，使送死于汴、蔡。今河北之地，彼且渐收之以入版图；河南为吾陵寝之土，我固将起而收之，俘守绪而献之祖庙。定河北者，在彼有余力而可不须我也；河南者，固在我运筹之中，而抑可不重烦于彼。吾视吾力以进，各以所得为疆域；待之金孽尽殄，封畛相联，然后遣使修好，讲睦邻之盛事。今方各有中原之事，未遑将币，信使之来，钦挹嘉问，敬闻命矣。”如是以答之，则我义既伸，彼奸亦擿[①]。辞不诎矣，而实不足以践之，狡焉思逞之猾虏，岂可以虚声詟服者哉？志不定，胆不充，固呐焉不能出诸口也。

【注释】

① 擿（tī）：揭发。

【译文】

真想为拒绝蒙古而找到好的说辞，必将回应蒙古说：“金国，是我国的世仇，以往我国有不好的大臣，相信了他们的欺诈和引诱，协助出兵灭了辽，说是把整个燕、云地区都归还我国；辽国剿灭之后，金国突然兴起破坏了盟约，乘我不备而颠覆了我国的朝廷，很久以来都是我国不共戴天的仇人。只是在受到挫折之后，我国国家的根本未能巩固，姑且允许与他讲和，来让我国民众休息以求恢复。如今休养生息已有数十年了，正想动用全部军队和武将的力量以雪前耻。而上天借助他们自己的意志，驱动他们渡过黄河，让他们到汴、蔡之地去送死。如今河北地区，那方土地将要逐渐收归我国的版图，河南是我国的帝王寝陵之地，我国本来就要出兵收回，俘虏金国皇帝完颜守绪，将他献到祖庙祭祀祖先。安定河北，蒙古方面自有余力而可以不依靠我国；河南地区，就本来在我国的运筹之中，而可以不必让蒙古多加麻烦。我国根据自己的力量来进兵，各自以自己得到的地区为疆界；等到金国罪孽之人全部消灭，我国与蒙古疆土相连，然后派出使节建立友好关系，再来讲双方睦邻的盛事。如今正是两国在中原用兵的时节，来不及带上礼物，你们信使的前来，我国敬爱美好的问候，我国已经恭敬地听到你们的意旨了。”像这样来回答蒙古，那么我方的正义既已伸张，对方的奸邪也加以揭发了。言辞上不会屈理，但在实力上却不足以做到，想达到自己目的的狡猾敌虏，难道可以用空虚的声势镇服他吗？意志不定，胆量不足，本来就会张口结舌而说不出口了。

【正文】

虽然，宋于此时，诚欲践此言，抑岂无可恃之具哉？童贯之夹攻契丹也，与刘延庆辈茸阘之将[①]，率坐食之军，小入则小败，大入则大溃，残辽且竞起而笑之。祸已成，势已倾，所仰望以支危亡者，又种师道之衰老无能者也。及理宗之世而势屡变矣，岳、韩、刘、吴之威，挫于秦桧，而成闵、邵弘渊、王权、张子盖习于选愞[②]，故韩侂胄蹶起而旋仆。乃自侂胄之乐进武人而重奖之也，于是而虔矫之才亦为之磨厉。孟宗政、赵方、孟珙、余玠、彭大雅之流起[③]，而兵犹足为兵，将犹足为将，战犹有以战，守犹有以守，胜犹非其徼幸，败犹足以自持。左支右拒于淮、襄、楚、蜀之间，不但以半割残金，而且以抗衡蒙古。垂至于将亡之际，而西川之争，旋陷旋复，襄、樊之守，愈困愈坚。吕文焕、刘整反面倒戈，而驰突无前，率先阿术、伯颜以进[④]。如使君非至暗，相匪甚奸，则尽东南之力，以扑灭分崩之女真而收汴、雒，固其可奏之功。以视昔之闻声而栗、望影而奔者，强弱之相差亦远矣。诚奉直词以答蒙古，奚患言之不践，徒资敌笑乎？

【注释】

① 茸阘（tà）：愚钝，无能。

② 成闵（1094—1174）：邢州（河北邢台）人。靖康初，刘韐招募勇士，参军抗金。后随韩世忠作战，金完颜亮攻宋，闵率禁军守武昌，为人贪财，左正言刘度劾之，又为御史弹劾，罢太尉。王权（864—941）：

唐末进士，任左拾遗、右补阙，唐亡，在后梁为知制诰、翰林学士。后唐时为尚书左丞、户部尚书。后晋高祖时，为兵部尚书。石敬瑭命出使契丹，代表后晋向契丹称臣，王权认为此为耻辱，坚辞不行。张子盖（1085—1136）：今陕西凤翔人，随韩世忠与金和伪齐作战，授阁门宣赞舍人，后为江南东路马步军都总管，后随张俊参加柘皋之战，升兴宁军承宣使。宋金和议，为建康府驻扎御前诸军都统制、两浙西路马步军都总管。孝宗时，镇守镇江。选懦：柔弱怯懦。

③ 孟宗政（？—1223）：今山西新绛人。开禧二年（1206），在襄阳与金军作战。后屡败来犯之敌，金人呼为“孟爷爷”，不敢窥襄阳。为官赏罚分明，好贤乐善。赵方：生卒年不详，今湖南衡山人。淳熙八年（1181）进士，历任蒲圻尉、知青阳县、知随州。驻守襄阳、随州，率部下孟宗政、扈再兴多次击败金军。后任知襄阳府、权刑部尚书、京湖制置大使。赵方起自儒生，守边十年，以战为守，合官民兵为一体，持军严，每令诸将饮酒勿醉，当使日日可战。诸名将多在其麾下，若扈再兴、孟宗政皆起自当地，藩屏一方，使朝廷无北顾之忧。孟珙（1195—1246）：孟宗政之子，嘉定十年（1217年），随父孟宗政抗金，参与枣阳之战，绍定六年（1233），歼灭金武仙军。端平元年（1234），与元军联合攻破金都蔡州。嘉熙三年（1239），收复郢州、荆门、樊城、襄阳、夔州。官至四川宣抚使、领京湖安抚制置使。孟珙为南宋建立“藩篱三层”的长江上游防御体系，统御南宋三分之二的战线，被后世军史家赞为“机动防御大师”。余玠（1198—1253）：分宁（今江西修水）人，宋理宗端平三年（1236），元军入侵，应蕲州守臣征召，参加守城，击退元军。后在汴城、河阴战败元军。淳祐三年至四年（1243—1244），与元军数十战，战绩显著。后在合州（今重庆合川）修筑钓鱼城，又在三江沿岸筑十余城，形成山城防御体系。淳祐六年（1246），元军侵四川，余玠以新筑之城为屏障，重创元军。淳祐十二年（1252），元军再侵四川，余玠将元军击退，升兵部尚书，仍守四川。宝祐元年（1253），谢方叔任左相，诬

告余玠擅专大权，召余玠回朝，余玠愤懑成疾，服毒自尽。彭大雅：鄱阳（今江西鄱阳）人。宋宁宗嘉定间（1208—1224）进士，绍定五年（1232）出使蒙古，据亲身见闻写成《黑鞑事略》，是了解蒙古的重要著作。彭大雅对南宋的最大贡献，是修筑重庆城防。理宗嘉熙二年（1238），彭大雅预见元军将大规模攻宋，在重庆修城墙，后来元人十万大军也不能攻下重庆城。元军以后多次南下，均在重庆被击败，后因功高而被人进谗言，宋理宗将他贬为庶人，在忧愤中死去。

④ 阿术（1227—1287）：蒙古人，随元军攻大理，任开路先锋，攻下押赤城（今云南昆明）、乾德哥城（今云南澄江）、不花合因、阿合阿因（今云南曲靖）、赤秃哥寨（今云南昭通）、鲁鲁厮国（今四川西昌）等。宪宗九年（1259），突破宋军邕州横山寨、老苍关，直抵潭州（湖南长沙）。元世祖即位，阿术任禁军宿卫。中统三年（1262），任征南都元帅，指挥元军围困襄樊，至元十年（1273），迫使襄阳守将吕文焕出降。阿术升为平章政事，与丞相伯颜在荆湖设行中书省，指挥元军渡长江，攻鄂、汉，至元十二年（1275），在丁家洲（今安徽铜陵北）大败宋军。至元十三年（1276）攻克扬州，占领两淮。灭南宋后，阿术西征，病卒于途中。伯颜（1236—1295）：蒙古人。从曾祖到父亲，元世祖时，伯颜升光禄大夫、中书左丞相、右丞相、同知枢密院。率军攻宋，至元十三年攻陷临安，俘宋帝、谢太后等，至元三十一年（1294），元世祖忽必烈去世，为顾命大臣，拥戴太子真金即位，知枢密院事。同年病逝。后元帝为伯颜在杭州建祠堂（忠武王庙，即伯颜祠），以他攻克临安时，不嗜杀戮。

【译文】

即使如此，宋朝在这个时候，真的想按这个说法去做，难道还没有可以依恃的将领吗？童贯与金国夹攻契丹，与刘延庆一伙愚蠢无能的将领，率领不加训练而只会吃军饷的军队，小规模出动就小败，大规模出动就大败，残余的辽国都会竞相嘲笑他们。灾祸已经形成，形势已经倾覆，所仰望着支撑危亡局势的，又是种师道这样的衰老而无能的将领。到理宗的时候，形势已经屡次改变了，岳飞、韩世忠、刘锜、吴玠吴璘兄弟的军威，被秦桧挫毁了，而成闵、邵弘渊、王权、张子盖已经习惯于宋朝的柔弱怯懦，所以韩侂胄突然兴起而很快又仆倒在地。而自从韩侂胄乐意进用武人而对他们加以重奖，于是欺压别人的人才也受到了磨砺。孟宗政、赵方、孟珙、余玠、彭大雅一类的人才就出现了，而兵士还足以作为兵士，将领还足以作为将领，作战还足以作战，防守还足以防守，取胜还不是靠侥幸，失败还足以自我维持局面。在淮、襄、楚、蜀地区之间左右支撑和抵抗，不但能击败残余的金人，而且还能对抗蒙古。直到最后将要灭亡的时候，在西川与蒙古争夺，也是一时失陷一时又能收复，襄阳、樊城的守卫战，越是困难就越是坚定。吕文焕、刘整反叛倒戈之后，蒙古军才奔驰冲击无可抵挡，投降的吕文焕等在阿术、伯颜的元军前面向宋朝进军。如果君主不是极为昏庸，宰相不是极为奸邪，那么用东南地区的全部力量，来扑灭分崩离析的女真而收复汴、雒，本来是可以奏功的。与以前听到敌人进军的声音就发抖、望见敌人的影子就逃奔的军队相比，强弱的差别也是很大的。真的提出直言来回答蒙古，哪里担心所说的话不能做到，只让敌人嘲笑呢？

【正文】

君国者，理宗也；秉成者，史嵩之也；继之者，贾似道也。通蒙古亦亡，拒蒙古亦亡，无往而不亡，则虽欲善为辞以应之，而固无可应。不得已而姑许之，明悬一童贯、王黼之昭鉴，为异日败亡之符券，而有所不能避，固其必然矣。通而计之，酌时势而度之，固有可不亡之道。而要非徒拒蒙古会师之约，可以空言为宋救也。空言者，气矜而不以实者也。

【译文】

国家的君主，是理宗；主和的人，是史嵩之；继承他的人，是贾似道。与蒙古来往也要亡，拒绝蒙古也要亡，无论做什么都要亡，那么即使想用妥善的言辞回答蒙古，而本来就没有什么话可以回应蒙古。不得已而姑且答应对方，清楚地以童贯、王黼为明鉴，作为他日败亡的信物，有些事就不能避开，这本来就是必然的了。整体看来，斟酌时势而加以度量，本来就有可以不亡的道路。而要点在于不是只拒绝蒙古联合出兵的盟约，就可以用空话来救宋的。空话，就是只仗着意气而不考虑实际情况。

【评析】

理宗时的君臣愚蠢到了极点，所以治国无策，看看王夫之对当时情况的分析，就会明白治国之人应该是怎样的。后之治国理政者，能不能从中学到一些教训？这也是衡量他们是否为合格的治国之人的一个办法。

论度宗

【题解】

宋度宗赵禥（1240—1274），荣王赵与芮的儿子，理宗没有儿子，收他为养子，又立为太子。理宗病死，度宗继位，1265年至1274年在位，年号为咸淳。度宗孱弱无能，只知在后宫与妃嫔饮酒作乐。朝政全由贾似道掌握，常以辞官要挟，度宗总是卑躬屈膝向他跪拜，流泪挽留。当时忽必烈派兵攻打西蜀，沿汉江南下。咸淳四年（1268）包围襄阳，次年（1269）围攻樊城，贾似道隐匿不报，也不增援。咸淳九年（1273）正月，元军攻破樊城，二月，襄阳守将吕文焕粮尽援绝，向元军投降。咸淳十年（1274）七月，度宗因酒色过度而死。

度宗时期已是南宋的晚期，王夫之评论了三个问题：一是理宗之后的继位之主若有所作为，仍可救国；二是文天祥虽然以忠诚著称，但也有一些失误；三是宋朝灭亡的最大恶果。

到理宗末期，王夫之认为"其亡必矣"，但嗣立之主如能"愤耻自强，固结众志"，还有指望，纵使不能坚守国土，也可"收溃散之卒，勉以忠义，身虽死，国虽亡，犹足为中原存生人之气"。可惜继位的君主，只想"偷一日之安富，怀拥立之私恩，委国以授之权奸，至于降席稽颡，恬不知怍，而后赵氏之宗祊瓦解灰飞，莫之能挽"。看来，事在人为，人不为，什么事都做不成，这才是最令人痛心的。

而这样的君主得以继位，又是小人为了自己的私利而"任废立之大权，贪立菲才，以唯己之志欲"，小人的卑鄙而使宋朝"莫可救药"。宋宁宗把废立大权交给史弥远，理宗被扶立之后对史弥远感恩，史弥远因此得享厚利，其后奸人垂涎而思效之。贾似道就要扶立“行尸坐肉之童昏”，使他“匐伏以听己”，王夫之说“祸之所自生，则宁宗始之，理宗成之，非旦夕之故也”。这种情况在帝王制度下在所难免，而在朝代末期带来的危害就更为严重，一个朝代的终灭，最后就掌握在几个小人手里。

南宋仍有救吗？

【题解】

王夫之总是对南宋抱有希望，理宗君臣已如此昏愚，他还说后继的君主如果能愤耻自强、固结众志，还有一丝不致亡国的希望。即使最终不免失败，也能为中国文化的存在与发展保存一丝“生人之气”。如果中国人已没有了“生人之气”[①]，这个民族及其文化，也就彻底没有希望了。而这就是王夫之对宋的灭亡斥之为贻祸无穷的原因所在。

【正文】

宋迨理宗之末造，其亡必矣。然使嗣立之主，愤耻自强，固结众志，即如刘继元之乘城坚守[②]，屡攻而不下，犹有待也。抑不能然，跳身而出，收溃散之卒，勉以忠义，如苻登之誓死以搏姚苌[③]，身虽死，国虽亡，犹足为中原存生人之气。而偷一日之安富，怀拥立之私恩，委国以授之权奸，至于降席稽颡，恬不知怍，而后赵氏之宗祊瓦解灰飞，莫之能挽。呜呼！迹其为君，盖周赧、晋惠之流，得死牖间，犹为幸矣。

【注释】

① 生人之气：生人即活人，相对而言就是死人。生人之气，指人活着就会有的一股气，代表生命。一个人活着，但没有了志气勇气，如同死了一样，这就是没有生人之气，所以生人之气就代表着生命的活力。

② 刘继元（？—991）：北汉末代皇帝。北汉和帝刘钧收他为养子。北汉

天会十二年（宋开宝元年，968），刘继恩被杀，郭无为迎立继元为帝，在位期间残忍嗜杀，北汉其他宗室皆被杀害。天会十三年（宋开宝二年，969），宋太祖征北汉，久攻不下。继元广运六年（宋太平兴国四年，979），宋太宗亲征北汉，刘继元投降，北汉亡。在宋朝为右卫上将军。

③ 姚苌（330—393）：羌族人。十六国后秦开国君主。随其兄姚襄征战，其兄战死，成为苻坚部将。383年淝水之战，前秦大败，385年，缢杀苻坚，386年在长安称帝，国号大秦。晚年，常梦见苻坚索命，夜里乱跑，为卫士误伤，临终前跪伏床头，叩首不已。

【译文】

宋朝到了理宗的末年，其灭亡已是必然的了。但是假使继位的君主宋度宗能够发愤知耻而自强，巩固团结众人的意志，就像刘继元利用城池坚守，敌人屡次进攻不能拿下，就还是有指望的。即使不能这样，脱身逃出，收聚溃散的士兵，用忠义勉励他们，就像苻坚誓死与姚苌拼杀，身虽死，国虽亡，还足以为中原保存活人的生气。而宋度宗却苟且享受短暂的安乐富贵，对拥立自己的人抱有私人的恩情，把国家交给掌权的奸人，甚至走下座位向权臣叩头，恬不知耻辱，而后赵家王朝的宗庙、国家灰飞瓦解，没人能够挽救。呜呼！考察他作为君主，大致就是周赧王、晋惠帝之流，能死在自己居住的房内，还是幸运的。

【正文】

晋惠之立也，议者犹咎武帝之托非其人。以分则适，以年则长，嗣国之常经在焉，苟非通识，莫能易也。而度宗异是。理宗无子，谋立之于吴潜[①]，潜曰："臣无弥远之才，忠王无陛下之福。"夫岂言之无择而卤戆若斯哉？度宗之不任为君而足以亡宋者，臣民具知之矣。出自庶支，名位未正，非有不可废者存也。选于太祖之裔孙[②]，岂无愈者，而必此是与？则理宗晚多内宠，宦寺内荧，奸臣外拥，度宗以柔选无骨，貌似仁孝，宵小以此惑上，幸其得立，而居门生天子之功也[③]。故吴潜以为不可者，正似道之所深可。一立乎位，而屈膝无惭，江万里莫能掖止[④]，果以遂小人之愿欲，其所以得立者可知已。河山虚掷，庙社邱墟，岂似道之所置诸怀抱者乎？则甚矣，理宗之愚以召亡也。

【注释】

① 吴潜（1195—1262）：宣州宁国（今安徽宁国）人。宋宁宗嘉定十年（1217）进士，理宗淳祐十一年（1251）为参知政事、右丞相兼枢密使。开庆元年（1259），元兵攻鄂州，任左丞相，后被贾似道排挤，谪建昌军。

② 太祖裔孙：指宋度宗赵禥，其父赵与芮，是宋理宗母弟。理宗景定元年（1260）立为太子，理宗死后即位。

③ 门生天子：唐代中期以后，皇帝多由宦官决定，宦官把他们扶立的皇帝视为门生，称为“门生天子”。清顾炎武《日知录·座主门生》：“唐时风俗之敝，杨复恭至谓昭宗为门生天子。”这里指宦官认为自己扶立皇帝继位，自己就有莫大功劳。

④ 江万里（1198—1275）：都昌（今江西都昌）人。嘉定十五年（1222）入大学，受太子赵昀（宋理宗）赏识，宝庆二年（1226）进士，知吉州军，建白鹭洲书院，知隆兴府，又建宗濂精舍，理宗亲书匾额。与理宗谈论诸事得失，说：“君子只知有事非，不知有利害。”后为监察御史兼侍讲、殿中侍御史，受人诽谤，废官。贾似道入相，万里被度宗命为同知枢密院事兼参知政事，贾似道以辞职要挟度宗，度宗涕泣，欲下拜留似道，万里以身掖扶度宗，说：“自古无此君臣礼，陛下不可拜。”万里因似道专权而求退，又召为参知政事、左丞相兼枢密使。咸淳六年（1270），元军攻襄阳，万里请派军救援，贾似道不允。后万里以病辞职，居饶州。德祐元年（1275），元军攻饶州，万里与弟万顷率众抗守，终被攻破，万里偕其子江镐投水死，万顷被俘，至死不降，惨遭肢解。文天祥是万里的再传弟子，称江万里“以日月为明，泰山为高；奥学精言，为天地立心，生民立命”。

【译文】

晋惠帝的继位，议论的人还责怪晋武帝托付的大臣不是合适的人选。按照名分他是嫡子，按照年龄他是长子，继承王位的通常规则就是这样，如果不是具有通识的人，谁也改变不了这个规则。而宋度宗就与他不同。理宗没有儿子，与吴潜商量册立继位的人，吴潜说："臣没有史弥远的才能，忠王也没有陛下的福气。"难道说话没有选择而鲁莽憨直就像这样吗？度宗不胜任当皇帝而足以让宋朝灭亡，臣民都已经知道了。他出自庶子的支系，名号与地位都不正，并没有不能废黜他的理由。在太祖的后裔子孙中挑选继承人，难道就没有比他强的人，而一定要让他继承帝位吗？而理宗晚年在宫内有不少恩宠的人，宦官在宫内蛊惑理宗，奸臣在宫外拥有大权，度宗为人柔弱得好像没有骨头，表面上像是仁孝之人，小人们就以此来迷惑理宗，以度宗能立为太子为幸，好让自己居有门生天子的功劳。所以吴潜认为不能同意的事情，就正是贾似道所深为认可的。度宗一旦立在帝位上，就向宦官和权臣屈膝而不知惭愧，江万里也不能扶助他而制止这种行为，果真让小人们遂了意愿，他所以能继位的原因就可想而知了。把河山白白丢掉，让宗庙、社稷变成废墟，难道这是贾似道放在心里的愿望吗？那么理宗的愚蠢而招来灭亡就是太严重了。

【正文】

夫选贤以建元良，谋之大臣，以致慎也。而决之于独断者，大臣不敢尸焉。故与闻定策以相翼戴，虽优以恩礼，而必不可怀之以为私恩。非是，则权柄下移，而祸必中于家国。故昭子不赏竖牛①，而叔孙氏以安。汉文之于周勃，汉宣之于霍光，虽曰寡恩，亦宰制纲维之大义，不可徇矣。天子者，极乎尊而无上者也。有提之携之以致之上者，则德可市，功可居，而更临其上。故小人乐以其身任废立之大权，而贪立菲才，以唯己之志欲。乱之所繇生，莫可救药，必然之券也。

【注释】

① 昭子不赏竖牛：竖牛是叔孙豹逃亡齐国时与庚宗妇人所生之子，他在梦中见一人，黑而上偻，深目而豭喙，故呼之为“牛”。后叔孙豹回国继承家族爵位，让牛回来主持家政，命为“竖”，故称“竖牛”。竖牛害死叔孙豹与国姜在齐国所生的二子孟丙和仲壬，又将叔孙豹害死，让叔孙豹的庶子叔孙诺袭爵，即叔孙昭子，简称昭子。昭子认为竖牛使家族出现祸乱，不以他让自己袭爵为功，召集家臣准备攻杀竖牛，竖牛惧，奔齐。孟、仲之子杀诸塞关之外，投其首于宁风之棘上。孔子评论说：叔孙昭子之不劳竖牛，不可能也，此即古人所说的为政者不赏私劳，不罚私怨。

【译文】

选拔贤人来册立优秀的太子，和大臣商议，以做到谨慎。而由自己一个人来决断，大臣不敢在这件事情上做主。所以大臣参与确定太子人选而对太子表示拥戴，而太子继位后用优遇的恩宠来对待他们，但必定不能在心里认为这是私人的恩德。不是这样的话，就会使权力从皇帝手里向下转移到大臣手里，而灾祸必定降临国家。所以昭子不奖赏竖牛，而叔孙氏得以安宁无事。汉文帝对于周勃，汉宣帝对于霍光，虽然说赐予他们的恩德很少，但也主宰了国家纲维的大义，对于私人的恩情是不可曲从的。天子，极为尊高而没有比它更高的了。有人加以提携而让太子登上了天子的宝座，那么这种人的恩德可以要求报答，自己还可以居功，而更让自己高于继位的皇帝。所以小人喜欢让自己掌握废黜和扶立天子的大权，而贪图扶立没有才能的人，以求只按自己的意愿行事。大乱由此而生，没有人能够挽救，这是必然的证据。

【正文】

且夫拔起而登天位，遗大投艰于眇躬[①]，亦甚难矣。况在强寇压境之日，其难尤倍。锦衣玉食处堂之嬉，亦奚足为惠而怀之？即令膺祚以及子孙，抑亦宗庙之灵、先君之义，天下臣民之所推戴，岂赞我以立者之可鬻贩以为厚德哉？自宁宗委废立于弥远，而理宗感之以为恩；弥远以享厚利，奸人垂涎而思效之，无足怪者。吴潜曰“臣无弥远之才”，非无其才也，无其市天位以擅大权之奸谋也。夫弥远避祸之情，深于邀福。虽怀私以废济王，犹知密访理宗之器识以冀得人。故理宗虽暗，早岁之设施，犹有可观者。其隙既开，其流愈下，似道乃利建此行尸坐肉之童昏，匍伏以听己，于是而一丝九鼎之残疆，唯其所弃掷，而莫敢谁何。要其祸之所自生，则宁宗始之，理宗成之，非旦夕之故也。夫以韩魏公之公忠，而两朝定策，引退不遑，岂可望之史、贾之流者乎？孝宗嗣而娄寅亮、张焘之赏不行[②]，小人怀惠，而天下随倾，亦烈矣！故王珪之言曰：“陛下有富贵传子孙，皆先帝之恩。”君子甚恶其言。以有天下享崇高之奉，而感之以为恩，此乡里小生得一举而感举主者，尊之为师，戴之如父，寒乞之情也。然而不亡者，未之有也。

【注释】

① 遗大投艰：《尚书·大诰》中有“予造天役，遗大投艰于朕身”。是说把重大责任和艰难之事压在继任的帝王身上。

② 张焘（1091—1165）：饶州德兴（今江西德兴）人。徽宗政和八年（1118）进士，李纲辟焘入幕，纲贬，焘亦贬。高宗建炎初年，为通判湖州。绍兴二年（1132），为司勋员外郎、中书舍人。绍兴七年（1137），张浚之兄张滉赐进士出身，张焘与楼炤、何抡等人反对，贬为提举江州太平观，后知成都府兼安抚使，在蜀四年，戢贪吏，薄租赋。自蜀归，卧家十三年。秦桧死，知建康府、吏部尚书。孝宗受禅，除同知枢密院、参知政事，以老病不拜。

【译文】

把一个人提拔起来让他登上天子高位，把重大的责任和艰难的事情压在其渺小的身躯之上，也是很困难的。何况在强敌压境之日，其艰难就更是加倍。皇家子弟锦衣玉食生活在嬉乐之中，又何足以认为这是恩惠而感怀？即使可以让自己的子孙继承国家大位，这也是靠宗庙的神灵、先代君父的道义，靠天下臣民的拥戴，哪里是帮助我继位的人可以用来换取禄利而作为厚德的呢？自宁宗把废黜册立太子的大权交给史弥远，理宗就对他有了感恩之心；史弥远得以享受优厚的利益，奸人就垂涎而想效法，这是不足为怪的。吴潜说，“臣没有史弥远的才能”，不是没有史弥远的才能，而是没有史弥远通过扶立天子而换取专擅大权的这种奸谋。那史弥远躲避灾祸的心情，比邀求福禄的心更深。虽然他怀着私心而废黜了济王竑，但他还知道秘密访知理宗的才气见识而希望找到合适的皇帝人选。所以理宗虽然愚暗，但他早年的施政举措，还有可观之处的。但由某个人确立太子的做法既已开了头，那么后来的人就做得越来越低劣，贾似道就以扶立这个行尸走肉的年幼昏庸的人当皇帝谋利益，让他匍匐着听从自己；于是整个天下所剩余的一丝残存的疆域，就全由他抛弃，而没有人敢拿他是问。总的来说，这个灾祸开始产生，是从宁宗开始的，到理宗时完成的，也不是一朝一夕形成的。以当年韩琦的公正忠诚，确立了两代皇帝继承人，还要急忙引退，怎可拿这种做法指望史弥远、贾似道之流呢？孝宗继位之后而对娄寅亮、张焘的奖赏没有实行，小人想得到好处，而天下随之就倾覆了，这样的后果也是太严重了！所以王珪的话说：“陛下有富贵传给子孙，这都是先帝的恩德。”君子非常厌恶他这个话。因为有了天下而享受崇高的尊奉，就对帮助自己得天下的人感恩，这如同乡里小生得到一次举荐就对他的推荐人感恩，把推荐人尊为老师，如同父亲一样拥戴，这是寒酸之人的小家子气。这样做了还不灭亡的，是不会有的。

【评析】

南宋之亡，是使中国没有了“生人之气”，这个祸害一直影响到后来的中国历代，所以王夫之说这种祸害一直延续了六百年。因此宋的亡国，不仅是宋的灭亡，而是中国文化的灭亡，这就是最为宋代历史所悲伤的。现代研究历史的学者，把历史分成一段一段的进行研究，美其名曰“断代史”。但是，历史一被截断，它还是完整的历史吗？没有对中国历史的完整研究，又怎能形成对历史的完整认识呢？王夫之先有《读通鉴论》，再有《宋论》，这是对中国历史的完整研究与观察和分析，当然会对历史中的教训具有深刻的认识。不这样研究历史，就不会具备王夫之那样的历史意识与历史判断。读《宋论》，就能明白这一点。

论恭宗、端宗、祥兴帝

【题解】

恭宗、端宗、祥兴帝是南宋最后三任皇帝，年龄都很小，在位时间也都很短。

宋恭宗赵㬎（xiǎn，1271—1323），元军包围临安，他由谢太后抱着出城投降；1275年至1276年在位，宋度宗的次子，继位时年仅四岁，年号德祐。由祖母谢太皇太后、母亲全太后垂帘听政，大权由贾似道专掌。1275年，贾似道在芜湖与元军作战大败，谢太后和宋恭帝杀死贾似道。1276年1月，元军兵临临安，谢太后先派人求和，元军不许，最后抱着五岁的宋恭帝向元军投降。宋恭帝被俘后，在元朝封为瀛国公，元世祖忽必烈至元二十六年（1289），让他去西藏当僧人，法号和尊，曾译《百法明门论》《因明入正理论》两部佛教著作为藏文。元英宗至治三年（1323），宋恭帝赋诗："寄语林和靖，梅花几度开？黄金台下客，应是不归来。"表达对南宋朝的思念，元朝皇帝发现后，赐死。

宋端宗赵昰（shì，1268—1278），宋度宗长子，宋恭宗的兄长。恭宗被元军掳往北方时，他由驸马都尉杨镇等护卫，出逃福建，又由陆秀夫等人拥立为帝，1276年至1278年在位，年号景炎。景炎三年（1278）3月，为躲避元军追赶，逃到海上，不慎从船上落入水中，后惊病交加而死，年仅11岁。

宋祥兴帝赵昺（bǐng，1272—1279），宋度宗第三子，宋恭帝、宋端宗的弟弟，宋朝最后一任皇帝，1278年至1279年在位，年号祥兴。祥兴二年（1279）3月，宋军与元军在崖山（今广东新会南）海战，宋军覆灭，陆秀夫背着年仅8岁的赵昺跳海而死，宋朝最终灭亡。

这三任皇帝都是小孩子，并不能成为王朝的真正统治者，大臣们把他们扶立为帝，只是作为王朝的符号和象征，以号召天下而已。

恭宗时元军包围都城临安，文天祥身负重任，欲救国家，他说："父母病，知不可起，无不下药之理。"王夫之认为文天祥身履其时，为其事，而又于事无补，但能感受到"其言之切"。文天祥做的一切，都是在没有任何希望的情况下，聊尽臣子的职责而已。王夫之对此表示理解和同情，但也指出文天祥完全听命于谢太后，也是失误，"蒙古兵压临安，求所以存宋者，终无术矣。诚不忍国亡而无能为救，则婴城死守，君臣毕命以殉社稷，可也。奉君出走，收余烬以借一，不胜则委骨于原隰，可也。死不我值，求先君之遗裔，联草泽之英雄，有一日之生，尽一日之瘁"，也可。但文天祥"仓卒之下，听女主乞活之谋，衔称臣纳贡之命"，向元军乞求，这种乞求，等于"已入虎吻，而犹祝其勿吞"，是不可能的。文天祥这样做，是"摇惑于妇人之柔靡，震动于通国之狂迷，欲以曲遂其成仁取义之心"，但这是"择之不精，执之不固，故曰忠而过也"。

王夫之又批评宋朝总在关键时刻采取屈从的态度："宋之亡，亡于屈而已。澶渊一屈矣，东京再屈矣，秦桧请和而三屈矣。至于此，而屈至于无可屈。以哀鸣望瓦全，弗救于亡，而徒为万世羞。"一味屈从，没有任何用处，文天祥此时如果不屈从于谢太后之命向元军乞求，就可使"信国之忠，纯白而无疵"。王夫之认为文天祥的忠诚里，应该剔除这种"姑息"才好。

论宋的亡国

【题解】

两宋终于灭亡了，王夫之评论了这段对于中国来说极为屈辱的历史，不免发出深沉的感叹，这是对两宋不幸命运的叹息，又是对中国数千年文化遭受重大挫折的悲悯，更是想让后代中国人从中吸取沉痛教训的呼喊，我们今天读王夫之当年所发出的叹与呼，也应谨慎思考：历史上的中国为什么会有这样的命运？作为今天的中国人，为了中国现在与未来的命运，又该怎么办？对于中国的历史不要只当故事来听。现在不少人讲史，只是为了哗众取宠，没有认真思考中国历史上出现的种种问题，这样的讲史，对今天的中国没有任何好处。

【正文】

汉、唐之亡，皆自亡也。宋亡，则举黄帝、尧、舜以来道法相传之天下而亡之也。是岂徒徽、钦以降之多败德，蔡、秦、贾、史之挟奸私，遂至于斯哉？其所繇来者渐矣。

【译文】

汉、唐两代的灭亡，都是自己王朝的灭亡。宋朝的灭亡，则是把黄帝、尧、舜以来按照道法相传的天下都灭亡了。这难道只是徽宗、钦宗以后的皇帝多有败坏的德行，蔡京、秦桧、贾似道、史弥远挟着奸邪私心，才让宋朝到了灭亡的地步吗？宋朝终于灭亡的来由是逐渐形成演变而来的。

【正文】

古之言治者，曰“觌文匿武”[①]。匿云者，非其销之之谓也，藏之也固，用之也密，不待觌而自成其用之谓也。故《书》曰：“迪惟有夏，乃有室大竞[②]。”竞之不大，栋折榱崩，欲支之也难矣！其竞之也，非必若汉武、隋炀穷兵远塞而以自疲也。一室之栋，一二而已，欂、栌、榱、桷[③]，相倚以安，而不任竞之力。故用之专者，物莫能胜；守之壹者，寇莫能侵。率万人以相搏，而其相敌也，一与一相当，而群无所用。自辽、海以西[④]，迄于夏、朔[⑤]；自贺兰以南，垂于洮、岷[⑥]；其外之逐水草、工骑射、好战乐杀以睥睨中土者，地犹是地，人犹是族，自古迄今，岂有异哉？

【注释】

① 觌（dí）文匿武：即偃武觌文。觌，显现、炫耀。觌文即显示文教。

② 迪惟有夏，乃有室大竞：《尚书·周书·立政》“古之人迪惟有夏，乃有室大竞”。迪是语气词，无义。有夏即夏代。有室指卿大夫。大竞指很强。

③ 欂（bó）：椽子。栌（lú）：柱上方木，斗拱。

④ 辽、海：辽指东北的辽河，海指东海。辽海以西，指从辽、海往西。

⑤ 夏：指西夏。晋代赫连勃勃称夏王，筑统万城（故址在今陕西靖边）为都城，北魏灭夏，统万城改统万镇，又改夏州，隋改朔方郡，唐仍为夏州。宋代西夏，到元昊时，占有夏、银、绥等州，相当于今宁夏全部、甘肃大部、陕西北部、青海东部及内蒙古部分地区。朔：指朔州，治所在马邑郡，属今山西朔州。夏、朔泛指西北。从辽海往西，是说从东北沿海直到内地的西北，今宁夏、甘肃、陕西和山西北部一带。

⑥ 洮：洮州，在今甘肃临潭，今甘肃南部。先后有临洮、洮阳、洮州、临潭等名。岷：岷州，今甘肃岷县，境内有岷山，故称岷州。洮、岷泛指今甘肃地区。

【译文】

古代讨论治国的人，会说“显示文教，藏匿用武”。所谓的匿，不是说把武器销毁，而是说把武器牢固地收藏起来，严密地加以使用，不等人们看到它就已完成了它的使用。所以《尚书》里说：“正是到了夏代，他们的卿大夫才强大起来。”竞争的力量不大，柱子折断而榱梁崩塌，想支撑住它就很困难了！国家武力的强大，不是一定要像汉武帝、隋炀帝那样到边境上穷兵黩武而让自己疲惫。一栋房子的柱子，就一两根而已，而椽子、檩子、斗拱等，相互倚靠而使整座房屋得以安稳，国家武力的强大不是用来争强的力量。所以能专一用武力的人，物都胜不了它；而专一守天下的人，敌寇无人能侵入。率领万人来相互搏斗，而他们相互成为敌手，一人与一人相当，而成群的人就无处可用。从辽海以西，直到夏州、朔州；从贺兰山向南，直到洮州、岷州；其外追逐水草而居住、擅长骑射、好战乐杀来窥伺中原土地的人，地还是这块地，人还是这些民族，自古到今，哪里会有不同呢？

【正文】

三代之治，千有余岁，天子不以为忧，其制之之道，无所考矣。自春秋以及战国，中国自相争战，而燕、赵独以二国之力，控制北陲。秦人外应关东，而以余力独捍西圉，东不贷力于齐，南不藉援于韩、魏。江、淮以南，则尤耳不闻朔漠之有骄虏也。及秦灭燕、代，并六合，率天下之力以防胡，而匈奴始大。汉竭力以御之，而终莫之能抑。至于灵、献之世，中国复分，而刘虞、公孙瓒、袁绍[①]，不闻有北塞之忧。曹操起而抚之，鲜卑、匈奴皆内徙焉。蜀、吴不相闻也。晋兼三国，而五胡竞起。垂及于唐，突厥、奚、契丹相仍内扰[②]。及安、史之乱，河北叛臣各据数州之土以抗天子，而蓟、云之烽燧不闻者百年[③]。繇此言之，合天下以求竞而不竞，控数州以匿武，而竞莫加焉。则中国所以卫此觌文之区者，大略可知矣。

【注释】

① 刘虞（？—193）：东海郯（今山东郯城）人。汉宗室。举孝廉，任户曹吏、博平令、幽州刺史、甘陵相，灵帝末年任幽州牧。董卓时，为大司马、太傅。汉献帝初平二年（191），袁绍、韩馥等人欲立刘虞为帝，刘虞拒绝。初平四年（193）被公孙瓒杀害。

② 奚：北方古代民族之一，本称库莫奚，简称奚。库莫奚，鲜卑语音译，相当于今蒙古语“沙”“沙漠”。自北魏直至元代，活动时间长达千年。

③ 蓟：蓟州，今天津蓟州区，隋代为渔阳郡，唐代称蓟州，后称蓟县，现属天津。云：云州，唐代云州治所在定襄，即今山西大同。元代以后云州在今陕西神木。

【译文】

夏、商、周三代的治国，有一千多年，天子不把治理天下作为担忧的事，他们控制天下的方法，无处可以考察了。自春秋而到战国，中国自相争战，而燕、赵只靠两国的力量，控制北方边境地区。秦人向外出兵来应付关东各国，而用剩余的力量独自捍卫西部边境，东面不向齐国借力，南面不向韩、魏借援。长江、淮河以南，则更是没有听说过北方沙漠还有强悍的敌寇。等到秦国灭了燕国、代国，统一天下，率领天下的力量来防卫胡人，而匈奴才开始强大。汉朝竭尽全力来抵御匈奴，而最终不能抑制住匈奴。到了汉灵帝、汉献帝的时代，中国又一次分裂，而刘虞、公孙瓒、袁绍的时候，没有听说有北方边塞的忧虑。曹操兴起后安抚北方民族，鲜卑、匈奴都向内地迁徙。蜀汉和东吴都没有听说有这类事情。晋兼并了三国，而五胡竞相兴起。等到了唐代，突厥、奚、契丹相继侵扰内地。到安史之乱发生时，河北反叛的将领各自占据几个州来对抗天子，而蓟州、云州的烽火也有一百年不曾出现。由此说来，合天下来求强而不强，控制几个州来藏匿武备以等待使用，却强大得无人能超越。那么中国用来保卫这个文教区域的手段，就大体可知了。

【正文】

东汉之强，不敌西汉，而无北顾之忧者，有黎阳之屯在也。天宝以后，内乱方兴，不敌开元以前，而无山后之警者，有魏博之牙兵在也①。外重渔阳、上郡、云中之守②，而黎阳承其后；外建卢龙、定难、振武之节③，而魏博辅其威。以其地任其人，以其人守其地。金粟自赡也，士马自简也，险隘自固也，甲仗自营也。无巡边之大使以督其簿责，无遥制之廷臣以掣其进止，虽寡而众矣，虽弱而强矣。故曰“天子有道，守在四夷”。言四裔之边臣各自守，而不待天子之守之也。牵帅海内以守非所自守之地，则漫不关情而自怠；奔走远人以战非所习战之方，则其力先竭而必颓。然而庸主具臣之谋，固必出于此者，事已迫，则不容不疲中国以争；难未形，则唯恐将帅之倚兵而侵上也。

【注释】

① 牙兵：唐朝节度使主将所居之城建有牙旗，称为“牙城”，节度使的官署称为“使牙”，节度使专门组织一支军队来保护牙城与使牙，称为“牙军”，也称“衙兵”。

② 云中：指今山西大同。战国时，赵国置云中郡，建云中城，在今内蒙古托克托县古城村，秦汉时称云中郡，唐高宗时改为云中都护府。唐时另设云州，治所在云中（今山西大同）。宋代，辽国占领大同，称大同府，后归金，仍名大同。

③ 定难：即定难节度使。唐贞元中，把振武、朔方二节度设为夏州节度使，治夏州，在今陕西横山西北，初称夏州节度，后由拓跋思恭据有其地，号定难军，拓跋思恭为定难军节度使，由唐朝赐姓李。以后世代为定难军节度使。宋初，其后李继迁反宋而独立，李继迁孙子元昊称帝，建立西夏。振武：振武节度使，唐乾元间，置振武军节度，治所在今内蒙古和林格尔，领绥、银、麟、胜等州及振武、镇北等州，相当于今陕西绥德以北及内蒙古南部地区。以唐时黄河支流之一的

振武河命名。813年，振武军节度使李进贤因发兵变而弃镇出逃，唐用夏州、河东二镇军队平叛。830年，李泳为振武军节度使。916年，辽太祖阿保机攻下振武军镇，改振武县，治所在今内蒙古和林格尔西北土城子，金以后废置。

【译文】

东汉的强大，敌不上西汉，而东汉没有面向北方的担忧，这是因为它有黎阳的屯军。唐代天宝年间以后，内乱正在形成，敌不上开元以前的强大，但没有北方民族来侵的警报，这是因为在魏博镇设有牙兵。外面重视渔阳、上郡、云中的防守，而黎阳在其后加以支援；外面建有卢龙、定难、振武等节度使，而魏博镇辅助三节度使的军威。拿这些地区委任给合适的将领，让合适的将领驻守各地区。金钱和粮食自行供给充足，兵士和马匹自行加以挑选，险要关隘之处自行修固，武器装备自行加以营造。没有巡视边防的大臣来督察他们的账簿和职责，没有遥加控制的朝廷大臣来牵掣他们指挥军队的进止，虽然兵力较少但也相当于兵力众多，虽然看起来弱而实际上却很强。所以说“天子有道，由四方边境的夷人来守边境”。这是说四方边境的守边大臣各自守卫边境，而不依靠天子来守卫边境。调动率领海内的兵力来守卫不是他们自己要守的地方，就会使他们漠不关心而自行怠慢；让远方的人奔走到不是他们熟习作战的地方来作战，就会使他们的力量先已衰竭而必定颓败。然而昏庸的君主和滥竽充数的大臣的谋划，本来应该必须这样来谋划，但是事情已经紧迫，就不能不让中国处于疲惫状态而来与入侵者争战；在灾难尚未表现出来的时候，就唯恐将帅倚重所统率的军队而侵犯君主。

【正文】

呜呼！宋之所以裂天维、倾地纪、乱人群、贻无穷之祸者[①]，此而已矣。其得天下也不正，而厚疑攘臂之仍；其制天下也无权，而深怀尾大之忌。前之以赵普之佞，逢其君猜妒之私；继之以毕士安之庸，徇愚氓姑息之逸，于是关南、河北数千里阒其无人。迨及勍敌介马而驰，乃驱南方不教之兵，震惊海内，而与相枝距。未战而耳目先迷于向往，一溃而奔保其乡曲。无可匿也，斯亦无能竞也。而自轩辕迄夏后以力挽天纲者，糜散于百年之内。呜呼！天不可问，谁为为之而令至此极乎？向令宋当削平僭伪之日，宿重兵于河北，择人以任之，君释其猜嫌，众宽其指摘，临三关以扼契丹；即不能席卷燕、云，而契丹已亡，女直不能内蹂，亦何至弃中州为完颜归死之穴[2]，而召蒙古以临淮、泗哉？

【注释】

① 天维：古代认为天有九柱支撑，使天不下陷，地有大绳维系四角，使地有定位，合称为“天维地纪”。用来比喻支撑国家的根本制度和原则，如果遭到严重破坏，国家就会崩溃灭亡。

② 中州为完颜归死之穴：金朝由女真族完颜氏建立，共有三个都城，上京会宁府是第一个都城。1153年海陵王迁都燕京（今北京），为第二个都城，又称中都。金朝第八位皇帝宣宗于1214年迁都汴梁（今河南开封）。金哀宗天兴二年（1233）六月，因形势恶化，金哀宗逃往蔡州（今河南汝南）。蒙古军包围蔡州，并召宋兵合攻。天兴三年（1234）正月，哀宗让位给宗室完颜承麟，蒙、宋军攻入蔡州，金哀宗自杀，承麟死于乱军之中。金亡。所以说王夫之说中州是完颜氏归死之穴。

【译文】

呜呼！宋朝之所以天纲断裂、地纲倾倒、人群大乱、留下无穷的祸害，就是这个原因而已。宋朝得到天下的手段是不正当的，于是深为猜疑军人会不断挥手召集士兵来争夺帝位；宋朝最初控制天下没有实权，而对将相都深怀尾大不掉的猜忌。先前有赵普的奸佞，遇上了他的君主对他怀有猜忌的私心；接着又有毕士安的无能，顺从了愚民姑息无为的懒散，于是关南、河北数千里空无一兵一卒了。等到强敌战马披着盔甲奔驰而来，就驱赶南方的没有训练的士兵，在天下感到震惊害怕的情况下，来与强敌相对抗。尚未作战而这些士兵的耳目就对将要前往的战场感到迷惑，一等接触就溃败而逃奔回家来保护他的乡里。朝廷没有可以藏匿的武力，这就不能与敌人争强。而自黄帝到夏代帝王用力量挽救天下纲维的手段，在宋代的百年之内就全都糜烂消散了。呜呼！天不能问，那就问是谁这样做的而让天下到了这个极端的地步呢？以前假使宋朝在削平各地割据称帝称王之人的时候，就在河北驻扎重兵，选择合适的人任命为将领，君主放弃对将领的猜疑，众人放宽对将领的指责，让将领率军来到河北的瓦桥关等三关来扼守契丹的入侵，即使不能席卷燕、云，那么契丹灭亡之后，女真也不可能向内地进军蹂躏中原，又何至于放弃中州而让它成为金国完颜氏最终逃归而死的地方，并且招来蒙古军队兵临淮河、泗水地区呢？

【正文】

人本自竞，无待吾之竞之也，不挫之而亦足以竞矣。均此同生并育于声名文物之地，以相为主辅，而视若芒刺之在背。威之弗能也，信之弗固也，宰之弗法也。弃其人，旷其土，以榱支宇，而栋之折也已久。孰令宋之失道若斯其愚邪？天地之气，五百余年而必复。周亡而天下一，宋兴而割据绝。后有起者，鉴于斯以立国，庶有待乎！平其情，公其志，立其义以奠其维。斯则继轩辕、大禹而允为天地之肖子也夫！

【译文】

人本来是自己争取强大，不要等别人来与他争强，这样的话不挫败对方，也足以与他争强争胜了。人们全都是同样生长在有着美好名声和长久历史的国度，而相互作为君主和辅臣，却看别人就像芒刺在背一样。想对人有威严也做不到，想信任人又不能彻底信任，想控制人们又没有办法。放弃了这些人，荒旷了这些土地，用小小的椽子支撑整座房屋，而大梁折断已很久了。谁让宋朝廷失去大道而如此愚蠢呢？天地之气，过五百多年就必定恢复过来。周朝亡了而天下统一，宋朝兴起而割据消失。后有兴起的王朝，以此为鉴来建立国家，就差不多可以指望了！把心情平静下来，让志向合乎公正，树立道义来奠定国家的纲维，这样就能继承黄帝、大禹而真正成为天地的贤明子孙了啊！

【评析】

在《宋论》的最后，王夫之放眼整个中国历史，总结了宋朝灭亡的最大祸害：汉、唐的灭亡仅是一个王朝的灭亡，宋朝的灭亡，“则举黄帝、尧、舜以来道法相传之天下而亡之也。”这样的亡国不同于一个王朝的灭亡，而是传承了数千年的中华文明的灭亡。王夫之这样说，是因为他目睹了女真（后金）再次灭亡了明朝，这两次王朝灭亡，性质是一样的，而明亡可以说是宋亡的必然结果，即中原民族及其政权和文明，已经丧失了对抗异族武力的力量，所以一再战败亡国，这是最令人痛心的。

为此王夫之总结了宋朝为什么会这样亡国。他认为中国历代王朝都有“觌文匿武”的治国之道。觌文是将文化表现出来，匿武则是将武力藏匿起来。于是古代不少人都误以为在天下太平之后要销毁武器，只讲文明教化，所以王夫之特别解释了“匿武”的含义：“匿云者，非其销之之谓也，藏之也固，用之也密，不待觌而自成其用之谓也。”文明教化是表面的东西，当然要大讲特讲，但不能因此忘了武装和力量对于文明传承的作用，这是文明所不能代替的。不过武装和力量不能像文明教化那样觌现显示，所以要好好地藏匿起来，藏之固，还要用之密，要善于使用武装和力量。不少人都忘了这一点，所以整个宋朝一直猜忌武将，压制他们，削弱他们，“难未形，则唯恐将帅之倚兵而侵上也”，使国家的武装和力量越来越弱，一再被异族打败，屈辱求生，而最终也难以自保，从而不能生存。

王夫之说：“宋之所以裂天维、倾地纪、乱人群、贻无穷之祸者，此而已矣。”而这又起因于“其得天下也不正，而厚疑攘臂之仍，其制天下也无权，而深怀尾大之忌”，即对武人的猜忌，从太祖和赵普时起就是如此，后来两宋的皇帝和权相也莫不如此。所以说宋朝的灭亡，“岂徒徽、钦以降之多败德，蔡、秦、贾、史之挟奸私，遂至于斯哉？其所繇来者渐矣”。因此他期望后之立国者，要以此为鉴，这个国家就还有希望，如果认识不到这一点，其命运会和宋朝差不多。明朝就是一个例子。王夫之评论宋代史事，无时无刻不与明朝的灭亡联系在一起，这是亲身感到了亡国之痛的人才会有的独特感受，而后人没有生在那样的时代，难道就不需要从中汲取应有的智慧了吗？如果是那样，也就不能成为王夫之所说的“继轩辕、大禹而允为天地之肖子也夫”！所以，今天来读王夫之的《宋论》，最重要的一点就是要从他的评论中认识到这样的深刻之理。